Das große Haustierbuch

DAS GROSSE HAUS- TIER- BUCH

Kauf – Pflege – Haltung

Christian Verlag

Aus dem Englischen übertragen und
bearbeitet von Margaret Auer
Die Originalausgabe erschien unter
dem Titel *Pets. Every Owner's
Encyclopedia* 1979 im
Verlag Paddington Press, New York
und London

Konzept und Realisation:
The Diagram Group
Chefredakteur: Ruth Midgley
Recherche, Dokumentation:
Elizabeth Wilhide
Textbeiträge: David Black,
David Lambert, Anna Sproule,
Maureen Cartwright
Bilddokumentation: Linda Prout
Redaktionsassistentin: Susan Leith
Art director: Roger Kohn
Bildredaktion: Richard Hummerstone
Grafik: Steven Clark, Sarah Fox-
Davies, Sheila Galbraith,
Robert Galvin, Susan Kinsey, Pavel
Kostal, David Lightfood,
Janos Marffy, Kathleen McDougall,
Graham Rosewarne, John
Woodcock, Nigel Bailey, Brian
Hewson, Rosemary Vane Wright.

Satz: Josef Fink GmbH, München
Produktion: Gorbach GmbH, Gauting
Gestaltung des Schutzumschlags:
Ludwig Kaiser
Druck: Intergraphica, s.p.a.,
Cologne Monzese
Printed in Italy
ISBN 3-88472-003-1

Vorwort

Zwischen Menschen und Tieren war schon immer eine für beide nützliche Beziehung möglich. Jahrhundertelang haben Tiere den Menschen Nahrung und Kleidung geliefert, uns ihre Muskelkraft geliehen, uns beschützend und als Schwerarbeiter gedient. Sie sind uns treue Kameraden gewesen. Viele dieser Geschöpfe sind dabei völlig vom Menschen abhängig geworden. Heute hingegen wird man sich immer mehr der Gefahr einer Ausbeutung der Tiere durch den Menschen bewußt. Viele Leute machen sich daher Sorgen um wildlebende Tiere, die man gejagt und deren Trophäen man gesammelt hat, bis sie nahezu ausgerottet waren. Ebenso wichtig und möglich ist aber die Ausbeutung und falsche Behandlung der zahllosen »zahmen Lieblinge«, die in unseren Haushalten leben. Fehlende oder mangelhafte biologische Grundkenntnisse der Besitzer können unbeabsichtigte Grausamkeit zur Folge haben.

Wer ein Haustier besitzt und betreut, übernimmt eine ernste Verantwortung. Ihr kann man nur gerecht werden, wenn man die besonderen Bedürfnisse eines jeden Tieres genau kennt. Das Große Haustierbuch – ein Handbuch für jeden, der Tiere hält – liefert alle erforderlichen Fakten und praktischen Ratschläge für eine humane Erfüllung dieser Verpflichtung. Es hat sich zum Ziel gesetzt, verständliche Formulierung mit einfachen graphischen Darstellungen und reizvollen Illustrationen zu vereinen. So wird es zu einem vollständigen und leicht faßlichen Leitfaden für alles, was man wissen muß – von der Wahl des richtigen Tiers bis zur Züchtung und zur Ausstellung, auf der es einen Preis gewinnen kann. Vor allem will dieses Buch dafür sorgen, daß ein solches Tier, sei es nun eine »Hunde-Promenademischung« oder ein Araberhengst, sich stets wohlfühlt, und gesund und glücklich in der ihm gebotenen Umgebung leben kann.

Mehr als 500 Tierarten und Rassen werden hier beschrieben und abgebildet, von vertrauten Hausgenossen bis zu allerlei exotischen Geschöpfen. Sie sind zu Gruppen zusammengefaßt, die ihrer Stellung im zoologischen System entsprechen.

Darüberhinaus finden Sie hier einen Abschnitt über Naturschutz und dessen Beziehung zur Haustierhaltung, ebenso Informationen über die Beobachtung von Tieren in der freien Natur und die Möglichkeiten, ihnen zu helfen. Die Herausgeber, Autoren und Redakteure der Diagram Group möchten den vielen Persönlichkeiten und Organisationen danken, die bei der Sammlung des Materials konsultiert wurden und uns fachkundig berieten.

Inhalt

Säugetiere

Fische

3

Wirbellose Tiere

4

Lurche

Zeichenerklärung

Damit man sich leicht zurechtfindet, hat jedes Kapitel ein allgemeines, auf der oberen rechten Seite wiederkehrendes Zeichen (**a**). Dieses Zeichen steht für die Tiergruppe, die erörtert wird oder den Hauptinhalt des Kapitels bildet. Ein weiteres Zeichen (**b**) weist auf eine größere Gruppe innerhalb des Kapitels, etwa eine Tierfamilie hin oder auf eine besondere, auf der jeweiligen Seite besprochene Art.

a

b

Kriechtiere 5

Vögel 6

Naturschutz

7

Die Bedeutung der Kreise
Jeder Zeichnung ist eine Kreis beigefügt, der die relative Größe der abgebildeten Tiere andeutet. Als Grundmaß wurde ein Kreis von 2,5 cm Durchmesser (**a**) gewählt. Neben einem großen Tier, etwa einer Katze (**b**) erscheint der Kreis klein, dagegen groß neben einem kleinen Tier. Ist das Tier winzig, ist nur ein Teil des Kreises zu sehen. Das ist etwa beim Glühlichtsalamander (**c**) der Fall.

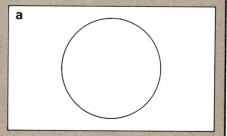
a

b

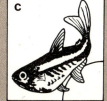
c

1

Säugetiere

Viele Säugetierarten wurden schon früh in der Geschichte des Menschen domestiziert. Sie haben Milch, Fleisch und Kleidung geliefert, wurden zum Schutz und Transport herangezogen und waren seine Gespielen.

Die meisten Säugetiere, die wir heute im Haus halten, stammen von diesen domestizierten Arten ab und haben sich bereits dem Leben mit dem Menschen angepaßt. Säugetiere sind im allgemeinen ansprechbarer, intelligenter und leichter abzurichten als andere Haustiere. Als Ersatz für die im Lauf der Domestikation verlorengegangene natürliche Gemeinschaft mit Artgenossen muß meist eine gewisse Beziehung zum Menschen geschaffen werden.

Säugetiere unterscheiden sich dadurch von anderen Tieren, daß sie Milch produzieren, um ihre lebend geborenen Jungen zu säugen. Sie sind warmblütige Wirbeltiere, die gewöhnlich ein Haarkleid haben, um ihre Körpertemperatur aufrechterhalten zu können.

Rechts: Klassische Szene mit gezähmten (domestizierten) Säugetieren (Codex Romanus, Ms. lat. Band 44, S. 3867 f. Bibliotheca Apostolica, Vatikan).

Säugetiere, die man im Haus hält

Die meisten Menschen stellen sich unter einem Haustier gewöhnlich ein Säugetier, oft einen Hund oder eine Katze, vor. Allein in den USA wurden 1975 nachweislich mehr als 100 Millionen Katzen und Hunde gehalten. Mit den nicht registrierten Tieren waren es wahrscheinlich noch viel mehr. Aber auch zahlreiche andere Säugetiere sind zu Haustieren geworden.

Hunde sind seit je als Gefährten des Menschen beliebt. Man kennt viele Rassen. Aber fast alle brauchen Bewegung und Gemeinschaft mit Menschen; sie müssen abgerichtet und tierärztlich betreut werden. Die große Anzahl von »Streunern« und ausgesetzten Welpen zeigt, daß es vielen Leuten schwerfällt, diesen Grundbedürfnissen gerecht zu werden. Wer einen Hund besitzt, übernimmt damit eine das ganze Leben des Tieres, manchmal über 15 Jahre, währende Verwantwortung.

Katzen sind ziemlich leicht zu betreuen. Aber es ist irrig anzunehmen, daß sie sich selbst durchs Leben schlagen können. Alle Katzen brauchen, selbst wenn sie jagen, regelmäßige Mahlzeiten als Ausgleich. Zur Betreuung gehört auch, sie gut zu behandeln und abzurichten. Sind Junge nicht erwünscht, sollte man die Weibchen unfruchtbar machen lassen.

Marder. Die am häufigsten gehaltenen Mitglieder dieser Familie sind das Frettchen und in Nordamerika der Skunk. Man kann sie Unerfahrenen nicht als Haustiere empfehlen, und der Gestank kann zu einem ernsten Problem werden.

Kaninchen sind gute Heimtiere für Kinder. Sie sind robust und wenn sie einen warmen Verschlag haben, können sie fast bei jedem Wetter im Freien bleiben. Die Fütterung ist einfach und billig. Es stehen viele, in Färbung und Größe unterschiedliche Rassen zur Verfügung. Kaninchen sind scheu und müssen sanft behandelt werden.

Nagetiere gehören zu den zahmen Säugetieren, die man am leichtesten bekommen und pflegen kann. Mehrere Arten sind dafür geeignet. Sie sind gute Hausgenossen für Kinder. Man vermeide, Pärchen zu halten, wenn man nicht für eine große Anzahl Nachkommen zu sorgen bereit ist. Viele käufliche Käfige sind zu klein.

Pferde und Ponys sind von allen Säugetieren, die man im Haus hält, am kostspieligsten. Kauf, aber auch Futter und Pflege kommen teuer, und sie brauchen viel Bewegungsspielraum. Reiten kann höchst genußreich sein. Aber die meisten Leute, die ein Pferd oder Pony kaufen wollen, sollten lieber ihren Sport in einer Reitschule betreiben.

Esel sind im allgemeinen robust. Ist genügend Platz vorhanden, sind sie leichter zu halten als Pferde und Ponys. Die meisten sind sanft und zutraulich und ihr Ruf, störrisch zu sein, ist ein Vorurteil.

Landwirtschaftliche Nutztiere werden ihrer Produkte wegen meist in Herden gehalten. Doch manche auf dem Lande lebende Familie zieht vielleicht in Betracht, eins oder zwei als nützliche, wenn auch nicht ganz übliche Haustiere zu halten. Am interessantesten sind wahrscheinlich Ziegen. Aber wie die anderen Tiere dieser Gruppe sollte niemand sie ohne fachkundige Beratung halten.

Wildlebende Säugetiere. Im allgemeinen sind nur sehr wenige als Hausgenossen geeignet. In vielen Gebieten verbieten Gesetze, sie zu halten. Sachkundige Betreuung ist erforderlich, will man ein Jungtier großziehen. Viele Wildtiere werden auch aggressiv, wenn sie erwachsen sind. Manche lassen sich aber auch unter Wahrung ihrer Freiheit »handzahm« machen.

Hunde

Hunde, ihre Geschichte und Verwendung

Der Hund ist eines der wenigen Tiere, die zum Gefährten des Menschen hauptsächlich deshalb wurden, weil er so großen Wert auf ihre Freundschaft und Treue legte. Wie man annimmt, existierte bereits in der Steinzeit in Europa eine Haushundrasse. Ägypter, Assyrer, Griechen und Römer hielten schon Hunde als liebe Hausgenossen oder Arbeitstiere. Heute kennt man von ihnen über 500 verschiedene Rassen. Wahrscheinlich stammen sie alle von ein oder zwei Ahnenarten ab. Einzigartig ist bei den domestizierten Tieren die außerordentliche Vielfalt der verschiedenen Rassen in Körperbau und Aussehen. Für den Menschen war die lange Gemeinschaft mit dem Hund von Vorteil. Er gewann in ihm einen intelligenten und willigen Partner, wenn er jagte, Vieh hütete, Spuren verfolgte und sich verteidigen mußte. Hunde sind ursprünglich gesellige Tiere und passen sich daher auch der Gemeinschaft mit dem Menschen gut an. Das macht den Hund zu einem unserer beliebtesten Haustiere.

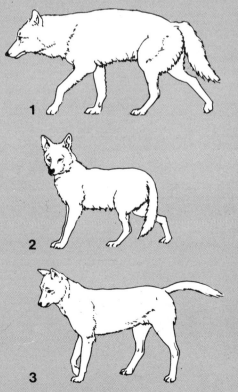

1

2

3

Die Abstammung. Hunde sind Raubtiere und Angehörige der Familie der Hunde (Canidae), zu der einschließlich der Wölfe, Füchse und Schakale 37 Arten gehören. Der Haushund *(Canis familiaris)* entstand wahrscheinlich vor 10000 bis 12000 Jahren im Mittleren Osten. Die Ahnen des Hundes sind nicht genau bekannt, aber alles Beweismaterial deutet darauf hin, daß einer der Ahnen der Wolf war und ein anderer vielleicht der Schakal mit seinem ähnlichen Jagdverhalten. Möglicherweise sind verschiedene wildlebende Hundearten zu verschiedenen Zeiten und an verschiedenen Orten aus besonderen Gründen domestiziert worden. Das geschah wahrscheinlich, als der Mensch der Frühzeit Welpen eines wildlebenden Rudels aufzog, um sie zur Jagd zu verwenden. **1** Wolf *(Canis lupus)* **2** Schabrakenschakal *(Canis mesomelas)* **3** Dingo *(Canis familiaris dingo)*.

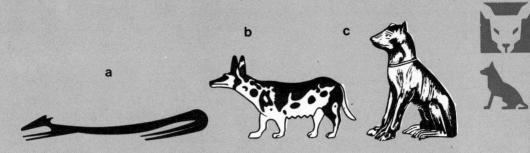

a Ein galoppierender Hund auf einem persischen Becher um 3000 v. Chr. b Ein ägyptisches Gemälde oder Hündin aus dem Grab von Chnumhotep etwa 1900 v. Chr. c Ein Hund aus Basalt aus der Ptolemäischen Periode Ägyptens (323–30 v. Chr.)

Frühe Abbildungen. Hunde gehören zu den ersten domestizierten Tieren. Diese lange Gemeinschaft zwischen Mensch und Hund spiegelt sich in alten Kunstgegenständen wider.

a Ein galoppierender Hund auf einem persischen Becher um 3000 v. Chr. b Ein ägyptisches Gemälde oder Hündin aus dem Grab von Chnumhotep etwa 1900 v. Chr. c Ein Hund aus Basalt aus der Ptolemäischen Periode Ägyptens (323–30 v. Chr.)

Arbeitshunde. Viele heute als Hausgenossen beliebte Hunderassen wurden ursprünglich ihrer besonderen Eigenschaften wegen gezüchtet. Hunde lassen sich zu sehr schwierigen Aufgaben abrichten:

1 Bernhardiner. Eingesetzt für Rettungsarbeit.

2 Golden Retriever. Eine der Rassen, die auch als Leithund für Blinde verwendet werden.

3 Eskimohund. Ursprünglich von den Eskimos gezüchtet, um Schlitten zu ziehen.

4 Border-Collie, ein Schottischer Schäferhund. Hütet Schafe.

5 Deutscher Schäferhund. Wird als Wach- und Spürhund auch von der Polizei verwendet.

6 Englischer Fuchshund. Dient der Jagd.

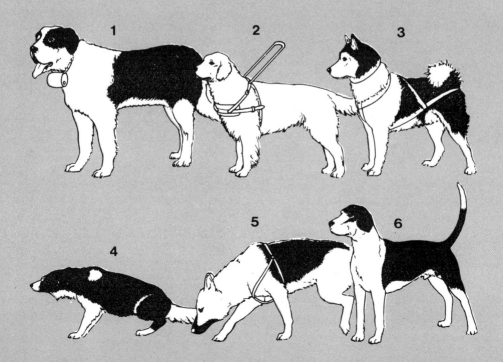

Der Körperbau des Hundes

Die heutigen Hunderassen sind nicht nur kleiner als ihre wildlebenden Ahnen, sondern auch ganz verschieden von ihnen in Körperproportionen, Temperament (Charakter) und Aussehen. Durch selektive Züchtung, bei der sich die Auslese nach den Bedürfnissen des Menschen richtete, hat sich der Körperbau von Hunderassen beträchtlich verändert. Man kann durch Züchtung bestimmte Eigenschaften verstärken und rezessive fördern.

Kennzeichen eines Hundes. Hier werden die äußeren Merkmale eines Hundes angeführt. Die Nummern auf der untenstehenden Zeichnung geben an, wo sie liegen.

1 Stirnabsatz oder Stop
2 Schnauze oder Nasenrücken
3 Fang
4 Schulter
5 Brust
6 Vorderbrust
7 Ellbogenhöcker
8 Vordermittelfuß
9 Afterklaue
10 Rippen
11 Flanke
12 Füße (Pfoten)
13 Hintermittelfuß
14 Hinterfußwurzel
15 Sprunggelenk
16 Unterschenkel
17 Kniegelenk
18 Oberschenkel (Keule)
19 Rute
20 Kruppe
21 Lende
22 Widerrist
23 Hinterhaupt

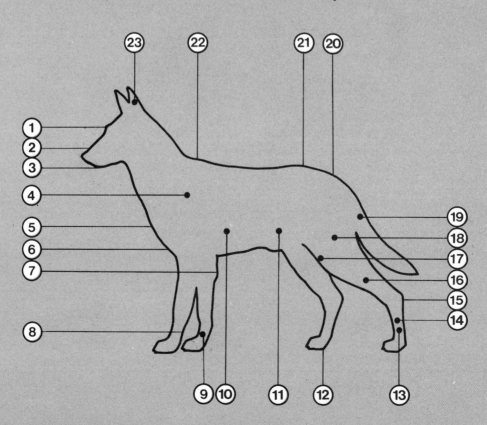

Eine solche Auslese ist oft nützlich, wenn man ein spezialisiertes Arbeitstier zu züchten gedenkt, bei dem Gestalt und Konstitution sich mit gutwilligem Charakter paaren müssen. Leider hat nicht alle Züchtung den Urtyp verbessert. Manche Tiere, die man nur der Schönheit wegen gezüchtet hat, sind schwächlich gebaut und zeigen rezessive Eigenschaften, die ohne Eingreifen des Menschen ausgemerzt worden wären.

Skelettbau. Das Skelett eines Hundes, etwa eines Schottischen Terriers (**a**) zeigt das Resultat einer Züchtung, die eine kleinere Rasse, hier vor allem mit kürzeren Beinen, schaffen wollte. Im Gegensatz zum Skelett eines großen Deutschen Schäferhundes (**b**) ist der Kopf relativ größer, und die Beine müssen ein höheres Gewicht tragen. Ziel dieser Verkleinerung des Hundes ist es, die Proportionen zu bewahren, die sich normalerweise bei Welpen oder jungen Hunden finden.

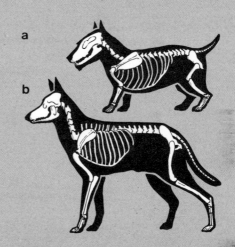

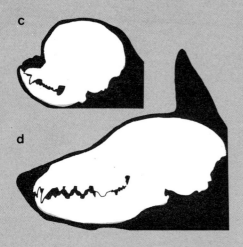

Schädelformen. Keine andere Tierart zeigt so große Abweichungen in den Schädelmaßen wie der Hund. Kurzschnäuzige Rassen unterscheiden sich von den langschnäuzigen hauptsächlich in der Länge des Nasenbeins. Deshalb sind auch z. B. Möpse (**c**) so verschieden von Deutschen Schäferhunden (**d**). Die kurzschnäuzigen Rassen sind durch Mutation (d. h. plötzliche Änderung von Erbanlagen) aus den früher langschnäuzigen Wildhunden hervorgegangen.

Zähne. Der Hund wird ohne Zähne geboren. Nach 5 bis 6 Wochen bekommt er 28 Milchzähne. Im Alter von 4 Monaten werden sie durch 42 bleibende Zähne ersetzt (siehe Zeichnung).

a 12 Schneidezähne (Incisivi)
b 4 Fangzähne (Canini)
c 16 Vordere Backzähne (Praemolares)
d 10 hintere Backzähne (Morales)

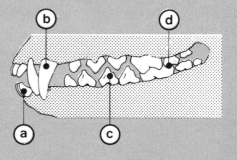

Die Wahl eines Hundes

Alljährlich werden Tausende von Hunden von den Besitzern ausgesetzt. Oft waren diese Menschen nicht darauf gefaßt, daß sehr viel Fürsorge und Kosten mit der Haltung eines Hundes verbunden sind. Betrübliche Irrtümer lassen sich vermeiden, wenn man sich vorher überlegt, was der Besitz eines Hundes mit sich bringt, und sich für die jeweils geeignetste Rasse entscheidet. Alle Hunde brauchen Bewegung, können kostspielig im Futter

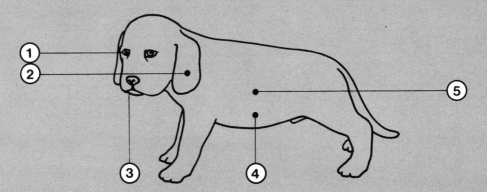

Die Wahl eines Welpen. Man muß dabei folgendes berücksichtigen:

Alter. Vermeiden Sie es, Welpen aus einem Wurf zu nehmen, ehe sie 10 Wochen alt sind. Der Kontakt mit der Mutter, den Wurfgeschwistern und mit Menschen ist für junge Welpen wesentlich. Werden sie zu lange in Käfigen von Tierhandlungen gehalten, haben sie diesen lebenswichtigen Kontakt zu sehr entbehrt.

Größe. Bedenken Sie, daß Welpen wachsen. Versuchen Sie, einen zu wählen, der nicht zu groß fürs Haus oder für den Geldbeutel wird.

Geschlecht. Entscheiden Sie sich, was Sie vorziehen. Rüden streunen und raufen vielleicht. Bei Weibchen muß man dafür sorgen, daß sie nicht unerwünscht Junge werfen (siehe S. 56).

Charakteranlage. Will man einen Welpen mit guten Anlagen wählen, sollte man sich den 8 bis 10 Wochen alten Wurf ansehen. Beobachten Sie die Welpen beim Spiel und bei der Fütterung. Nehmen Sie keinen Welpen, der aggressiv oder zu unterwürfig zu sein scheint.

Beobachten Sie, welche Welpen ohne Furcht herbeikommen, wenn Sie sie rufen. Klatschen Sie laut in die Hände. Ein Welpe, der sich von dem Schreck schnell erholt, wird leichter abzurichten sein.

Gesundheit. Alle Welpen sollten vom Züchter mit einem Gesundheitszeugnis geliefert werden. Trotzdem läßt man klugerweise den Welpen von einem Tierarzt untersuchen und vereinbart die Rückgabe bei irgendwelchen Anzeichen von Krankheit. (Ausgenommen bei Würmern, die bei jungen Hunden recht häufig, aber leicht zu behandeln sind.) Ob ein Tier gesund ist, läßt sich auch schnell folgendermaßen überprüfen:

1 Die Augen sollen klar und glänzend sein.

2 Die Ohren dürfen keinen Geruch absondern.

3 Man vergewissere sich, daß das Tier nicht hustet.

4 Welpen sollen pummelig, aber nicht fett sein.

5 Das Fell soll dicht und glänzend sein.

sein und sollten wenigstens den einfachsten Befehlen gehorchen lernen. Sie haben alle tierärztliche Betreuung wie etwa Impfungen nötig. Zum Glück unterscheiden sich die Rassen beträchtlich in der Größe – und daher auch im Appetit, im Temperament und in der Art des Fells. Wählen Sie Ihren Hund sorgfältig, um das gesündeste und munterste Tier zu bekommen; Hundezüchter können Ihnen oft gute und nützliche Ratschläge geben.

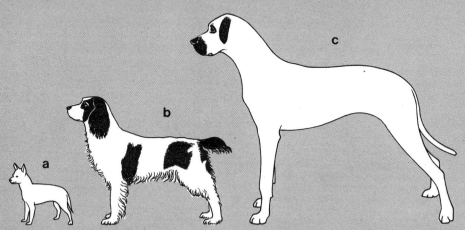

Die Größe. Sie zu bedenken ist vielleicht am wichtigsten, wenn man einen Hund ins Haus nimmt. Denn sie wirkt sich nicht nur auf den benötigten Raum aus, sondern auch auf vielerlei andere Eigenheiten und Bedürfnisse.

Kleine Rassen wie etwa der Chihuahua (**a**) brauchen weniger Bewegung und Futter als größere Rassen und lassen sich leicht in einer Wohnung halten. Ein Problem kann das nervtötende Kläffen und die Nervosität kleiner Rassen sein.

Rassen mittlerer Größe wie der Springer-Spaniel (**b**) brauchen regelmäßige Bewegung, und man sollte sie lieber nicht in Stadtwohnungen halten. Der Futterbedarf ist mäßig. Hunde dieser Größe sind gute Spielkameraden für Kinder.

Große Rassen wie die Deutsche Dogge (**c**) brauchen eine Menge Futter und sind daher kostspielig. Sie benötigen auch viel Bewegung und lassen sich am besten auf dem Land halten oder dort, wo reichlich »Natur« für den täglichen Auslauf vorhanden ist. Sie haben meist gute Anlagen. Wesentlich ist aber, sie abzurichten. Manche große Rassen haben eine etwas geringere durchschnittliche Lebenserwartung als andere Rassen des Haushundes.

Größenunterschiede bei gleicher Rasse. Manche Hunde, vor allem Pudel, sind in Europa in sehr verschiedenen Größen gezüchtet worden. Der Zwergpudel, ein Schoßhund (**d**), muß eine Schulterhöhe von 30–35 cm haben. Der Kleinpudel (**e**) darf nur 35–45 cm hoch werden. Der Groß- oder Königspudel (**f**) hat eine Normalhöhe von 45 bis maximal 60 cm.

23

Die Klassifikation der Hunde

Die Abstammungsdaten vieler Hunderassen sind unbekannt. In den letzte 500 Jahren hat Austausch von Rassen zwischen den Ländern das Verwandtschaftsverhältnis zwischen den verschiedenen Typen noch unklarer gemacht. Die meisten »Kennel Clubs«, d.h. Vereine der Besitzer von Rassehunden, sowie Berufsvebände von Hundezüchtern teilen die Hunderassen in fünf Gruppen ein, die man vor über einem Jahrhundert aufgestellt hat. Es sind dies Hunde, die in der Meute oder einzeln der Jagd

1 Windhunde. Vertreter dieser Gruppe wurden für die Jagd und für Wettrennen gezüchtet. Ihr stromlinienförmiger Bau befähigt sie, eine Beute in sehr schnellem Lauf zu verfolgen. Man vertraut dabei auf ihr ausgezeichnetes Sehvermögen (siehe S. 26).

2 Mastiffs. Ursprünglich als Kriegshunde gezüchtet, werden Mastiffs heute nur noch als Wachhunde oder für Rettungsarbeiten verwendet. Diese Hunde haben einen großen Kopf und sind ungewöhnlich schwer und wuchtig gebaut (siehe S. 28).

3 Spitze. Diese Hunde stammen aus arktischen Regionen, wo sie als Zug-, Jagd- und Hütehunde verwendet werden. Zum typischen Aussehen gehören ein Fell mit dichtem Rauhhaar und ein geringelter Schwanz (siehe S. 30).

4 Schäferhunde. Gezüchtet wegen ihrer Meisterschaft, Schafe zu hüten, zeigen diese Hunde im Körperbau beträchtliche Unterschiede. Alle haben scharfe Sinne und sind sehr anpassungsfähig, ausdauernd und arbeitswillig (s. S. 32).

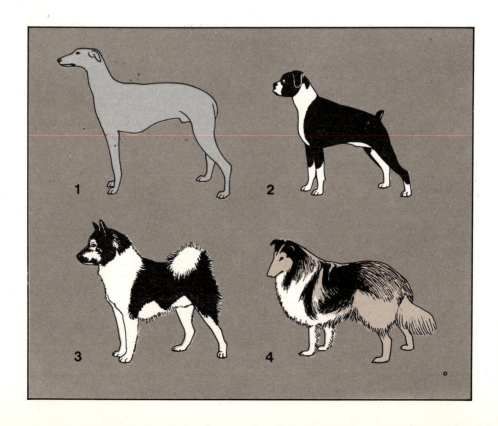

dienen, Terrier sowie für die Jagd ungeeignete Rassen und Schoßhunde. Die Einteilung dieser offiziellen Organisationen berücksichtigt den Verwendungszweck, nicht aber den Körperbau. Eine Klassifikation, die darauf und auf der Lebensweise beruht, wurde später von C.L.B. Hubbard entwickelt. Er teilt die Hunderassen in sieben Gruppen ein: Windhunde, Mastiffs, Spitze, Schäferhunde, Spaniels, Terrier und Jagdhunde. Hubbards Klassifikation wird auch in diesem Buch verwendet.

5 Spaniels. Sie sind eine große Gruppe, von denen die meisten Tiere für die Jagd und das Apportieren der Beute gezüchtet wurden. Dazu gehören aber auch viele Schoßhunde. Sie sind alle intelligent. Im Aussehen variabel (s. S. 34).

6 Terrier. Nach dem französischen Wort »terre«, d. .h. »Erde« benannt, wurden diese Hunde dafür abgerichtet, in die unterirdischen Lager von Füchsen, Dachsen und dergleichen Tieren zu »schliefen«. Die meisten haben ein rauhes Fell, sind drahtig gebaut und neugierig (siehe S. 38).

7 Jagdhunde werden oft in einer Meute für die Jagd gehalten. Sie sind kurzhaarig, mittelgroß bis groß und berühmt wegen ihres hervorragenden Geruchssinns (siehe S. 40).

8 Rassenkreuzungen und »Promenadenmischungen«. Im Unterschied zu den anderen hier beschriebenen Gruppen kann man für diese Hunde keine genauen körperlichen Merkmale angeben. Bastarde gehen aus der Kreuzung von Hunden verschiedener Rassen hervor. Promenademischungen haben vielerlei Ahnen (siehe S. 42).

Windhunde

Rassen dieser Gruppe sind besonders schnittig, stromlinienförmig, gebaut. Die meisten wurden ursprünglich dafür gezüchtet,
große Tiere zu jagen. Sie verließen sich dabei mehr auf Sichtver-
mögen und Schnelligkeit als auf Witterung und Gehör. Der
große Englische und der Afghanische Windhund, auch der Saluki Persiens sind seit altersher bekannt. Dem modernen Windhund ähnliche Rassen erscheinen schon auf altägyptischen
Kunstgegenständen. In Britannien zur Römerzeit eingeführt,

**1 Barsoi (Borzoi) oder Russischer Wind-
hund.** Widerristhöhe 71–76 cm, seidiges,
langhaariges Fell. Verschiedene Farben.
Braucht großen Bewegungsraum.
**2 Großer Englischer Windhund oder
Greyhound.** 63–68 cm hoch, hat kurzes,
glattes, verschiedenfarbiges Fell. Wird
meist für Wettrennen gehalten, ist aber
auch, hat er richtigen Auslauf, ein guter
Haushund.

3 Afghanischer Windhund. Rüde
67,5–72,5 cm, Hündin 62,5–65 cm hoch,
mit seidigem, dichten Fell von unterschiedlicher Farbe. Ein starker und
schneller Hund. Als Haushund gehalten, muß er sorgfältig abgerichtet werden und braucht viel Bewegung.
4 Italienisches Windspiel. Bis 36 cm
hoch. Sehr kurzhaariges, dünnes Fell
und ein ungewöhnlich anmutiger Gang.

wurde der Windhundtyp später durch Züchtung verändert. Aus ihm gingen der Irische Wolfshund und der Schottische Hirschhund hervor. Der Barsoi war in Rußland vor der Revolution der große Favorit. Kleinere Hunde der Gruppe sind der Whippet (oder Kleiner Englischer Windhund), der im 19. Jahrhundert für Wettrennen gezüchtet wurde, und das nicht für die Jagd verwendete Italienische Windspiel. Außer ihm brauchen alle Hunde dieser Gruppe viel Auslauf, wenn man sie als Hausgenossen hält.

5 Kleiner Englischer Windhund oder Whippet. Rüde 42–50 cm, Hündin bis 44,5 cm hoch, ein verschiedenfarbiges, kurzhaariges und feines Fell. Zähe, hauptsächlich für Rennen gezüchtete Hunde. Gute Hausgenossen.

6 Saluki oder Persischer Windhund. Rüde 60–65 cm, Hündin 55–62 cm hoch. Seidig glattes Fell. Sehr elegant. Diese Rasse braucht viel Bewegung.

7 Irischer Wolfshund. Rüde mindestens 81,5 cm, Hündin 71 cm hoch, mit rauhem, harten Fell in verschiedenen Farben. Er ist der größte und vielleicht kraftvollste Hund der Welt.

8 Schottischer Hirschhund (Deerhound). Mindestens 70–75 cm hoch. Das graue, scheckige oder weizenfarbene Fell ist dick und zottelig. Der Hund braucht viel Bewegung.

27

Mastiffs

Die unter diesem Namen bekannte Gruppe stammt von einem wuchtig gebauten Hund ab, der vor vielen Jahrtausenden vielleicht im alten Assyrien entstand. Der Mastiff war ein Kampfhund, er wurde auch für die Wolfs- und Löwenjagd und für die Bärenhatz verwendet. Der Bullmastiff und der Boxer stammen aus dem 19. Jahrhundert und wurden gezüchtet, um die Kraft des Mastiffs mit einem leichteren Körperbau zu vereinen. Bulldog-

1 Bernhardiner. Rüde mindestens 75 cm, Hündin mindestens 70 cm hoch. Rauhhaariges oder glattes Fell in verschiedenen Farben mit weißen Flecken. Ein großer, schwerer Hund, der viel Futter und Bewegung braucht.

2 Englische Bulldogge oder der Bulldog. Größe um 40 cm. Kurzhaariges Fell, weiß bis rotgelb. Einzigartig häßlich. Hitzempfindlich; treuer Haushund.

3 Französische Bulldogge oder der Bully. 30–35 cm hoch. Kurzes Glatthaar, gestreift, rehfarben oder scheckig. Große Fledermausohren. Sehr beliebt in Frankreich und den USA.

gen sind andere Abkömmlinge der Mastiffs und wurden zur Stierhetze benützt. Sie sind berühmt wegen ihrer Verläßlichkeit und Treue. Die Herkunft des Neufundländers und des Bernhardiners ist nicht gaz klar, aber der Einsatz beider im Rettungsdienst ist wohlbekannt. Die stattlichen Hunde dieser Gruppe sind wegen ihrer Größe und der Wildheit, die man ihnen fälschlich nachsagt, nicht mehr so beliebt wie früher.

4 Boxer. Rüde 57–63 cm, Hündin 53–59 cm hoch, mit glattem kurzhaarigem Fell, gestromt oder rehfarben. Gestutzte Ohren. Ein kräftiger Hund, der sorgfältig abgerichtet werden muß.

5 Neufundländer. Rüde 68–73 cm, Hündin 62–68 cm hoch. Anliegendes, mittellanges, wasserdichtes Fell, meist schwarz. Ausdauernd, sanft und wachsam. Ausgezeichneter Wasserhund.

6 Bullmastiff. Rüde 67–70 cm, Hündin 65–68 cm hoch. Dichtes Kurzhaar, rehfarben oder dreifarbig gestromt mit dunkler Maske. Wachsam und anhänglich. Ein guter Haushund, aber Bewegung ist lebenswichtig.

7 Mastiff. Rüde 75–80 cm, Hündin mindestens 69 cm hoch, mit kurzhaarigem, glattem Fell. Kraftvoll und massiv. Nicht sehr schnell; guter Wachhund.

Rassen der Spitze

Diese Rassen haben sich in arktischen Regionen entwickelt, wo man sie lange als Schlitten-, Jagd- und Wachhunde verwendet hat. Viele dieser Rassen sind außerhalb ihrer Ursprungsländer wenig bekannt. Doch andere haben als Hausgenossen und Ausstellungshunde größere Beliebtheit erlangt. Die vielleicht bekannteste Rasse ist der Eskimohund, der ursprünglich als Schlittenhund in Westgrönland und Labrador gezüchtet wurde. Zu

1 Eskimohund. Rüde 57–64 cm, Hündin 51–57 cm hoch. Langes, rauhes Deckhaar, darunter dichtes Wollhaar. Kann guter, aber Fremden gegenüber abweisender Haushund sein.

2 Chow-Chow. 45–53 cm hoch. Dichtes Fell mit Halskrause und Mähne. Zunge und Zahnfleisch blauschwarz. Beliebt als Ausstellungshund.

3 Belgischer Schifferspitz oder Schip- perke. 25–35 cm hoch. Derbes, glattes Fell, meist schwarz. Gezüchtet, um Kähne zu bewachen. Anpassungsfähig und lebhaft.

4 Grauer Norwegischer Elchhund. Rüde 50 cm, Hündin 47 cm hoch. Fell kurzhaarig auf Schnauze und Vorderseite der Beine, langhaarig an Hals, Keulen und Hinterseite der Vorderläufe. Gezüchtet für die Jagd.

weiteren typischen Spitzrassen gehören der Chow-Chow, eine alte chinesische Rasse, und der Samojedenspitz, der nach Nomaden Nordeuropas und Asiens so genannt wurde. Der Elchhund ist ein typischer Spitz Skandinaviens. Der in Amerika »Toy-Pom« genannte Zwergspitz ist ein recht beliebter Damenhund. Ebenfalls als Spitzrassen gelten der Belgische Schifferhund oder Schipperke und der Pembroke–Corgi.

5 Zwergspitz oder Pomeranian. Höhe nicht über 27,5 cm, mit langem, glattem und üppigem Haar, das um Hals und Schultern absteht. Verschiedene Farben. Beliebt als Schoßhund, muß sorgfältig gepflegt werden.

6 Welsh Corgi (Pembroke). 25–31 cm hoch. Mittellanges, glattes und dichtes Fell. Verschiedenfarbig, manchmal mit Weiß. Ein wachsamer Hausgenosse.

7 Samojedenspitz. Rüde 53–60 cm, Hündin ab 45 cm hoch, langes Rauhhaar mit Halskrause und dichter Unterwolle. Weiß oder cremefarben. Muß sorgfältig gepflegt werden, um das Fell in gutem Zustand zu erhalten.

Hütehunde

Schäfer- und Hütehunde wurden seit Jahrhunderten gezüchtet, um Schafe zu hüten und die Herden vor Raubzeug zu schützen. Sie sind robuste Rassen mit hoher Intelligenz und Wachsamkeit. Der Deutsche Schäferhund ist mit Erfolg für vielerlei Aufgaben abgerichtet worden. Alle diese Hunde sind sehr arbeitswillig. Hält man sie als Hausgenossen, brauchen sie viel Bewegung.

1 Altenglischer Schäferhund. Rüde 60 cm hoch, Hündin etwas kleiner. Zotteliges, wetterfestes Fell in Blau oder Grau mit Weiß.

2 Langhaar-Collie. Rüde 56–61 cm, Hündin 51–56 cm hoch. Dichtes Rauhhaarfell.

3 Shetland-Schäferhund. 32–38 cm hoch. Ähnelt einem Collie. Ein lebhafter Hütehund mit sicherem Instinkt.

4 Deutscher Schäferhund. Rüde 60–65 cm, Hündin 55–60 cm hoch. Anliegendes Stockhaar mit dichter Unterwolle. Sehr intelligent.

5 Border-Collie. 45–50 cm hoch. Wetterfestes Langhaarfell. Lebhaft und intelligent.

6 Bearded Collie. Rüde 51–61 cm, Hündin 46–55 cm hoch. Langhaarig mit Unterwolle. Eine sehr alte Schäferhundrasse.

7 Pyrenäen-Berghund. Rüde 70–80 cm, Hündin 65–72 cm hoch. Dichtes Fell. Weiß, manchmal gezeichnet.

Spaniels (1)

Man nimmt an, daß die Spaniels spanischer Herkunft sind oder zumindest aus dem Mittelmeerraum stammen und ihr Name daher sich erklärt. Man kann sie in zwei Gruppen einteilen. Hunde wie Setter, Retriever oder Apportierhunde, Pointer oder Vorstehhunde und Spaniels bringen dem Jäger das erlegte Wild oder spüren es auf. Andere sind Schoßhunde, die nicht mehr das typische Aussehen eines Spaniels haben. Viele dieser Rassen sind erst vor

1 Cocker-Spaniel. Rüde 37–41 cm, Hündin 36–39 cm hoch. Anliegendes seidiges Fell. Verschiedene Farben. Früher Jagdhund, heute meist als Hausgenosse gehalten. Intelligent und wachsam. Man achte besonders auf Infektionen in den Ohren.

2 Amerikanischer Cocker-Spaniel. 38–40 cm hoch. Eine Varietät des Cocker-Spaniels mit üppigerem Fell. In den USA, wo sie entwickelt wurde, die häufigste Rasse.

3 Englischer Springer-Spaniel. Um 50 cm hoch. Mittellanges, zweifarbiges Fell. Guter Jagdhund, läßt sich gut abrichten und ist sehr lebhaft und arbeitsfreudig.

4 Cavalier King Charles Spaniel. Etwa 25 cm hoch. Seidiges Langhaarfell. Unterscheidet sich vom King Charles

verhältnismäßig kurzer Zeit genormt worden. Doch der Pekinese und der Malteser sind älterer Herkunft. Der Pudel wurde ursprünglich in Deutschland als wasserliebender Spaniel gehalten. Heute ist er fast ausschließlich ein Heimtier und ein Zierhund. Abgesehen von den Schoßhundrassen sind andere Spaniels im wesentlichen Arbeitshunde. Sie brauchen viel Bewegung und müssen sorgfältig abgerichtet werden.

Spaniel in Größe, Kopfform und Schnauzenlänge.

5 King Charles Spaniel. 28–30 cm. Seidiges langhaariges Fell. Typische Musterung in verschiedenen Farben. Ein munterer und intelligenter Schoßhund.

6 Pekingese (Pekinese). Chinesischer Palasthund. 15–25 cm hoch. Glattes anliegendes Langhaar bildet noch reichlich zusätzlichen Schmuck, etwa einen buschigen Schwanz. Beliebter Schoßhund. Aktiv und lebhaft.

7 Malteser. Bis 25 cm hoch. Seidiges glattes Langhaar, meist weiß. Wird oft für Ausstellungen gezüchtet. Ist ein guter Wohnungs- und Luxushund und recht robust.

Spaniels (2)

8 Golden Retriever. Rüde 51–63 cm, Hündin 42–56 cm hoch. Anliegendes gewelltes Fell, gold- oder cremefarben. Jagdhund, gezüchtet zum Apportieren des Wilds. Ein Liebling der Familie, leicht abzurichten und zutraulich.

9 Labrador Retriever. Rüde 57–62 cm, Hündin 55–60 cm hoch. Kurzes goldfarbenes oder schwarzes Glatthaar. Beliebteste Jagdhundrasse. Intelligent und leicht abzurichten. Als Blindenhund besonders gut geeignet.

10 Pointer. Rüde 55–70 cm, Hündin 50–70 cm hoch. Glattes Kurzhaar, weiß mit verschieden gefärbter Musterung. Gezüchtet, um vor allem Federwild aufzuspüren.

11 Irischer Setter. Rüde 52–62 cm, Hündin 52–58 cm. Seidig glattes Fell von satter Kastanienfarbe. Elegantes

Aussehen, lebhaft und verspielt.

12 Englischer Setter. Rüde 56–62 cm, Hündin 53–58 cm hoch. Langhaariges seidiges Fell, weiß mit Zeichnung in verschiedenen Farben. Zuverlässigkeit macht ihn zu einem guten Hund für die Familie.

13 Chihuahua. 15–20 cm hoch, feinhaariges anliegendes Fell in jeder Farbe. Es gibt auch eine langhaarige Varietät.

14 Mops. 30–35 cm hoch. Glattes, feinhaariges Fell, rehfarben oder schwarz. Stammt aus Asien.

15 Kleinpudel. 35–45 cm hoch. Eine von drei Größen (siehe S. 23) Üppiges abstehendes Fell, meist gestutzt. Verschiedene einheitliche Färbung.

37

Terrier

Die typischen Vertreter sind kleine robuste Rassen, die ursprünglich dazu benützt wurden, Raubtiere wie Füchse, Dachse, Marder und Iltisse aus ihren Höhlen zu treiben. Terrier leitet sich vom französischen »terre«, das heißt »Erde«, ab. Es sind im buchstäblichen Sinn »Erdhunde«, berühmt wegen ihrer Fähigkeit, in einem unterirdischen Bau verstecktes Wild aufzustöbern. Wohlbekannte Terrier-Rassen entstanden in Yorkshire und im

1 Airedale-Terrier. Rüde 58–60 cm, Hündin 56–58 cm hoch. Drahthaarfell in Schwarz und Gelbbraun (Lohfarbe).
2 Rauhhaar-Foxterrier. 36–38 cm hoch. Dichtes drahthaariges Fell. Kurzhaar-Foxterrier: mit glattem Haar, weiß, mit schwarzer oder lohfarbener Zeichnung.
3 Zwergschnauzer. 30–35 cm hoch; der mittelgroße Schnauer 40–50 cm. Das harte Drahthaarfell ist bei ihm schwarz oder in Salz- und Pfefferfarbe; Zwergschnauzer: auch braun, grau und weiß.
4 Dobermann. Rüde 58–65 cm, Hündin 55–60 cm hoch. Kurzhaariges rauhes Fell in verschiedenen Farben. Aus Pinschern durch Kreuzung mit anderen Rassen gezüchtet.
5 Boston-Terrier. 35–38 cm hoch. Glänzendes, anliegendes Kurzhaarfell. Weiß und gestromt oder schwarz.

Lake Distrikt in England, im schottischen Hochland sowie in einigen Gegenden Deutschlands und Mitteleuropas. Dort bietet überall unübersichtliches Gelände Füchsen und anderen Schafräubern bequeme Deckung. Die Geschichte der Hunde vom Terriertyp geht bis ins 15. Jahrhundert zurück. Viele moderne Terrier-Rassen sind jedoch erst im 19. Jahrhundert aus Kreuzungen hervorgegangen.

6 Bullterrier. 40–55 cm hoch. Glattes Kurzhaar, überwiegend weiß. Früher gezüchtet für Hundekämpfe.

7 Cairn-Terrier. Etwa 25 cm hoch. Üppiges rauhes Fell von verschiedener Farbe. Furchtlos und lebhaft.

8 Skye-Terrier. Rüde 25 cm, Hündin 22 cm hoch. Langhaariges glattes Fell grau, reh- oder cremefarben. Ein guter Wachhund.

9 Schotten-Terrier (Scottish Terrier). 25–28 cm hoch. Drahthaarfell schwarz, gestromt oder weizenfarben. Der Name wird manchmal für alle aus Schottland stammenden Terrier gebraucht.

10 Yorkshire-Terrier. 18–20 cm hoch. Seidiges glattes Langhaar, dunkel stahlblau, zum Teil lohfarben.

Jagdhunde

Dazu gehören mittelgroße bis große Hunde, die man einzeln oder zur Jagd in einer Meute gezüchtet hat. Von allen Rassen haben Jagdhunde den höchstentwickelten Geruchssinn. Besonders der Bluthund ist außerordentlich befähigt, eine schwierige Spur zu verfolgen. Anders als der Pembroke-Corgi, der zu den Spitzen zählt (siehe S. 31), gilt der Welsh Corgi als echter Jagdhund.

1 Welsh-Corgi (Cardigan). Etwa 30 cm hoch. Fell kurzhaarig oder mittellang, verschiedenfarbig, aber nie rein weiß. Schwanz wie eine Fuchsrute. Früher Treiberhund für Rinder.

2 Beagle. 37–42 cm hoch. Glattes Kurzhaarfell. Wurde einzeln oder in der Meute für die Jagd verwendet.

3 Kurzhaariger Dachshund oder Dackel (in Norddeutschland: Teckel). 20–25 cm hoch. Kurzes Glatthaar verschiedener Farbe. Es gibt auch Lang- und Rauhhaar-Rassen. Treu und wachsam.

4 Englischer Fuchshund (Foxhound). 58–64 cm hoch. Kurzes Glatthaar in Lohfarbe, Weiß und Schwarz.

5 Dalmatiner. Rüde 55–60 cm, Hündin 50–55 cm hoch. Kurzhaariges Fell mit schwarzen oder leberbraunen Flecken. Früher ein Begleithund für Reiter oder

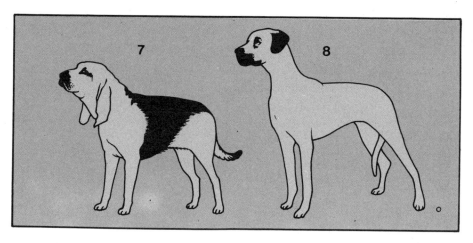

Kutschen, heute Haushund.

6 Basset. 30–38 cm. Glattes Fell, faltige lose Gesichtshaut, die ihm ein melancholisches Aussehen verleiht. Französischer Herkunft.

7 Englischer Bluthund. Rüde 65 cm, Hündin 57–60 cm hoch. Kurzhaariges glänzendes Fell, schwarzbraun bis fahlrot. Ausgezeichneter Geruchssinn. Oft zum Spurensuchen verwendet.

8 Deutsche oder Dänische Dogge. Rüde 76–80 cm, Hündin 70–75 cm hoch. Kurzhaariges dichtes Fell, gestromt, schwarz, rehfarben, blau oder mit »Harlekin«-Zeichnung auf Weiß. Ein großer, aktiver Hund, der viel Futter und Bewegung braucht.

Bastarde und »Promenademischungen«

Bastarde sind Hunde, deren Eltern *verschiedenen* Rassen mit bekanntem Stammbaum angehören. Bei »Promenadenmischungen« sind mehrere Rassen beteiligt. Sie sind im typischen Fall Zufallsergebnisse. Keiner dieser »Köter« kann bei einem offiziellen Züchterverband registriert werden, während das bei Rassenkreuzungen möglich ist. Ein registrierter, aus einer solchen Kreuzung hervorgegangener Hund kann in offiziell anerkannten Züchtungsexperimenten dazu verwendet werden, neue Rassen zu züchten oder bereits existierende zu vebessern. Solche Mischrassen scheinen oft die besten Eigenschaften beider Eltern zu vereinen. Am erfolgreichsten sind im allgemeinen jene, deren Eltern Rassen angehören, die sich in Größe und Körperbau weitgehend ähneln.

Hunde sehr gemischter Herkunft bleiben als Hausgenossen beliebt, obwohl das Interesse an reinrassigen Hunden wächst und zufällige Paarungen infolge besserer Beaufsichtigung durch den Besitzer seltener vorkommen. »Promenadenmischungen« sind wegen ihres Aussehens nicht gerade berühmt, aber viele sind äußerst robust, gutartig und intelligent. Sie leiden meist auch weniger unter angeborenen Krankheiten.

5

1–4 »**Promenadenmischungen**«, die zeigen, wie sehr das Aussehen variiert.
5 Kreuzung zwischen Cavalier King Charles Spaniel und Whippet. Bei diesem Beispiel einer Rassenkreuzung ist die Abstammung von einem Windhund deutlich. Den Einfluß des Spaniels verraten die weniger stromlinienförmige Gestalt, die kürzeren Beine, das weichere Profil und die größeren Ohren.

6–7 Jack Russel-Terrier. Der Name bezeichnet eine besondere Spielart der Terrier, die man wegen ihrer Eignung als Arbeitshunde züchtet. Das sehr verschiedenartige Aussehen hat bisher die Anerkennung der Jack-Russel-Terrier als Rasse verhindert.

Die Ernährung der Hunde

Hunde sind Raubtiere, aber wie ihre wildlebenden Verwandten sollten sie nicht ausschließlich Fleisch fressen. Wildhunde verzehren den Mageninhalt ihrer pflanzenfressenden Beutetiere, um im Futter alle nötigen Vitamine, Mineralsalze und pflanzlichen Zutaten zu bekommen. Heute ist es nicht mehr sehr schwierig, einen Hund zu ernähren, da man viele Futtermischungen kaufen kann. Trockenes Hundefutter ist sehr nahrhaft und

Welpenfutter
1 Milch mit Getreideflocken (wie für Säuglinge).
2 Lauwarme Milch, Traubenzucker und vequirltes Ei.
3 Mahlzeit aus geschabtem oder gehacktem rohen Fleisch mit Zusatz von Vitaminen und Mineralsalzen.

Futter für erwachsene Hunde
4 Trockenes Hundefutter. Enthält Getreide, Fleisch und Fischmehl, Trockenmilch, Vitamine und Mineralsalze.
5 Fleischfutter für Hunde in Dosen. Wird dem Trockenfutter beigegeben.
6 Hundekuchen, als Belohnung.
7 Knochen. Keine von Geflügel oder zersplitterte, keine Fischgräten.
8 Ein verquirltes Ei pro Woche.
9 Frischfleisch: Leber, Nieren, Milz, Kutteln, Herz, gekocht und abgekühlt.
10 Wasser zum Trinken.

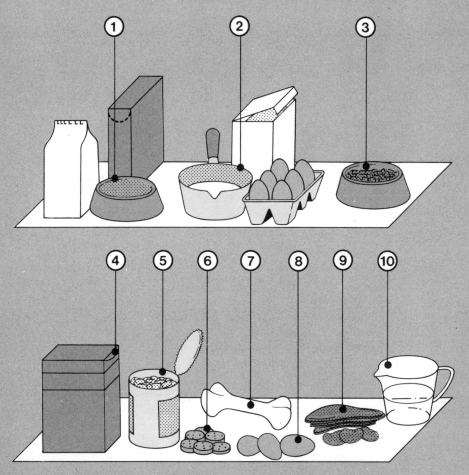

hilft mit, Zähne und Zahnfleisch gesund zu erhalten. Man kann zum Anfeuchten etwas Dosenfleisch für Hunde dazugeben und es damit auch schmackhafter machen. Hunde dürfen nicht überfüttert werden oder Leckerbissen bekommen. Man soll auch die Kost oder die Futterzeiten nicht plötzlich ändern. Knochen sind nicht lebenswichtig, aber es empfiehlt sich, einmal wöchentlich etwa ein großes Markbein zu geben. Das stärkt die Kaumuskeln.

Fütterung. Die Futtermenge, die ein Hund braucht, hängt vom Alter und der Rasse des Tieres ab. Man lasse sich von einem Tierarzt beraten. Welpen müssen, kurz nachdem sie entwöhnt worden sind, viermal am Tag gefüttert werden. Erwachsene Hunde gedeihen am besten mit einer Mahlzeit am Tag. Alte Hunde können zweimal täglich gefüttert werden. Die Zeichnung unten gibt die Mengen an, die für erwachsene Hunde verschiedener Größe mit Idealgewicht erforderlich sind. Dies ist keine strenge Vorschrift. Sie sollte angepaßt werden, wenn der Hund zuviel ab- oder zunimmt. Wichtig ist, ihn nicht zu mästen. Fette Hunde sind sehr anfällig, sie neigen zu vielen Krankheiten und werden wahrscheinlich in den seltensten Fällen ihr volles Lebensalter erreichen.

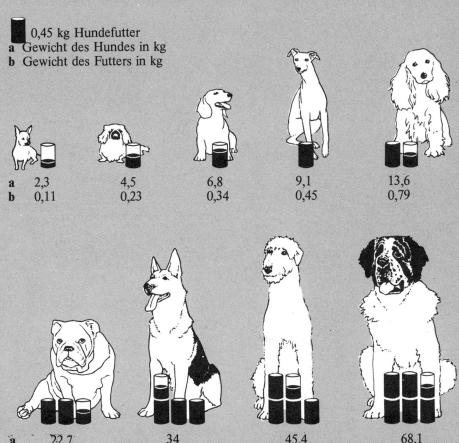

■ 0,45 kg Hundefutter
a Gewicht des Hundes in kg
b Gewicht des Futters in kg

| **a** | 2,3 | 4,5 | 6,8 | 9,1 | 13,6 |
| **b** | 0,11 | 0,23 | 0,34 | 0,45 | 0,79 |

| **a** | 22,7 | 34 | 45,4 | 68,1 |
| **b** | 1,14 | 1,59 | 2,04 | 2,5 |

Die Unterbringung von Hunden

Heute leben die meisten in einer Familie gehaltenen Hunde im Haus. Sie sollten einen eigenen Platz haben, frei von Zugluft und nahe dem Mittelpunkt des Familienlebens, ohne dabei im Weg zu sein. Es ist üblich, dem Hund einen Korb oder ein Bett mit einem wärmenden Lager zu geben. Hundehütten im Freien sind für Arbeits-, Jagd- und Wachhunde geeignet. Aber Tiere, die im Freien gehalten werden, sind wahrscheinlich weniger zutraulich.

Unterbringung. Außer Haus gehaltene Hunde sollten zum Schlafen und als Schutz vor Schlechtwetter eine fest gebaute Hundehütte mit einem Giebeldach haben (**a**). Sie kann auf Ziegeln errichtet werden, um die Feuchtigkeit zu verringern. Ein Strohlager soll für zusätzliche Wärme sorgen und regemäßig erneuert werden, um Parasiten fernzuhalten. Werden mehrere Hunde außer Haus gehalten, ist ein gut ausgestatteter Zwinger in einem Nebengebäude von großem Nutzen.

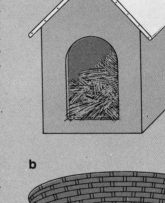

a

Hundelager sind in vielerlei Ausführung erhältlich.Kein Hund braucht aber ein kunstvolles Bett; viele werden mit einer zusammengefalteten Decke in einer dafür ausersehenen Ecke zufrieden sein. Einfache feste Lager bieten Strohkörbe (**b**), die man in mehreren Größen kaufen kann. Ein Hundelager muß sich immer an einem Platz befinden, der warm und nie zugig ist.

b

Transportbehälter sind manchmal für weite Reisen erforderlich. Wesentlich ist, daß sie richtig gebaut sind, um ein Tier sicher ans Ziel zu befördern. Transportbehälter (**c**) sollten leicht, aber widerstandsfähig und sicher verschließbar sein sowie ausreichende Luftzufuhr und Handgriffe zum Tragen haben. Der Behälter muß so groß sein, daß der Hund sich umdrehen kann, aber klein genug, um Verletzungen durch Rütteln und Stoßen zu verhüten. Wichtig ist auch eine deutliche Aufschrift.

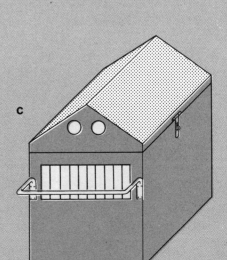

c

Wie man Hunden Bewegung verschafft

Alle Hunde brauchen Bewegung, manche sogar sehr viel. Herumtollen und lange Spaziergänge sind für die meisten großen Hunde lebenswichtig, aber auch für manche kleinere, sehr lebhafte Terrier-Rassen. Man sollte sie regelmäßig, unter Aufsicht und an verschiedenen Plätzen laufen lassen. Das ist nötig, um die Muskeln in Schwung zu halten und für Abwechslung und eine neue Umgebung zu sorgen.

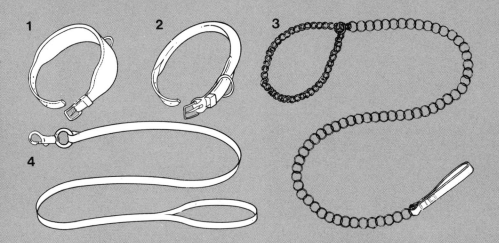

Ausstattung für den Spaziergang

1 Flaches Lederhalsband. Es soll weder zu weit noch zu eng sein, weil es sonst dem Hund Unbehagen verursacht.

2 Rundes Lederhalsband.

3 Zusammenziehbares Kettenhalsband mit Kettenleine. Es wird manchmal zum Abrichten benützt. Die Kettenleine, an der die Halsschlinge hängt, muß vom Nacken aus angezogen werden. Wird eine solche Leine falsch gebraucht, hemmt sie die Atmung und kann den Hals verletzen.

4 Lederleinen gibt es in verschiedenen Größen: lange für kleine, kurze für große Hunde.

5 Geschirr. Es ist gut brauchbar für kleinere Hunde, die oft hochgenommen werden.

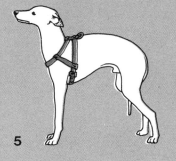

6 Mäntel (»Schabracken«). Manche kurzhaarige Rassen brauchen Schutz vor der Kälte. Man vergewissere sich, daß eine solche Hülle gut paßt, Brust und Hinterteil bedeckt, auch wetterfest und leicht zu reinigen ist.

47

Hundepflege

Ein wesentlicher Teil der Betreuung von Hunden ist das Bürsten und Striegeln, um das Fell frei von Schmutz und losen Haaren zu halten. Aber es bietet auch Gelegenheit nachzusehen, ob etwa Schnitte, Insektenstiche oder Parasiten Unbehagen verursachen. Alle Hunde haaren sich, und bei langhaarigen Arten kann dies lästig werden, wenn der Hund nicht regelmäßig gebürstet wird. Gebadet wird er nur, wenn das Fell sehr schmutzig ist.

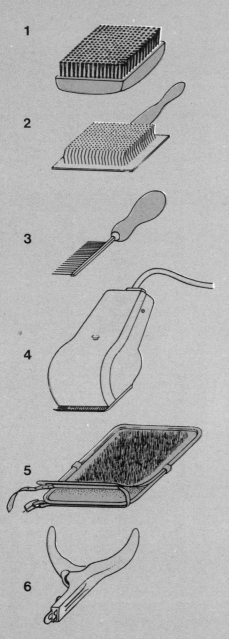

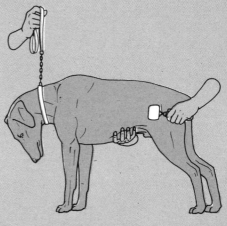

Geräte für die Hundepflege. Welche Geräte man benötigt, hängt von der Rasse des Hundes ab.
1 Bürste für Hunde mit Drahthaar oder mittellangem Fell.
2 Drahtbürste (Metallzinken, die in einem Gummipolster stecken). Ideal für langhaarige Hunde.
3 Metallkamm für kurzhaarige Hunde und für die Unterwolle.
4 Elektrische Haarschneidemaschine.
5 Handschuh für die Pflege glatthaariger Hunde.
6 Nagelzange für Hunde.

Bürsten. Je nach Länge des Fellhaars bürste man ein- bis zweimal in der Woche. Ist der Hund dabei aufgeregt, sollte ihn eine Person an der Leine halten, während eine andere ihn bürstet und dabei unterfaßt, damit er sich nicht niedersetzen kann. Verfilztes Haar beseitige man sanft oder schneide es aus. Sehen Sie nach, ob die Haut in Ordnung ist.

Baden sollte man einen Hund nur, wenn er besonders schmutzig ist. Eine Person sollte ihn an einer Leine festhalten, während eine andere ihn badet. Man verwende dazu eine Badewanne, auch ein Wasch- oder Spülbecken. Geben Sie dem Hund ein paar Tropfen Pflanzenöl in die Augen, um einer Entzündung vorzubeugen. Verwenden Sie lauwarmes Wasser und sorgen Sie dafür, daß Augen, Ohren und Schnauze trocken bleiben. Nehmen Sie ein mildes Haarwaschmittel. Spülen Sie sorgfältig, trocknen den Hund mit einem Handtuch und bringen ihn an einen warmen Platz.
1 Wasserkrug zum Spülen.
2 Handtücher.
3 Mildes Haarwaschmittel.
4 Pflanzenöl und Pipette zum Eintropfen.

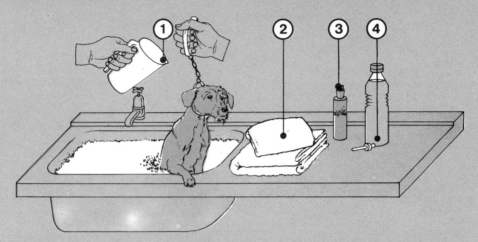

Trimmen. Bei manchen Hunderassen ist es üblich, das Fell zu scheren. Pudel werden auf vielerlei dekorative Arten getrimmt, wie das Bild unten zeigt. Hunde mit Drahthaar schert man oft nur, weil es zweckmäßig ist, um das Fell leichter reinigen zu können. Sehr zottelige Hunde wie der Altenglische Schäferhund fühlen sich vermutlich wohl, wenn sie bei heißem Wetter geschoren werden. Man kann Hunde von Fachleuten trimmen lassen oder es daheim tun. Aber es muß sorgfältig geschehen.

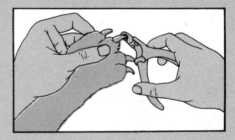

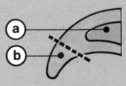

Nagelpflege. Bewegung auf hartem Boden hält die Krallen kurz. Wachsen sie zu lang, so krümmen sie sich einwärts und verursachen dadurch Beschwerden und später Mißbildungen. Die Krallen können vom Tierarzt oder zu Hause mit einer Nagelzange geschnitten werden. Man darf sie aber nur 3 mm von der Nagelspitze (**b**) entfernt abzwicken, um die Vene (**a**) nicht zu verletzen.

49

Das Verhalten von Hunden

Wildhunde sind gesellige Tiere, die in großen Rudeln leben. Haushunde zeigen Verhaltensmuster, die sich auch bei Wildhunden finden, aber nun einer anderen Umwelt angepaßt sind. In jedem Fall sollen dadurch vor allem die Stellung eines Hundes in der Rangordnung und die Revier-Rechte festgelegt werden. Die komplexen Verhaltensmuster von Hunden werden größtenteils in den ersten Lebenswochen erlernt. Wird ein Welpe in diesen

1 Pfotengeben. Hunde müssen nicht dazu abgerichtet werden, die Pfote zu geben, nur dafür, wann sie es tun sollen. Es ist eine Demutsgebärde. Welpen drücken mit den Pfoten auf die Zitzen der Mutter, damit mehr Milch fließt.

2 Nasenstüber. Hunde stubsen oft ihr Herrchen mit der Nase (Schnauze) und legen dabei die Ohren zurück. Das ist eine Bitte um Aufmerksamkeit und war ursprünglich auch eine Demutsgebärde, der Reflex, mit der Schnauze zu wühlen, wenn Welpen säugen wollen.

3 Schwanzwedeln zeigt Vergnügen und Erregung an.

4 Drehbewegung. Bevor ein Hund sich niederlegt, dreht er sich mehrmals im Kreis, als wollte er sich ein Lager bereiten. In Wirklichkeit sorgt er nur für eine richtige Krümmung der Wirbelsäule, damit er eingerollt liegen kann.

5 Kämpfe. Für Welpen ist Balgen eine Methode, ihre Stärke zu erproben. Richtige Hundekämpfe sind dagegen oft ein Wettstreit, in dem bestimmt wird, welcher Rüde ranghöher ist. Bei wildlebenden Tieren endet derlei selten mit einer ernsten Verletzung, aber zahme Hunde sollte man lieber trachten, wieder voneinander zu trennen.

Gesichtsausdruck.
a Eine Drohung äußert sich in vorwärts gerichteten Ohren, wachsamen Augen und knurrend geöffnetem Maul.
b Zeichen der Unterwerfung, die Furcht verraten, sind eine glatte Stirn, zurückgelegte Ohren, zusammengekniffene Augen und zurückgezogene Lefzen.

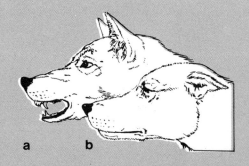

entscheidenden Wochen von seiner Mutter und den Wurfgeschwistern getrennt, wird es ihm nicht gelingen, in dieser prägbaren Phase seines Lebens die typischen Reaktionen zu erlernen, und er kann launisch und reizbar werden.

Nur ein kleiner Anteil des Verhaltens eines Hundes ist instinktgebunden. Dank ihrer großen Lernfähigkeit lassen sich Hunde im allgemeinen gut abrichten (siehe S. 52).

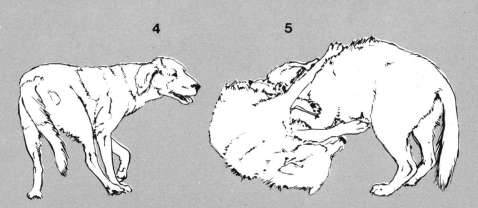

4 **5**

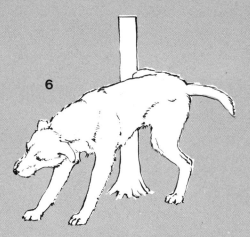

6

6 Revierverhalten. Hunde hinterlassen im Harn eine Geruchsspur, die ihre Artgenossen aufnehmen können. Das ist ein Mittel, andere über das eigene Revier zu informieren; und Hunde sorgen in ihrem heimatlichen Bezirk dafür, daß ständig eine Reihe von »Geruchsstationen« vorhanden ist. Eine neue Umgebung wird durch Schnüffeln untersucht, nicht nur nach Harn, sondern auch nach Schweißspuren, die von den Pfoten anderer Hunde stammen. Denn die Pfoten sind die einzige Körperstelle, an der ein Hund schwitzt.

Laute. Hunde geben eine Reihe von Lauten von sich, die verschiedene Stimmungen verraten. Jaulen bedeutet Unterwerfung. Bellen ist ein Signal, das warnt oder auf etwas aufmerksam macht, und Heulen scheint anzuzeigen, wo sich ein von den Gefährten – seien es Hunde oder Menschen – getrenntes Tier befindet. Ein solches Geheul ist kilometerweit zu hören. Hunde können viel höhere Töne als der Mensch vernehmen. Alle Hunde knurren, wenn sie wütend sind oder bedroht werden und winseln, wenn sie etwas haben wollen. Werden sie verletzt, können sie vor Schmerzen schrill schreien. Nur wenige Hunde wie etwa Englische und Afghanische Windhunde oder Barsois sind stumm.

Abrichten

Alle Hunde müssen bis zu einem gewissen Grad abgerichtet werden. Die meisten lernen leicht, wenn man geduldig und konsequent ist. Zum Abrichten gehört, sie stubenrein zu machen. Das kann nach dem Entwöhnen vom Säugen beginnen. Aber ältere Welpen müssen auch wesentlichen Befehlen gehorchen lernen. Von Anfang an sollte man verhindern, daß sie etwa Autos oder Vieh nachjagen. Das beste Mittel, Hunde abzurichten, ist, sie zu

Wie ein Hund stubenrein wird

1 Sperren Sie den Welpen in einen Raum oder abgetrennten Bereich in der Nähe der Haustür ein, und bedecken Sie den Boden mit Zeitungspapier.

2 Nach ein paar Tagen sollte der Welpe eine Ecke, meist die am weitesten vom Futternapf entfernte, für seine »Geschäfte« benützen. Loben Sie ihn, wenn er das tut.

3 Beobachten Sie, welche Zeiten der Welpe dabei einhält. Bringen Sie ihn dann nach jeder Mahlzeit und nach dem Schlafen immer zu einer bestimmten Stelle im Freien. Loben Sie ihn, wenn er sich dort »verewigt«. Entfernen Sie nun das Zeitungspapier. Ein Hund beschmutzt niemals sein Heim. Irrt er sich, so hat er meist eine Stelle im Haus gewählt, die er für »außerhalb« davon hielt. Strafen Sie ihn dann nicht. Nachdem etwas passiert ist, versteht ein Hund das nicht. Drücken Sie auch nie seine Nase in die Exkremente. Der Hund begreift nicht, was damit gemeint ist, ja, er kann sogar Geschmack daran finden. Säubern und desinfizieren Sie die Stelle, und loben Sie ihn weiterhin für jedes richtige Verhalten.

Abrichten

1 »Sitz«. Nehmen Sie vor der Mittagsmahlzeit den Hund an einer Leine in einen stillen Raum. Sagen Sie energisch »Sitz« und drücken fest auf das Hinterteil, so daß der Hund gezwungen wird, sich zu setzen. Belohnen Sie ihn.

2 »Leg dich«. Während der Hund sitzt, drücken Sie ihm die Schultern nieder, sagen »Leg dich« und ziehen die Vorderbeine nach vorwärts. Dafür gibt es Belohnung und Lob.

3 »Platz«. Während der Hund an der Leine bleibt und sich hinsetzt, entfernen Sie sich von ihm und sagen »Platz«. Fahren Sie mit dem Abrichten fort, bis der Hund auch ohne Leine dort bleibt.

4 Auf Zuruf herbeikommen. Jedem Hund sollte man beibringen, herbeizukommen, wenn man ihn beim Namen ruft. Man lobt ihn, wenn er das tut.

5 Bei Fuß gehen. Nehmen Sie die Leine in die rechte Hand und halten dabei den Hund an Ihrer rechten Seite. Die Leine sollte locker sein. Sagen Sie »bei Fuß« und gehen weiter, während Sie ihn mit der rechten Hand korrigieren und ihn mit der linken anerkennend tätscheln.

6 Apportieren. Viele Hunde tun das von Natur aus. Bevor ein Hund dazu abgerichtet wird, sollte er auf »Sitz«, »Platz« und »Komm« reagieren.

Grundsätzliches zur Abrichtung

a) Abrichter sollte der Besitzer sein.

b) Erteilen Sie täglich kurze Lektionen.

c) Sprechen Sie gleichmäßig, energisch, aber nicht drohend.

d) Verwenden Sie immer die gleichen Kommandoworte.

e) Strafen Sie nie einen Hund, wenn er nicht gehorcht. Er verbindet sonst immer das Kommando mit einer Bestrafung.

belohnen. Das stärkt ein positives Verhaltensmuster, während Bestrafung Ängstlichkeit und irgendwelche Hemmungen hervorrufen kann. Manchmal ist jedoch eine Maßregelung die einzige Möglichkeit, eine schlechte Angewohnheit zu beseitigen. Nie sollte man ihnen aber dabei Schmerz zufügen. Hunde lassen sich leicht einschüchtern, aber um sich zu verteidigen, können sie auch gefährlich wütend werden und recht aggressiv reagieren.

Ausstellungen und Erprobung von Hunden auf der Jagd

Die erste organisierte Hundeausstellung wurde im Juni 1859 in Newcastle in England abgehalten. Die Erprobung von Jagdhunden im Freien begann 1865 in Bedfordshire in England. Der »Kennel-Club« für Besitzer von Rassehunden wurde erst 1873 gegründet. Heute existieren viele solcher Vereine, und Hundeausstellungen werden regelmäßig veranstaltet.

Kennel Clubs. Diese offiziellen (angelsächsischen) Organisationen sind hauptsächlich dazu da, die Standards (Normen) für reinrassige Hunde zu kontrollieren und bekanntzugeben. Es gibt über 500 Hunderassen. Aber die meisten Klubs erkennen weniger als ein Viertel davon an. Ob sie es tun, hängt von der Anzahl der Hunde dieser Rasse ab, die beim Klub registriert sind. Nur bei einer ausreichenden Anzahl wird der Klub genormte Eigenschaften für diese Rasse festlegen. Kennel-Clubs und Vereine für Rassehunde gibt es heute auf der ganzen Welt.

Ausstellungen. Ein Hundebesitzer, der einen reinrassigen Hund auszustellen wünscht, muß zuerst Papiere über den Stammbaum vorlegen und den Hund in einen Klub eintragen lassen. Die Einteilung der Hunde erfolgt nach Rasse, Alter und Geschlecht sowie nach dem Bericht über frühere Ausstellungen und degleichen mehr. Die Hunde werden nach dem für die Rasse offiziell gültigen Standard beurteilt. Wer einen Hund ausstellen will, muß besonders auf dessen Ernährung, Gesundheit, Pflege, Transport, Unterbringung und auf Reaktionen des Tieres achten.

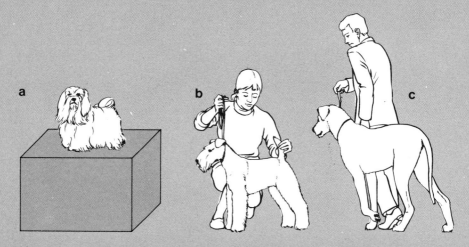

Die Beurteilung. Zuerst begutachten die Schiedsrichter die im Kreis herumgeführten Hunde der Ausstellung. Dann wird jeder Hund genau geprüft. Schiedsrichter sollten gut Bescheid wissen über die Rasse, den geforderten Standard, die Anatomie und die äußere Form. Durch Betasten des Fells und Prüfung von Muskeln und Knochen lassen sich Mängel entdecken, die durch geschickte Auf-machung verborgen werden können. Alle Einzelheiten wie Haltung, Aussehen, Fell, Bewegung und Temperament des Hundes werden berücksichtigt.

a Kleine Hunde werden zur genauen Untersuchung auf ein »Podest« gestellt.
b Die Hunde müssen eine korrekte Haltung zeigen.
c Wichtig ist, daß sie sich schön bewegen.

a

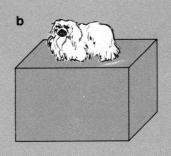

b

Rassenormen (Rassestandards). Für den Dalmatiner (**a**) ausgewählte Hauptmerkmale: Kopf: Ziemlich lang mit ausgeprägtem Stirnabsatz. Augen: nicht zu weit auseinanderliegend. Ohren: hoch angesetzt von mäßiger Größe. Maul: mit geschlossenen Lefzen. Körper: breite Brust, flacher Rücken. Füße: »katzenartig«. Schwanz: ein wenig aufgerichtet. Fell: kurz, hart, glatt und dicht. Färbung: leberfarbene oder schwarze Flecke von 2,5 bis 5 cm Durchmesser. Allgemein: ausgeglichen, muskulös, ungezwungen in der Bewegung, lang ausholender Gang.

Rassenormen (Rassestandards). Für den Pekingesen (**b**) ausgewählte Hauptmerkmale. Kopf: massiv, breit und flach. Augen: groß, dunkel und vorstehend. Ohren: herzförmig, eng am Kopf anliegend. Maul: mit geraden Lefzen. Körper: gedrungen, löwenähnlich mit geradem Rücken. Füße: groß, flach und kräftig (robust). Schwanz: hoch angesetzt, über den Rücken zurückgebogen. Fell: lang, derb und mit sogenannten langhaarigen »Fahnen«. Färbung: außer Leberfarbe oder Albinoweiß jede Farbe möglich. Allgemein: klein und gedrungen, wirkt wachsam und intelligent.

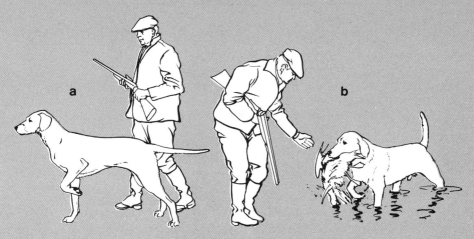

a

b

Prüfungen von Jagdhunden sind dazu bestimmt, Gehorsam, Geschicklichkeit bei der Arbeit und Ausdauer zu erproben. Meist finden solche Prüfungen in Zusammenarbeit mit einem Kennel Club statt und sind daher offiziellen Vorschriften unterworfen. Die Tests variieren je nach der Hunderasse. Setter, Retriever (d. h. Apportierhunde) und Pointer (d. h. Vorstehhunde) haben auf der Jagd jeweils besondere Aufgaben, bei denen ihre Geschicklichkeit geprüft wird. Die örtlichen Bedingungen wie etwa Erprobung im Wasser sind dabei veschieden.
a Test für Vorstehhunde: Sie müssen das Wild aufspüren.
b Test für Retriever: Erlegtes Wild ist unter veschiedenen Bedingungen zu apportieren oder zu finden.

Hundezüchtung

Alljährlich wird eine große Anzahl unerwünschter Hunde zu »Streunern«. Dieses Problem ließe sich vermindern, wenn man mehr Hündinnen die Eierstöcke entfernte. Das ist eine relativ einfache Operation, mit der man die zweimal im Jahr eintretende Brunstzeit oder »Hitze« ausschaltet. Sonst muß man dauernd aufpassen, daß es zu keiner unerwünschten Paarung kommt. Oft sind Kreuzungen erfolgreich, aber wenn eine Hündin Welpen

Paarung: Setzen Sie sich mit dem Besitzer des passenden Rüden in Verbindung, sobald Ihre Hündin läufig wird. Die Paarung wird meist für den 12. Tag der Läufigkeit oder »Hitze« geplant. Bringen Sie die Hündin zum Rüden. Die Paarungsbereitschaft der Hündin erkennt man an ihrem Gehaben.

Trächtigkeit. Sie dauert 63 Tage. Die Hündin sollte sich bis zu den letzten Wochen viel bewegen. Geben Sie ihr Vitamine und zusätzliche Mineralsalze. Machen Sie mit ihr in der dritten Woche eine Wurmkur. Verständigen Sie den Tierarzt. Bereiten Sie für die Welpen ein

Lager mit Bettzeug vor, und gewöhnen Sie die Hündin, dort zu schlafen.

Geburt. Anzeichen von Wehen sind ein Absinken der Temperatur um 1–2 Grad bis auf etwa 36,7 C sowie Unruhe und Appetitlosigkeit. Bleiben Sie bei der Hündin, aber halten Sie andere Ablenkung von ihr fern. Die Wehen dauern 2–20 Stunden. Welpen werden mit dem Kopf voran in einer Hülle geboren, die von der Hündin gefressen wird. Holen Sie einen Tierarzt, wenn trotz aller Wehen keine Welpen erscheinen oder wenn nicht für jeden Welpen eine Nachgeburt vorhanden ist.

Angeborene Defekte. Untersuchen Sie die Welpen nach angeborenen Defekten. Hunde mit folgenden Defekten sollten nicht zur Zucht verwendet werden.
1 Defekte der Augenlider.
2 Mißbildung des Ellbogenhöckers.
3 Mißbildung der Hüfte.
4 Bruch.
5 Hoden, die nicht absinken.

austrägt, die zu groß sind, entstehen dadurch gelegentlich Probleme. Um reinrassige Welpen zu züchten, muß ein Rüde ausgewählt und die Paarung geplant werden. Meist wird für das Decken ein Honorar verlangt. Ein Tierarzt kann raten, wie man eine Hündin während der Trächtigkeit betreut, und man sollte ihn sofort benachrichtigen, wenn eine unerklärliche Änderung des Verhaltens anzeigt, daß Schwierigkeiten auftreten.

Wachstum. Die vier Zeichnungen unten zeigen das Wachstum eines Welpen des Afghanischen Windhundes von 8 Wochen bis zur vollen Größe.

Betreuung der Welpen. Acht ist die Höchstzahl, die eine Hündin ohne Hilfe aufziehen sollte. Während der ersten Wochen übernimmt die Hundemutter die volle Betreuung der Welpen, und man sollte sie dabei so wenig wie möglich stören. Jaulen die Welpen viel, kann das Säugen Schwierigkeiten machen. Konsultieren Sie einen Tierarzt. Mit 6 Wochen werden die meisten Welpen von Würmern befreit. Regen Sie die noch kleinen Welpen nicht auf!

Entwöhnung. Beginnen Sie damit, wenn die Welpen 3 Wochen alt sind. Geben Sie zweimal täglich Milchmahlzeiten (Kuhmilch, angedickt mit Getreideflocken), wenn die Hündin nicht da ist. Mit 4 Wochen fügen Sie eine dritte Mahlzeit aus rohem Hack- oder Schabefleisch hinzu, dem man Vitamine oder Mineralsalze beigibt. Mit 5–6 Wochen sorgen Sie für vier Mahlzeiten am Tag, zweimal Milch und Flocken, zweimal Fleisch. Von 6–8 Wochen an ersetzen Sie die Milchkost durch Fleisch. Ein Welpe, der nicht mehr gesäugt wird, braucht täglich vier kleine Fleischmahlzeiten.

Zeittafel der Entwicklung

Wirft Nabelschnur ab	nach 2–3 Tagen
Verdoppelt Gewicht	nach 9–12 Tagen
Augen geöffnet	nach 12–15 Tagen
Ohren geöffnet	nach 15–17 Tagen
Steht und krabbelt	nach 13–18 Tagen
Uriniert, ohne dazu angeregt zu werden	nach 22–25 Tagen
Bekommt Zähne	nach 30 Tagen
Ist entwöhnt	nach 6–8 Wochen
Schließt sich an den Menschen an	nach 8–14 Wochen
Erste Läufigkeit bei Hündinnen je nach Rasse	nach 24–52 Wochen

Tragzeit	**63 Tage**
Läufigkeit	**alle 6 Monate**
Wurfgröße	**2–12 Welpen**
Entwöhnung	**3–8 Wochen**
Rüden zum Decken verwendbar	**nach etwa 76 Wochen**
Lebensdauer	**8–16 Jahre**

57

Hundekrankheiten

Will man einen Hund gesund erhalten, ist es am wichtigsten, auf jedes Anzeichen einer Erkrankung oder auf ein ungewöhnliches Verhalten zu achten, damit man notfalls gleich einen Tierarzt konsultieren kann. Kost, Bewegung und Unterbringung spielen eine große Rolle bei der Gesunderhaltung eines Hundes. Welpen sollten früh gegen einige Krankheiten geimpft werden. Hunde mit Erbkrankheiten darf man nicht zur Züchtung verwenden.

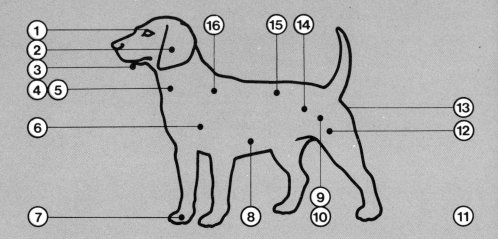

Übliche Krankheiten. Die meisten davon müssen vom Tierarzt behandelt werden.

1 Augenerkrankungen. Bindehautentzündung, Hornhautgeschwüre, Mißbildungen der Augenlider, Rötung, Augenausfluß, Schwellungen.

2 Entzündung des Gehörgangs. Anzeichen: Schiefhalten des Kopfs, Ausfluß, Geruch und Schmerzen. Häufig bei langohrigen Hunden.

3 Entzündung des Zahnfleisches. Übler Atem, bei alten Hunden Schwellungen, verursacht durch Zahnstein.

4 Zwingerhusten. Hustenanfälle nach Bewegung. Sehr ansteckend.

5 Erbrechen. Hunde erbrechen leicht, und es gibt viele Ursachen dafür. Gehen Sie vorsorglich zum Tierarzt.

6 Herzkrankheiten. Häufigstes Symptom ist Husten nach Bewegung.

7 Zysten zwischen den Zehen.

8 Magenkrämpfe. Aufgeblähter Magen. Muß sofort behandelt werden.

9 Durchfall. Hat viele Ursachen. 24 Stunden wenig zu fressen geben. Erholt sich der Hund nicht, suchen Sie den Tierarzt auf. Beobachten Sie jede Veränderung im Verhalten, um die Diagnose zu erleichtern.

10 Verstopfung. Hat viele Ursachen, vielleicht sogar Bruch oder Darmverschluß.

11 Nervöse Anfälle, Hysterie. Trösten Sie den Hund während des Anfalls. Halten Sie ihn ruhig und im Dunkeln. Suchen Sie sofort den Tierarzt auf.

12 Zysten, Tumoren. Gewöhnlich bei alten Hunden. Operation nötig.

13 Afterjucken. Verursacht durch Überfüllung der Drüsen in der Aftergegend. Der Hund rutscht auf dem Hinterteil über den Boden.

14 Würmer. Verschiedene solcher Schmarotzer verändern Appetit und Stuhlgang. Verwenden Sie keineswegs nur Hausmittel dagegen.

15 Nierenkrankheiten. Häufiges Urinieren, Blut im Harn.

16 Hautleiden. Ekzeme, Räude, Scherpilzflechte, Juckreiz, gerötete Stellen, Haarausfall.

Anzeichen von Krankheit. Hundebesitzer sollten folgende Symptome beachten:
1 Veränderter Appetit: Appetitlosigkeit, extremer Hunger oder sonderbare Freßgelüste.
2 Längerer Schlaf als sonst, Mattigkeit, scheues Verkriechen.
3 Ungewöhnlicher Durst und häufiges Urinieren.

4 Ungewöhnlicher Stuhlgang.
5 Niesen, Husten oder Schwierigkeiten beim Atmen.
6 Erbrechen, übermäßiger Speichelfluß.
7 Atemnot oder Schwächeanfall.
8 Winseln, Jaulen oder andere Hinweise auf Schmerzen.
9 Jedes ungewöhnliche Verhalten.

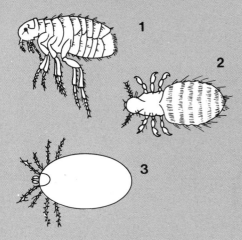

Flöhe, Läuse und Zecken
1 Flöhe hinterlassen schwarze grießige Ablagerungen auf der Haut des Hundes. Der Hund kratzt sich und kann dadurch andere Hautinfektionen bekommen. Kaufen Sie Flohpuder für Hunde und wenden es genau nach Vorschrift an.
2 Läuse heften sich an die Haut und saugen Blut. Verwenden Sie Läusepuder. Desinfizieren Sie auch das Lager.
3 Zecken sind Blutsauger, die häufig die in Wald und Feld herumlaufenden Hunde befallen. Entfernen Sie stets die ganze Zecke, etwa mit einer Pinzette.

Betreuung des kranken Hundes. Halten Sie Telefonnummer und Adresse des Tierarztes für Notfälle bereit. Wenn Sie einen Hund pflegen, befolgen Sie die Anweisungen des Tierarztes und verabreichen alle Arzneien korrekt. Notieren Sie den Velauf der Behandlung und vermerken Veränderungen im Verhalten des Hundes zur Information des Tierarztes. Kranke Hunde brauchen zusätzliche Wärme, Schutz vor Lärm und Aufregung, manchmal auch vor hellem Licht. Fragen Sie den Tierarzt, ob eine besondere Kost nötig ist. Halten Sie das Lager sauber.

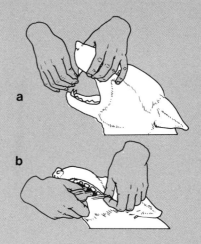

Eingeben von Arzneien.
a Pillen sollten, so weit wie möglich, in den Schlund geschoben werden. Halten Sie dann die Schnauze zu und streichen über die Kehle, um den Hund zum Schlucken anzuregen.
b Flüssige Arznei kann seitlich aus einer kleinen Flasche, genau dosiert, ins Maul gegossen werden. Halten Sie die Schnauze zu, bis der Hund schluckt.

Impfung. Die ersten Impfungen erhalten Welpen mit drei Monaten.
1 Impfstoff gegen infektöse Leberentzündung macht für das ganze Leben immun.
2 Gegen Staupe und Leptospirosen ist eine Wiederholungsimpfung nötig.
3 Regelmäßige Impfung gegen Tollwut ist in den meisten Ländern erforderlich.

59

Katzen

Geschichte der Hauskatze und Wahl des richtigen Tiers

Katzen wurden wahrscheinlich erstmals vor rund 5000 Jahren in Ägypten domestiziert. Damals gewöhnte man Wildkatzen daran, sich um die ägyptischen Kornspeicher aufzuhalten, damit sie schädliche Nagetiere jagten. Katzen sind während der langen Gemeinschaft mit dem Menschen von ihm – ganz anders als Hunde – sehr unterschiedlich behandelt worden. Die alten Ägypter verehrten und mumifizierten sie und richteten jeden hin, der eine Katze tötete. Als man diese Tiere in China einbürgerte, wurden sie hauptsächlich dazu verwendet, die Kokons der Seidenraupen vor Nagetieren zu schützen. In Europa galten im Mittelalter Katzen als Sendboten des Satans und Tausende wurden verbrannt und umgebracht. Erst im 19. Jahrhundert wurden sie wieder als Hausgenossen beliebt. Doch abergläubische Vorstellungen haben sich bis heute hartnäckig erhalten. In Nordamerika oder in Deutschland gilt es z. B. als böses Omen, wenn jemandem eine schwarze Katze über den Weg läuft. Dagegen bedeutet in England eine schwarze Katze Glück. Katzen sind selbständiger als die meisten anderen Haustiere. Unter günstigen Umständen kann eine Katze unabhängig vom Menschen überleben und sie hält sich genauso gern im Freien auf wie im Haus.

a

b

c

Katzen in der Kunst. Mit welch heiliger Scheu Menschen Katzen verehrt haben, lassen künstlerische Darstellungen erkennen wie etwa eine Statue der Katzengöttin aus dem alten Ägypten (**a**) oder eine Tonfigur des Inka-Katzengottes (**b**). Und das Bild einer Hexe mit einer Katze auf dem Besenstiel (**c**) in einem Kinderbuch zeigt dieses Tier im Bund mit dem Bösen.

Abstammung. Katzen sind Raubtiere und gehören zur Familie der Katzen (Felidae), die fast 40 Arten umfaßt. Im Skelett bestehen zwischen Wildkatzen und älteren Typen von Hauskatzen wenig Unterschiede. Man nimmt an, daß die Ahnenform der Hauskatze *(Felis catus = domestica)* hauptsächlich die unten abgebildete Nubische Falbkatze *(Felis ocretea libyca)* ist. Diese nordafrikanische Wildkatze paart sich mit Hauskatzen und bringt fruchtbare Mischlinge hervor. Sie ist ein wenig größer als die Hauskatze, aber zierlicher als die Europäische Wildkatze. Sie hat ein gelbbraunes Fell mit dunklerer Zeichnung, deren markante Farbabgrenzungen besonders auf dem Schwanz auffallend in Erscheinung treten.

Wahl eines Kätzchens. Man kann die jungen Katzen aus veschiedenen Quellen beziehen: von Züchtern, Tierhandlungen oder von einem Freund oder Nachbarn, dessen Katze Junge geworfen hat. Ein im Haus aufgezogenes Kätzchen bereitet gesundheitlich kaum Schwierigkeiten und kostet meist nichts, wenn es kein reinrassiges Tier ist. Begutachten Sie den Wurf, wenn die Kleinen 6 Wochen alt sind. Wählen Sie ein Kätzchen, das weder ängstlich noch aggressiv ist. Nehmen Sie es hoch. Ein Kätzchen, das dann nicht ruhig bleibt, wird wahrscheinlich kein guter Hausgenosse werden. Kätzchen sollten neugierig und spielerisch sein und sich nach einer plötzlichen Bewegung oder Lärm schnell wieder beruhigen. Mit 8 Wochen können Sie vom Wurf getrennt werden. Fragen Sie, ob das von Ihnen gewähle Kätzchen geimpft worden ist (s. S. 83).

Zeichen von Gesundheit
1 Die Ohren sind rein und ohne Ausfluß.
2 Die Nase sondert keinen Schleim ab.
3 Die Haut hat keinen Ausschlag, Schorf, keine Flöhe.
4 Das Fell ist dicht und glänzend.
5 Der Körper ist nicht spindeldürr.
6 Der Bauch ist nicht aufgebläht.

Körperbau der Katze

Die Gestalt der Katze ist im Lauf der Geschichte ihrer Domestikation im wesentlichen unverändert geblieben. Die Katze ist vollendet für die Jagd geeignet. Alle Reaktionen sind aufeinander abgestimmt, und ein ausgezeichneter Gleichgewichtssinn erlaubt ihr, bei weiten Sprüngen sicher zu landen. Gesichts- und Geruchssinn sowie Gehör sind hochentwickelt, sie scheint auch einen angeborenen Orientierungs- und Zeitsinn zu besitzen.

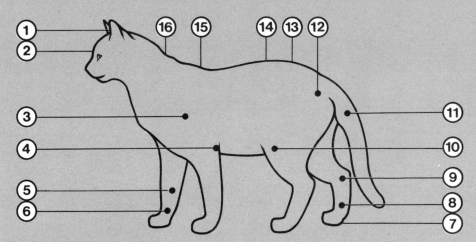

Körperbau. Alle Katzenrassen ähneln sich weitgehend in der Gestalt. Eine Katze hat eine Widerristhöhe von ungefähr 23 cm; die Hüften sind ein wenig höher. Das Gewicht reicht von rund 2,7 bis 6,8 kg. Die Hinterpfoten haben vier Zehen, die Vorderpfoten fünf.

Krallen. Von einer Katze werden die Krallen zum Kämpfen und Klettern gebraucht. Durch den normalen Gebrauch werden sie nicht abgenützt, sondern müssen durch Kratzen und Scharren gestutzt werden. Katzenkrallen sind beweglich. Werden sie nicht gebraucht, zieht die Katze sie ein und kann sich dann lautlos bewegen.

1 Ein Muskel (**a**) hält die hochgezogene Kralle in dieser Lage, wenn die Sehne (**b**) nicht gespannt ist.

2 Die Kralle wird nach abwärts gezogen und vorgestreckt, wenn die Sehne (**b**) sich strafft.

Körperteile der Katze

1 Hinterhaupt
2 Stirn
3 Schulter
4 Ellbogen
5 Handgelenk
6 Mittelvorderfuß
7 Zehen
8 Mittelfuß
9 Mittelfußgelenk (Sprunggelenk)
10 Kniegelenk
11 Schwanz
12 Hinterteil
13 Hüften
14 Rücken
15 Widerrist
16 Nacken

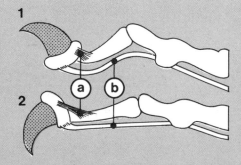

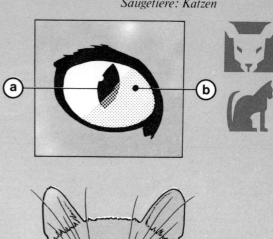

Augen. Katzenaugen sind der nächtlichen Jagd angepaßt. Sie sind viel lichtempfindlicher als Menschenaugen. Nachts öffnen sich die Pupillen der Katze sehr weit, um möglichst viel Licht einfallen zu lassen. Tagsüber werden die Pupillen zu schmalen senkrechten Schlitzen (**a**). An der Rückseite der Netzhaut hat die Katze das sogenannte *tapetum lucidum,* eine Zellschicht, die Licht reflektiert. (Diese Zellen bewirken, daß die Augen aufleuchten, sobald Licht auf sie fällt). Katzenaugen werden zusätzlich geschützt durch ein drittes Augenlid, die sogenannte Nickhaut, die schräg über das Auge gleitet (**b**).

Schnurrhaare. Bei einer Katze sind sie wichtige Tastorgane und dürfen nie abgeschnitten werden. Wahrscheinlich nehmen Katzen damit wahr, woher der Wind weht (Witterung einer Beute), und sie können damit auch abschätzen, ob sie noch durch eine enge Öffnung schlüpfen können oder nicht.

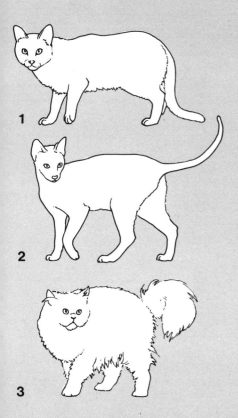

Grundtypen. Katzenrassen variieren in Gestalt und Größe weniger als Hunderassen. Reinrassige Katzen teilt man in drei große Gruppen ein, die sich im Körperbau und in der Haarlänge des Fells unterscheiden. (Die Merkmale einer nicht reinrassigen Katze hängen, wie einleuchtet, vom Typ ihrer speziellen Vorfahren ab.)

1 Kurzhaarkatzen (amerikanische, britische und andere europäische, kurzhaarige Hauskatzen). Diese Katzen haben breite Köpfe, abgerundete Ohren, große runde Augen, einen kräftigen Körper und einen kurzen dicken Schwanz.

2 Fremdländische Kurzhaarkatzen. Katzen dieses Typs sind stromlinienförmig gebaut. Der Kopf ist keilförmig mit großen, spitzen und deutlich voneinander abgesetzten Ohren. Die Beine sind lang, und der Schwanz ist spitz zulaufend.

3 Langhaarkatzen. Charakteristisch sind für sie ein breiter, runder Kopf mit kleinen Ohren und breiter, kurzer Nase, ein niedriger gut gebauter Körper, kurze Beine und ein buschiger Schwanz.

65

Amerikanische und Europäische Kurzhaarkatzen

Die hier abgebildeten Katzen sind Tiere mit Stammbaum. Man unterscheidet Amerikanische und Britische oder allgemein Europäische Kurzhaarkatzen. Man hat sie so gezüchtet, daß sie den offiziellen besonderen Rassestandards in Körpergestalt, Fellfarbe, Zeichnung und Augenfarbe entsprechen.

Die amerikanischen kurzhaarigen Hauskatzen stammen ursprünglich von britischen Rassen ab und sind in beiden Ländern im Typ ähnlich geblieben. Sie haben einen kräftigen, ge-

1

1 Eine sogenannte Tabby-Katze, d. h. eine gemusterte Rasse, kann silberfarben, rot oder braun sein mit dunkler, meist gestreifter Zeichnung. Sie ähnelt darin den wildlebenden Ahnen der Hauskatze, und diese Zeichnung kann oft in Rassen auftreten, in denen dies nicht erwünscht ist. Schwierig zu züchten, da ihre Zeichnung streng vorgeschriebenen Regeln entsprechen muß.

2 Schildplattkatze. Rote, schwarze und cremefarbene Flecken sollten gleichmäßig über den ganzen Körper verteilt sein. Die Farben dürfen nicht vermischt sein. Männchen sind sehr selten und normalerweise steril. (Eine amerikanische blaue und cremefarbene Abart hat eine ähnliche Zeichnung, obwohl bei der europäischen Form die beiden Farben vermischt sein sollten).

drungenen Körper, einen dicken Schwanz und breiten Kopf sowie Ohren mit abgerundeten Spitzen. Das gilt auch allgemein für die europäischen Varietäten. Die amerikanischen haben meist größere Ohren als die entsprechenden britischen Exemplare. Wegen Schwierigkeiten bei der Zucht sind manche dieser Katzen ganz selten. Bei bestimmten Rassen sind die Kater meist unfruchtbar; unter diesen Umständen ist die Kreuzung mit anderen Rassen nötig, um die Zucht weiterführen zu können.

3 Schildplatt- und Weißfarbene Europäische Kurzhaarkatze. Wird in den USA auch Calico-Katze genannt. Ähnelt der Schildpattkatze, hat jedoch auf Gesicht, Brust und Beinen weiße Flecken. Meist Weibchen.

4 Zweifarbige Europäische Kurzhaarkatze. Kann jede Grundfarbe mit Weiß haben. Die Farbflecken sollen klar abgesetzt sein.

5 Einfarbige Kurzhaarkatzen – mit blauen, orangefarbenen oder verschiedenfarbigen Augen. Diese Katzen können weiß, blau, cremefarben oder schwarz sein, müssen aber eine einheitliche Färbung haben, ohne irgendwelche andersfarbige Haare. Weiße Katzen mit blauen Augen sind meist taub.

Fremdländische Kurzhaarkatzen

Obwohl man die unter diesem Namen bekannten reinrassigen Katzen erst vor relativ kurzer Zeit eingeführt hat, ist diese Gruppe ungemein beliebt geworden. Von der anderen, amerikanischen und europäischen, Kurzhaargruppe (S. 66) unterscheiden sich diese Hauskatzen deutlich im Körperbau. Sie haben einen langgestreckten geschmeidigen Körper und einen spitz zulaufenden Schwanz, einen länglichen, gut proportionieren Kopf und spitze Ohren. Die Unterschiede zwischen den verschiedenen

1

1 Siamkatzen (Siamesen). Die Farbe der typischen Abzeichen, der »colorpoints«-Gesichtsmaske, Ohren, Beine und Schwanz – ist einige Grade dunkler als das übrige Fell. Die Katzen können rötlich-gelbbraun, d. h., sealbraun, blau, schokoladenfarben oder graurosa und lila sein, rot oder cremefarben gefleckt oder gesprenkelt. Siamkatzen haben einen keilförmigen Kopf, anmutigen Hals und Hinterbeine, die merklich länger als die Vorderbeine sind. In England wurden sie 1884 eingeführt und sind heute in vielen Ländern die beliebtesten Hauskatzen. Ihre Herkunft ist unbekannt. Aber Kopf- und Körperform ähneln denen der Katzen, die im alten Ägypten als göttlich verehrt wurden. Siamkatzen verlangen Zuneigung und haben eine laute Stimme.

Rassen sind im Körperbau gering, sie bestehen hauptsächlich in der Fellbeschaffenheit und in der Augenfarbe. Die Namen fremdländischer Rassen verraten nicht immer, aus welchem Land sie stammen. Man nimmt an, daß der fremdländische Grundtyp ursprünglich in Gebieten des Mittleren Ostens und in Asien entstand, aber manche exotischen Rassen, etwa die Burmakatzen, wurden dadurch geschaffen, daß man Siamkatzen mit anderen Formen des fremdländischen Typs kreuzte.

2 Burmakatzen (Burmesen) sind braun, blau oder champagnerfarben, mit dichtem, glänzendem Kurzhaarfell. Sie sind durch Kreuzung von Siamkatzen mit fremdländischen Kurzhaarformen gezüchtet worden.
3 Korat-Katze nennt man eine silbergraue Kurzhaarrasse mit dichtem, weichem Fell. Sie wurde 1959 aus Thailand nach Amerika gebracht.

4 Abessinier-Katze. Eine ungewöhnliche und teure Rasse mit kurzhaarigem, dichtem Fell. Rotbraun, gestichelt mit Dunkelbraun oder schwarz. Diese Katzen können auch rot sein.
5 Russische Blaue Katze (wird auch »Erzengelkatze« genannt). Weiches, glattanliegendes blaues Fell. Diese Rasse soll von russischen Matrosen nach England gebracht worden sein.

Langhaarkatzen

Diese Tiere sind vielleicht die allerschönsten reinrassigen Katzen. Bekannt unter verschiedenen Namen, Angora-, Langhaar- oder Perserkatzen, sind sie anscheinend gegen Ende des 17. Jahrhunderts aus dem Mittleren Osten nach Westeuropa gebracht worden. Manchmal tauchen auch in den Würfen von Kurzhaarkatzen langhaarige Tiere auf. Aus ihnen wurden im Laufe der Zeit ebenfalls neue Langhaarrassen gezüchtet.

1

1 Langhaarige Perserkatzen. Selektive Züchtung hat Farbvariationen hervorgebracht, die denen der Kurzhaarrassen entsprechen. Einfarbige Langhaarkatzen können weiß, schwarz, blau, cremefarben oder rot sein. Schwarze und weiße sind die ältesten Varietäten, doch die blauen sind heute wahrscheinlich am beliebtesten. Blauäugige weiße Langhaarkatzen sind meist taub.

Rote und cremefarbene Katzen sind schwierig zu züchten. Rauchfarbene haben ein schwarzes silbern überhauchtes Fell. Die Einteilung zweifarbiger hier abgebildeter Katzen in gefleckte oder gestreifte, in blau- und cremefarbene, schildpatt- sowie schildpatt- und weißfarbene Rassen ist die gleiche wie sie für Kurzhaarkatzen (S. 66–67) entwickelt wurde.

Heute zeigen Langhaarkatzen alle Farbvariationen der Kurzhaar-rassen. Außer einem langen wallenden Fell mit Halskrause sollte eine Langhaarkatze einen breiten, runden Kopf, kleine mit Haar-büscheln gezierte Ohren, einen niedrigen, gut gebauten Körper, kurze Beine und einen buschigen Schwanz haben. Das Fell von Langhaarkatzen muß regelmäßig gepflegt werden, damit es schön bleibt und sich nicht Haarbälle bilden.

2 Himalaja- oder Colorpoint-Katze. Gezüchtet durch Kreuzung der Siamkatze mit verschiedenen Langhaarrassen. (Die Balikatze, eine weitere langhaarige Colorpoint-Rasse hat man aus langhaarigen Siamkatzen entwickelt).

3 Birmakatze. Ahnenform burmesischer Tempelkatzen. Weiße »Handschuhe« an den Pfoten, andere Abzeichen schwarz. Lange Nase.

4 Chinchilla-Katze. Weißes Fell mit schwarzen Haarspitzen (Silberschimmer). Buschiger Schwanz, zotteliges Fell auf Brust und Nacken.

5 Türkische Katze (Van-Katze). Weiß mit kastanienbraunen Flecken auf dem Kopf und ebenso gefärbten breiten Ringeln auf dem Schwanz. Lange Nase. Schwimmt gern sowohl in stehendem wie schnell fließendem Wasser.

71

Andere Varietäten

Auf diesen Seiten ist eine Anzahl Katzen zusammengefaßt, die durch ein besonderes, ungewöhnliches Merkmal gekennzeichnet ist. In manchen Fällen ist dies eine erbliche Veränderung der Körperform. Die Herkunft der schwanzlosen Manx-Katze ist unbekannt. Schwanzlose Katzen kennt man seit vielen Jahrhunderten auf der Insel Man, aber auch in Ostasien. Die Sphinx- und Rexkatzen mit dem ungewöhnlichen Fell und die Scottish fold-Katze genannte Rasse mit nach vorn geneigten Ohren sind neue-

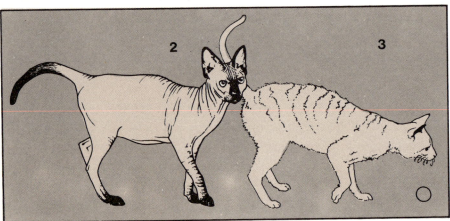

1 Manx-Katze. Schwanzlose Katze von der Insel Man. Wo der Schwanz ansetzen sollte, ist ein Loch. Das Haar ist weich und dicht. Großer Kopf mit spitzen Ohren. Lange, kräftige Hinterbeine machen den Gang dem eines Kaninchens ähnlich.

2 Sphinx-Katze. Ein schütteres Fell mit Haaren normaler Länge verschwindet vor dem Entwöhnen. Erwachsene Tiere haben sehr kurzes dichtes Haar, das sich wie Wildleder anfühlt. Keine Schnurrhaare. Muß vor Kälte geschützt werden.

3 Cornish-Rexkatze (Auch andere Varietäten der Rexkatze). Kurzhariges, wellig gekräuseltes Fell von beliebiger Farbe. Geringelte Schnurrhaare, langer schlanker Körper. Keilförmiger Kopf. Diese Rasseformen werden seit den fünfziger Jahren gezüchtet.

re Mutationen, die von Katzenzüchtern wegen ihres Neuheitswerts weiter vermehrt worden sind. Die Ägyptische Mau zeigt keine veränderten Merkmale. Sie ist eine noch nicht anerkannte Rasse, die an die Katzen auf altägyptischen Gemälden erinnert. Die große amerikanische Maine coon cat, die »Waschbärkatze« von Maine, mit dem mittellangen Fell hat sich im Lauf mehrerer Jahrhunderte entwickelt, soll aber erst jetzt von den internationalen Zuchtverbänden als Rasse anerkannt werden.

4

5   6

4 Scottish Fold-Katze. Zeichnet sich durch kurze Ohren aus, die, nach vorn geneigt, ziemlich weit oben auf dem Kopf sitzen. Verschiedene Farben und Muster. Seit Anfang der sechziger Jahre bekannt, aber noch nicht als Rasse mit Standard anerkannt.

5 Ägyptische Mau. Fremdländischer Katzentyp mit Flecken und Streifen gezeichnet. Silbern (mit schwarzer Zeich-nung) oder bronzefarben (auf fahlem Untergrund). Noch nicht offiziell als Rasse anerkannt.

6 Maine coon cat (»Waschbärkatze« von Maine). Wurde im Lauf mehrerer Jahrhunderte in den USA entwickelt. Mittellanges Haarkleid, auffallende Halskrause. Außerordentlich groß: Kater können 18 kg wiegen. Einem Waschbären ähnliche Färbung am häufigsten.

73

Betreuung von Katzen (1)

Manchmal wird behauptet, daß Katzen für sich selbst sorgen können und die Gastfreundschaft des Menschen annehmen, wenn es ihnen paßt, aber im Grunde fähig sind, sich allein am Leben zu erhalten. In dieser Behauptung mag ein Körnchen Wahrheit stecken. Aber das ist bestimmt keine Rechtfertigung dafür, nun nicht für die wesentlichen Bedürfnisse von Katzen zu sorgen, die sie wie alle anderen Haustiere haben. Katzen, die Mäuse

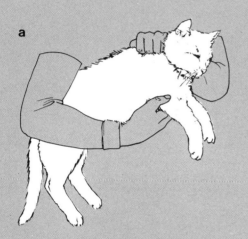

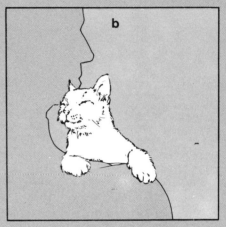

Wie man mit Katzen umgeht. Heben Sie nie eine Katze an den Hautfalten des Genicks hoch. Katzen sollten sanft angefaßt und so getragen werden, daß das ganze Gewicht des Körpers abgestützt wird. Eine gute Methode ist, sie auf dem Unterarm ruhen zu lassen und mit der nach oben gedrehten Hand das Vorderteil zu stützen (**a**). So wird der Körper des Tieres leicht zwischen Arm und Körper gehalten. Andere Katzen bevorzugen andere Methoden; viele Katzen mögen es sehr gern, wenn sie von Ihnen auf der Schulter getragen werden (**b**) und sich festklammern können.

Körperpflege. Katzen halten sich selbst sehr sauber. Aber Langhaarrassen müssen zusätzlich auch mit einer Drahtbürste (**a**) behandelt werden, damit das Fell nicht verfilzt oder sich Haarbälle bilden. Katzen lieben Wasser nicht und sollten nur gebadet werden, wenn sie ungewöhnlich schmutzig sind. Verwenden Sie ein mildes Kopfwaschmittel (Shampoon) und möglichst wenig Wasser. Wenn nötig, können Krallen von Katzen genauso gestutzt werden wie die von Hunden (S. 49). Damit die Krallen sichtbar bleiben, drücken Sie zwischen den Zehen (**b**) leicht nach oben.

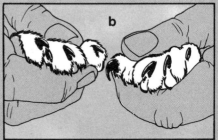

und Vögel jagen, sollten trotzdem regelmäßige Mahlzeiten als Ausgleich erhalten. Dürfen sie frei herumlaufen, muß man sie besonders in Stadtgebieten, wo die Unfallgefahr größer ist, ein wenig beaufsichtigen. Die Katze ist ein sehr reinliches Tier, aber Langhaarrassen müssen gestriegelt werden. Zur Betreuung einer Katze gehört auch, daß man sich mit ihr beschäftigt, mit ihr spielt und sie abrichtet. Katzen sind keineswegs immer ungesellig.

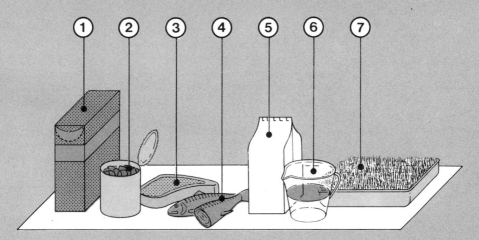

Fütterung. Eine sehr nahrhafte Grundkost für eine Katze besteht aus ⅔ Trockenfutter, zusammen mit ⅓ Fleisch- oder Fischkonserve, die für zusätzliche Würze und Feuchtigkeit sorgen. Auch frisches Fleisch und frischer Fisch werden geschätzt. Aber achten Sie darauf, daß die Kost ausgeglichen ist. Sonst könnte die Katze z. B. unterernährt sein oder nierenkrank werden. Wasser sollte immer für sie bereitstehen. Milch schmeckt ihr meist gut, aber gibt man sie in großen Mengen, kann sie Durchfall verursachen oder Wurmbefall fördern. Auch frisches Gras zum Knabbern

ist nötig. Füttern Sie Kätzchen viermal, erwachsene Tiere ein- bis zweimal täglich. Die erforderlichen Mengen schwanken je nach Größe, Alter und Lebhaftigkeit. Lassen Sie Ihre Katze nicht durch allerlei Leckerbissen zu dick werden.

1 Katzen-Trockenfutter
2 Fleisch- oder Fischkonserve
3 Frischfleisch (Leber oder
. anderes Fleisch).
4 Frischer Fisch (leicht gekocht).
5 Milch.
6 Wasser.
7 Gras.

Katzenminze *(Nepeta cataria)* ist ein stark duftendes Baldriangewächs. Es enthält eine Substanz, die wie auch Baldrian *(Valeriana officinalis)* Katzen höchst anziehend finden. Pflanzt man sie im Garten an, schätzt das eine Katze sehr. Man kann aber auch einfaches Spielzeug, mit getrockneten Blättern der Katzenminze gefüllt, für seinen Liebling kaufen.

75

Betreuung von Katzen (2)

Art der Haltung. Reinrassige oder in einer Stadt lebende Katzen werden oft nur im Haus gehalten. Viele Katzen können, wie es scheint, ganz glücklich sein, auch wenn ihnen die Außenwelt verschlossen bleibt. Probleme entstehen jedoch häufig, wenn eine Katze an ein Leben im Freien gewöhnt ist. Zwei Katzen in der Wohnung zu halten, könnte ein Mittel gegen Langeweile und Destruktivität sein. Katzen, die im Haus bleiben, brauchen ein Kistchen mit Streu. Ein Pfosten, an dem sie kratzen dürfen, sorgt dafür, daß die Möbel weniger beschädigt werden. Eine Katzenfalltür (siehe links) erlaubt unbehindertes Ein- und Ausgehen. Eine Katze, die man ins Freie läßt, ist vielen Gefahren ausgesetzt, unter anderem Verkehrsunfällen, Vegiftung, Verletzung bei Rauferei, sie kann sich verlaufen und gestohlen werden. Es ist ratsam, Katzen nachts im Haus zu behalten. Eine Katze, die jagt, sollte zweimal im Jahr von Würmern befreit werden, da Mäuse wie auch Vögel Überträger von Parasiten sein können.

Wie man Katzen stubenrein macht. Sie lassen sich leicht dazu abrichten und benützen bereitwillig ein Kistchen mit Streu, wenn sie erst einmal wissen, wo sie es finden. Die Kistchen sollten groß und tief für erwachsene Katzen, flach für Kätzchen sein. Verwenden Sie eine Email- oder Plastikwanne (**a**), die käufliche Katzenstreu (**b**), Sand oder Hobelspäne enthält. Stellen Sie sie auf Zeitungspapier. Exkremente und verschmutzte Streu sollten täglich beseitigt werden, und man muß neue Streu zugeben. Einmal in der Woche reinigen Sie das Kistchen gründlich.

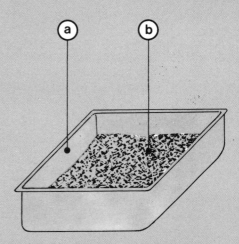

Halsband und Leine. Ein Halsband mit einem Erkennungsschildchen ist nützlich, wenn eine frei herumlaufende Katze dazu gebracht werden kann, es zu tragen. Es sollte leicht, schmal und elastisch sein. Ein paar Rassen, vor allem Siamkatzen, kann man daran gewöhnen, an einer Leine zu gehen. Verwenden Sie nur eine leichte Leine und nehmen Sie sich Zeit zum Abrichten.

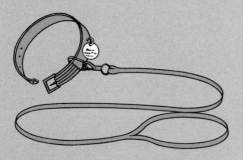

Lager. Katzenlager sollten warm und mit einem Bettzeug versehen sein, das sich leicht waschen läßt, und sie sollten an einem zugfreien Platz stehen. Ein Pappkarton (**a**) ist dafür gut geeignet. Viele Katzen ziehen es jedoch vor, sich den Schlafplatz selbst auszusuchen. Sind es Polstermöbel, lassen sie sich durch eine waschbare Decke schützen.

Transportbehälter. Da viele Katzen sich nicht an der Leine führen lassen, sind für Reisen Transportbehälter nützlich. Sie sollten sicher, gut durchlüftet und von oben zu öffnen sein. Häufig werden Tragkörbchen verwendet. Andere Behälter haben einen durchsichtigen Deckel (**b**), sodaß das Tier die Umgebung beobachten kann.

a

b

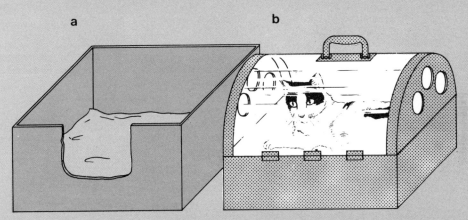

Abrichten. Bei Katzen besteht das Abrichten hauptsächlich darin, unerwünschte Tätigkeiten zu verhüten, wie Möbel zerkratzen, auf Küchentischen herumspazieren oder Essen vom Teller stehlen. Ein »Nein«, verbunden mit einem leichten Klaps aufs Hinterteil, genügt als Verweis. Es ist unmöglich, eine Katze dazu abzurichten, daß sie nicht jagt. Selbst ein Glöckchen am Halsband kann unwirksam sein. Manche Katzen lernen allerlei Spiele, doch die meisten sind nicht so empfänglich fürs Abrichten wie Hunde; sie sind bei weitem nicht so in ihrem Verhalten formbar.

Spiel. Kätzchen sind von Natur aus spielerisch, aber auch erwachsene Katzen haben oft Spaß an einem Spiel, wenn sie dazu ermuntert werden. Beschäftigen sich im Haus lebende Katzen täglich eine Weile mit Spielzeug und einem Spiel, veschafft ihnen das zusätzliche Bewegung, verhütet Langeweile und macht sie umgänglicher und leichter ansprechbar. Spielsachen sollten einfach und giftfrei sein. Zu den guten gehören: eine Schnur (**a**), ein Tischtennisball (**b**), eine leere Spule (**c**), zusammengeknülltes Papier (**d**), und eine mit Katzenminze gefüllte Maus (**e**).

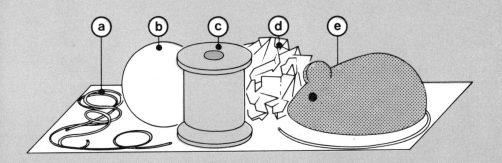

Verhalten von Katzen

Katzen stehen in dem Ruf, zurückhaltend und nicht bereit zu sein, auf die Wünsche des Menschen einzugehen. Sicher ist es charakteristisch für sie, daß sie schwerer abzurichten und auch unabhängiger sind als Hunde. Der Grund dafür ist vielleicht das unterschiedliche Verhalten von wildlebenden Hunden und Katzen. Hunde jagen im Rudel unter einem Leittier, Katzen dagegen einzeln. Manchmal wird behauptet, daß Katzen mehr an einem

Laute. Katzen geben vielerlei Laute von sich. Schnurren ist ein Zeichen von Zufriedenheit, Miauen signalisiert eine Bitte, und Knurren oder Fauchen verrät Zorn und Wachsamkeit einer Gefahr gegenüber. Zu bestimmten Zeiten sind Katzen lärmender. Während der Brunstzeit, der sogenannten Rolligkeit des Weibchens, können sie wie auch die Kater jaulen und schreien. Katzenmütter geben eine Reihe von Ruflauten von sich, wenn sie die Jungen abrichten. Manche Rassen sind lauter als andere. Siamkatzen sind lärmend, Abessinierkatzen still.

1 Begrüßung. Die Katzen machen einen Buckel und stellen den Schwanz hoch.

2 Kopfreiben. Duftdrüsen auf Stirn, Lippen, Kinn und Schwanz werden dazu benützt, Gegenstände, Menschen und andere Katzen zu markieren (kennzeichnen). Reibt die Katze ihren Kopf beispielsweise an Ihrer Hand, ist das ein Liebesbeweis.

3 Kratzen. Damit halten die Katzen die Krallen kurz. Man nimmt an, daß es auch eine Kennzeichnung (Markierung) des Reviers ist, die anderen die Größe der Katze anzeigt. Um Möbel zu schüt-

Gesichtsausdruck. Im allgemeinen ist das Mienenspiel weniger ausdrucksvoll als beim Hund.
a Aggressivität verraten verengte Pupillen und wachsam hochgestellte Ohren.
b Demutsausdruck, der Furcht anzeigt, mit erweiterten Pupillen und flachgelegten Ohren.

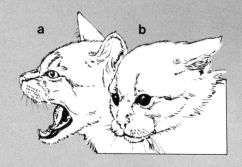

Ort als an den Menschen hängen. Ob das nun stimmt oder nicht, so spielt doch das Revier eine wichtige Rolle im Verhalten von Katzen. Sie reagieren daher sehr empfindlich auf Veränderungen in der Umwelt. Aber sie sind auch empfänglich für Kontakte mit dem Menschen. Eine Katze, die mit Liebe und Aufmerksamkeit aufgezogen worden ist, wird sich ganz anders entwickeln als eine, die ohne jeden Kontakt mit Menschen groß geworden ist.

4   **5**   **6**

zen, ermuntern Sie die Katze dazu, einen seperaten Pfosten zum Kratzen zu benützen.

4 Sich anschleichen ist das erste instinktive Stadium beim Jagen. Ausgelöst wird es vielleicht, sobald die Katze die Beute hört.

5 Anspringen ist auch ein instinktives Verhalten. Die Katze landet dabei zuerst auf den Hinterpfoten.

6 Der tödliche Biß ist das Endstadium der Jagd und muß von der Mutter gelernt werden. Die Zähne müssen einen Spalt zwischen den Nackenwirbeln der Beute finden. Der Nackenbiß wird oft ohne schlimme Wirkung an Wurfgeschwistern ausprobiert. Eine Katze ohne diese Fertigkeit scheint mit der Beute nur zu spielen.

Revierverhalten zeigt sich am deutlichsten bei Katern. Sie nehmen dabei die links unten (7) gezeigte Drohhaltung ein, und sie kämpfen auch. Die Grenzen ihres Gebietes markieren sie, indem sie Harn sogar im Haus versprühen. Wird ein Kater kastriert, ist das mit dem Fortpflanzungstrieb vebundene Verhalten, Harn zu versprühen, zu raufen und umherzustreunen, meist kein Problem mehr.

7

Züchtung von Katzen

Katzen lassen sich gut züchten. Ausgenommen einige reinrassige Tiere, entstehen dabei keine Probleme. Eine betrübliche Folge davon ist, daß jedes Jahr Millionen von unerwünschten Kätzchen getötet werden müssen. Jeder, der eine Katze besitzt, sollte ernstlich die Vorteile einer Kastrierung erwägen. Nicht kastrierte Kater neigen zum Streunen und Raufen und versprühen sogar im Haus den Harn. Nicht sterilisierte Weibchen haben häufige »Hit-

Paarung. Katzenweibchen sollten vor der Paarung geimpft und von Würmern befreit werden. Jedes nicht sterilisierte Weibchen wird während der »Rolligkeit«, wenn man es nicht einsperrt, einen Kater finden. Anzeichen für die Brunst oder »Hitze« sind ein gewölbter (krummer) Rücken, ein hochgestellter Schwanz, »Tanzen« auf den Hinterpfoten und Rollen auf dem Boden. Während der ersten Rolligkeit ist eine Paarung noch nicht ratsam.

Trächtigkeit. Sie dauert 58–70 Tage. Erhöhen Sie das Futter auf die doppelte Menge. Sorgen Sie für ein Wurflager. Wenige Tage vor der Geburt wird die Katze immer mehr Zeit an dem Platz verbringen, den sie für die Geburt der Kätzchen gewählt hat.

Geburt. Behalten Sie den Fortgang des Ereignisses im Auge. Rufen Sie sofort den Tierarzt, wenn ein Kätzchen im Geburtskanal steckenbleibt oder eine Nachgeburt fehlt. Gelingt es der Mutter nicht, die Fruchthülle aufzureißen, öffnen Sie sie mit einer Schere und trocknen den Kopf des Neugeborenen.

Sterilisation. Es wird empfohlen, Weibchen mit etwa 6 Monaten, Kater mit 7 Monaten vor der Geschlechtsreife zu sterilisieren. (Später wird ein Kater seine Gewohnheiten nur mehr teilweise ändern). Bei den Weibchen werden meist die Eierstöcke (**a**) und die Gebärmutter (**b**), beim Kater die Hoden (**c**) entfernt. Diese beiden Operationen sind einfach und nicht teuer. Weibchen werden vielleicht noch über Nacht in der Tierklinik behalten, Kater können gleich entlassen werden.

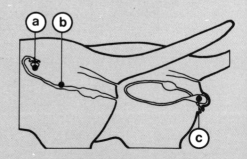

zen«. Sie werden unruhig und laut, wenn sie keinen Kater finden können. Erlaubt man ihnen, das Haus zu verlassen, werden sie fast sicher trächtig, und es kann äußerst schwierig sein, für die kleinen Kätzchen ein neues Heim zu finden.. Sterilisierte Katzen beiderlei Geschlechts sind zudem meist friedlicher und zärtlicher. Sie neigen jedoch zur Gewichtszunahme. Aber es läßt sich mit richtiger Kost verhindern, daß sie dick und unförmig werden.

Wachstum. Die untenstehenden Bilder zeigen das Wachstum eines Kätzchens von der Geburt bis zu sechs Monaten.

Betreuung der Kätzchen. Für gewöhnlich besteht der Wurf von Katzen aus 4–6 Jungen. Schwächliche oder mißgebildete Sprößlinge werden oft bei der Geburt von der Mutter getötet oder später von ihr im Stich gelassen. Während der ersten Wochen sorgt die Katzenmutter für alle Bedürfnisse ihrer Kätzchen. Sie säugt sie, hält sie sauber und entfernt die Exkremente. Diese Zeit über sollte die Mutter doppelte Futterrationen erhalten. (Muß ein Kätzchen vom Menschen aufgezogen werden, lasse man sich von einem Tierarzt beraten).

Entwöhnen. Mit 8 Wochen sind Kätzchen völlig entwöhnt und bereit, sich vom Wurf zu trennen. Ein frisch entwöhntes Kätzchen braucht 4–5 mal täglich Futter. Vom Alter von etwa 3 Monaten an füttere 3 mal täglich, von rund 6 Monaten an nur mehr zweimal täglich. Bevor ein Kätzchen den Wurf verläßt, sollte es von einem Tierarzt untersucht, geimpft und von Würmern befreit werden.

Zeittafel der Entwicklung

Wirft Nabelschnur ab	nach 2–3 Tagen
Öffnet die Augen	nach 7–12 Tagen
Bekommt Milchzähne	nach 30 Tagen
Ist entwöhnt	nach 8 Wochen
Bekommt die bleibenden Zähne	nach 6 Monaten
Kastrierung von Weibchen	mit 6 Monaten
Kastrierung von Katern	mit 7 Monaten
Geschlechtsreife von Weibchen	mit 6–8 Monaten
Geschlechtsreife von Katern	mit 7–12 Monaten

Trächtigkeit	**58–70 Tage**
Wurfzahl	**4–6 Junge**
Entwöhnung	**8 Wochen**
Geschlechtsreife mit	**6–12 Monaten**
Lebensdauer	**14 Jahre**

Katzenkrankheiten

Manche der bösartigen Krankheiten, die Katzen befallen, können heute durch eine Impfung im Zaum gehalten werden. Jeder Katzenbesitzer sollte dafür sorgen, daß sein Liebling geimpft wird, damit sich eine Infektion weniger leicht verbreiten kann. Geringere Beschwerden lassen sich daheim behandeln, doch sobald bei einer Katze Anzeichen von Unpäßlichkeit auftreten, ist es immer klug, einen Tierarzt zu konsultieren.

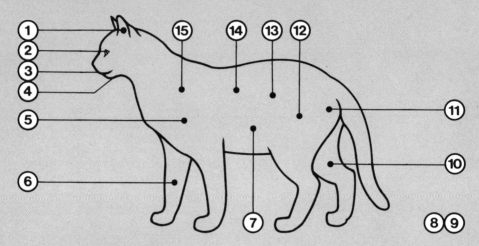

Übliche Erkrankungen. Ziehen Sie stets einen Tierarzt zu Rate. Selbst bei relativ geringer Unpäßlichkeit besteht die Gefahr von Komplikationen.

1 Ohrenentzündung (Reizung, braune schuppige Kruste in den Ohren).

2 Augenkrankheiten. Bindehautentzündung (Entzündung, Augenausfluß). Vorfall der Nickhaut – geht ohne Behandlung zurück. 3 Zahnfleischentzündung – verursacht durch Ansammlung von rohem geschabten Rindfleisch.

4 Katzenakne (Finnenausschlag der Katze). Infektion der großen Hautdrüsen auf dem Kinn. Erfordert dringend Behandlung.

5 Hautkrankheiten. Hautentzündung (Rötung der Haut), Scherpilzflechte (rote, kreisrunde Flecke), Ekzeme, Räude (verursacht durch Milben).

6 Abszesse – oft verursacht durch Bisse von Ratten oder anderen Katzen (tiefen, infizierten Stichwunden ähnlich).

7 Darmverschluß – meist verursacht bei langhaarigen Katzen durch Anhäufung von Haarbällen.

8 Nervöse Anfälle. Trösten Sie die Katze. Andere Symptome können die tieferen Ursachen dafür offenbaren.

9 Blutarmut (Anämie). Ballen, Zahnfleisch und Zunge sind zu blaß. Teilnahmslosigkeit. Bei Katzen häufiger als bei jedem anderen Tier.

10 Hautparasiten – Flöhe, Läuse, Zecken und Milben (siehe Hunde S. 59)

11 Durchfall oder Verstopfung – viele Ursachen, möglicherweise falsches Futter.

12 Erkrankung der Harnwege (häufiges, ausbleibendes oder mühsames Urinieren). Behandlung ist dringend nötig, um Harnvergiftung (Urämie) zu verhüten.

13 Zysten und Tumoren – sind vielleicht chirurgisch zu entfernen.

14 Würmer (veränderter Appetit oder Stuhlgang, aufgeblähter Bauch). Versuchen Sie nicht, Hausmittel anzuwenden.

15 Erkrankung der Atmungsorgane. Erkältungen, Asthma, Lungenentzündung. Symptome sind denen beim Menschen ähnlich.

Anzeichen einer Erkrankung. Viele Katzenkrankheiten entwickeln sich sehr schnell. Umgehende Behandlung durch einen Tierarzt ist nötig. Mißachten Sie niemals folgende Warnzeichen:

1 Teilnahmslosigkeit.
2 Schlechter Zustand des Fells.
3 Verkriechen in dunkle Ecken.
4 Veränderung des Temperaments.
6 Husten
7 Erbrechen oder Speichelfluß.
8 Verlust des Appetits oder Heißhunger.
9 Gewichtsverlust oder ungewöhnliche Gewichtszunahme, aufgeblähter Magen.
10 Veränderter Stuhlgang.
11 Nervöse Anfälle.

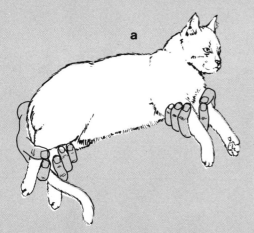

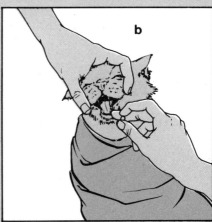

Verabreichung von Arzneien. Dafür sind vielleicht zwei Menschen nötig: einer, um die Katze zu halten, der andere, um ihr die Medizin zu geben. Um zu vermeiden, daß die Katze kratzt, halten Sie sie wie abgebildet (**a**) fest. Stecken Sie ihr Pillen tief in den Schlund (**b**). Halten Sie das Maul zu und streichen über den Hals, damit sie leichter schluckt. Flüssige Arznei gießen Sie aus einer Pipette seitlich ins Maul der Katze (**c**). Halten Sie es zu, bis die Arznei geschluckt worden ist.

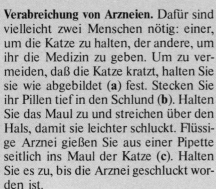

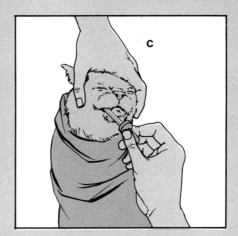

Pflege einer kranken Katze. Ziehen Sie den Tierarzt zu Rate, sobald Symptome auftreten. Beobachten Sie den Verlauf der Krankheit, um die Diagnose zu erleichtern. Sorgen Sie für Wärme, Ruhe und, wenn nicht anders vorgeschrieben, für Futter, das die Katze zu sich nehmen kann. Halten Sie das Lager sauber. Vergewissern Sie, sich, daß Augen und Nase der Katze frei von Schleim sind.

Impfung

1 Alle Katzen müssen nach der Entwöhnung gegen Katzenpest, auch Katzenstaupe genannt, geimpft werden.
2 Impfung gegen Infektion der oberen Atmungswege ist nötig, wenn Katzen in Pflege gegeben oder ausgestellt werden.
3 In den meisten Ländern ist auch Impfung gegen Tollwut erforderlich.

83

Marder

Frettchen

Das Frettchen ist ein domestizierter Nachkomme des europäischen und nordafrikanischen Iltis. Es gehört der Familie der Marder (Mustelidae) an, der urtümlichsten Gruppe der Raubtiere unter den Säugetieren. Gezähmte Frettchen sind seit der Römerzeit in Europa in Gefangenschaft aufgezogen worden. In die USA wurden sie von dort nach 1870 eingeführt. Heute werden sie manchmal einfach als Hausgenossen gehalten, aber ihre ge-

Frettchen *(Mustela putorius furo)*. Einschließlich 20 cm Schwanz: 61 cm lang; gelblich-weiß, braun oder cremefarben; langgestreckter, mit Pelz bedeckter Körper; kurze Beine; abgeflachter, dreieckiger Kopf; kleine scharfe Augen; kurzer buschiger Schwanz; Lebensdauer 4–7 Jahre.

Behandlung. Test für Zahmheit: Halten Sie dem Frettchen eine Faust mit dem Handrücken hin(**a**). Wenn es nicht zu beißen versucht, streichen Sie ihm mit der Hand sanft über den Rücken (**b**), packen es beim Genick (**c**), heben es hoch und tragen es mit den Händen (**d**).

Verhalten. Von Natur aus Nachttiere, können Frettchen zu geregelter Tätigkeit am Tag abgerichtet werden. Die meisten werden sehr zahm, wenn man sie früh erwirbt und sich oft mit ihnen beschäftigt. Sie halten sich selbst gut sauber und baden ab und zu gern in einem Wasserbecken. Ist ein Frettchen verletzt oder sehr verängstigt, wird von Stinkdrüsen am After ein übelriechendes Sekret abgesondert. Männchen verbreiten auch in der Brunstzeit diesen Geruch. Weibchen stinken im allgemeinen nicht und eignen sich daher besser als Hausgenossen.

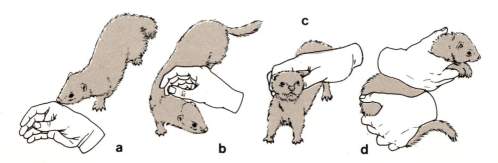

schichtliche Bedeutung erlangten sie als Jagdtiere. Das Frettchen wird dafür abgerichtet, Schädlinge wie Mäuse und Ratten aufzustöbern, vor allem aber auch heute noch Wildkaninchen aus ihren Bauen zu treiben, in die es hineinschlieft. Versuchen diese Tiere zu entfliehen, können sie dann gefangen werden. Frettchen sind mit Vorsicht zu behandeln, aber die meisten werden sehr zahm, wenngleich sie dem Geflügel gefährlich werden können.

Haltung im Haus. Manche Menschen halten Frettchen lieber im Haus. Doch braucht man dafür einen einfachen Käfig mit einer dunklen Schlafstelle, die ein Lager enthält. Die Käfigtür kann man offen lassen, damit das Frettchen frei im Haus herumlaufen kann. Da diese Tiere gern alle Exkremente an den gleichen Plätzen ausscheiden, lassen sie sich ganz leicht dafür an ein mit Streu gefülltes Kistchen gewöhnen.

Reinigung. Käfig und Kistchen für Exkremente müssen saubergehalten werden. Entfernen Sie verstecktes Futter.

Haltung im Freien. Meist werden Frettchen in einem Käfig außerhalb des Hauses gehalten. Unten wird ein Käfig für zwei Frettchen gezeigt.

1 Eine aufklappbare Tür als Eingang.

2 Drahtgitter mit 1,3 cm Maschenweite; Käfiggröße 2 m × 50 cm × 50 cm.

3 Kurze Stützen aus Holz.

4 Wetterfeste Schlafstelle mit zwei Abteilungen. Ein Lager aus Stroh oder Heu ist nötig.

5 Einschlupfloch zum Käfig.

6 Schräges Dach, aufklappbar und mit Filz überzogen.

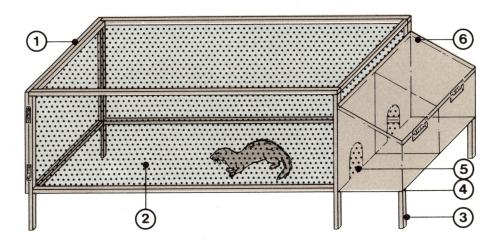

Fütterung. Frettchen werden gewöhnlich mit Brot und Milch gefüttert. Aber eine Fleischkost ist viel besser. Ideal ist Hunde- oder Katzenfutter in Dosen, wenn es ergänzt wird durch Stücke vom Huhn, Eier, Nerzfutter, zusätzliche Vitamine und Milch. Wasser sollte immer verfügbar sein, am besten aus einem Trinkautomaten.

Krankheiten. Frettchen sind robust und im allgemeinen gesund. Sie sollten in einem frühen Alter gegen Staupe geimpft werden und in den meisten Ländern ebenso gegen Tollwut. Es ist auch möglich, Frettchen beispielsweise gegen Influenza und eine infektiöse Lungenentzündung zu impfen, an der auch Katzen erkranken können.

Skunks

In den letzten zehn Jahren sind Skunks in Nordamerika als Haustiere immer beliebter geworden. Wichtig ist jedoch, nie einen Skunk aus der freien Natur ins Haus zu nehmen. Denn bei wildlebenden Beständen treten häufig Tollwutepidemien auf. Heute kann man Skunks als Haustiere von Züchtern oder in Tierhandlungen erhalten. Skunks sind im Temperament ganz unterschiedlich sehr oft aber zutraulich und gelehrig. Sie werden leicht stubenrein. Skunks oder Stinktiere gehören zur Familie der Mar-

Streifenskunk (*Mephitis mephitis*) in Nordamerika. 76 cm lang, einschließlich 18 cm Schwanz; schwarz mit zwei weißen Streifen auf dem Körper, die sich auf dem Kopf zu einem breiten weißen Band vereinen; langer, buschiger Schwanz; scharfe Krallen; Lebensdauer 5–6 Jahre.

Behandlung. Obwohl man Skunks nie ganz trauen darf, werden sie ganz zahm, wenn man sich ab dem frühen Alter von 5–6 Wochen regelmäßig mit ihnen beschäftigt. Viele genießen es, gestreichelt zu werden, und einige verlangen sogar, daß man sich mit ihnen abgibt. Skunks sollten nie zu Erziehungszwecken geschlagen werden. Sie würden das nicht verstehen und Ihnen vielleicht nie wieder vertrauen. Um einem Skunk Bewegung zu verschaffen, kann man ihn an einer Leine ins Freie führen. Verwenden Sie ein leichtes Geschirr, das (wie rechts abgebildet) ihn hinter den Vorderbeinen festhält, statt einem Halsband, das leicht über den schmalen Kopf rutschen kann. Die Leine sollte ganz leicht sein.

Verhalten. Skunks sind Nachttiere, und es kann schwierig sein, sie auf eine geregelte Tätigkeit am Tag umzustellen. In der Wildnis halten Skunks einen nicht sehr tiefen Winterschlaf. Als Vorbereitung dafür nehmen sie im Herbst mehr Futter zu sich. Auch als Haustiere neigen Skunks im Winter dazu, schläfrig und träge zu sein. Sie sind Tiere, die einen Bau graben, und haben lange Krallen, die auf eine Länge von 6 mm vom Nagelbett aus gestutzt bleiben sollten. Die besten Haustiere sind die Weibchen.

der (Mustelidae) und sind berüchtigt wegen ihrer Verteidigungs-waffe, einem sehr übelriechenden Sekret, das sie aus zwei After-drüsen versprühen. Bei Haustieren werden diese Drüsen manch-mal entfernt, aber wahrscheinlich wird ein zahmer Skunk diese Waffe keinesfalls gegen seinen Besitzer anwenden. Ehe man sich einen Skunk anschafft, sollte man beim örtlichen Gesundheit-samt anfragen. Denn in manchen Gebieten ist es wegen der Toll-wutgefahr verboten, einen Skunk als Haustier zu halten.

Unterbringung. Skunks brauchen eine Kiste oder einen Korb, der abwaschbar ist und als Ersatz für einen Bau dienen kann. Ideal ist ein höhlenähnlicher Wei-denkorb mit Tüchern oder Heu als La-ger. In einem großen Korb können zwei Skunks miteinander hausen.

Abrichten zu Stubenreinheit. Skunks wählen eine fern von ihrem Korb gele-gene Ecke, um Harn und Kot auszu-scheiden. Legen Sie Zeitungen dorthin, und wechseln Sie sie oft. (Ein Kistchen mit Streu ist nicht zu empfehlen, da Skunks darin zu graben versuchen wer-den.)

Geruch. Ein Skunk kann nicht mehr stinken, wenn man die Afterdrüsen entfernt. Diese Operation wird am be-sten im Alter von 6–8 Wochen durchge-führt. Viele Menschen ziehen es jedoch vor, ihren »Hausskunk« unversehrt zu lassen. Selten geht das schief, wenn das Tier richtig behandelt wird; und man wird deutlich gewarnt, bevor es das übelriechende Sekret versprüht. Der Skunk hebt den Schwanz und das Hin-terteil (**a**) oder stellt sich auf die Hinter-beine (**b**). Tomatensaft, Detergenzien (Waschmittel) und Wasser helfen, den Gestank zu beseitigen.

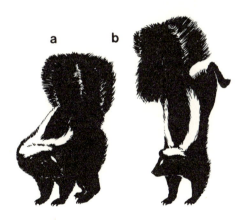

a   b

Fütterung. Skunks sind Allesfresser. Sie gedeihen gut bei einer Grundnahrung von eingedostem Katzenfutter mit fri-schen Früchten und Gemüsen. Sie soll-ten einmal täglich am Abend gefüttert werden. Geben Sie nur mäßige Futter-mengen, da Skunks dazu neigen, sich zu überfressen. Frisches Wasser sollte immer bereitstehen.

Züchtung. Skunks sind in Gefangen-schaft nicht leicht zu züchten.

Krankheiten. Im Haus gehaltene Skunks müssen regelmäßig gegen Tollwut geimpft werden. Manchmal ist auch Impfung gegen Hundestaupe und Darmentzündung von Katzen zu empfehlen. Bei einr Erkrankung konsul-tieren Sie den Tierarzt.

89

Kaninchen

Charakteristische Merkmale und richtige Wahl des Kaninchens

Obwohl Kaninchen schon von den alten Römern wegen des Fleisches aufgezogen worden sind, scheint die echte Domestizierung des Wildkaninchens erst im Mittelalter erfolgt zu sein. Noch jüngeren Datums ist die Entwicklung rein gezüchteter Rassen des Hauskaninchens. Anfang des 20. Jahrhunderts kannte man nur eine Handvoll Rassen. Heute existieren über 60 Zuchtrassen, die alle vom Europäischen Wildkaninchen abstammen. Kaninchen gehören zur zoologischen Ordnung der Hasentiere oder Hasenartigen, zu der auch der Hase und der kleine, kurzohrige und dem Kaninchen ähnliche Pfeifhase des Himalaja und der Rocky Mountains zählen. Die Eselhasen Nordamerikas, dort »Kaninchen« genannt, und auch amerikanische Waldkaninchen sind keine echten Kaninchen.

Zahme Kaninchen, im Volksmund auch»Stallhasen« genannt, sind hervorragend geeignet als Haustiere. Sie sind leicht zu behandeln, hübsch anzusehen und einfach zu betreuen. Dagegen werden Wildkaninchen und Hasen nicht zu guten Haustieren. Sie bleiben sehr nervös, wehren sich mit Ausschlagen und Beißen und können Überträger von Krankheiten sein.

Charakteristische Merkmale. Das Wildkaninchen (**1**) und der Hase (**2**) lassen sich im Aussehen und Verhalten leicht voneinander unterscheiden. Das Kaninchen ist kleiner und leichter – bis zu 46 cm lang und 1,4 kg schwer, verglichen mit dem Feldhasen, der bis zu 68 cm lang und 4,5 kg schwer wird. Körperproportionen und typische Haltung sind, wie die Abbildung zeigt, bei beiden Tieren verschieden. Wildkaninchen sind gesellige, in einem Bau lebende Tiere. Hasen sind Einzelgänger und graben keine Höhlen. Zu ihren besonderen Fähigkeiten gehört es, schnell laufen und gut springen zu können, und das macht sie ungeeignet für die Domestizierung.

Die Hasentiere *(Lagomorpha).* Zu dieser Ordnung zählen Hasen und Kaninchen. Sie unterscheiden sich von den Nagetieren durch ein zweites Paar Schneidezähne (**a**), die im Oberkiefer hinter dem ersten Paar liegen (**b**).

Abstammung. Das unten abgebildete Europäische Wildkaninchen *(Oryctolagus cuniculus)* ist der Ahne aller heutigen Rassen der Hauskaninchen.

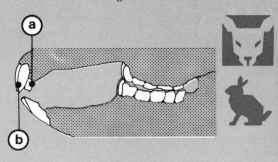

Erwerben eines Kaninchens. Eine große Vielfalt von Rassen (siehe S. 94) ist in Tierhandlungen oder von Züchtern erhältlich. Ehe man eine Wahl trifft, wäre es gut, zu einer Kaninchenausstellung zu gehen und etwas über die charakteristischen Eigenschaften verschiedener Rassen zu erfahren. Junge Kaninchen sind mit 8–12 Wochen zu haben.

Auswahl nach dem Gesundheitszustand

1 Die Ohren müssen rein sein.

2 Die Augen müssen klar, aber nicht böse sein, frei von Schleim und ohne eingewachsene Wimpern.

3 Die Nase muß frei von Schleim sein.

4 Die unteren Vorderzähne müssen genau auf die oberen Schneidezähne passen; Zahnfleisch und Zähne sollten sauber sein.

5 Die Haut soll rein und frei von Zysten und Abszessen sein.

6 Das Fell soll dicht, glänzend und ohne eine Spur von Schorf sein.

7 Der Körper soll sich fest anfühlen, ohne fett zu sein.

8 Keine Anzeichen von Durchfall.

9 Kaninchen sollen sich flink bewegen und keine entzündeten oder zu schwachen Sprunggelenke haben.

Kaninchenrassen

Heute sind viele verschiedene, weitverbreitete Rassen des Hauskaninchens erhältlich. Zu den beliebtesten gehören Englische Kaninchen sowie die Weißen Neuseeländer und die Holländer-Kaninchen. Für Ausstellungszwecke werden die Kaninchen in zwei große Gruppen eingeteilt: in Pelztiere und Liebhaberzüchtungen, manchmal auch in Wirtschafts- und Sportrassen. Das Weiße Neuseeländer-Kaninchen ist ein Beispiel für eine Rasse mit»»normalem« Pelz, bei dem das Wollhaar von längerem

1 Holländer-Kaninchen. 1,8–2,3 kg schwer. Klein und kräftig. Weiß und (wie abgebildet) mehrfarbig. Sanft, leicht zu behandeln. Ausgezeichnete Haustiere.

2 Englische Kaninchen. 2,7–3,6 kg schwer. Mittelgroß. Weiß mit dunkleren Ohren, Flecken auf den Flanken und entlang des Rückgrats; auf der Nase und um die Augen gezeichnet.

3 Polnisches Kaninchen. 0,9–1,1 kg; klein und gedrungen. Weiß, schwarz oder schokoladefarben. Lebhaft.

4 Belgischer »Hase« (natürlich ein Kaninchen). 3,6–4,1 kg schwer. Charakteristische Gestalt und Haltung. Rot, lohfarben (gelbbraun) oder braun.

5 Englisches Widder-Kaninchen. Möglichst groß. Weiche breite Hängeohren, die von Spitze zu Spitze 66 cm messen

Deckhaar durchsetzt ist. Bei Rex-Kaninchen hat selektive Züchtung die Deckhaare gekürzt oder ganz beseitigt, wodurch ein samtartiges Fell entstand. Seidenhaarkaninchen, die dritte Gruppe der Pelzrassen, haben abgeflachte Haarschuppen, die dem Fell einen Schimmer verleihen. Beispiele für die von Liebhabern gezüchteten Rassen sind Belgische, Englische und Polnische Kaninchen, Angorakaninchen sowie Englische Widder- und Holländer-Kaninchen. Sie zeigen die große Vielfalt der Formen.

können. Hauptsächlich schwarz oder rehfarbige Varietäten.

6 Flämischer oder Deutscher Riese. 6,8–9,1 kg schwer. Größte Rasse. Weiß, reh- oder sandfarbig, blau, grau oder schwarz.

7 Rex-Kaninchen. 2,7–3,6 kg schwer. Kurzhaariges samtartiges Fell. Etwa 30 verschiedene einfarbige, schattierte und gemusterte Spielarten.

8 Angora-Kaninchen. 2,7–3,6 kg schwer. Die feinen Haare des weichen, »Wolle« genannten, Pelzes können 15 cm lang werden. Meist weiß, aber auch verschiedene andere Farben.

9 Weiße Neuseeländer-Kaninchen. 4,1–5,4 kg schwer. Mittlere bis stattliche Größe, kräftig gebaut. Albinos. Sehr fruchtbare und gute Mütter. Hervorragend als Haustiere geeignet.

Betreuung von Kaninchen

Kaninchen sind gesunde, sanfte und langlebige Haustiere, solange sie richtig betreut werden. Äußerst wichtig ist eine geeignete Unterbringung. Für gewöhnlich werden Kaninchen in kleinen Ställen im Freien gehalten. Dort können sie das ganze Jahr über bleiben, vorausgesetzt, daß sie vor Schlechtwetter oder zu heißer Sonne geschützt werden. Jedes Kaninchen sollte einen eigenen Verschlag haben, der auch groß genug sein muß für die Züchtung

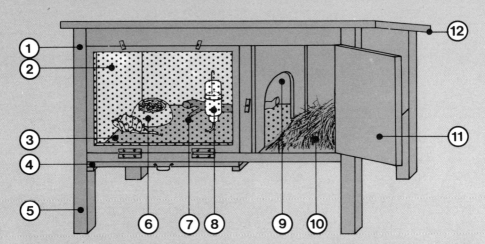

Beliebter Stall für das ganze Jahr
1 Holzstall. Maße für ein mittelgroßes Kaninchen $60 \times 120 \times 60$ cm.
2 Drahtgittertür (herunterzuklappen, sicher zu verschließen).
3 Drahtgitterboden, durch den Exkremente fallen können (oder ein Holzboden mit Streu).
4 Ein Untersatz mit Streu, der sich herausnehmen läßt (oder unter den Stall gebreitetes Zeitungspapier).
5 Stützen, um Zugluft fernzuhalten.
6 Massiver Futternapf.
7 Hartholzstück zum Nagen.
8 Trinkautomat für Wasser.
9 Eingang zur Schlafstelle.
10 Schlafraum mit Lager (Stroh, Heu oder Hobelspäne).
11 Türchen aus Holz.
12 Schräges, wetterfestes Dach.
Tragbarer Stall
13 Verschlag (Unterschlupf).
14 Vergitterter Laufgang.
15 Gitterboden, der ermöglicht, Gras abzuknabbern.
Dieser Stall muß täglich weitergerückt werden.

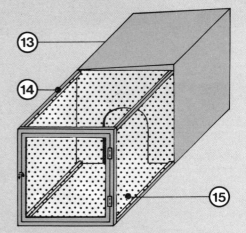

Reinigung des Stalls. Entfernen Sie täglich verdorbenes Futter und Exkremente. Säubern Sie den Stall einmal wöchentlich gründlich. Wenn möglich, bringen Sie das Kaninchen indes an einen sicheren Platz. Beseitigen Sie Exkremente, Futter und alte Streu. Schrubben Sie die Oberflächen mit Seifenwasser (keine Detergenzien) und versehen Sie ihn mit neuer Streu.

sowie gut durchlüftet und rein gehalten. Im Frühling oder Sommer kann man tragbare Ställchen mit vergittertem Auslauf verwenden, womit ein Abweiden des Rasens ermöglicht wird. Manche Leute halten Kaninchen in einem offenen Gehege mit wetterfesten Verschlägen und einem tief verankerten Schutzzaun. Kaninchen lassen sich auch im Haus halten, sie sind ganz leicht stubenrein zu kriegen und werden sehr zahm.

Behandlung. Ein Kaninchen wird sehr zahm, wenn es schon frühzeitig allmählich daran gewöhnt wird, daß man es anfaßt. Heben Sie ein Kaninchen nie an den Ohren hoch, da es verletzt werden könnte.
Mit einer Hand fassen Sie unter das Kaninchen und packen mit der anderen Hand die weiche Haut hinter den Ohren (**a**). Ein Kaninchen, das falsch gehandhabt wird, wehrt sich dagegen durch Beißen, Kratzen und Ausschlagen mit den Hinterpfoten.

a

Pflege. Die meisten Kaninchen halten das Fell durch Lecken gut sauber. Aber Langhaarrassen sollten wegen der Gefahr eines Darmverschlusses durch Schlucken von verfilztem Haar noch sanft gestriegelt werden. Nehmen Sie dafür einmal wöchentlich, während des Haarwechsels auch öfter, einen feingezähnten Metallkamm oder eine weiche Bürste (**b**).
Krallen. Die Krallen eines Kaninchens, das in einem Stall mit Gitterboden gehalten wird, können zu lang werden. Man muß sie dann stutzen und überläßt das am besten einem Tierarzt.

b

Bewegung im Freien. Ein zahmes Kaninchen kann man im Freien herumlaufen lassen, aber nicht ohne gewisse Sicherheitsvorkehrungen.
1 Vergewissern Sie sich, daß es nicht aus dem Gehege entwischen kann.
2 Sorgen Sie dafür, daß alle Hunde und Katzen aus dem Weg geschafft sind.
3 Überwachen Sie das Kaninchen dauernd.

Freiheit innerhalb des Hauses. Ein Kaninchen kann ganz leicht stubenrein gemacht werden, da es von Natur aus die Exkremente immer am gleichen Platz ausscheiden möchte. Sorgen Sie für ein flaches Kistchen mit Katzenstreu. Schwieriger fertig wird man mit der Neigung eines im Haus gehaltenen Kaninchens, Möbel oder elektrische Drähte anzuknabbern.

97

Ernährung von Kaninchen

Kaninchen brauchen eine gesunde, ausgeglichene Kost und sind im allgemeinen leicht zu ernähren. Preßfutter kann die Hauptmasse ihrer Nahrung bilden, da es die nötigen Vitamine enthält und vor Krankheiten schützt. Zur Ergänzung kann allerlei anderes Futter verwendet werden, aber man sollte plötzlichen Wechsel in der Ernährung vermeiden. Füttern Sie Kaninchen nicht zu reichlich; sie neigen dazu, sich zu überfressen.

Ernährung. Füttern Sie einmal täglich spätnachmittags. Waschen Sie Frischfutter sorgfältig und geben Sie nie Grünzeug, das mit Insektiziden behandelt worden ist. Die Mengen schwanken je nach Größe des Kaninchens. Zu geeignetem Futter gehören:

1 Körniges Preßfutter bildet die Hauptmasse der Kost.
Reiche es in einer massiven Schale.
2 Frische rohe Karotten (Möhren).
3 Klee in kleinen Mengen.
4 Hafer, Kleie, Gerste, Weizen.
5 Frischer roher Kohl (Wirsing).
6 Reines, frisches Wasser, das dauernd nachgefüllt wird in einer massiven Schale oder in einem Trinkautomaten.
7 Löwenzahn in kleinen Mengen.
8 Gekochte Kartoffeln.
9 Heu, am besten in einer Raufe.
10 Frische rohe Pastinakwurzeln.
11 Kopfsalat in kleinen Mengen.
12 Frischer roher Blattkohl.
13 Gut gebackenes Brot zum Knabbern 2–3mal wöchentlich.
14 Salzschüsselchen. Lassen Sie es im Stall stehen.

Fressen von Kot (Koprophagie)
Kaninchen scheiden zwei Arten von Kot aus – harten und weichen. Der weiche ist das Produkt einer Vorverdauung, und um eine vollkommene Ernährung zu erreichen, frißt ihn das Kaninchen wieder, sobald er ausgeschieden wird.

Giftige Pflanzen. Kaninchen dürfen wie viele andere Tiere niemals Mohn (**a**), giftige Hahnenfußarten (**b**) oder Fingerhut (**c**) fressen. Zu giftigen Pflanzen gehören auch: Gefleckter Schierling, Eisenhut und Tollkirsche. Auch Küchenschellen, einige Primelgewächse und Senfarten können schädlich sein.

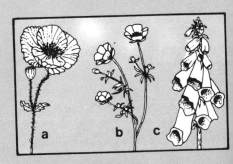

Kaninchenkrankheiten

Nur wenn man viele Kaninchen hält, werden Infektionskrankheiten wahrscheinlich zu einem Problem. Ein Hauskaninchen kann jedoch angesteckt worden sein, ehe man es erworben hat. Im allgemeinen leiden diese Tiere, wenn sie richtig untergebracht und gefüttert werden, wenig unter Krankheiten. Treten bei einem Kaninchen Anzeichen einer Erkrankung auf, ist es immer klug, sofort einen Tierarzt zu konsultieren.

Anzeichen einer Erkrankung
1 Teilnahmslosigkeit. Zusammengekrümmte Haltung.
2 Fieber oder zu niedrige Temperatur.
3 Ohren herabhängend, geschwollen, mit einer Kruste bedeckt, oder sichtlich Ursache von Unbehagen.
4 Augen matt, verschwollen, triefend.
5 Niesen oder Husten, Nasenausfluß. Mühsames Atmen.
6 Abszesse, Zysten, wunde Stellen.
7 Haarausfall oder verfilzter Pelz.
8 Schlechter Appetit. Gewichtsverlust.
9 Verstopfung (verursacht durch falsche Ernährung oder verschluckte Haarbälle).
10 Durchfall (Ernährungsfehler oder Infektion).
11 Entzündung oder Ausfluß der Geschlechtsorgane.

Probleme und Symptome
a Ohrmilben verursachen Geschwüre - Entzündung, verkrustete Ohren.
b Räudemilben - Entzündung, schuppige Kruste, Haarausfall auf Gesicht, Kinn und Ohrenansatz.
c Flöhe und Läuse - Entzündung.

d Scherpilzflechte - kreisrunde kahle Flecke (Pilzinfektion).
e Bandwurmbefall - schlechter Fellzustand; Schleim oder Blut in den Exkrementen. Duchfall.
f Kokzidiose - schwierige Atmung, Duchfall, aufgeblähter Bauch, rauhes Fell, gehemmtes Wachstum.
g Pasteurellose (Stallseuche) - Symptome wie bei starker Erkältung. Entzündung der Geschlechtsorgane, Abszesse. Sehr ansteckend und oft tödlich.
h Lungenentzündung - Fieber, Atembeschwerden, Teilnahmslosigkeit, Durchfall.
i Entzündung des Dünndarms mit Schleimabsonderung - rauhes Fell, hängende Ohren, geschlossene Augen, Teilnahmslosigkeit, Durchfall. Mühsame Atmung.
j Stallbrand - infizierte Wunden. Verursacht durch Kontakt mit Urin in schmutzigen und feuchten Ställen.
k Augeninfektion - Augenausfluß, Entzündung.
l Mittelohrinfektion - nach einer Seite geneigter Kopf.

Kaninchenzucht

Hauskaninchen zu züchten ist interessant, lohnend und im allgemeinen nicht schwierig. Nur selten treten bei der Geburt Probleme auf, und die meisten »Häsinnen« sind gute Mütter. Manchmal frißt eine Häsin jedoch ihre Jungen. Um diese Gefahr zu verringern, ist es wichtig, die Mutter mehrere Tage vor und nach der Geburt so wenig wie möglich zu stören. Getrennte Verschläge sind erforderlich, wenn man ihr die Jungen wegnehmen muß.

Nest. Sorgen Sie rechtzeitig vor dem erwarteten Geburtsdatum für ein Nest.
1 Holzkiste – für ein mittelgroßes Kaninchen ungefähr 30 cm breit, 50 cm lang und 25 cm hoch.
2 Lager aus Stroh, Heu oder Hobeispänen. Das Kaninchen wird Haare dazugeben.
3 Eingang zur Nestkiste etwa 15 cm hoch, so daß das Muttertier leicht hineinschlüpfen kann, die Jungen aber im Innern bleiben.
4 Aufklappbarer Gitterdeckel.
5 Abflußlöcher auf dem Boden.

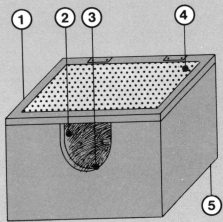

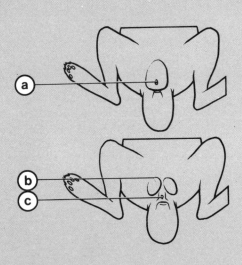

Geschlechtsbestimmung. Sanfter Druck auf die Urogenitalregion zeigt bei der »Häsin« einen Schlitz, beim »Rammler«, dem Männchen, ein kreisrundes Loch. Bei älteren Kaninchen (siehe oben) lassen sich die Scheide der »Häsin« (**a**) sowie die Hoden (**b**) und der Penis (**c**) des Rammlers leichter erkennen.

Auswahl für die Züchtung. Nur Kaninchen, die in guter Verfassung sind, sollten miteinander gepaart werden. Das sollte erst dann geschehen, wenn sie mit 5–9 Monaten die volle Größe erreicht haben. Lassen Sie sich nur Kaninchen der gleichen Rasse paaren.
Richtige Wahl der Zeit. Kaninchen haben keinen regelmäßigen Brunstzyklus. Eine geschlechtsreife junge Häsin kann vier- bis fünfmal in einem Jahr Junge werfen. Die Eiausstoßung (Ovulation) wird durch die Paarung angeregt. Häsinnen können sehr oft von Rammlern gedeckt werden. Die beste Methode herauszubekommen, ob eine Häsin brünstig (»in Hitze«) ist, besteht darin, sie mit einem Rammler zusammenzubringen.
Paarung. Für eine Paarung solle die Häsin immer in den Stall des Rammlers gebracht werden. Wehrt sie sich dagegen, sollte man sie sofort wieder herausnehmen. Wenn die Kaninchen sich paaren, geschieht es innerhalb von Minuten. Die Häsin sollte unmittelbar nachher wieder entfernt werden.

Trächtigkeit. Die normale Tragzeit dauert ungefähr 31 Tage. Wird 17 Tage nach der Paarung schon das Nest bereitet, bedeutet dies eine Scheinträchtigkeit. Lassen Sie dann die Häsin sich erneut paaren. Am 17. Tag läßt sich eine Trächtigkeit schon bestätigen, wenn man sanft den Hinterleib der Häsin nach den nun etwa so groß wie eine Murmel gewordenen Fetussen abtastet. Das Futter sollte allmählich bis zu doppelten Rationen gegen Ende der Trächtigkeit vermehrt werden. Normalerweise wird die Häsin ihr Nest 3–4 Tage, bevor die Jungen kommen sollen, vorbereiten. Sie sollte dafür rechtzeitig eine frische Streu als Lager erhalten. Stören Sie sie nicht, wenn der Nestbau einmal begonnen hat.

Geburt. Die Häsin zieht sich nun in ihr Nest zurück. Stören Sie sie 2–3 Tage lang nicht. Dann locken Sie sie aus dem Nest und halten sie so lange fern, bis Sie schnell den Wurf überprüft haben. Beseitigen Sie mißgebilete oder tote Junge. Dann bringen Sie die Mutter zurück.

Ein Wurf kann aus nur zwei Jungen bestehen, aber auch bis zu 18 Stück umfassen. Am häufigsten sind Würfe von 5–6 Jungen. Meist sind die ersten Würfe einer Häsin am zahlreichsten. Neugeborene Kaninchen sind blind und nur mit feinem Flaum bedeckt (**a**). Die Augen öffnen sich nach 10 Tagen, nach 4 Wochen sind die Jungen voll behaart (**b**).

Betreuung. Während eine Häsin säugt, braucht sie dreimal soviel Futter wie sonst und reichlich Wasser. Die Jungen können mit 3–4 Wochen das Nest verlassen und feste Nahrung zu knabbern beginnen. Vorher fassen Sie sie nicht zu oft an. Trennen Sie die Häsin nach acht Wochen vom Wurf. Die Jungen können beisammen bleiben, bis man sie mit 12 Wochen in eigene Ställe bringt.

Tragdauer	**31 Tage**
Wurfgröße	**5–6 Junge**
Entwöhnung	**nach 3–8 Wochen**
Geschlechtsreife	**mit 5–9 Monaten**
Lebensdauer	**10 Jahre**

101

Nagetiere

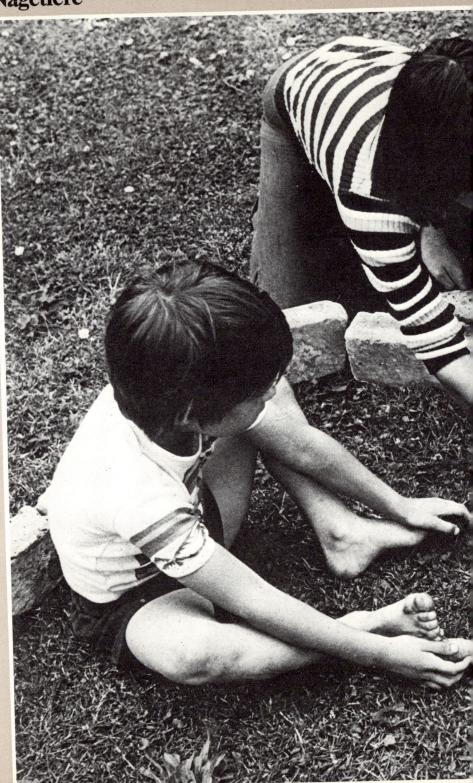

Charakteristische Merkmale und Wahl eines Nagetiers

Der lateinische Name Rodentia für die Ordnung Nagetiere, leitet sich von dem Zeitwort *rodere*, d.h. nagen, ab. Diese Ordnung umfaßt an die 3000 Arten, die ein Kennzeichen gemeinsam haben: Im Ober- und Unterkiefer ist nur ein einziges Paar Schneidezähne vorhanden. Diese in der Regel kleinen Nager finden sich auf allen Kontinenten und in vielen verschiedenen Umwelten. Die meisten haben bewiesen, daß sie imstande sind zu überleben, obwohl ihnen zahlreiche Raubtiere nachstellen. Der Schlüssel zum Erfolg ist die rapide Vermehrung. Sie erhält die Bestände und erlaubt eine rechtzeitige Anpassung an Veränderungen in der Umwelt. Heute sind mehrere Nagetierarten als Heimtiere äußerst beliebt. Die meisten von ihnen wurden zuerst domestiziert, um sie für Laboratoriumsversuche zu verwenden. Sie haben den Vorteil, im Verhältnis zu ihrer Größe recht klug zu sein. Zahme Nager bereiten als Haustiere ihren Besitzern wenig Schwierigkeiten: Käfige sind meist in Tierhandlungen erhältlich oder können von einem Bastler angefertigt werden; die Fütterung ist einfach und billig; hat man ein Tier erst einmal gezähmt, läßt es sich leicht handhaben. Eine ganz andere Sache ist es, wildlebende Nagetiere im Haus zu halten. (siehe S. 166–169).

Wie man sich ein Nagetier beschafft. Nagetiere sind in Tierhandlungen, von Züchtern und manchmal von Forschungslaboratorien zu bekommen. Man verzichte auf Tiere, die in schmutzigen, überfüllten Käfigen gehalten werden oder unterernährt aussehen. Suchen Sie sich nicht das schwächste Junge eines Wurfs aus. Ehe Sie kaufen, stellen Sie fest, wie die Tiere sich handhaben lassen. Nehmen Sie keine nervösen oder sichtlich bösartigen Exemplare. Ratten werden normalerweise neugierig herbeikommen. Mäuse, Rennmäuse, Hamster und Chinchillas werden wegkrabbeln. Beachten Sie, daß das Geschlecht von Tieren, die gezüchtet werden sollen, richtig bestimmt wird.

Zeichen von Gesundheit

1 Reine Ohren ohne Verunstaltungen.
2 Glänzende Augen.
3 Von Schleim oder Mißbildungen freie Nase.
4 Unbehinderte Beweglichkeit.
5 Seidiges Fell, kein Haarausfall.
6 Kräftiger, kompakter Körper.
7 Keine Anzeichen von Durchfall (sehen Sie unter dem Schwanz nach).
8 Schwanz nicht verunstaltet oder geschwollen.

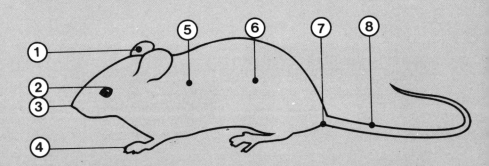

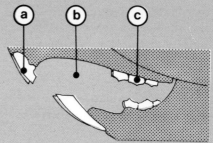

Zähne von Nagetieren sind zum Nagen (»Knabbern«) geeignet. Die zwei vorstehenden Schneidezähne (**a**) vorn im Ober- und Unterkiefer haben scharfe, meißelähnliche Kanten. Hinter der Zahnlücke, dem sogenannten Diastema (**b**) haben die Vorbacken- und die Backenzähne (**c**) mahlende Kauflächen. Die Zähne wachsen ständig nach, um Abnützung auszugleichen.

Haltung von Nagetieren

1 Mäuse. Zahlreiche von Liebhabern gezüchtete Formen erhältlich. Von Natur aus scheu, lassen sich aber zähmen. Käfige müssen häufig gereinigt werden (siehe S. 110).

2 Ratten. Bei richtiger Behandlung sind domestizierte Ratten gute Heimtiere. Sie sind intelligent und spielen gern, lernen bald Tricks. Können auch Schaden anrichten (siehe S. 112).

3 Rennmäuse. Neugierig, gesellig und leicht zu zähmen. Man hält sie in Paaren oder Gruppen. Praktisch kein Käfiggeruch (siehe S. 114).

4 Hamster. Von Natur aus Nachttiere. Können beißen, wenn man sie tagsüber weckt. Man fasse sie regelmäßig an, damit sie zahm bleiben. Man hält sie einzeln, um Kämpfe zu vermeiden (siehe S. 116).

5 Meerschweinchen. Sanft, aber in der Regel nicht zum Spielen aufgelegt oder ansprechbar. Langhaarige Rassen müssen regelmäßig gepflegt werden (siehe S. 118).

6 Chinchillas. Lebhaft und hübsch. Früher hauptsächlich wegen des Pelzes gezüchtet. Manchmal als Haustiere gehalten. Kostspielig (siehe S. 120).

Käfige für Nagetiere

Die meisten Nager, die wir als Heimtiere halten, verbringen praktisch das ganze Leben in ihrem Käfig. Wie einleuchtet, ist eine gesunde Umgebung lebenswichtig. Käfige können gekauft oder angefertigt werden, aber vergewissern Sie sich, daß sie groß genug sind, ausreichend Raum zum Bewegen bieten sowie gesonderte Plätze zum Schlafen, Fressen und für die Ausscheidung der Exkremente. Käfige müssen regelmäßig gereinigt werden und vor Zugluft, Feuchtigkeit und Sonnenlicht geschützt werden.

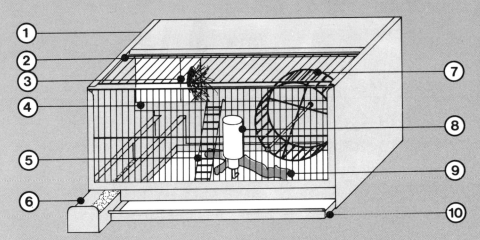

Käfig für kleine Nagetiere

1 Ausmaße 60 cm × 30 cm × 30 cm. Wände aus Metall oder Hartholz, um Zugluft abzuhalten und Schäden durch Nagen zu verhüten.

2 Deckel und Vorderseite aus Schiebegittern, die Zugang und Beobachtung gestatten.

3 Nest mit Hobelspänen, Heu oder Papier gepolstert.

4 Wandbrett.

5 Leiter.

6 Herausziehbarer Futtertrog.

7 Tretrad.

8 Trinkautomat.

9 Unlackiertes Hartholz oder Stock zum Nagen.

10 Bodenkasten, der zum Reinigen herausgezogen werden kann und mit Streu (Sägemehl oder Torf mit Sand gemischt) bedeckt ist.

Käfige für andere Nagetiere

Ratten sollen einen Metallkäfig bekommen, ähnlich dem oben gezeigten. Die Bedingungen für Meerschweinchen werden auf S. 119 geschildert, die für Chinchillas auf S. 121.

Bewegung. Zahme Tiere kann man aus dem Käfig herauslassen, um ihnen Bewegung zu verschaffen, doch geben Sie acht, daß sie Ihnen nicht entwischen. Das gilt besonders für Mäuse.

Reinigung. Käfige müssen für Mäuse alle 2–3 Tage, für Ratten alle 3 Tage, für Hamster alle 5–7 Tage und für Rennmäuse alle 7–10 Tage gereinigt werden. Bringen Sie das Tier in ein sicheres, gut gelüftetes Kistchen oder einen Aufbewahrungskäfig (siehe unten). Beseitigen Sie Streu und Lager. Man wäscht die Oberflächen mit warmem Seifenwasser, spült und trocknet sie dann und gibt neue Streu und Polsterung fürs Nest.

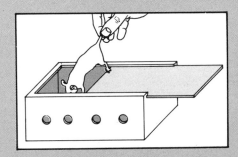

Nagetierkrankheiten

Im allgemeinen bleiben solche Heimtiere gesund, wenn sie richtig untergebracht und gefüttert werden. Mangelnde Fürsorge fordert dagegen bald ihre Opfer. Wählen Sie neue Tiere sorgfältig aus (S. 104) und halten Sie sie 3 Wochen lang isoliert, ehe Sie sie mit bereits vorhandenen Tieren zusammenbringen. Beobachten Sie diese Hausgenossen genau, und sondern Sie jedes Tier ab, das Anzeichen einer Erkrankung aufweist. Konsultieren Sie einen Tierarzt, wenn ein problematischer Zustand andauert.

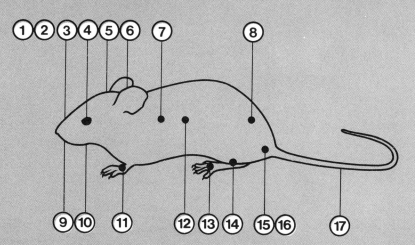

Anzeichen von Erkrankung

1 Teilnahmslosigkeit (Lethargie): Unlust, sich zu bewegen.
2 Taumeln. Unkoordinierte Bewegungen.
3 Niesen, Nasenausfluß, Husten, Atembeschwerden.
4 Augen matt, mit Ausfluß oder geschwollen. Dauernde schnelle Augenbewegung von einer Seite zur anderen.
5 Kopf geneigt (Ohrinfektion).
6 Ohren verkrustet (Räude).
7 Fell matt und struppig.
8 Wunde Stellen, Zysten, Tumoren.
9 Sabbern (mißgebildete Zähne).
10 Haarausfall im Gesicht oder Körper.
11 Wunde Pfoten, eingewachsene Zehennägel (oft bei Meerschweinchen).
12 Gewichtsverlust.
13 Nachschleppen der Hinterläufe.
14 Steife Gelenke.
15 Durchfall oder Verstopfung (Infektion oder schlechtes Futter)
16 Anomale Schwellung oder Vorquellen des Enddarms.
17 Schwanz geschwollen, verkrustet oder mit wunden Stellen.

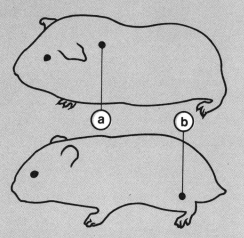

Spezifische Probleme. Zu leicht feststellbaren Beschwerden, die auf einzelne Haustierarten beschränkt sind, gehören:
a Mangel an Vitamin C bei Meerschweinchen – steife Gelenke, starke Gewichtsabnahme, Haarausfall.
b Feuchter Schwanz bei Hamstern – Flecken von Durchfall, Vorquellen des Enddarms, Atembeschwerden.

Züchtung von Nagetieren

Nagetiere sind wegen ihrer Fruchtbarkeit berühmt. In Gefangenschaft bringt diese starke Vermehrung Probleme für die Unterbringung der Jungen mit sich, wenn man seine Mäuse, Ratten oder Wüstenrennmäuse paarweise oder in Gruppen hält. Denn ein Mäusepärchen kann z. B. theoretisch in einem Jahr an die 30000 Nachkommen haben. Hamster sind in Gefangenschaft schwieriger zu züchten, da es sehr oft zu einem Kampf kommt, wenn man sie zusammenbringt. Auch bei Meerschweinchen

Mäuse

Paarung und Trächtigkeit. Ein Zuchtpaar oder ein Männchen mit zwei Weibchen. Enfernen Sie das Männchen während der Trächtigkeit. Sorgen Sie für Nestmaterial. Zwei Weibchen können ein gemeinsames Nest bauen.

Ratten

Paarung und Trächtigkeit. Können in Zuchtpaaren gehalten werden. Das Böckchen kann während der Trächtigkeit und Entwöhnung beim Weibchen bleiben. Sorgen Sie für Material zum Nestbau.

Rennmäuse

Paarung und Trächtigkeit. Bilden Paare, wenn sie in einer Gruppe (Kolonie) gehalten werden. Halten Sie Männchen die ganze Zeit über zusammen mit den Weibchen. Sorgen Sie für geeignetes Nestmaterial.

Hamster

Paarung und Trächtigkeit. Lassen Sie sich fachkundig beraten, ehe Sie Hamster paaren. Es kommt häufig zu Kämpfen, die ernste Verletzungen verursachen können. Sorgen Sie für ein Nest und polstern es.

Meerschweinchen

Paarung und Trächtigkeit. Ein Bock mit zwei oder mehr Weibchen (mehr bei kommerzieller Züchtung). Weibchen für Zucht bis zu einem Jahr am besten geeignet. Bock braucht nicht entfernt zu werden. Sorgen Sie für Nest und Heu.

Chinchillas

Paarung und Trächtigkeit. Paare – oder bei kommerzieller Züchtung ein Männchen mit mehreren Weibchen. Das Männchen braucht nicht entfernt zu werden. Geben Sie ihnen ein Nest und Heu. Kein Bad in den letzten 2 Wochen.

und Chinchillas wird wahrscheinlich das Problem einer »Übervölkerung« nicht auftreten, denn die Trächtigkeit dauert länger, und die Anzahl der Jungen eines Wurfs ist in der Regel gering. Während der Trächtigkeit und des Säugens sollte für zusätzliches Futter gesorgt werden. Ein Paar Tage vor der Geburt reinige man den Käfig gründlich und biete geeignetes Material für den Nestbau an. Vermeiden Sie es, die Mutter in den Tagen nach der Geburt durch zu große Fürgsorglichkeit ständig zu stören.

Wurf. Unbehaart und blind geboren. Enfernen Sie die Mutter nach dem Entwöhnen. Nach sechs Wochen trennen Sie die Geschlechter. Böckchen (Männchen) sollten nach 9 Wochen getrennt gehalten werden.	**Trächtigkeit** **Typischer Wurf** **Entwöhnung** **1. Paarung (m)** **2. Paarung (w)**	20 Tage 6–8 Junge mit 3–4 Wochen mit 10 Wochen mit 12 Wochen
Wurf. Junge unbehaart und blind geboren. Ist der Käfig nicht überfüllt, können die Jungen bis zur Geschlechtsreife bei den Eltern bleiben.	**Trächtigkeit** **Typischer Wurf** **Entwöhnung** **Geschlechtsreife** **1. Paarung**	21 Tage 6–8 Junge mit 3–4 Wochen mit 10–12 Wochen mit 16 Wochen
Wurf. Nackt und blind geboren. Können bei den Eltern in der Kolonie bleiben, aber die Absonderung neuer Paare ist anzuraten, sobald sie fortpflanzungsbereit sind.	**Trächtigkeit** **Typischer Wurf** **Entwöhnung** **1. Paarung**	24 Tage 7–8 Junge mit 2–3 Wochen mit 10–12 Wochen
Wurf. Junge nackt und blind geboren. Nach 20–30 Tagen entfernen Sie die Mutter, um zu verhindern, daß sie die Jungen mißhandelt. Bringen Sie die Jungen mit 5 Wochen in Einzelkäfige.	**Trächtigkeit** **Typischer Wurf** **Entwöhnung** **Geschlechtsreife** **1. Paarung**	16 Tage 7 Junge nach 3 Wochen mit 6–8 Wochen mit 10–12 Wochen
Wurf. Junge mit vollem Haarkleid und offenen Augen geboren. Können, 1 Tag alt, schon Heu knabbern. Trennen Sie die Jungen, um frühzeitige Fortpflanzung zu verhindern. Weibchen können mit 5 Wochen trächtig werden.	**Trächtigkeit** **Typischer Wurf** **Entwöhnung** **Geschlechtsreife** **1. Paarung**	70 Tage 3 Junge nach 2½ Wochen mit 5–10 Wochen mit 10–12 Wochen
Wurf. Mit Pelz und offenen Augen geboren. Gefährlich ist Staub. Kein Bad für die säugende Mutter. Die Jungen knabbern mit etwa 10 Tagen schon festes Futter. Sie können nach dem Enwöhnen getrennt untergebracht werden.	**Trächtigkeit** **Typischer Wurf** **Entwöhnung** **Geschlechtsreife**	111 Tage 2 Junge nach 60 Tagen mit 8–12 Monaten

Mäuse

Seit der Frühmensch vor rund 10 000 Jahren Getreide einzula-
gern begann, haben Mäuse immer mit Menschen zusammenge-
lebt. Von jener Zeit an ist die Maus als Schädling gejagt, als Gott
verehrt, für Laboratoriumsexperimente verwendet und als
Heimtier gehalten worden. »Liebhaberrassen« wurden zuerst im
17. Jahrhundert in Japan gezüchtet. Heute ist die Züchtung von
Mäusen, die man auf Ausstellungen zeigt, in vielen Ländern ein
beliebtes Hobby. Zur wohlbekannten »Weißen Maus« haben

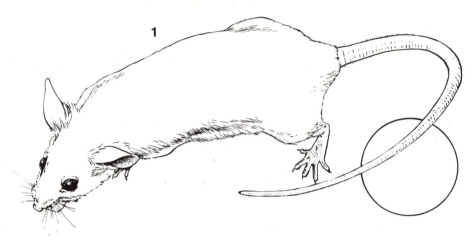

sich nun viele andere Varietäten von sogenannten Farbmäusen gesellt. Sie sind unterschiedlich in Färbung, Zeichnung und Fellbeschaffenheit. Insgesamt ist für etwa 40 Rassen ein offizieller Standard festgelegt worden. Die meisten wildlebenden Mäuse sind dagegen als Heimtiere ungeeignet. Sie haben oft Krankheiten, können Schaden anrichten und lassen sich nicht leicht zähmen. Gelegentlich werden auch nordamerikanische Weißfußmäuse oder Bilche wie der Siebenschläfer gehalten (S. 166–167).

Hausmaus *(Mus musculus)* mit Schwanz bis 20 cm lang; verschieden gefärbt (siehe unten); langer, schlanker Körper; Kopf länglich, aber nicht zu spitzschnauzig; Ohren groß und tulpenförmig; Augen groß, vorstehend und keck; Schwanz lang und spitz zulaufend. Lebensdauer 3–4 Jahre.

Beispiele für Zuchtrassen

1 Einfarbige Weiße Mäuse. Sie können rote oder schwarze Augen haben. Einfarbige Rassen können auch blau, champagner- oder cremefarben, rehbraun, rot, schokoladebraun, schwarz, silberfarben oder taubengrau sein.

2 Weiße Maus mit farbiger Zeichnung: Sie kann (siehe Bild) ungleichmäßig verteilt oder der von Holländer-Kaninchen ähnlich sein, ein einheitliches Muster bilden oder buntscheckig sein.

3 Schwarze und Lohfarbene Maus. Alle Lohfarbenen Mäuse haben einen gelbbraunen Bauch, können aber oberseits wie die verschiedenen einfarbigen Rassen gefärbt sein. (Sogenannte Füchse sind ähnlich, haben jedoch einen weißen Bauch).

4 Chinchilla-Maus. Hier perlgrau mit Schwarz gestichelt – ein Beispiel für die verschiedenartigen farbig gestichelten und schattierten Varietäten.

5 Astrex-Maus mit gewelltem Fell. (Auch langhaarige Mäuse werden gezüchtet).

Verhalten. Mäuse sind von Natur aus furchtsam. Sie lassen sich zähmen, beißen jedoch, wenn sie verängstigt sind. Man muß achtgeben, daß sie nicht (aus dem Käfig) entwischen. Wird das Futter knapp, verfallen sie in Schlaf und ihre Körpertemperatur sinkt. Sie sind Nachttiere. Häufige Säuberung des Käfigs ist nötig (Geruch).

Ernährung. Futter sollte immer zur Verfügung stehen, weil Mäuse einen sehr lebhaften Stoffwechsel haben und die verzehrte Nahrung schnell verwerten. Pro Tag brauchen sie nicht ganz 5 Gramm Futter. Den Hauptanteil der Kost sollten Hafer-und Weizenkörner sowie andere eßbare Samen bilden, ergänzt durch Nüsse, Schwarzbrot, etwas Grünzeug und Milch. Wasser sollte man in einem Trinkautomaten verabreichen.

Unterbringung im Käfig siehe S. 106.
Krankheiten siehe S. 107.
Züchtung siehe S. 108–109.

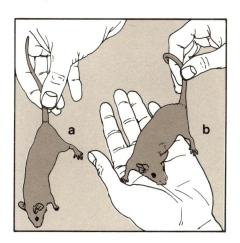

Behandlung. Mäuse werden zahm, wenn man sie häufig, aber nur kurze Zeit, in die Hand nimmt. Anfangs ist Futter ein brauchbares Lockmittel. Man nimmt eine Maus richtig hoch, indem man sie nahe der Schwanzwurzel packt (**a**) und sie dann sofort z. B. auf die Hand setzt (**b**). Mäuse darf man nie fest umklammern.

111

Ratten

Die aus der Wanderratte gezüchteten domestizierten Ratten sind leicht zu zähmen, zutraulich, munter, verspielt und intelligent. Sie eignen sich ausgezeichnet als Heimtiere – ganz im Gegensatz zu ihren wildlebenden Verwandten, denen gegenüber viele Menschen eine natürliche und wohlbegründete Abneigung hegen. Die von Liebhabern gezüchteten Ratten, die heute als Hausgenossen gehalten weerden, stammen von einer Albino-Rasse der braunen Wanderratte ab. Diese »Weißlinge« sind lange Zeit hin-

Wanderratte *(Rattus norvegicus).* Mit Schwanz durchschnittlich rund 41 cm, maximal 47,5 cm lang; Lebensdauer 4–5 Jahre.

Merkmale

1 Tulpenförmige Ohren.
2 Länglicher, spitzschnauziger Kopf.
3 Große, vorstehende Augen.
4 Lange Schnurrhaare.
5 Langgestreckter, schlanker Körper.
6 Kurzhariges, glattes Fell.
7 Schwanz kürzer als Körper.
8 Schwanz spärlich behaart.
9 Erzeugen weniger Geruch als Mäuse.
10 Verfallen bei Kälte in Schlafzustand.

Zuchtrassen. Wie bei den Mäusen kann eine Anzahl verschiedener Farbratten gezüchtet werden. Einfarbige Ratten können blau, grau, lohfarben, rot, schokoladebraun, schwarz oder weiß sein. Zu den weißen Ratten mit Farbzeichnung gehören die oben gezeigte Japanische Haubenratte, die Kappenratte mit farbigem Kopf und die Irische Schwarze Ratte mit vier weißen Pfoten und einem weißen Dreieck auf der Brust. Es gibt auch braune und rehfarbene, sogenannte Aguti-Ratten, deren Fell schwarz gestichelt ist.

durch weitgehend in naturwissenschaftlicher Forschungsarbeit verwendet worden. Heute sind neben diesen weißen Tieren von Liebhabern gezüchtete Ratten in vielerlei verschiedenen Farben erhältlich. Wildlebende Haus-, vor allem aber Wanderratten verdienen ihren schlechten Ruf. Es existieren schätzungsweise 5¼ Milliarden dieser Tiere, von denen besonders die Wanderratten Krankheiten verbreiten und großen Schaden anrichten. Halten Sie nie wildlebende Ratten als Haustiere.

Behandlung. Die meisten als Heimtiere gehaltenen Ratten hat man aus sanftmütigen Stämmen gezüchtet. Haben sie sich erst einmal daran gewöhnt, angefaßt zu werden, beißen sie kaum mehr. Doch Vorsicht ist trotzdem immer geboten, da ein Biß tief geht. Wie man eine Ratte richtig anfaßt, wird hier (**a**) gezeigt. Das Tier wird sanft von oben gepackt und, um es zu stützen, auf die andere Handfläche gehoben. Eine Ratte darf man nie beim Schwanz hochnehmen, da man diesem sonst die Haut abzieht.

Verhalten. Ratten sind viel weniger ängstlich als Mäuse. Sie reagieren bereitwillig auf die menschliche Stimme und werden bei richtiger Behandlung zutrauliche Hausgenossen. Die Intelligenz, die Ratten für Laboratoriumsarbeit so brauchbar macht, trägt dazu bei, daß eine zahme Ratte bald unterhaltsame Tricks lernt. Als nicht zur Zucht bestimmte Heimtiere werden die Weibchen empfohlen, da sie meist lebhafter sind als die langlebigeren Männchen.

Ernährung. Futter und Wasser sollten ständig zur Verfügung stehen. Ratten brauchen jeden Tag 30–40 Gramm Futter. Geben Sie ihnen Hafer- oder Weizenkörner, andere eßbare Samen, Nüsse, grünes Gemüse, Äpfel, Karotten und gelegentlich Mehlwürmer oder mit Milch getränktes Schwarzbrot. Entfernen Sie täglich das nicht verzehrte Futter. Geben Sie zusätzlich Knochen oder Hartholz zum Nagen.

Krankheiten siehe S. 107.
Züchtung siehe S. 108–109.

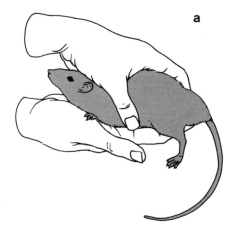

a

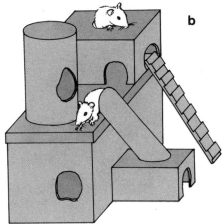

b

Unterbringung im Käfig. Der Grundtyp eines Käfigs wird auf S. 106 gezeigt. Aber für eine Ratte muß er größer sein. Wie Ratten sich innerhalb des Käfigs bewegen können, ist auf S. 106 zu sehen. Aber es tut ihnen auch gut, wenn sie außerhalb davon herumturnen dürfen. Dazu eignet sich vielleicht ein »Spielplatz«, der aus Kisten gebaut wird (**b**). Zahme Ratten werden nicht zu entfliehen versuchen.

Rennmäuse

Diese in Wüsten lebenden Mäusearten sind unter den Heimtieren im Vergleich zu anderen noch Neulinge. In die USA wurden sie zum erstenmal 1954 importiert, um sie in der medizinischen Forschung zu verwenden. Aber bald entdeckte man, daß diese winzigen Wüstenbewohner ideale Heimtiere sind. Innerhalb eines Jahrzehnts sind sie in den USA wie auch anderswo sehr beliebt geworden. Zurest wurden die Mongolischen Rennmäuse

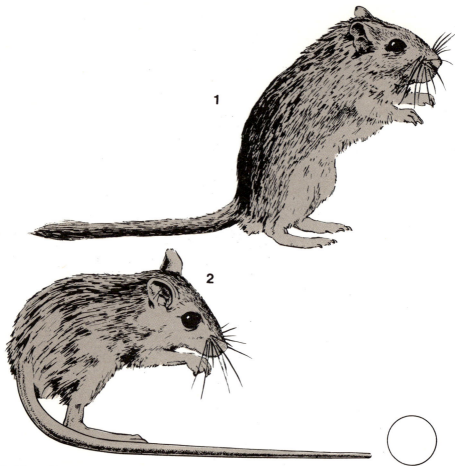

1 Mongolische Rennmaus *(Meriones unguiculatus)*. Heimat Ostasien; mit Schwanz 20 cm lang; graubraunes Fell auf Körper und Schwanz; hellgrau auf dem Bauch (auch Albinos kommen vor); breiter Kopf und große Augen; der lange Schwanz und die langen Hinterläufe ermöglichen ihnen, wie Känguruhs zu springen. In Gefangenschaft werden sie 4–5 Jahre alt.

2 Ägyptische Rennmaus *(Gerbillus gerbillus)*. Vorkommen: Mittlerer Osten; mit Schwanz 23 cm lang; graubraun mit hellgrauem Bauch; Körper schlanker und Nase spitzer als bei der Mongolischen Rennmaus; Schwanz im Verhältnis zum Körper länger und nur spärlich behaart. Lebt in Gefangenschaft 4–5 Jahre.

eingeführt. Sie werden heute noch am häufigsten als Hausgenossen gehalten. In neuerer Zeit sind auch Ägyptische Rennmäuse bei Tierhaltern beliebt geworden. Renn- oder Wüstenmäuse sind leicht zu betreuen und verbreiten keinen Geruch. Mit ihren großen, glänzenden Augen sehen sie reizend aus, sind überaus neugierig, recht gesellig und werden leicht zahm. Wenn sie entwischen, können sie sich zu Schädlingen entwickeln.

Behandlung. Rennmäuse sprechen gut auf häufiges Anfassen an. Sie beißen selten und nur, wenn sie verängstigt sind. Von Natur aus neugierig, werden sie Ihnen bald aus der Hand fressen. Eine Rennmaus sollte an der Wurzel des Schwanzes, nicht an dessen Spitze, hochgenommen werden, da sich sonst die Haut ablöst. Dann setze man das Tier auf die freie Hand und halte es wie gezeigt (**a**) gut fest, damit es nicht fortspringen kann. Man vermeide jähe Bewegungen, da sie Krämpfe hervorrufen können.

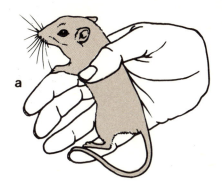

Verhalten. Rennmäuse sind gesellige Tiere und sollten in Pärchen oder Gruppen gehalten werden; Paare bleiben das ganze Leben lang beisammen. Kurze Schlafperioden gibt es bei den Mäusen ebenso nachts wie am Tag. Die Haupttätigkeit wildlebender Tiere ist das Graben. Käfige sollten auch Material für ein Nest enthalten. Wasser verwerten Rennmäuse äußerst haushälterisch. Da infolgedessen der Kot trocken und die Harnausscheidung gering ist, entsteht kein Käfiggeruch.

Ernährung. Eine Rennmaus frißt jeden Tag etwa 15 Gramm Futter. Die Hauptnahrung bildet das für Mäuse, Ratten oder Hamster übliche Trockenfutter, zusammen mit eßbaren Samen sowie kleinen Mengen Früchten und grünem Gemüse. Grünzeug muß immer sorgfältig gewaschen und getrocknet werden. Frisches sauberes Wasser sollte immer verfügbar sein.

Krankheiten siehe S. 107.
Züchtung siehe S. 108–109.
Unterbringung im Käfig. Auf S. 106 wird ein für Rennmäuse geeigneter Käfig gezeigt. Die Tiere können aber auch in einem entsprechend umgestalteten Aquarium untergebracht werden.

Bewegungsmöglichkeit. Laufräder für Rennmäuse sollten aus festem Kunststoff sein (**b**). Räder mit Querbalken sind ungeeignet, da der Schwanz von Rennmäusen in ihnen leicht eingeklemmt und verletzt werden kann.

115

Hamster

Es existieren noch mehrere andere Hamsterarten, aber als Heimtier wird meist der Syrische Goldhamster gehalten. Alle heutigen zahmen Nachkommen dieses Goldhamsters stammen von 13 Tieren ab, die 1930 Professor Aharoni von der Universität Jerusalem in der Wüste bei Aleppo entdeckte. Er war einem Hinweis nachgegangen, daß im Alten Assyrien von Kindern in Käfigen »Syrische Mäuse« als Haustiere gehalten worden waren. Heute sind Syrische Goldhamster in Gefangenschaft viel zahlreicher als

Syrischer Goldhamster *(Mesocricetus auratus).* 11 cm lang; ursprünglich rotbraun mit grauem Bauch, heute auch weiß, schildpattfarben, gestreift usw.; einige Rassen haben ein samtiges Fell; Durchschnittsalter 3 Jahre.

Merkmale

1 Gedrungener, von einem Pelz bedeckter Körper.
2 Stummelschwanz.
3 Kurze Beine.
4 Kleine Ohren.
5 Stumpfe Schnauze.
6 Große Backentaschen.
7 Handförmige Vorderpfoten.

Verhalten. Hamster sind Nachttiere; sie können nachts recht lärmend sein oder beißen, wenn man sie am Tag weckt. Sie sind ungesellig, und erwachsene Tiere sollten einzeln gehalten werden, weil sie sonst miteinander kämpfen. Sie brauchen eine Temperatur von 18–24° C. Sinkt sie darunter, können sie in Schlaf verfallen. Um Lähmungen zu verhindern, muß man ihnen Bewegung verschaffen. Hamster können schlecht klettern und müssen vor einem Fall geschützt werden. Von Natur aus sind sie grabende Tiere; man sollte ihnen Material für den Bau eines Nestes bieten.

die wildlebenden Tiere. Außer in dem ursprünglichen rötlichen Braun, sind sie jetzt in einer Reihe von Farben und mit verschiedenen Fellarten erhältlich. Sie sind reinliche, geruchlose Tiere, die einen geräumigen Käfig und eine gleichbleibend warme Temperatur brauchen. Im allgemeinen sind sie leicht zu betreuen und leiden kaum an irgendwelchen Krankheiten, wenn man ihnen eine gesunde, frische Kost, sorgfältige Pflege und angemessene Bewegungsmöglichkeit bietet.

a
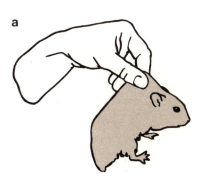

b

Behandlung. Hamster sollen täglich angefaßt werden, damit sie zahm bleiben. Ehe sie zahm sind, packe man sie an der losen Haut hinter dem Kopf (**a**). Sind sie zahm geworden, umfasse man sie sanft mit der rechten Hand und hebe sie hoch (**b**). Man vermeide jede jähe Bewegung, die sie beunruhigen könnte. Lassen Sie einen Hamster nie aus über 25 cm Höhe fallen, da er sonst wahrscheinlich ernstlich verletzt wird.

Unterbringung im Käfig siehe S. 106.
Krankheiten siehe S. 107.
Züchtung siehe S. 108–109.

Ernährung. Hamster ernährt man am besten mit einem richtigen Hamsterfutter aus Weizenkörnern, Haferflocken, Erdnüssen, Schrotfutter für Hunde, Karotten, Äpfeln, Salat- und Kohlblättern, Kresse und ab und zu Fleischstückchen. Frisches sauberes Wasser sollte immer vorhanden sein. Man wasche Grünzeug sorgfältig und gebe neues Futter nur nach und nach. Man füttere jeden Abend rund 10 Gramm. Hamster speichern überschüssiges Futter in den Backentaschen. Die Bilder unten zeigen einen Hamster vor der Futteraufnahme (**a**) und nachher (**b**).

a

b

Meerschweinchen

Die Heimat des Meerschweinchens sind die peruanischen Anden. Es wurde zuerst von den Inkas domestiziert. Von dem Namen, dem ihm die Indios gaben, leiten sich der lateinische Name Cavia wie auch der englische Cavy ab. Meerschweinchen heißen sie, weil sie übers Meer zu uns kamen und ihr Fleisch ähnlich wie das von Schweinen schmeckt. In ihrer ursprünglichen Heimat sind nur mehr wenige Wildmeerschweinchen zu finden, aber gezüchtet werden Hausmeerschweinchen in Peru

1

Wildmeerschweinchen *(Cavia porcellus);* 28 cm lang; »pummeliger« (stämmiger) Körper; kurze Beine; blattförmige Ohren; Lebensdauer 4–5 Jahre.
Beispiele für Rassen des Hausmeerschweinchens
1 Schildpatt- und Weißmeerschweinchen. Eine kurzhaarige Varietät. (Auch einfarbige sowie Himalaja-, Holländer- und gestichelte »Agutis« sind bekannt).
2 Amerikanische Schopfmeerschweinchen. Verschieden gefärbt mit einem Schopf auf der Stirn.
3 Abessinische oder Rosetten-Meerschweinchen. Das rauhe Haar wächst in Rosetten.
4 Peru-Meerschweinchen sind langhaarig mit einem unter dem Haar versteckten Gesicht.
Verhalten. Meerschweinchen sind Tagtiere, aber sie sind nicht zum Spielen aufgelegt oder besonders ansprechbar. Sie können einzeln oder in Gruppen gehalten werden. Man bringe aber nicht Männchen zusammen, da sie miteinander kämpfen werden. Sie sind geruchlos und quieken und pfeifen.

2

3

4

heute noch wegen des Fleisches. In Nordamerika und Europa ist dieses leicht zu behandelnde Pelztier als Liebling der Kinder bekannt. Heute sind Meerschweinchen in vielen Farben, außer der ursprünglich hellbraunen Form, erhältlich. Von Liebhabern gezüchtete Varietäten mit neuartigem Fell wie Rosetten-Meerschweinchen oder langhaarige Peru-Meerschweinchen sind heute als Ausstellungstiere beliebt, aber sie müssen auf jeden Fall regelmäßig gebürstet werden.

Unterbringung. Dafür lassen sich Kaninchenställe (S. 96) gut verwenden. Sie sollten für ein Meerschweinchen 45 × 60 × 45 cm groß sein. Der Boden sollte kein Drahtgitter sondern aus Holz sein. Für das Lager verwende man Hobelspäne und Heu. Man reinige und erneuere es einmal in der Woche gründlich.

Bewegliches Ställchen mit Auslauf
1 Vergitterter Auslaufkäfig.
2 Röhren als Unterschlupf.
3 Aufklappbares Eingangstürchen.
4 Wetterfestes Obdach.
5 Holzboden mit Lager.
6 Gitterboden, der Grasen gestattet.

Ernährung. Meerschweinchen sind nicht imstande, Vitamin C selbst zu erzeugen, daher muß man es ihnen liefern. Sie gedeihen prächtig, wenn sie mit Vitaminen angereichertes Meerschweinchen-Trockenfutter und gutes Heu erhalten, ergänzt durch grünes Gemüse, ungespritzte Grasschnipsel, Karotten, Steckrüben, Früchte und gelegentlich Kleiebrei und Weizenkeimöl. Wird statt dem Trockenfutter für Meerschweinchen das für Kaninchen oder Hafer verabreicht, muß Vitamin C zugefüttert werden. Frisches Wasser muß immer vorhanden sein. Achten Sie darauf, daß die Tiere sich nicht überfressen. Geben Sie ihnen täglich ungefähr eine Handvoll Futter.

Krankheiten siehe S. 107.
Züchtung siehe S. 108–109.

Chinchillas

Die Kleine Chinchilla fand man einst in großen Kolonien in den südamerikanischen Anden. Heute ist sie in ihrer natürlichen Heimat selten geworden. Hohe Preise für das Fell – einen der hübschesten Pelze – führten dazu, daß sie in Mengen gefangen und in der freien Natur fast ausgerottet wurden. Einige Jahre lang war es daher für Viehzüchter und Farmer in Europa und Nordamerika ein beliebtes und einträgliches Unternehmen, Chinchillas in Gefangenschaft zu züchten. Sinkende Preise für die Felle

Kleine Chinchilla *(Chinchilla laniger).* Kommt in den Anden Südamerikas vor; ohne Schwanz 25 cm lang; weicher, dichter Pelz; meist silbergrau, aber auch sand-, cremefarben oder weiß; große, rundliche Ohren; große Augen; lange Schnurrhaare, buschiger Schwanz; Lebensdauer 6–7 Jahre.

Pelz. Bei der Kleinen Chinchilla wachsen (wie unten gezeigt) zahlreiche feine Haare aus einem einzelnen Haarbalg (Follikel). Dadurch wird das Fell der Chinchilla so dicht, daß man kaum die Haut darunter sieht.

Verhalten. Chinchillas sind behende Kletterer. Als Heimtiere hält man sie am besten in großen Käfigen mit Zweigen darin. Von Natur aus sind sie Nachttiere und lassen sich nicht leicht auf ein geregeltes Leben am Tag umstellen. Sie können bei einer Temperatur von 4–24°C leben. Man kann sie einzeln oder in Pärchen halten; aber möglichst nicht mehrere Männchen in einem Käfig, da sie miteinander kämpfen würden. Behandelt man diese reizenden Tiere mit der nötigen Sorgfalt, können sie sehr zahm werden.

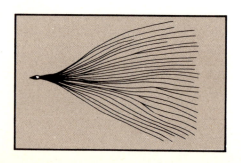

Ernährung. Chinchillas sollten täglich 60–85 g Futter erhalten. Man gebe ihnen gutes Heu, Preßfutter, Äpfel, Steckrübgrünes Gemüse, eßbare Samen und Zweige (ungespritzt!). Frisches Wasser sollte immer vorhanden sein, wenn auch nur wenig davon getrunken wird.

haben es in neuerer Zeit mit sich gebracht, daß diese Zucht stark eingeschränkt wurde. Eine Folge davon ist, daß Chinchillas nun für Tierfreunde erhältlich sind. Der Kauf einer Chinchilla kommt immer noch teurer als der eines der üblichen Nagetiere. Aber hat man dieses interessante und zugängliche Tier einmal erworben, ist es nicht kostspieliger oder schwieriger zu halten als ein Meerschweinchen. Eine Schwierigkeit dürfte freilich darin liegen, daß die Tiere große Käfige benötigen.

Behandlung. Chinchillas sind von Natur aus freundlich und munter. Sie reagieren gut auf häufiges, kurzdauerndes und sanftes Anfassen. Eine Chinchilla sollte so gehalten werden, wie auf dem Bild rechts gezeigt: Eine Hand umfaßt die Schulter des Tieres, die andere stützt das Hinterteil. Man vermeide jede jähe Bewegung, die eine Chinchilla erschrekken und sie veranlassen könnte, scharf zuzubeißen.

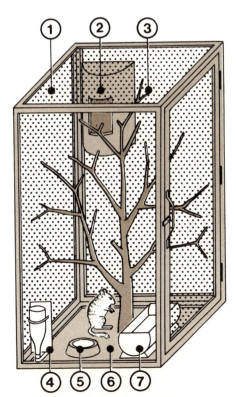

Der richtige Käfig für Chinchillas kann im Haus oder im Freien sein, er muß jedoch geschützt werden vor Feuchtigkeit, Zugluft und extremen Temperaturen.

1 Käfig aus Drahtgitter mit Holzrahmen, der ebenfalls mit Draht vor dem Nagen geschützt wird. Größe 75 × 75 × 120 cm.

2 Hochliegender Kasten für das Nest.

3 Große Zweige zum Herumturnen.

4 Trinkautomat.

5 Massive Futterschüssel.

6 Holzboden mit Sägemehl oder Hobelspänen. Oder ein Gitterboden mit 1 cm breiten Maschen und einem herausziehbaren, von Streu bedecktem Untersatz.

7 Staubbad.

Baden. Mindestens einmal wöchentlich sollte für ein Staubbad gesorgt werden. In einen Trog von 30 × 20 × 10 cm Ausmaß fülle man 2,5 cm tief Bleicherde, pulverisierten Lehm oder Sand. Stellen Sie dieses Bad 30 Minuten lang vor der Fütterung in den Käfig.

121

Geschichte und Verwendung

Pferde sind Angehörige der Familie Pferde (Equidae), zu der auch Esel und Zebras gehören. Nahe mit ihnen verwandt sind Tapire und Nashörner. Sie alle sind Unpaarhufer (Perissodactyla), bei denen das Gewicht des Körpers von der Mittelzehe getragen wird. Das Przewalskipferd ist ein Wildpferd der Mongolei, das heute nur mehr in Tiergärten lebt und als einziges Pferd nie domestiziert worden ist. Die weltweite Verbreitung des Pferdes ist hauptsächlich dem Menschen zu verdanken. Mensch und Pferd sind seit prähistorischen Zeiten miteinander verbunden. Zuerst wurde das Pferd gejagt, später zum Reiten und für verschiedene Arbeiten verwendet. Altägyptische Wandgemälde berichten seit 2000 v. Chr. von der Verwendung des Pferdes. Bis zu Anfang dieses Jahrhunderts behielten die Pferde ihre wirtschaftliche Bedeutung. Selbst heute ist das Pferd mit seiner Kraft noch ein lebenswichtiger Helfer für den Ackerbau in jenen Gebieten der Erde, in denen die Mechanisierung der Landwirtschaft immer noch eine nur geringe Rolle spielt. In westlichen Ländern nahm zu Anfang des 20. Jahrhunderts die Beliebtheit des Pferdes jäh ab. Doch seit dem Zweiten Weltkrieg ist erneut ein weitverbreitetes Interesse an Pferden erwacht, die sich für vielerlei genußreiche Freizeitbeschäftigung verwenden lassen.

Die Evolution des Pferdes. Obwohl umstritten, ist die Meinung weit verbreitet, daß sich die Entwicklung des neuzeitlichen Pferdes über folgende Abstammungslinien vollzogen hat.
1 *Eohippus* vor 60 Millionen Jahren ist der wahrscheinlich früheste Ahne. So groß wie ein Terrier, hatte dieses Tier an den Vorderfüßen vier Zehen, an den Hinterfüßen drei.

2 *Mesohippus* aus der Zeit vor 30 Millionen Jahren und
3 *Pliohippus* aus der Zeit vor 5–2 Millionen Jahren sind wahrscheinlich spätere Entwicklungsstadien. Sie illustrieren die Evolution des Fußes, der zu einem einzelnen Huf wurde.
4 *Equus caballus.* Neuzeitliche Pferde der Gattung Equus traten vor rund 2 Millionen Jahren auf.

Pferde im Arbeitseinsatz

1 Wuchtig gebaute Rassen wurden einst gezüchtet, um Ritter in schwerer Rüstung in den Kampf zu tragen.

2 Seit den ältesten Zeiten wurden Pferde und robuste Ponys als Lasttiere verwendet.

3 Pferdegespanne wurden dazu benützt, schwere Fahrzeuge wie etwa Postkutschen zu ziehen.

4 Das Pferd als Zugtier war ebenso wichtig in der Landwirtschaft wie in der Industrie. Ackergäule wurden jahrhundertelang dazu verwendet, alle Arten landwirtschaftlicher Geräte zu ziehen.

5 Heute ist die Verwendung des Pferdes als Arbeitstier weitgehend durch Maschinen zurückgegangen. Aber bei vielen Polizeitruppen sind Pferde heute noch von Bedeutung.

125

Anatomie des Pferdes

Das moderne Pferd unserer Zeit ist im Bau einer schnellen Fortbewegung angepaßt. Man hat Rassen entwickelt, die in Höhe und Gewicht variieren, um einer Reihe von verschiedenen Aufgaben zu entsprechen. Ponys gehören der gleichen Spezies an wie andere Pferde, unterscheiden sich jedoch von ihnen in Körperbau und Temperament. Sie sind mit einer Widerristhöhe unter 147,5 cm kleiner als Pferde (siehe Maße S. 128). Meist sind sie auch genügsamer und robuster als diese.

Wichtige Merkmale des Pferdes

1 Stirn und Stirnschopf
2 Nüstern
3 Kehlgang
4 Ellbogenhöcker
5 Vorarm (Unterarm)
6 Vorderfußwurzel -Gelenk
7 Röhrbein (Vorderröhre)
8 Fesselgelenk (Fesselkopf)
9 Huf
10 Fessel
11 Kastanie
12 Flanke
13 Kniegelenk
14 Hinterröhre (Schienbein)

15 Sprunggelenk oder Hinterfußwurzelgelenk mit Fersenhöcker
16 Unterschenkel
17 Schweif
18 Oberschenkel
19 Schwanzrübe oder Schweifansatz
20 Kruppe
21 Lende
22 Rücken
23 Widerrist
24 Schulter
25 Mähnenkamm
26 Mähne
27 Genick

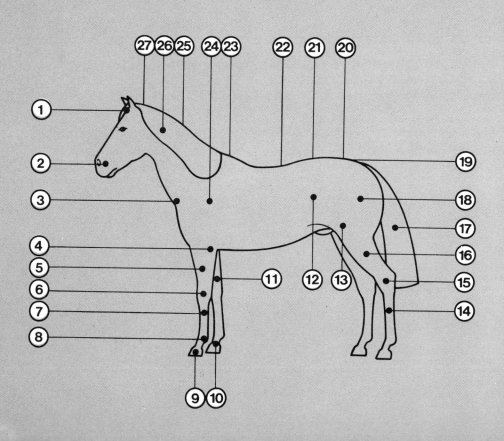

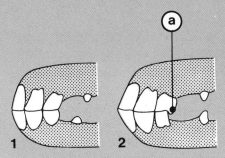

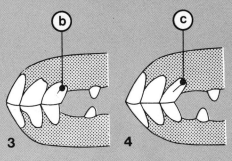

Zähne verraten das Alter eines Pferdes.
1 Ist ein Pferd 5 Jahre alt, sind alle bleibenden Zähne ausgebildet. Vorher hat es bis zu 24 Milchzähne; das Alter läßt sich nach der vorhandenen Anzahl bestimmen.
2 Bei 7jährigen Tieren erscheint ein Haken (**a**) auf den oberen Eckzähnen der Schneidezähne. Mit 8 Jahren verschwindet er wieder.
3 Mit 10 Jahren zeigt sich bei 50 % der Pferde auf diesen oberen Eckzähnen eine Rinne (**b**).
4 Bei 15jährigen Pferden geht diese Rinne bereits über den halben Zahn hinunter (**c**).
Augen. Das Pferd kann geradeaus sehen, aber hauptsächlich nach der Seite, und es sieht relativ schlecht. Es muß den ganzen Kopf drehen, um etwas richtig zu erkennen. Deshalb sollte es vor Hindernissen nicht zu straff am Zügel gehalten werden.
1 Der Kopf ist beim Blick in die Ferne gesenkt.
2 Der Kopf wird gerade gehalten, um Gegenstände in normaler Entfernung zu sehen.
3 Der Kopf wird gehoben, um nahe Objekte zu sehen (auszumachen).

Füße. Die Füße des Pferdes wirken durch ihren Bau wie Stoßdämpfer, sie sind kraftvoll, ausdauernd und elastisch. Weil manchmal das volle Gewicht von nur einem Fuß getragen wird, sind die Füße der Pferde anfällig für Verletzungen. Hufbeschlag, der notwendig für die Arbeit auf Straßen ist, hat den Nachteil, die natürliche Elastizität der Füße zu mindern. Der Grundriß des Fußes (**1**) und die Hinteransicht (**2**) zeigen die auch Strahl genannte Gabel (**a**), die Sohle (**b**) und die Hornwand (**c**) des Hufs.

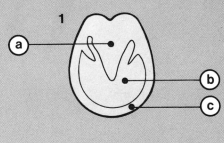

Wahl eines Pferdes

Ehe man ein Pferd oder ein Pony auswählt, bedenke man sehr sorgfältig alle Folgen, die der Besitz mit sich bringt. Der Kaufpreis, der an sich schon sehr hoch ist, bildet nur den Anfang von großen und fortdauernden Geldausgaben. Unterbringung im Stall (Einstallung), Weidemöglichkeit, Futter, Geschirr und Tierarztrechnungen – das alles kann sehr kostspielig werden. Außerdem erfordern Pflege und die nötige Bewegung eine Menge Zeit

Quellen für den Erwerb. Pferde und Ponys kann man von Händlern, auf Auktionen, von Reitschulen oder direkt von einem Besitzer kaufen. Wenn man nicht viel von Pferden versteht, lasse man sich von einem Sachkundigen beraten. Für den Unerfahrenen ist es besonders riskant, von einem Händler oder auf einer Auktion zu kaufen. Erwirbt man ein Pferd von einer Reitschule, achte man darauf, daß das Maul noch feinfühlig reagiert. Von Privatleuten kauft man meist gut. Es ist wichtig zu wissen, woher das Tier kommt.

Eignung. Sehr große Sorgfalt ist nötig, will man gut kaufen.
Beobachten Sie ganz genau, wie das Tier behandelt und geritten wird; versuchen Sie auch, das Temperament wie die Gangart festzustellen. Vergewissern Sie sich, daß das Tier den reiterlichen Fähigkeiten der Person entspricht, für die es bestimmt ist. Nicht jedes kleine Pony ist etwa für einen jungen und unerfahrenen Reiter geeignet. Bedenken Sie auch persönliche Vorlieben wie etwa, ob das Pferd zum Springen oder für die Jagd bestimmt ist.

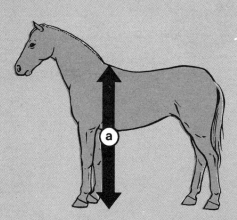

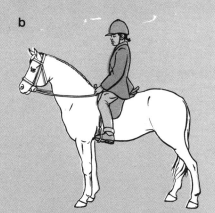

Größenangabe. Die Höhe eines Pferdes wird, wie gezeigt (**a**), vom Boden bis zum Widerrist mit einem Stockmaß gemessen, das wie ein Galgen aussieht. Die Höhe wird bei uns in Zentimeter angegeben, in den angelsächsischen Ländern in »hands«, wobei eine »Handbreit« ca. 10 cm (genau 10,16 cm) oder 4 Zoll (1 Zoll = 2,54 cm) entspricht.

Höhe des Pferdes. Das Bild (**b**) zeigt einen jungen Reiter auf einem Pony von passender Größe. Die folgende Tabelle möge eventuellen Käufern helfen:

Höhe des Ponys	Alter des Kindes
110–120 cm	7–9 Jahre
120–130 cm	10–13 Jahre
130–142 cm	13–15 Jahre
142–147,5 cm	15–17 Jahre

und Mühe. Meistens ist daher der Besuch einer Reitschule entschieden vorzuziehen. Die Auswahl eines Pferdes oder Ponys hängt sehr weitgehend von den Ansprüchen des künftigen Besitzers ab. Widerristhöhe, Körperform – das sogenannte Exterieur – sowie Alter, Temperament, Gesundheit und Brauchbarkeit des Tieres sind wichtig und müssen berücksichtigt werden. Sorgfältige Prüfung und Überlegung sind vor dem Kauf unbedingt nötig.

Gesundheitszustand. Beim Kauf sollten alle folgenden Punkte bedacht werden:
1 Haus und Nebengebäude des Verkäufers sollten sauber und gepflegt sein.
2 Das Pferd sollte einen munteren und intelligenten Eindruck machen.
3 Man schätzt das Alter, indem man die Zähne untersucht. Es sollte zwischen 5 und 12 Jahre alt sein.
4 Es darf keinen Husten oder andere Atembeschwerden haben.
5 Meiden Sie Tiere mit einer schmalen Brust oder flachen Rippen; denn im allgemeinen haben sie zu wenig Vitalität und neigen dazu, die Vorderbeine gegeneinander zu schlagen.
6 Man prüfe, ob die Beine gesund sind und das Tier nicht lahmt.
7 Untersuchen Sie, ob die Füße ebenfalls gesund sind.
8 Das Pferd oder Pony sollte weder zu mager noch zu fett sein.
9 Kaufen Sie einen Wallach, muß er richtig kastriert worden sein.
10 Fell und Haut müssen in gutem Zustand sein.
11 Sehen Sie nach, ob keine wunden Stellen unter dem Sattel liegen.

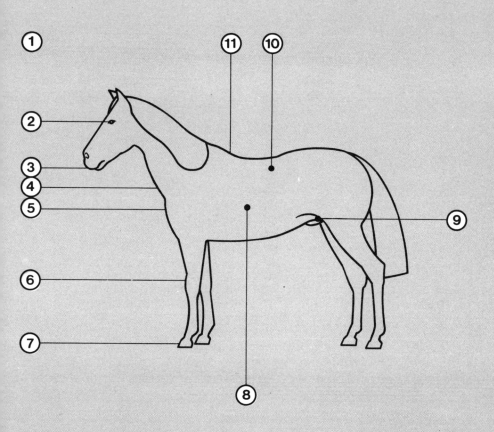

Araber und verwandte Rassen

Pferde des Arabertyps haben eine uralte Geschichte. Beispiele dafür kann man auf Zeichnungen und in Bildhauerwerken sehen, die Tausende von Jahren alt sind. Viele Jahrhunderte lang wurde bei der Züchtung in den Wüsten des Mittleren Ostens die Reinheit des Araberstamms eifersüchtig gehütet. Heute werden Araberpferde auch in anderen Ländern auf der ganzen Welt gezüchtet. Mit der charakteristischen Schönheit dieser edlen Rasse

1 Araberpferd. Höhe 142–150 cm. Kleiner, feingeschnittener Kopf mit konkavem Profil und kleiner Schnauze. Gewölbter Nacken. Breite, tiefe Brust. Starke Beine. Hochgetragener Schweif. Gangart leichtfüßig, schnell und fließend. Sehr widerstandsfähig. Große Ausdauer.

2 Berberpferd. Höhe 145–155 cm. In Nordafrika heimisch. Profil dem des Araberpferdes ähnlich, aber Kopf sehr langgestreckt, runde Brust. Schweif niederer angesetzt als beim Araber.

3 Anglo-Araber. Variiert beträchtlich in der Höhe. Eine Mischrasse, hervorgegangen aus der Kreuzung von Araberpferden mit Englischem Vollblut. Viele vereinen in sich die besten Eigenschaften beider Abstammungslinien. Gute Jagdpferde.

4 Andalusier. Größe 152–160 cm, teilweise bis 165 cm hoch. Die Rasse

1

entstand aus einer Kreuzung spanischer Pferde mit Berberpferden. Grau oder kastanienbraun. Kräftig. Gutes Temperament.

5 Lipizzaner. Höhe ca. 150–155 cm, selten bis 170 cm Stockmaß. Österreichische Rasse mit spanischem, italienischem und arabischem Blut. Meist Schimmel. Elegant, intelligent. Pferde der Spanischen Reitschule, Wien.

6 Trakehner oder Ostpreuße. Ca. 160–165 cm hoch. Entwickelt durch Kreuzung ostpreußischer Tiere mit Araberpferden. Später kam noch Einschlag von Vollblut dazu. Ausgezeichnete Konstitution und Vitalität.

7 Australischer Waler. Gezüchtet aus spanischen und holländischen Pferden mit späterer Einkreuzung von Arabischem und Englischem Vollblut.

paaren sich eine gesunde Konstitution, große Ausdauer und die Gabe, auch unter harten Bedingungen gut zu gedeihen. Diese Eigenschaften an die Nachkommen weiterzugeben, haben den Araber für die Entwicklung und Wertsteigerung anderer Rassen unschätzbar gemacht. Einfluß von Araberpferden findet sich bei allen auf diesen Seiten genannten Rassen wie auch bei den berühmten englischen Vollblutpferden (S. 132).

Britische Pferde

Mehrere Jahrhunderte lang waren die Britischen Inseln weltweit wegen ihrer Pferdezucht berühmt. Dieser gute Ruf beruht weitgehend auf den vortrefflichen Eigenschaften des Englischen Vollbluts, dem Champion der Rennbahn. Alle Vertreter dieser schönen Rasse, die ursprünglich orientalischer Abstammung ist, lassen sich auf drei berühmte Hengste des 17. und 18. Jahrhunderts zurückführen: auf den Darley Arabian, den Godolphin Barb (Arabian) und den Byerley Turc. Die älteste britische Rasse

1 Englisches Vollblut. Höhe 142–170 cm. Vornehmes Exterieur. Ziemlich kleiner Kopf, gewölbter (gebogener) Nacken, relativ kurzer Rücken, lange, schräge Schultern, hohe, schlanke Beine. Äußerst schnell mit weitausholender Gangart.

2 Cleveland Bay. Größe 165–170 cm. Exterieur »Rechteckpferd«. Beine kurz und muskulös. In der Landwirtschaft und als Wagenpferd verwendet. Heute oft durch Kreuzung verändert.

3 Hunter. Keine einheitliche Rasse, sondern eine Reihe von Typen. Eingeteilt in schwere, mittlere und leichte Hunter. Edler Körperbau (Edles Exterieur). Kühner Springer.

4 Hackney oder Englischer Traber. Meist 155–160 cm hoch. Solider, eleganter Körperbau, steile Schultern, kurze

1

Beine. Wagenpferd mit einer brillanten Gangart, bei der die Beine hochgeschleudert werden.

5 Cob. Größe maximal 155 cm. Keine Rasse, aber ein deutlich ausgeprägter Typ. Gedrungener, sehr breiter Körper, mächtige Hinterhand, kurze Beine. Sanft. Ausgezeichnetes Pferd für gewichtige oder ältere Reiter.

6 Clydesdale. Größe meist 165–170 cm, rötlich-braun (kastanienbraun), braun oder schwarz und weiß gestiefelt und gebleßt. Zugpferd, bei dem sich Größe, Gewicht, Stärke, Vitalität und Lebhaftigkeit harmonisch vereinen.

7 Shire Horse. Mittlere Größe 172 cm, gelegentlich auch über 2 m. Größtes britisches Zugpferd. Kraftvolle, arbeitswillige Rasse. Gutmütig. Heute oft exportiert. Im Mittelalter Turnierpferd.

ist der Cleveland Bay. Heute wird er oft mit dem Englischen Vollblut gekreuzt, um ausgezeichnete Jagdpferde, die Englischen Hunter, hervorzubringen. Der Cob ist wie der Hunter ein bestimmter Typ, aber keine Rasse. Der Hackney wurde von Liebhabern als Traberpferd gezüchtet, während Clydesdale- und Shire-Pferde großartige Zugtiere sind, die man heute, im Zeitalter der weltweiten Motorisierung, außerhalb von Umzügen (extra geschmückt als festliche Bräurösser) nur noch selten sieht.

Nordamerikanische Pferde

Man nimmt an, daß das Pferd von den spanischen Eroberern im 15. und 16. Jahrhundert wieder nach Amerika gebracht worden ist. Später führten Siedler weitere Pferde aus Europa für den eigenen Gebrauch und zur Verbesserung einheimischer Rassen ein. Das Ergebnis war die Entwicklung einer Anzahl von ausgezeichneten amerikanischen Pferderassen. Zu den bemerkenswerten unter ihnen gehören das Morgan Horse, Nachkomme eines berühmten Hengstes, der 1790 im Besitz von Justin Morgan war,

1 Morgan Horse. Größe 152–160 cm Stockmaß. Kompakt gebaut, sehr muskulös, elegant. Gutes Temperament (gutmütig). Eine schöne Rasse für vielerlei Zwecke.

2 Amerikanisches Quarter Horse. Größe 150–155 cm. Sehr kraftvolle Hinterhand, breite Brust. Sehr lebhaft. Schneller Starter, guter Sprinter. Gefügig und anspruchslos.

3 Amerikanisches Standardbred. Durchschnittliche Größe um 155 cm, maximal 163 cm. Im Typ ähnlich dem Vollblut, aber robuster, mit schweren Gliedmaßen und mehr langgestrecktem Körper. Gezüchtet als Traber und Paßgänger.

4 Amerikanisches Saddle Horse oder Saddlebred. Größe 150–162 cm. Graziös und elegant. Kopf und Schweif werder

ferner das amerikanische Quarter Horse, das für Rennen über eine Viertelmeile gezüchtet wurde, das amerikanische Standardbred, das als Traber und Paßgänger entwickelt wurde und das amerikanische Saddlehorse sowie das Tennessee Walking Horse, beide wegen ihrer charakteristischen Gangarten beliebt. Pinto, Appaloosa und Palomino werden in den USA als Rassen anerkannt, aber anderswo nur als Pferde von bestimmter Färbung angesehen, denen der Rassestatus verwehrt ist.

hoch getragen. Befähigt zu drei bis fünf prächtigen Gangarten.

5 Tennessee Walking Horse. Größe 155–160 cm Stockmaß. Robuster und weniger elegant als das Amerikanische Saddle Horse. Benannt nach seinen besonderen Gangarten, z. B. einem »Running Walk« genannten Laufschritt.

6 Pinto. Größe ca. 152 cm. Weiß mit schwarzen, kastanienbraunen oder braunen Abzeichen. Bekannt für seine Zähigkeit. Berühmte Pferde der Indianer im »Wilden Westen«.

7 Appaloosa. Höhe 145–155 cm. Weiß, braun oder schwarz gescheckt auf Körper und Beinen. Araberblut hat das edle Exterieur noch verfeinert.

8 Palomino. Größe etwa 152 cm, maximal 162 cm Stockmaß. Goldschimmerndes Fell. Mähne und Schweif fast weiß.

135

Ponyrassen

Ponys sind Pferde, die höchstens 147,5 cm hoch sein dürfen. Sie weisen jedoch noch andere besondere Eigenheiten auf. Ponyrassen sind in Regionen mit rauhem Klima und schwierigem Gelände heimisch. Lange Zeit hindurch wirksame natürliche Auslese hat sie robust, kräftig für ihre Größe, trittsicher und intelligent gemacht. Sie sind daher auch oft mit Pferden gekreuzt worden, um diese Eigenschaften weiterzugeben. Viele Ponyrassen sind in Nordeuropa beheimatet, und Großbritannien weist nicht weni-

1 Shetland-Pony. Kleinste Ponyrasse. Durchschnittliche Größe um 100 cm (amerikanischer Typ bis 115 cm). Wohlgeformter Kopf: Mähne und Schweif sehr üppig. Dicker Winterpelz. Sehr stark für seine Größe. Manche Tiere sind als störrisch berüchtigt.

2 Exmoor-Pony. Hengste bis etwa 130 cm, Stuten bis 127 cm hoch. Kastanienbraun oder graubraun mit schwarzen Punkten, aufgehellt ums Maul (sogenanntes Mehlmaul). Stark, schnell und mutig. Britanniens älteste Ponyrasse. Gutes Kinderreitpferd.

3 New Forest-Pony. Größe etwa 120–135, maximal 140 cm. Variiert sehr im Typ. Robust, intelligent und zuverlässig. Gute »Familienponys«.

1

4 Welsh Mountain-Pony. Durchschnittliche Größe 122–130 cm. Zierlich, aber kräftig. Widerstandsfähig und intelligent. Ausgezeichnet für Kinder geeignet. Springt gut. Oft zur Kreuzung mit anderen Rassen verwendet.

5 Connemara-Pony. Größe 130–147 cm. Heute zu 50 % Grauschimmel. Ursprüngliche Farbe graubraun. Irisches Pony mit Einkreuzung von Ara-

bern sowie englischen und spanischen Rassen.

6 Criollo. Größe 142–144 cm. Meist graubraun. Argentinisches Pony, auf den Pampas aus spanischen Tieren gezüchtet. Zum Hüten der Rinder und als Lasttier verwendet.

7 Timor-Pony. In Ostindien heimisches Pony, heute in Neuseeland und Australien eingebürgert. Stark und arbeitsam.

ger als acht auf. Andere ausdauernde Ponys haben sich in Asien entwickelt. Jahrhundertelang sind Ponys für vielerlei Arbeiten verwendet worden. Heute werden sie meist nur zum Vergnügen geritten. In Reitschulen sind sie besonders als Reittiere für Kinder äußerst beliebt. Ihre geringe Körperhöhe macht das Reiten für jugendliche Anfänger in diesem Sport weniger angsteinflößend und einen Reitunfall weniger gefährlich; zugleich sind Ponys oft intelligente, gutmütige, aber auch schnelle Reittiere.

Haltung im Freien und im Stall

Die Entscheidung, ob man ein Pferd oder Pony im Freien hält oder im Stall, hängt ab vom Klima, von den verfügbaren Einrichtungen und von der Widerstandsfähigkeit des betreffenden Tieres. Wo auch immer ein Pferd oder Pony gehalten wird, lassen sich Gesundheitsprobleme oder Lahmheit nur vermeiden, wenn man ständig und genau auf Ernährung, Versorgung mit Wasser und die Verfassung der Beine des Tieres achtet.

Pferdehaltung im Freien. Wenn Sie keines oder nicht genügend eigenes Land besitzen, können Sie vielleicht mit einem Bauern am Ort eine Abmachung treffen und Ihr Pony auf seinem Grund halten. Im Idealfall sollten zwei Koppeln für das Pferd verfügbar sein, damit jede sich nach starkem Abweiden wieder erholen kann. Die Weiden müssen gut entwässert und frei von giftigen Pflanzen wie etwa Eiben, Schierling oder Efeu sein.

1 Großer Weideplatz, mindestens 0,6 Hektar für jedes Pferd oder Pony.

2 Sichere Umzäunung. Pfosten und Querhölzer sind dafür ausgezeichnet. Ein Drahtgitterzaun ist gefährlich.

3 Sicher verschließbares Gatter (Tor) mit fünf Latten, das ausreichend stark ist.

4 Trog für frisches Wasser. Man fülle ihn einmal am Tag oder installiere eine Vorrichtung, die automatisch nachfüllt. Man reinige den Trog häufig.

5 Schuppen, dessen Eingang nicht der vorherrschenden Windrichtung zugekehrt ist. So wird das Pferd vor kaltem Wetter und Sonne geschützt.

6 Pferdetransportwagen.

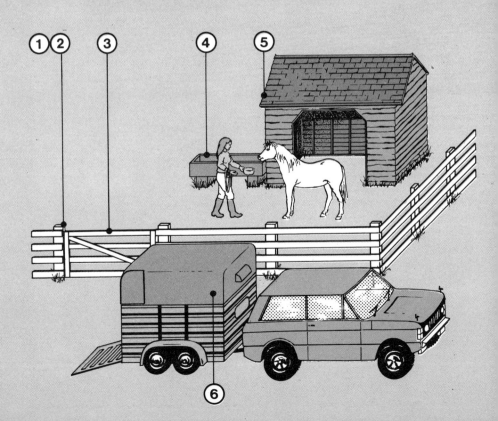

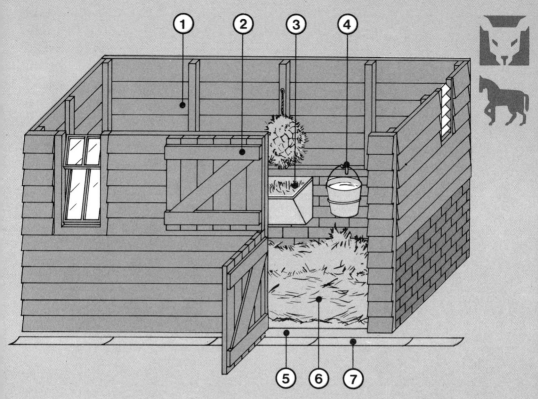

Einfangen. Um ein Pferd auf der Weide einzufangen, nähert man sich dem Tier von vorn, mit dem Zaumzeug über dem einen Arm und in der anderen Hand Apfelschnitzel oder Nüsse in einer Schale (siehe Illustration auf der linken Seite). Viele Pferde lernen es, auf Pfiffe oder Rufe zu reagieren. Ist ein Tier schwierig einzufangen, versuche man, durch regelmäßige Besuche auf der Weide und mitgebrachte Leckerbissen sein Vetrauen zu gewinnen. Wenn unbedingt nötig, halte man das Pferd immer im Geschirr.

Beförderung. Pferde werden in besonderen Transportwagen befördert, die man an Personen- oder Lastwagen anhängt (siehe Bild links). Während des Transports fahre man langsam und bemühe sich, plötzliches Bremsen zu vermeiden. Nach dem Gebrauch reinige man den Pferdetransporter stets gründlich.

Unterbringung im Stall. Jeder Stall muß gut durchlüftet (aber nicht zugig) und trocken sein. Für die Aufbewahrung von Futter und Ausrüstung sollte man einen getrennten Raum verwenden. Pferde werden frei beweglich in Boxen gehalten oder im Stall angebunden. Im allgemeinen werden die Boxen vorgezogen, weil sie es den Tieren ermöglichen, sich niederzulegen.

1 Box, die Bewegung erlaubt (Dach entfernt zur besseren Illustration).
2 Breites, zweiteiliges Tor.
3 Krippe. 1 m hoch mit abgerundeten oder verkleideten Rändern.
4 Sicher befestigter Trinkeimer.
5 Fester Boden (ideal ist Beton).
6 Tiefe Streu von Stroh, Torf, Sägemehl oder Hobelspänen.
7 Außerhalb angebrachte Abflußrinne. Der Boden der Box fällt schräg zu ihr ab.
Ausmisten. Man entferne täglich alle verschmutzte Streu und gebe wieder sauberes Stroh dazu. Um Erkrankungen zu verhüten, prüfe man, ob der Abfluß frei und der Boden der Box trocken ist.

Ernährung von Pferden

Hinsichtlich der Ernährung muß jedes Pferd individuell behandelt werden. Menge und Art des Futters hängen ab von Größe, Alter, Temperament, Arbeit und Rasse. Pferde sollten oft und dann mit geringen Mengen gefüttert werden. Vor den Mahlzeiten sollte man ihnen Wasser geben, und unmittelbar nach dem Fressen sollten die Tiere ruhen. Plötzliche Ernährungsänderungen können Koliken verursachen.

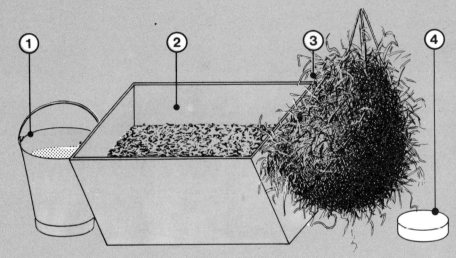

Ernährung. Die einzelnen Tiere haben unterschiedliche Bedürfnisse, aber die folgende Information könnte eine brauchbare Richtschnur sein. Ein im Stall untergebrachtes Pferd von rund 163 cm Größe braucht, wenn es regelmäßig arbeitet, täglich 11–14 kg Futter. Davon sollten 5–6 kg Heu sein. Gefüttert sollte mindestens dreimal am Tag werden und die Hauptmenge des Heus am Abend. Ein auf der Weide gehaltenes Pferd braucht, besonders bei spärlichem Graswuchs, noch zusätzlich Heu und rund 2 kg Hafer.

Grundbestandteile der Kost

1 Wasser, 41–50 Liter pro Tag.
2 Kraftfutter. Man gibt Hafer, Pony-Nüsse, gekochte Gerste, Bohnen und Mais.
3 Heu. Wichtig als Hauptmasse der Kost. Man gebe es ungeschnitten in einem Netz oder einer Heuraufe oder als Häcksel zerkleinert mit Kraftfutter.
4 Salzblock zum Lecken.

Giftige Pflanzen. Pferde dürfen nie giftige Pflanzen fressen wie Eiben, Lorbeer, Schierling oder Adlerfarn.

Breifutter. Einmal wöchentlich kann als Abführmittel Kleie, als Brei gekocht und ausgekühlt, verabreicht werden. Leinsamenbrei ist zugleich Stärkungs- und Abführmittel.

Leckerbissen wie Äpfel, Karotten oder Steckrüben sind nützlich, will man ein Pferd einfangen oder abrichten. Wie unten gezeigt, sollte man solche Happen mit der flachen Hand geben, um Verletzungen zu verhüten.

Putzpflege der Pferde

Tägliches Putzen ist ein wesentlicher Bestandteil der Betreuung für alle im Stall gehaltenen Pferde. Es trägt dazu bei, die Haut zu reinigen, vor Parasiten zu schützen und das Aussehen der Tiere zu verschönern. Pferde, die im Freien gehalten werden, sollte man weniger oft putzen, da die Anhäufung von natürlichem Wollfett auf dem Fell sie bei schlechtem Wetter besser warm hält und sie dadurch vor Erkältungen geschützt bleiben.

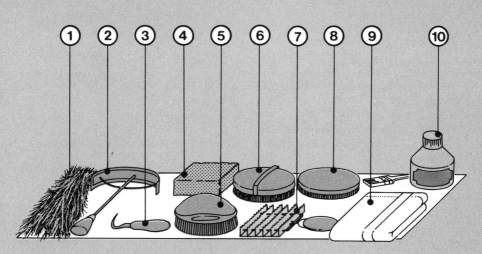

Regeln für die Putzpflege. Nach jeder Anstrengung bewege man das Pferd noch im Schritt, um es abzukühlen. Reiben Sie zur Anregung der Blutzirkulation mit einer Hand Stroh (**1**) das Pferd hinter den Ohren und unter dem Sattel ab. Wenn nötig, benütze man ein Schweißmesser (**2**), um den Schweiß von Kopf und Nacken zu schaben. Säubern Sie die Füße sorgfältig mit einem Hufräumer (**3**). Waschen Sie Augen und Nüstern mit einem Schwamm (**4**). Um den Schmutz zu beseitigen, verwende man Kardätschen genannte Bürsten. Beginnen Sie mit einer, die steife Borsten hat (**5**). Dann bürste man zuerst den ganzen Körper, zuletzt die Beine mit einer weicheren Kardätsche (**6**). Gleichzeitig entferne man mit einem Striegel (**7**) besonders groben Schmutz. Den Kopf bearbeiten Sie mit einer zuerst trockenen Waschbürste (**8**). Man befeuchte sie dann, um damit Mähne, Schweif und Füße zu säubern. Überputzen Sie das Pferd noch mit einem Tuch (**9**). Sind die Hufe spröde, tragen Sie mit einem Pinsel Huföl auf (**10**).

Putztechnik. Man bürste immer weit kreisend in Richtung des Haarstrichs und drücke dabei mit dem ganzen Körpergewicht, nicht nur mit Armkraft, auf. **Scheren.** Pferde bekommen jedes Jahr ein Sommer- und ein Winterfell. Tiere, die in Ställen gehalten werden, schert man manchmal im Hebst, um zu verhüten, daß ihnen zu heiß wird und um das Putzen zu erleichtern. Bei kaltem Wetter benützt man manchmal als Decke einen New Zealand Rug (siehe unten), um geschorene Pferde warm zu halten.

141

Pferdekrankheiten

Pferde, die gut gepflegt und regelmäßig geimpft werden, leiden wahrscheinlich nicht an ernsten Krankheiten. Doch, um sicher zu gehen, rufen Sie sofort den Tierarzt, wenn ein Pferd irgendwelche Symptome einer Erkrankung zeigt. Die Kolik ist eines der häufigeren Probleme, das immer unbedingt beachtet werden muß. Pferde neigen besonders zum Lahmen; und dafür ist in erster Linie der Mensch verantwortlich.

Vorbeugung. Sorgfältig überwachte Lebensbedingungen und Ernährung verringern die Gefahr einer Erkrankung. Regelmäßig sollte gegen Tetanus (Wundstarrkrampf) und Enzephalitis (Gehirnentzündung) der Pferde geimpft werden. Trächtige Stuten impfe man gegen Rhinopneumonitis. Auch eine Impfung gegen Druse, eine Bakterieninfektion der Luftwege kann nötig sein.

Behandlung. Konsultieren Sie bei den ersten Anzeichen einer Erkrankung einen Tierarzt. Halten Sie das Pferd warm und trocken. Isolieren Sie es, wenn Verdacht auf eine Infektion besteht.

Anzeichen einer Erkrankung
1 Weigerung, zu fressen und zu trinken.
2 Husten.
3 Ausfluß aus Augen oder Nüstern.
4 Frösteln oder Schwitzen.
5 Temperatur über 39,4° C
6 Mattes Fell.
7 Hautfehler
8 Störung des Gleichgewichts.
9 Änderung des Temperaments.
10 Das Pferd legt sich nieder, wälzt sich herum oder stöhnt – Anzeichen von Verdauungsstörungen (Kolik). Pferde können nicht erbrechen.

Lahmheit. Pferde neigen zu Lahmheit hauptsächlich deshalb, weil sie von Natur aus nicht darauf eingerichtet sind, einen Reiter zu tragen. Hufbeschlag mindert ebenfalls die natürliche stoßdämpfende Wirkung der Beinarbeit. Außer einer Verletzung gibt es Lahmheit im Vorderbein (**a**) und im Hinterbein (**b**) folgende Ursachen:
1 Sprunggelenkgalle – Schwellung oder Geschwulst am Fesselgelenk.
2 Spat – Schleimbeutelentzündung des Sprunggelenks mit Erguß.
3 Verstauchung – Zerrung eines Gelenkkapselbandes.
4 Knochenauswuchs – oder Tumor des Knochens hinter dem Schienbein.
5 Windgalle – schmerzlose Schwellung.
6 Gegeneinanderschlagen der Beine.
7 Ring- oder Überbein.
8 Steingallen – Abszesse am Fuß.
9 Hornkluft – Riß im Huf.
10 Fußwurzelschaden – Verletzungen am Knochen.
11 Verschlag – Entzündung der Huflederhaut mit Bluterguß.
12 Strahlfäule – Infektion des Strahls.

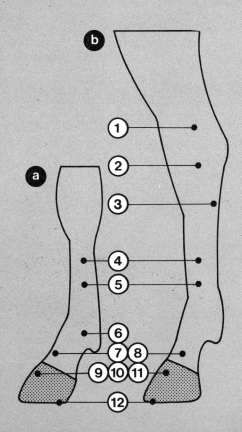

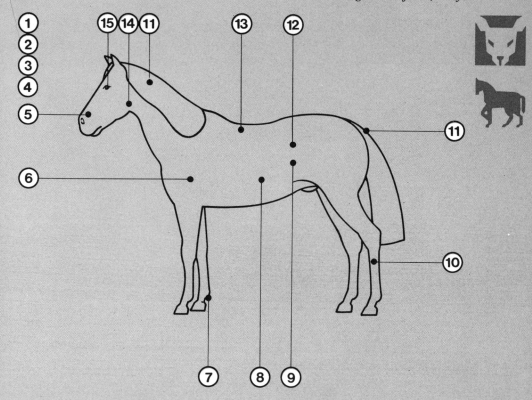

Krankheitssymptome. Um Komplikationen zu vermeiden, konsultieren Sie stets unverzüglich einen Tierarzt.

1 Tetanus. Das Gift der Erreger wirkt auf das Zentralnervensystem – steife Gliedmaßen, Unfähigkeit, das Maul zu öffnen. Infektionen durch Wunden.

2 Koller – plötzlicher Verlust des Gleichgewichts ohne erkennbaren Grund. Zwischen den Anfällen verhält sich das Pferd normal.

3 Milzbrand – geschwollener Kopf, hohes Fieber. Kolik. Sehr ansteckend.

4 Sumpffieber oder ansteckende Blutarmut (Anämie) der Pferde – hohes Fieber, Schwäche, schlechte Koordination der Bewegungen.

5 Atembeschwerden. Dämpfigkeit – Kurzatmigkeit. Keuchen oder Pfeifen (infolge gelähmter Stimmbänder). Influenza. Lungenentzündung. Druse – Ausfluß aus Nüstern, Husten, Fieber, geschwollene Lymphdrüsen unter und zwischen den Kinnbacken.

6 Läuse – graue, sichtbare Parasiten; Jucken, kahle Flecke; Behandlung mit Läusepuder.

7 Rissige Fessel (Ekzem auf der Rückseite der Fessel).

8 Kolik (schmerzhafte Zustände der Bauchhöhle) – Ruhelosigkeit, Schwitzen, Stöhnen, Herumwälzen. Rufen Sie sofort den Tierarzt!

9 Würmer (Bandwürmer, Spulwürmer, Blutwürmer) – das Pferd gedeiht nicht. Man findet Wurmeier unter der Schwanzwurzel oder im Kot.

10 Pferdebremsen (Dasselfliegen)-Befall. Das Pferd fletscht die Zähne. Auf die Beine oder Haare des Pferdes abgelegte Eier der Bremsen gelangen über das Maul in die Verdauungsorgane.

11 Jucken – Reizempfindlichkeit im Bereich von Mähne und Schweif. Möglicherweise Allergie.

12 Polypen, Warzen, Zysten, Tumoren.

13 Hautabschürfungen, Pusteln oder offene Wunden von schlecht sitzendem Sattel oder Gurt.

14 Räude – Juckreiz, Schorfkrusten. Verursacht von Milben.

15 Augenkrankheiten (verstopfter Tränengang, Bindehautentzündung) – Augen geschwollen und mit Ausfluß.

143

Pferdezucht

Besitzer, die Neulinge sind, ist der Versuch, Pferde oder Ponys zu züchten, nicht zu empfehlen. Das ist ein kostpieliges und zeitraubendes Unternehmen, und selbst unter fachkundiger Leitung kann sehr viel schief gehen. Weil viele Mängel erblich sind, sollten für die Zucht nur gesunde Tiere mit gutem Körperbau verwendet werden. Ein Fohlen muß drei bis vier Jahre betreut und abgerichtet werden, ehe man mit ihm arbeiten kann.

Paarung. Stuten werden meist zur Paarung in ein Gestüt gebracht; man sollte das 3 Monate im voraus vereinbaren. Stuten werden im Frühjahr und Sommer alle drei Wochen »rossig«, d. h. brünstig. Um einen Kampf zu vermeiden, ist es üblich, die Bereitschaft der Stute dadurch zu testen, daß man ihr den Hengst zeigt, aber ihn noch von ihr fernhält.

Trächtigkeit. Ein Tierarzt kann bestätigen, daß die Stute trächtig ist. Hält man sie im Freien, braucht sie zusätzliche Eiweißnahrung; im Stall gehaltene Stuten benötigen doppelte Futterrationen, aber weniger Heu als sonst.

Geburt. Sorgen Sie dafür, daß ein Tierarzt zur Hand ist. Anzeichen von Wehen sind Schleimabsonderung, Schwitzen, Ausschlagen und Unrast. Bei einer normalen Geburt erscheinen zuerst die Beine, darauf Kopf und Körper des Fohlens. Ist das nicht der Fall, ist schnelle Hilfe nötig. Die Nachgeburt sollte 4 Stunden später ausgestoßen werden.

Betreuung des Fohlens. Während des Stillens brauchen Stuten doppelte Futterrationen. Mit 5 Monaten sollte das Fohlen entwöhnt und von der Mutter getrennt werden. Es sollte dann täglich als Futter 3,2 kg Heu und 2,3 kg Hafer erhalten. Fohlen sollten nach Angabe des Tierarztes von Würmern befreit und geimpft werden.

Abrichtung. Das Fohlen sollte einen Halsriemen tragen und von der ersten Woche an täglich kurze Zeit an sanfte Handhabung gewöhnt werden. Ein Pferd oder Pony zuzureiten oder als Zugtier einzufahren, ist eine Aufgabe, die Aufsicht eines Fachmannes erfordert.

Trächtigkeit	11 Monate
Typischer Wurf	1 Fohlen
Entwöhnung	mit 5 Monaten
Geschlechtsreife	mit 15–24 Monaten
Lebensdauer	20 Jahre

Reitausrüstung

Man hat viele Formen von Zaumzeug, Gebiß und Sattel entwickelt, um individuellen Bedürfnissen zu genügen. Sorgfältige Wahl der Ausrüstung ist entscheidend für das Wohlbefinden von Pferd und Reiter. Schlechtsitzende Sättel erzeugen schmerzende, wunde Stellen, während ein falsches Gebiß das Maul eines Tieres vollkommen ruinieren kann. Die Ausrüstung sollte regelmäßig gründlich gereinigt und gepflegt werden.

1 Typische Zäumung. Bestandteile sind: Stirnband (**a**); Nasenriemen (**b**); Kopfriemen (**c**); Backenriemen (**d**); Kehlriemen (**e**); Zügel (**f**).

2 Gebiß. Das abgebildete Gebiß ist eine einfache Wassertrense, eine beliebte und recht angenehme Gebißform. Allgemein verwendet werden als Gebiß auch Kandaren mit einer einzelnen Metallstange.

3 Moderner Sattel, der für vielerlei Leitarten geeignet ist. Sein Hauptvorteil ist ein flexibler Rand, der den besten Kontakt zwischen Reiter und Pferd ermöglicht.
Teile des Sattels sind:
Sattelknopf (**a**); Sitz (**b**); Sattelblatt (**c**); Sattelgurt (**d**); Hinterpausche (**e**); Bügelriemen (**f**); Steigbügel (**g**).

4 Western-Sattel. Diese schwere Sattelform wurde in den Weststaaten der USA entwickelt, um auch harten Bedingungen standzuhalten.

Hufbeschlag. Pferde sollten alle paar Wochen beschlagen werden. Verschiedene Hufeisenformen sind erhältlich. Guter Sitz ist unbedingt nötig, um zu verhüten, daß das Tier lahmt. Der Hufschmied feilt den Huf bis zur letzten nachgewachsenen Hornschicht ab.

Reitkleidung. Es ist nicht so wichtig, eine ganze Garnitur Reitkleidung zu besitzen, aber eine feste Kopfbedeckung sollte man immer tragen, um den Kopf bei einem Sturz vor Verletzung zu schützen. Stiefel oder Schuhe sollten so hohe Absätze haben, daß der Fuß nicht durch den Bügel schlüpft.

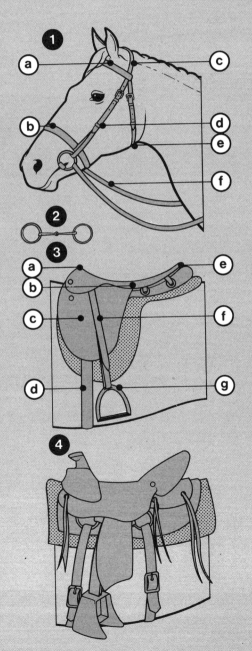

145

Reiten

Die meisten Pferde und Ponys werden heute als Reittiere gehalten. Reiten vereint Bewegung für das Tier mit Vergnügen für den Reiter. Je gewandter der Reiter ist, desto wohler und sicherer wird sich das Pferd fühlen. Gute Reitschulen bieten Neulingen die ganze dafür nötige Ausbildung. Das Wesentliche beim Reiten ist der »Sitz« – eine Kombination von richtigem Gleichgewicht, festem Halt und Führung des Pferdes.

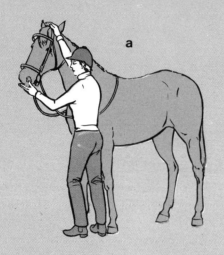

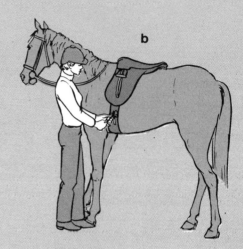

a Zäumung. Bewegen Sie sich still, gelassen und flink. Stellen Sie sich an die Ihnen zugewandte Seite des Pferdes und halten sich bereit, das Zaumzeug in einem Stück anzulegen. Streifen Sie die Zügel über den Kopf des Pferdes und nehmen den Halsriemen ab. Schieben Sie das Zaumzeug schnell über den Nasenrücken hinauf und ziehen den Kopfriemen über die Ohren. Halten Sie das Gebiß gegen die Zähne und öffnen, um es hineinzuschieben, durch sanften Druck auf die Ecken der Lefzen dem Tier das Maul. Schließlich befestigen Sie den Kehlriemen.

b Satteln. Zuerst legen Sie den Sattel bis vor den Widerrist auf den Rücken des Pferdes. Dann schieben Sie ihn wieder so weit zurück, daß er hinter dem Widerrist und vor den Lenden liegt. Befestigen Sie nun den Gurt und ziehen ihn allmählich enger, ohne die Haut des Pferdes einzuklemmen. Vielleicht muß der Gurt nach dem Aufsteigen noch besser angepaßt werden.

c Aufsteigen. Stellen Sie sich an die linke Seite des Tiers, während Sie mit der linken Hand die Zügel halten. Verkürzen Sie den Zügel auf der Gegenseite, damit der Kopf des Pferdes abgewandt bleibt. Stellen Sie den linken Fuß in den Steigbügel, halten sich am Sattelknopf fest und schwingen sich sanft in den Sattel. Wenn nötig, stellen Sie Gurt und Bügelriemen nach.

1 Schritt. Langsamste Gangart. Wird angewendet, um das Pferd warmzureiten.

2 Arbeitstrab. Trab ist eine beschleunigte Gangart, bei der sich beide diagonalen Beinpaare abwechseln. Der Reiter löst sich nicht vom Sattel.

3 Versammelter oder anderer schnellerer Trab. Der Reiter hebt sich beim ersten Aufschlag eines diagonalen Beinpaars leicht aus dem Sattel und läßt sich beim zweiten Aufschlag zurückfallen.

4 Kanter. Leichter, langsamer Galopp mit drei taktmäßigen Hufschlägen.

5 Galopp. Die schnellste Gangart – und schwierig durchzuhalten.

6 Springen. Pferde können dazu abgerichtet werden, über ein Cavaletti (ein niedriges Hindernis mit x-förmigen Seitenstützen) zu springen.

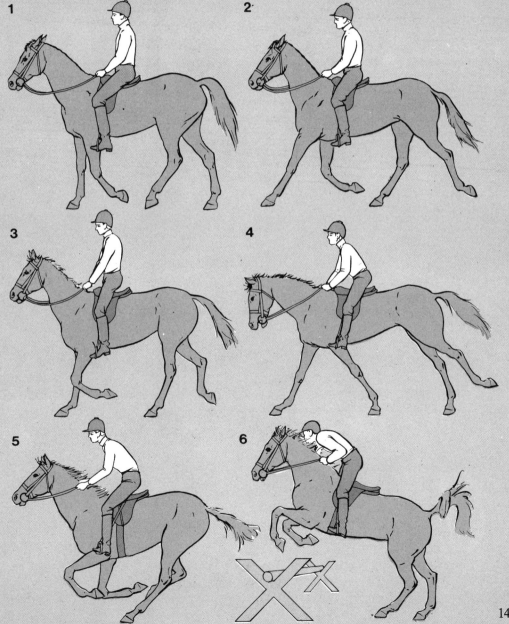

147

Pferderennen, Turniere und andere Veranstaltungen

Der Reitsport hat in letzter Zeit sehr an Beliebtheit gewonnen. Er reicht von einfachen Spielen bei Kindersportfesten bis zu Wettkämpfen bei Olympischen Spielen, die einen hohen Grad an Geschicklichkeit und harmonischer Zusammenarbeit von Pferd und Reiter, also perfekte reiterliche Technik verlangen.

Reiterspiele.

1 Springturniere – Veranstaltungen aller Schwierigkeitsgrade bis zu Wettkämpfen bei Olympischen Spielen.

2 Dressurreiten bis zur Hohen Schule, auch bei Olympischen Spielen. Gewertet werden exakte Durchführung vorgeschriebener Bewegungen und Figuren.

3 Military. Dreitägiger olympischer Wettkampf, eine Kombination von Dressur, Geländeritt und Springen.

4 Gymkhana. Aus Indien stammende, viel Geschicklichkeit erfordernde Reiterspiele, etwa das »Kartoffelrennen«.

5 Pferdeschau, bei der Exterieur und Aktion der Tiere beurteilt werden.

6 Jagdreiten mit einer Hundemeute.

7 Zugpferde – für Rennen oder zum Ziehen verschiedener Fahrzeuge.

8 Polo. Ein Ballspiel, das von zwei Mannschaften vom Rücken des Pferdes aus durchgeführt wird.

9 Rennen – entweder ohne Sprünge oder mit Sprüngen (Rennbahn, Hindernisrennen, Jagdrennen).

10 Trabrennpferde, die, vor einen zweirädrigen Sulky gespannt, im Trab oder Paßgang um die Wette laufen.

11 Rodeo. Eine beliebte Veranstaltung des amerikanischen Westens. Die Teilnehmer versuchen das Einfangen eines Stiers mit dem Lasso.

1

Esel und ihre Verwandten

Der Hausesel stammt vom Wildesel Nordwestafrikas ab, der als Lasttier mindestens schon vor 5000 Jahren domestiziert worden ist. Andere Esel oder eng verwandte Halbesel wie etwa der Kiang und der Kulan leben in Gebirgsgegenden Asiens. Auf dieser Seite wird auch das Maultier geschildert, ein nützlicher Bastard aus einer Kreuzung zwischen Esel und Pferd. In tropischen und subtropischen Ländern bleibt der Esel als Arbeitstier unschätzbar.

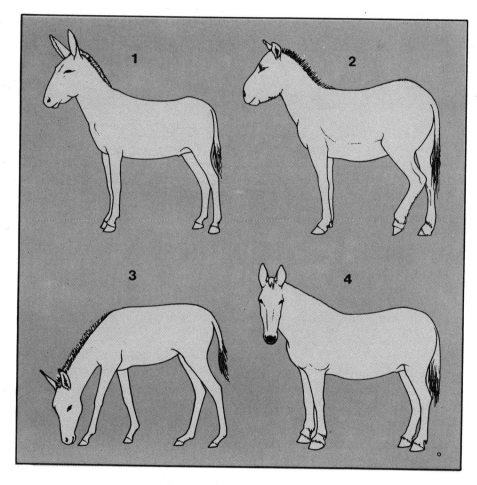

1 Der Afrikanische Wildesel *(Equus asinus africanus)* aus dem Sudan und Somaliland. Wildlebender Vorfahre des Hausesels.

2 Kiang, ein Halbesel, *(Equus hemionus kiang)* aus Tibet und Sikkim. Größter Wildesel, Widerristhöhe 130 cm.

3 Kulan *(Equus hemionus hemionus).* Wildesel der Mandschurei. Kleiner und leichter als der Kiang.

4 Maultier. Unfruchtbarer Bastard der Kreuzung eines Esels mit einer Stute. Der Nachkomme einer Eselin und eines Hengstes wird Maulesel genannt. Maultiere vereinen die Widerstandsfähigkeit des Esels mit der größeren Kraft des Pferdes.

Er ist verläßlich und trittsicher auf schwierigem Gelände. Zudem hat er den Vorteil, daß er leichter zu betreuen ist als ein Pferd und besser imstande, bei hohen Temperaturen zu arbeiten. In kühleren Ländern sind Esel sehr oft Spielgefährten von Kindern. Sie sind in der Regel sanft und zutraulich, und es macht großen Spaß, auf ihnen zu reiten. Der Ruf, »störrisch« zu sein, ist das Mißverständnis eines durchaus sinnvollen Verhaltens bei Gefahr.

5

5 Hausesel (*Equus asinus*). Widerristhöhe 95–127 cm. Rauhhaariges Fell, gewöhnlich blaugrau mit etwas Schwarz, aber auch sandfarben und weiß. Andere Merkmale: ziemlich großer Kopf; lange Ohren; kurze, hochgestellte Mähne; flacher Widerrist; steiler, hoher Huf; Schwanz nur am unteren Ende mit Quaste; lauter Eselsschrei: »iaah«. Lebensdauer 20–25 Jahre.

Verhalten. Esel werden oft schlecht behandelt, weil sie als störrisch gelten. Aber dieses Verhalten ist nur auf den Instinkt zurückzuführen, stur stehen zu bleiben, wenn sie Gefahr wittern. Die meisten sind sanftmütig, zutraulich und arbeitswillig, wenn sie gut behandelt werden.

Unterbringung. Esel brauchen keinen besonders eingerichteten Stall. Aber in einem kühleren Klima ist irgendeine wetterfeste Unterkunft mit trockener Streu lebensnotwendig. In heißen Ländern sollte ein schattiger Platz für sie vorhanden sein.

Ernährung. Jeder Esel braucht 0,2 Hektar Land als Weide. Im Winter sollte man ihm zusätzlich Heu, Kleie, Pony-Nüsse und Hafer geben. Frisches Wasser muß immer verfügbar sein, ebenso ein Salzblock. Als Leckerbissen können Äpfel und Karotten gegeben werden.

Behandlung. Hausesel sind ideale erste Reittiere für Kinder. Ebenso lassen sie sich zu Zugtieren, zum Schulreiten, ja sogar für die Jagd abrichten.

Züchtung von Eseln. Wie bei vielen anderen Tieren sollte man sich immer von Experten beraten lassen, ehe man Esel zu züchten versucht. Im allgemeinen muß man sie dann ähnlich betreuen wie Ponys. Die Trächtigkeit dauert 11½–12½ Monate.

Krankheiten. Bietet man Eseln eine warme und trockene Unterkunft, werden sie selten krank. Beim ersten Anzeichen einer Erkrankung konsultieren Sie einen Tierarzt. Man befreie sie regemäßig von Würmern und beschneide alle 5–6 Wochen die Hufe.

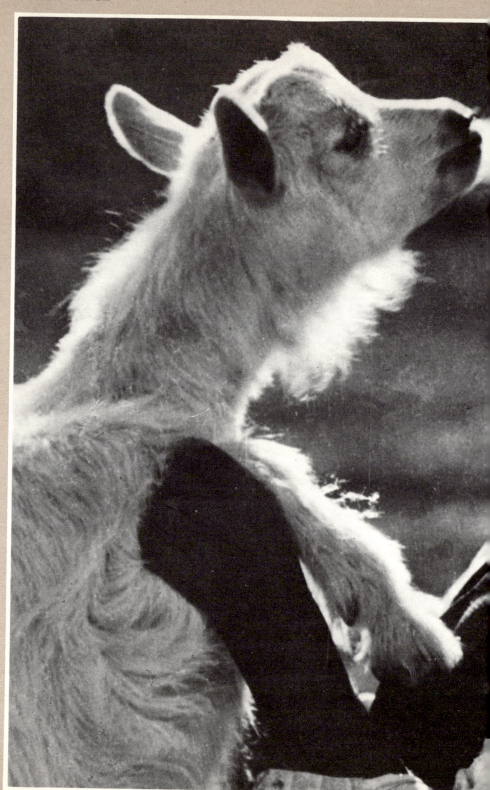

Charakteristische Merkmale und Wahl eines Haustiers

Säugetiere mit paarigen Zehen bilden die zoologische Ordnung der Paarhufer ode Artiodactyla. Bei diesen Tieren ruht das Gewicht gleichmäßig auf den dritten und vierten Zehen jedes Fußes. Je nach der Spezies (Art) können noch andere Zehen vorhanden sein oder fehlen. Es bestehen drei Unterordnungen: die Wiederkäuer (Ruminantia), zu denen Ziegen, Schafe, Rinder, Hirsche, Antilopen und Giraffen gehören; die Schwielensohler (Tylopoda) mit Lamas und Kamelen; und die Nichtwiederkäuer (Nonruminantia), zu denen man die Schweine und Flußpferde zählt. Die meisten Paarhufer sind Pflanzenfresser. Die Wiederkäuer und die Schwielensohler haben einen kompliziert gebauten Magen und käuen das Futter wieder. Viele Paarhufer, besonders die männlichen Tiere, tragen Hörner oder Geweihe. Die Domestikation von Ziegen, Schafen, Rindern und Schweinen hat eine lange Geschichte. Über 5000 Jahre lang hat der Mensch diese Tiere wegen ihrer Wolle und Milch oder wegen ihres Fleisches betreut und aufgezogen. Heute werden sie meist in beträchtlicher Zahl auf Bauernhöfen und Farmen gehalten. Aber man kann man auch ein bis zwei als nützliche Hausgenossen halten.

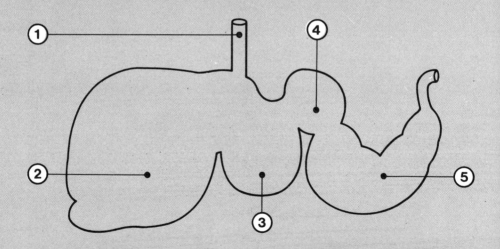

Verdauung von Wiederkäuern. Viele Paarhufer käuen das Futter wieder. Dieses Verfahren erlaubt ihnen, große Mengen der in Gras und Heu enthaltenen Zellulose zu verwerten. Wiederkäuer besitzen einen kompliziert gebauten Magen. Ein Beispiel dafür ist der vierteilige, in der Zeichnung oben dargestellte, Magen einer Kuh. Das Futter gelangt durch den Schlund (1) in den Pansen (2), wo es zum Teil schon abgebaut wird und ins Maul zurückgeht, um wiedergekäut zu werden. Dann wird es erneut geschluckt und kommt zuerst in den Netzmagen (3), dann in den Blättermagen (4). Weitere Verdauung erfolgt im Labmagen. (5).

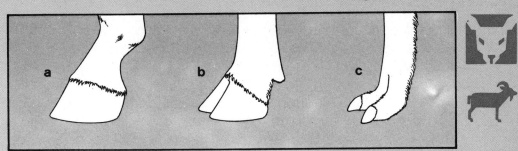

Füße. Tiere mit Hufen werden manchmal unter dem Namen Huftiere (Ungulata) zusammengefaßt. Zu ihnen zählen die Paarhufer und die Unpaarhufer, die sich durch die Anzahl der zum Gehen benützten, mit einem verhornten Huf umkleideten Zehen unterscheiden. Beim Pferd, einem Unpaarhufer, ist eine solche Zehe von einem verhornten Huf umschlossen (**a**). Das Rind, ein Paarhufer, besitzt zwei von einem harten Huf bedeckte Zehen (**b**). Das Lama, ein Paarhufer mit besonders ausgebildeten Füßen, hat zwei muskulöse Zehen mit harten Nägeln (**c**), die ihm erlauben, auf weichem Grund zu gehen.

Leitfaden für Leute, die solche Tiere aus Liebhaberei halten wollen. Zuerst stellen Sie fest, ob kein Gesetz die Haltung in Ihrem Wohngebiet verbietet.

1 Ziegen sind gute Milchlieferanten und zutrauliche Hausgenossen.

2 Schafe. Gefügige Haustiere. Wehrlos gegen Hunde.

3 Lamas. Manchmal als ungewöhnliche Haustiere gehalten. Brauchen sehr viel Platz.

4 Kühe sind für die meisten Tierliebhaber als Haustiere zu groß.

5 Schweine. Intelligent und leicht abzurichten. Ein Hindernis, sie zu halten, ist oft die Größe.

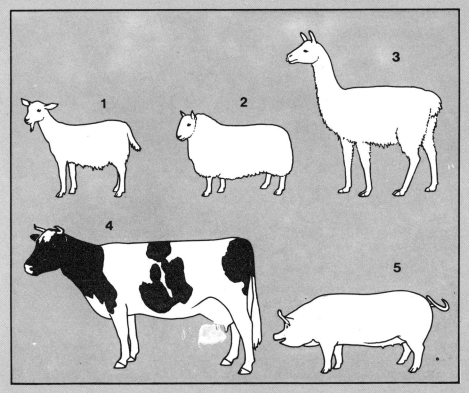

Ziegen

Die Hausziege *(Capra aegagrus hircus)* ist von Menschen seit prähistorischen Zeiten domestiziert worden. Sie lieferte ihm Milch, Wolle, Leder (Häute) und Fleisch. Heute können Ziegenhalter zwischen zweierlei spezialisierten Rassen wählen: Die eine liefert Milch, die andere Wolle. So herrschen in der Milchproduktion die Saanenziege und die Toggenburger Ziege in Europa und Nordamerika vor. Angoraziegen sind oft die wichtigste Rasse, die

1 Saanenziege. Milch gebende Schweizer Rasse. Durchschnittsgewicht: Weibchen 73 kg, Böcke 95 kg; massiv gebaut. Kurzhaariges weißes Fell.

2 Toggenburger Ziege. Milch gebende Schweizer Rasse. Weibchen 54 kg, Böcke 79 kg. Braun mit weißen Beinen, Ohren und Streifen auf dem Gesicht. Fell gelockt oder glatt.

3 Angoraziege. Mohairwolle liefernde Ziege der Türkei. Weibchen 36 kg, Böcke 68 kg. Weißes Langhaar-Vlies.

4 Anglo-Nubian-Ziege. Milch gebende afrikanische Rasse. Weibchen 73 kg, Böcke 95 kg. Weiß, schwarz oder lohfarben, mit oder ohne Abzeichen. Hängeohren. »Adlernase«.

Mohairwolle liefert. Ziegen zu halten ist reizvoll. Vorausgesetzt, daß genügend Weideland zum Äsen und Herumlaufen vorhanden ist, hält man am besten zwei oder mehr Ziegen, da sie gesellige Tiere sind. Im allgemeinen eignen sich Weibchen besonders gut als Haustiere. Sie sind in der Regel neugierig, lebhaft und zutraulich. Böcke sind größer, haben einen starken Geruch und können in der Brunstzeit aggressiv, ja sogar gefährlich sein.

Weideland und Unterbringung. Man rechnet für jede Ziege etwa 0,4 Hektar Land. Sie braucht als Schutz vor Schlechtwetter einen trockenen, windgeschützten Stall. Ziegen können gewandt klettern und springen. Koppeln sollten daher einen festen Zaun von mindestens 1,5 m Höhe haben.

Anketten. Als Alternative zu einem starken Zaun können Ziegen angebunden werden. Man benützt diese Methode auch, damit Ziegen nicht junge Bäume beschädigen oder giftige Pflanzen wie Eiben, Rhododendron oder Lorbeer fressen. Man verwende eine etwa 3,6 m lange Kette und einen Metallpflock, versetze den Pflock mehrmals am Tag und lasse Trinkwasser immer in Reichweite.

Behandlung. Ziegen sind leicht ansprechbar und zutraulich. Viele meckern laut, um die Aufmerksamkeit auf sich zu lenken. Man muß sie immer ruhig und sanft behandeln.

Ziegenzucht. Damit Ziegen Milch geben, müssen sie alle zwei Jahre Junge bekommen. Es ist ratsam die erste Paarung aufzuschieben, bis das Weibchen 18 Monate alt ist. Die Trächtigkeit dauert 145–155 Tage.

Melken. Ziegen müssen ein- bis zweimal täglich gemolken werden. Das hängt davon ab, vor wie langer Zeit sie Junge geworfen haben. Mit der Hand melken läßt sich leicht erlernen, wenn man einmal dabei zugesehen hat. Stellen Sie die Milchkanne zum Abkühlen in fließendes Wasser. Sterilisieren Sie nach jedem Melken die Geräte.

Ernährung. Grundnahrung sind Heu und anderes Grünfutter wie Blätter, kleine Zweige, junge Rinde, derbes Gras, Klee, Luzerne, Kohl, Schößlinge, Wurzelgemüse, Äpfel usw. Sie sollten durch Kraftfutter wie Getreideschrot, Nüsse und Ölkuchen ergänzt werden. Ziegen brauchen zwei- bis dreimal täglich Futter. Die Mengen hängen von der Größe der Ziege, vom Milchertrag, der Art der Bewirtschaftung und dem Nährwert des verabreichten Futters ab. Holen Sie den Rat von Fachleuten ein. Sauberes Wasser und ein Salzblock sollten immer vorhanden sein.

Krankheiten. Ziegen bleiben im allgemeinen gesund, wenn sie gut gepflegt werden. Rufen Sie einen Tierarzt bei Anzeichen einer Erkrankung wie Teilnahmslosigkeit, mattes Fell, Appetitlosigkeit, Durchfall, Verstopfung, aufgetriebener Bauch, Unfähigkeit wiederzukäuen, plötzliche Abnahme der Milchproduktion oder Husten.
Lebensdauer 12–15 Jahre.

Schafe

Abgesehen von Lämmern, die man eigenhändig aufgezogen hat, reagieren Schafe nicht besonders gut auf Kontakt mit dem Menschen. Hält man sie als Haustiere, haben sie jedoch den Vorteil, auch auf rauhem Gelände zu gedeihen, den Boden zu düngen, das Gras kurz zu halten und Wolle zu liefern. Einige Rassen eignen sich besser als andere für ein Leben auf kleiner Weide. Im allgemeinen kann man Schafbesitzern, die Amateure sind, raten, eine in ihrer Gegend verbreitete Rasse zu halten.

Hausschaf *(Ovis ammon aries).* Die Schulterhöhe schwankt je nach der Rasse; durchschnittlich 91 cm; dichter, wolliger Pelz, meist weiß; Gesicht und Beine weiß, schwarz oder braun; schmales Maul und dünne Lefzen; langer Schwanz meist gestutzt; Lebensdauer 17 Jahre.

Rassen. Es gibt zahlreiche Rassen des Hausschafs. Die Namen beziehen sich oft auf das Ursprungsland oder Heimatgebiet (z. B. Rhönschaf), manchmal auch auf die Art des Fells (z. B. Karakulschaf) oder die Körperform (z. B. asiatisches Fettsteißschaf).

Ernährung. Vom Menschen aufgezogene verwaiste Lämmer müssen alle paar Stunden gefüttert werden. Man benütze dazu eine Flasche mit einem Spezialsauger. Verwenden Sie käufliches Schafsmilchpräparat oder Ziegenmilch. Erwachsene Schafe brauchen mindestens 0,2 Hektar gut entwässertes Weideland. Geben Sie als Zusatznahrung Getreidekörner oder Schaf-Nüsse, wenn das Gras zu dürftig ist. Sorgen Sie für eine Salzlecke und immer für frisches Wasser.

Schutz. Schafe müssen vor anderen Tieren, besonders vor (fremden) Hunden geschützt werden. Lassen Sie nie ein Weidegatter offen.

Scheren. Schafe werden im Frühsommer geschoren. Wer als Schafbesitzer Neuling ist, sollte zu diesem Zweck einen Fachmann anstellen.

Krankheiten. Schafe sind empfänglich für Infektionen durch Bakterien wie etwa Milzbrand und Dysentrie (Ruhr) der Lämmer, gewisse Stoffwechselstörungen und Parasitenbefall. Man konsultiere einen Tierarzt wegen der Impfung. Antiseptische Tauchbäder, in manchen Fällen obligatorisch, geben Schafen den lebenswichtigen Schutz vor Parasiten.

Lamas

Das domestizierte Lama stammt von dem wildlebenden Guanako ab, einem Verwandten des Kamels. Lamas, die hauptsächlich als Lasttiere verwendet werden, sind in Südamerika seit Jahrhunderten gezüchtet worden. Sie werden heute auch in den südlichen USA gehalten. Die Betreuung ist ähnlich wie bei Schafen. Die meisten Lamas bleiben gutmütig, wenn sie richtig behandelt werden und man ihnen genügend Bewegung ermöglicht. Ihr Mißfallen drücken sie durch das berüchtigte »Spucken« aus.

Lama *(Lama glama).* Südamerikanisches Haustier; Schulterhöhe 114 cm; weiß, braun, schwarz, verschieden gescheckt; langhaariges wolliges Fell; langer Hals; kurzer Schwanz; hochgestellte Ohren; schmale Füße; lebt 20 Jahre.

Betreuung. Die Pflege und Ernährung von Lamas ist der von Schafen ähnlich. Doch braucht ein Lama mindestens 0,6 Hektar als Weide und Auslauf.

Scheren. Lamas werden im allgemeinen wegen ihrer Wolle geschoren. Sie liefern im Jahr rund 2,3 kg lange, derbe Haare.

Verhalten. Junge Lamas sind zutraulich und ansprechbar. Böcke werden aggressiver, wenn sie geschlechtsreif sind. Lamas neigen dazu, eine zu schwere Last abzuwerfen und haben die unangenehme Angewohnheit, zu »spucken«, wenn ihnen etwas nicht paßt. Sie sollten in frühem Alter an einen Halfter gewöhnt werden.

Rinder

Rinder gehören zu den ersten Tieren, die man domestiziert hat; und Hausrinder sind heute noch eine wichtige Quelle für Milch und Fleisch. Meist werden sie in größeren oder kleineren Herden auf landwirtschaftlichen Höfen gehalten, manchmal aber auch einzeln von Familien, die der Gedanke verlockt, ihren Milchbedarf selbst zu decken. Rinder sind recht anspruchsvoll in der Betreuung und brauchen viel Weideland.

1 **2**

Hausrind *(Bos primigerius taurus).* Größe und Gewicht variieren mit der Rasse; eine typische Milchkuh kann 680 kg wiegen. Rassen, die Milch geben, sind im allgemeinen keilförmig gebaut. Gliedmaßen, Nacken und Kopf sind schön geformt. Zu den guten Rassen, die Milch liefern, gehören Guernsey- und Ostfriesen-Rind.

Weide und Unterbringung. Eine Kuh braucht mindestens 2 Hektar gutes eingezäuntes Weideland. Eine warme Unterkunft muß auch geboten werden.

Ernährung. Rinder brauchen pro 45 kg Körpergewicht täglich 1,4 kg Trockenfutter – Heu, Silage, Gras. Milchkühe sollten täglich für je 3,78 Liter (1 Gallone) produzierter Milch 1,8 kg besondere Kraftfuttermischung bekommen. Auch Mineralstoffe sollte man zufüttern. Ein Salzblock und Wasser müssen jederzeit zur Verfügung stehen.

Krankheiten. Konsultieren Sie umgehend einen Tierarzt, wenn bei einer Kuh Anzeichen einer Erkrankung auftreten. Bestimmte Krankheiten wie etwa Tuberkulose können direkt oder über die Milch auf den Menschen übertragen werden. Impfungen gegen Tetanus und Bruzellose sollten durchgeführt werden. **Melken.** Um Milch zu geben, muß eine Kuh alle Jahre kalben. Die Trächtigkeit dauert 270 Tage. Kühe müssen 2–3 mal täglich gemolken werden. Mit der Hand melken läßt sich leicht erlernen, wenn man es praktisch vorgeführt bekommt. Wie unten gezeigt, wird die Milch sanft aus dem Euter gepreßt.

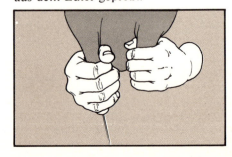

Schweine

Schweine werden meistens wegen ihres Fleisches aufgezogen. Im Unterschied zu anderen domestizierten Paarhufern liefern sie keine Milch oder Wolle. Sie sind intelligent und können sogar zu allerlei Kunststückchen abgerichtet werden. Ihren schlechten Ruf, besonders schmutzig zu sein, verdienen sie im allgemeinen nicht. Man sollte wissen, daß Schweine auf falsche Lebensbedingungen, ganz ähnlich wie der Mensch, mit Streß reagieren.

Hausschwein *(Suß scrofa domestica).* Größe des erwachsenen Tieres variiert mit der Rasse von 45–225 kg oder mehr; langgestreckter massiver Körper mit Borsten bedeckt; kurze Beine; Schnauze mit Knorpelscheibe zum Wühlen; große Ohren; kleine Augen; Ringelschwanz. Beispiele für Rassen:
1 Weißes deutsches Edelschwein mit ungewöhnlichen Stehohren. Manchmal sehr stoppelig.
2 Wessex-Schwein mit Sattelabzeichen.
3 Großes Schwarzes Schwein. Sehr fruchtbar.
4 Landschwein. Weiße Rasse mit langem Rücken aus Skandinavien. Deutsche Landrasse ganz ähnlich.
Unterbringung. Schweinekoben sollten 2–4 mal so lang wie das Schwein sein, mit einer Box zum Schlafen, die mit frischem Stroh gefüllt ist. Es ist wichtig, die Tiere vor Kälte und Feuchtigkeit zu schützen. Haben sie genug Platz, benützen sie eine Ecke für die Ausscheidungen. Schweine wälzen sich gern in Schlamm oder Stroh.

Ernährung. Man gibt einmal am Tag für je 13,5 kg Körpergewicht 0,4 kg Futter und nimmt im Handel erhältliches Schweinefutter und frische Speisereste. Man sorge jederzeit für frisches Wasser. Schweine überfressen sich nie so sehr, daß sie davon krank werden. Sie sind oft nur fettleibig, weil man sie so gezüchtet hat.
Krankheiten. Holen Sie bei den ersten Anzeichen einer Erkrankung den Rat eines Tierarztes ein. Schweinerotlauf und Schweinepest sind ernste Krankheiten, gegen die man die Tiere vielleicht impfen muß. Fragen Sie den Tierarzt um Rat.

Die Haltung wildlebender Säugetiere

Die meisten der ganz oder halb domestizierten und in Gefangenschaft lebenden Säugetiere können sich der Beschränkung ihres Lebensraums (dem Aufenthalt in einem Käfig) gut anpassen. Auf wildlebende Säugetiere trifft das aus vielerlei Gründen nicht unbedingt zu. Gefährdete Arten sowie große und aggressive Tiere oder solche, die wegen ihrer Lebensweise unglücklich sind, wenn man sie einsperrt, dürfen nie als Haustiere gehalten werden. Das gilt vor allem für viele große Raubtiere. Die übrigen Arten, deren Haltung möglich ist, sind entweder meist eng verwandt mit domestizierten Tieren oder sie sind kleiner und primitiver und daher leichter zu betreuen. Dennoch ergeben sich auch bei der Haltung eines solchen Wildtieres riesige Probleme. Sehr oft beginnen sie schon mit einem Mangel an Information oder an Hilfe von Fachleuten wie etwa von Tierärzten, die etwas von der Betreuung verstehen. Auch die Ernährung oder die erforderliche besondere Unterbringung können zu einem Problem werden. Will man irgendein wildlebendes Säugetier wirklich erfolgreich im Haus halten, sind Geduld im Umgang mit dem Tier und sachkundige Betreuung unbedingt nötig.

Allgemeine Grundsätze. Zuerst erkundige dich nach den örtlichen gesetzlichen Vorschriften. Bedenke auch, daß du vielleicht jahrelang die Verantwortung für die Pflege eines Wildtieres trägst. Ein zahmes, in Gefangenschaft aufgezogenes Jungtier kann schwierig zu behandeln sein, wenn es erwachsen ist. Aber dann ist es wahrscheinlich auch nicht mehr imstande, sich in seiner natürlichen Umwelt selbst zu erhalten.

Informiere dich über die übliche Kost, die Eßgewohnheiten (Freßgewohnheiten) und die normale Aktivität eines Tieres in der freien Natur. Bereite ihm eine Umgebung, die ihm dafür Ersatz und die beste Möglichkeit bietet, sein natürliches Verhalten zu äußern. Vermeide es, kranke Tiere aufzunehmen. Jede Krankheit, die in der Gefangenschaft auftritt, kann auch ein Anzeichen von schlechter oder unsachgemäßer Betreuung sein. Eine erfolgreiche Zähmung hängt ab vom Alter, der Spezies und den Lebensgewohnheiten des Tiers. Nachttiere lassen sich selten gut zähmen.

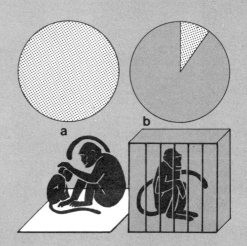

Arten, die sich für die Gefangenschaft nicht eignen, sind jene, die sich niemals wirklich wohlfühlen, wenn sie eingesperrt sind. In der Wildnis können Affen 20 Jahre lang leben (**a**). Aber als Haustiere werden sie selten über 2 Jahre alt (**b**). Weitere Gründe für mangelnde Eignung sind aus der Tabelle auf der gegenüberliegenden Seite zu ersehen.

Die Tabelle zeigt, warum man wildlebende Säugetiere nicht als Hausgenossen halten soll

 Einige Arten

 Alle Arten

	Gefährdet	Überträger von Krankheiten	Gefährlich

Wildlebende Hundeartige (Canidae). Zu dieser Familie gehören Wölfe und Füchse. Manche Arten sind heute in der Natur gefährdet. Sie können Tollwut übertragen. Alle sind gefährlich aggressiv, und wenn sie erwachsen sind, kann man ihnen nicht trauen.

Wildlebende Großkatzen (Pantherinae) umfassen viele heute gefährdete Arten wie etwa Tiger und Geparde. Diese Tiere sind in Gefangenschaft ebenso aggressiv wie zerstörungswütig und können schwere Wunden zufügen.

Bären (Ursidae) sind in vielen Arten in Nordamerika vertreten. Ihre Zahl schwindet. Viele haben Parasiten. Selbst den Bären, die man ganz jung übernimmt, kann man nicht trauen, wenn sie erwachsen sind.

Biber und Otter (Castoridae und Lutrinae) sind nicht unbedingt destruktiv oder aggressiv. Manche Arten sind jedoch geschützt. Man kann ihnen auch für ihre natürliche Umwelt keinen hinreichenden Ersatz bieten.

Herrentiere (Primates) eignen sich selten gut für ein Leben in Gefangenschaft. Viele sind gefährdet, und manche übertragen Krankheiten auf Menschen. Einige wie etwa Schimpansen können gefährlich aggressiv werden.

Hirsche (Cervidae) sind in vielen Gebieten geschützt. Sie verursachen oft ernsthaften Schaden am Pflanzenwuchs. Männliche Hirsche mit starkem Geweih können in der Brunftzeit äußerst gefährlich werden.

165

Wildlebende Nagetiere (1)

Nagetiere stellen über 50% der heute lebenden Säugetiere; und man findet sie auf der ganzen Welt in großen Populationen. Im allgemeinen sind sie kleine bis mittelgroße Tiere, hauptsächlich Pflanzenfresser und nicht aggressiv. Manche wildlebende Nagetierarten können unter gewissen Vorbehalten relativ leicht in Gefangenschaft gehalten werden. Sie brauchen eine größere Behausung als die meisten domestizierten Tierarten. Man muß besondere Gewohnheiten wie Springen oder Klettern berücksichtigen.

Känguruhratte *Dipodomys spectabilis).* Nordamerikanische Wüsten; mit Schwanz 30 cm lang; braun; lange Hinterbeine zum Springen; langer Schwanz mit Endquaste; Backentaschen; grabendes Nachttier.

Betreuung. Alle Känguruhratten bewegen sich springend voran und brauchen daher mehr Raum als Hausmäuse oder Hausratten. Käfige sollten 120 × 90 × 60 cm groß sein, mit mindestens 30 cm tiefer feuchter und sandiger Erde auf dem Boden, damit die Tiere graben können. Man gibt trockenes Pflanzenmaterial als Lager dazu und füttert sie mit einer Mischung von Samen und grünem Blattgemüse. Wasser sollte in einem Trinkautomaten geboten werden. Doch wie die meisten Wüstentiere decken die Känguruhratten den Großteil ihres Wasserbedarfs aus dem Futter. Um Kämpfe zu verhüten, halte man nie mehr als eine Känguruhratte im gleichen Käfig.

Springmaus *(Familie dipodidae).* In der Wüste und in Dürregebieten Nordafrikas sowie in ganz Asien leben 25 Arten dieser Familie. Sie sind mit Schwanz etwa 33 cm lang; die Hinterbeine sind ziemlich lang, die Vorderbeine kurz; Farbe: hellbraun und weiß; grabende Nachttiere.

Betreuung. Käfige sollten mindestens 1,8 ° 1,2 ° 1,2 m groß sein, um reichlich Bewegungsraum zu bieten. Der Boden ist mit 45 cm tiefem festgestampften Sand zu bedecken, damit die Tiere graben können. Als Unterschlupf lege man noch Steine und Felsbrocken darauf. Springmäuse brauchen eine trockene Luft und eine Mindesttemperatur von 18°C, sonst werden sie apathisch und träge. Man füttert sie mit trockenen Samen, ergänzt durch Insekten wie etwa Küchenschaben und Mehlwürmer. Man sollte dieses Futter dicht unter der Sandoberfläche vergraben. Sorgen Sie für Wasser in einem Trinkautomaten.

Käfige müssen ausbruchssicher und fest sein. Nagetierzähne können jeden Holzbehälter durchnagen. Um etwas zum Knabbern zu haben, brauchen alle Nagetiere dauernd Nachschub an Holzmaterial. Viele sind scheue Nachttiere und in Gefangenschaft nicht sehr interessant. Größere Nager wie etwa Hörnchen oder Waldmurmeltiere hält man am besten nicht in strenger Gefangenschaft; dagegen ist es möglich, sie bei völliger Bewegungsfreiheit »handzahm« zu machen.

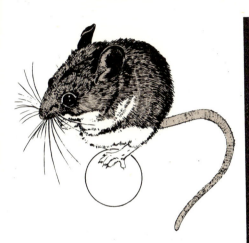

Weißfußmaus *(Peromyscus leucopus)*. Nordamerika; 20 cm lang mit Schwanz; dunkelbraun bis sandfarben; weißer Bauch und weiße Pfoten; Ohren etwas größer als bei der Hausmaus; scheu; Lebensdauer in Gefangenschaft 4–5 Jahre.
Betreuung. Weißfuchsmäuse können auf die gleiche Weise wie gezüchtete Mäuse untergebracht und gepflegt werden (siehe S. 106 und S. 110–111). Der Hauptunterschied ist, daß Weißfuchsmäuse Nüsse besonders lieben und sie zusätzlich zu einem normalen Mäusefutter bekommen sollten. Weißfuchsmäuse sind im allgemeinen viel scheuer als ihre domestizierten Verwandten und müssen sehr sorgsam betreut werden. Mit viel Geduld können sie bis zu einem gewissen Grad gezähmt werden. In Gefangenschaft vermehren sich – besonders in den Sommermonaten – die Weißfuchsmäuse gut. Werden sie warm gehalten, pflanzen sie sich das ganze Jahr über fort.

Siebenschläfer oder Bilch *(Glis glis)*. Europa, Nordafrika, Asien; einschließlich Schwanz 30 cm lang; grau bis graubraun; dunkler Ring um die Augen; dichtes, weiches Fell; buschiger Schwanz; sehr aktiv; klettert und springt gut; geselliges Nachttier; hält einen Winterschlaf.
Betreuung. Käfige müssen mindestens ×1,2×1,2 m groß sein, um reichlich Behoch sein. Zum Klettern bringe man Zweige hinein und trockenes Gras oder Stroh in einer geschützten Ecke für den Nestbau. Bilche werden nachts sehr munter und brauchen eine möglichst große Behausung. Man füttert sie mit gemischter Kost aus Samen, Nüssen und Früchten und gelegentlich Mehlwürmern. Wasser muß stets vorhanden sein. Den Bilchen sollte man erlauben, sich im Sommer zu mästen und – wie für sie normal – den Winter im Freien zu verschlafen. Man halte sie stets in kleinen Gruppen, da sie gesellige Tiere sind.

Wildlebende Nagetiere (2)

a Östliches Fuchshörnchen *(Sciurus niger).* USA; mit dem buschigen Schwanz bis 61 cm lang; braungelb, grau oder schwarz; kleine Ohren; Baumhörnchen.

b Prevosts Eichhorn *(Sciurus prevosti).* Malaya; bis 61 cm mit Schwanz; schwarz, rot und rehfarben; tropisches Baumhörnchen.

Betreuung. Wie auch das eurasische Eichhörnchen *(Sciurus vulgaris)* werden solche Arten meist zahm, wenn man verwaiste Jungtiere aufzieht. Die Tiere bleiben auch zahm, wenn sie erwachsen sind und man sie frei herumlaufen läßt. Käfige für sie müssen groß sein: 3 × 1,8 × 2,1 m, mit Zweigen und einem Nistkasten von 30 cm² Grundfläche, 45 cm Höhe und einem 7,5 cm breiten Loch zum Hineinschlüpfen an der Unterseite. Bringen Sie diesen Kasten hoch oben in einer Ecke an und bedecken den Boden mit Blättern und Stroh. Säubern Sie den Käfig regelmäßig. Tropische Baumhörnchen brauchen mindestens eine Temperatur von 18° C. Man füttere Nüsse, zerhackte Früchte, Mais und frische kleine Zweige.

Nordamerikanisches Zwerg-Gleithörnchen *(Glaucomys volans).* Nordamerikanische Nadelwälder; 25–30 cm lang mit Schwanz; braun mit weißem Bauch; große Augen; kleine, flache Ohren; langer, nicht so buschiger Schwanz wie der von Eichhörnchen; zwischen den Fußgelenken gespannte Häute ermöglichen diesem Nachttier einen Gleitflug.

Betreuung. Käfige sollten mindestens 1,2 m² Grundfläche und 1,2 m Höhe haben, sowie einen morschen Baumstumpf enthalten, der Höhlen zum Schlafen bietet. Der Boden sollte mit Laubstreu bedeckt sein. Man stellt den Käfig auf einen größeren eingezäunten Platz, etwa in ein unbenütztes Zimmer, in eine Mansarde oder geschlossene Veranda. Nachts kann dann die Käfigtür geöffnet werden, und die Gleithörnchen können klettern und Gleitflüge machen. Sie sollten als Futter Samenkörner, Nüsse und regelmäßig Mehlwürmer bekommen. Wasser muß vorhanden sein.

a Perlziesel *(Citellus suslicus)*. Eurasien; 25–28 cm lang; schwarz mit hellen Flecken; kurze Ohren; kurzer Schwanz; auf dem Boden lebend; manchmal bissig.

b Streifenbackenhörnchen *(Tamias striatus)*. Östliches Nordamerika; maximal 28 cm lang mit Schwanz; graues Fell mit schwarzen und weißen Streifen auf dem Rücken; Bodenbewohner; gesellig.

Betreuung. Streifenbackenhörnchen und Perlziesel sind gesellig und lassen sich am besten in Gruppen halten. Käfige müssen mindestens 1,8 × 1,5 × 1,2 m groß sein mit hohlen Holzklötzen oder Baumstümpfen darin und einer 45 cm tiefen Laubstreu auf dem Boden. Die Käfige sollen wetterfest sein und im Freien in einem Gehege stehen, dessen Drahtzaun 45 cm tief im Boden versenkt ist. Man füttert Samen, Früchte und frisches gehacktes Grünzeug, dazu lebende Insekten wie Heuschrecken und Käfer. Wasser muß zur Verfügung stehen.

Waldmurmeltier *(Marmota monax)*. Nordamerika; um 60 cm lang; 18 kg schwer; kleine Ohren; große typische Nagetierzähne; stämmiger Körper mit dichtem Pelz; rötlich-braun; eifriges Grabetier, das Winterschlaf hält.

Betreuung. Waldmurmeltiere lassen sich besser bei voller Bewegungsfreiheit halten als im Käfig. Aber wenn man viel Platz hat, kann man ihnen ein Gehege bieten. Sie brauchen einen Käfig mit mindestens 3 m² Grundfläche und festem Gitter, und er muß 90 cm tief im Boden verankert sein. Die Erde soll locker sein, damit das Tier graben kann. Man füttert Kaninchen-Preßfutter, Gemüse und ungeschälte Nüsse. Waldmurmeltiere können Pflanzenwuchs vernichten und, wenn sie erwachsen sind, oft aggressiv werden. Die meiste Zeit verbringen sie in ihren Bauen und halten bis zu 8 Monate lang unter der Erde Winterschlaf. In der Natur können Baue oft 9 m lang und 1,5 m tief sein.

Wildlebende Raubtiere (1)

Die meisten wildlebenden Raubtiere sind ungeeignet als Hausgenossen. Entweder sind sie zu groß oder ihre Jagdinstinkte machen sie in Gefangenschaft aggressiv und zerstörungswütig. Viele sind auch gefährdete Arten. In drei Raubtiergruppen finden sich jedoch Tiere, die sich wegen ihrer geringen Größe und ihrer Verhaltensweise abrichten lassen. Dazu gehören die Klein- oder Vorbären (Procyonidae), einschließlich der Waschbären, die Schleichkatzen (Viverridae) mit den Ginsterkatzen und Mungos

Nordamerikanischer Waschbär *(Procyon lotor).* Nordamerika; Körper bis 76 cm lang; graubraun; Schwanz mit dunklen Ringen; schwarze Maske über den Augen; fuchsähnliches Aussehen; zweckmäßig angepaßte Vorderpfoten oder »Hände«; lebt oft in der Nähe des Menschen; wäscht das Futter vor dem Fressen; Nachttier.
Betreuung. Käfige müssen 3 m im Quadrat messen und starke Zweige, einen Nestkasten, Holzklötze und Steine enthalten. Der Boden sollte aus feuchter Erde bestehen und mit Sägemehl bedeckt sein. Hygiene ist wichtig. Man füttert eine Kost aus frischen Fischen, Eiern, Hühnerköpfen, Brotkrusten und Gemüse, gibt jedoch kein rohes Fleisch oder scharf gewürzte Speisen. Man sorgt für einen tiefen Behälter, der mit sauberem Wasser zum Trinken und zum Waschen des Futters gefüllt ist. Junge Waschbären sind anziehend und neugierig, aber erwachsene werden oft reizbar, man läßt sie am besten frei.

Nordamerikanisches Katzenfrett *(Bassaricus astutus).* Mittel- und Nordamerika, mit Schwanz 43 cm lang; graubraun; schwarz und weiß gestreifter Schwanz; große Augen, von hellem Fell umrahmt; schlank; kurze Beine; ausgesprochenes Nachttier; lebt auf Bäumen.
Betreuung. Käfig aus Holz und Drahtgitter, von mindestens 1,8 m^2 Grundfläche und 1,5 m Höhe mit einem Schlafkasten und Zweigen. Man gibt als Futter hauptsächlich Fleisch (gehacktes Pferdefleisch, Hühnerhälse und Mäuse), gemischt mit Knochenmehl und Früchten). Überfüttern Sie das Tier nicht. Katzenfretts sind intelligent und neugierig. Sie verlangen, daß man ihnen sehr viel Aufmerksamkeit widmet, bleiben aber strikt nachtaktiv. Die Zähmung ist langwierig und erfordert, daß man sich regelmäßig mit ihnen befaßt. Im Südwesten der USA, wo sie wildlebend vorkommen, lassen sich Katzenfretts am besten zähmen, wenn sie in Freiheit bleiben.

sowie die Marder. Alle diese Tiere sind intelligent und lebhaft und brauchen viel Betreuung. Als Jungtiere sind sie oft hilfsbedürftig und lassen sich leicht zähmen. Aber wenn sie erwachsen sind, werden sie unvermeidlich mißtrauischer und in ihrem Verhalten unberechenbar. Nur als eine Art Standquartier sollte irgendein Raum des Hauses dienen, da die Tiere sich in einem Käfig zu sehr eingeengt fühlen. Es erfordert große Mühe, sie so zu dressieren, daß sie keinen Unfug anrichten.

Weißrüsselbär *(Nasua narica)*. Südamerika; mit Schwanz bis 127 cm lang; braun mit weißem Fleck auf der Nase; lange, bewegliche Schnauze; hochgetragener gestreifter Schwanz; Tagtier; gesellig; sehr lebhaft.

Betreuung. Käfig aus Holz und Drahtgitter, von mindestens 1,8 m² Grundfläche und einer Höhe von 1,5 m, darin ein Schlafkasten, Zweige und unzerbrechliches Spielzeug. Nasenbären sind im wesentlichen Tropenbewohner und brauchen eine konstante Temperatur über 18° C. Man füttert eine gemischte Kost aus Hackfleisch, Knochenmehl, Eiern und grünem Gemüse und erlaubt ihnen viel Bewegung außerhalb des Käfigs; aber machen Sie sich darauf gefaßt, daß sie Schaden anrichten. Junge Tiere spielen gern und sind amüsant; erwachsene sind oft feindselig und schwierig zu behandeln. Sie können ohne Warnung scharf zubeißen. Weißrüsselbären lassen sich in Gefangenschaft züchten.

Wickelbär oder Kinkaju *(Potos caudivolvulus)*. Mittel- und Südamerika; mit dem langen Greifschwanz 91 cm lang; goldbraun; ähnelt in Gestalt und Lebensgewohnheiten einem Affen; Nachttier, das auf Bäumen lebt.

Betreuung. Wickelbären brauchen ähnliche Käfige wie die Weißrüsselbären mit Zweigen und einem Nestkasten, der hoch oben in einer Ecke angebracht ist. Wesentlich sind Schutz vor Zugluft und eine konstante Temperatur über 21° C. Man füttert Früchte, Gemüse, Eier, gehacktes Fleisch, Insekten und gibt reichlich Wasser. Kinkajus lieben Honig und werden daher manchmal »Honigbären« genannt. Waschen Sie alles Futter sorgfältig, da sie sehr empfindlich gegen Insektizide sind. Wickelbären können auch als erwachsene Tiere umgänglich bleiben, aber sie sind nur nachts aktiv. Sie brauchen viel Bewegung und richten manchmal Schaden an. Sie können 20 Jahre lang leben.

171

Wildlebende Raubtiere (2)

Tayra *(Tayra barbara).* Südamerika; ohne Schwanz 30 cm; graubraun; wieselähnliches Aussehen; schlanker Körper; langer Schwanz; Tagtier.

Betreuung. Der Käfig sollte 1,8 × 1,5 × 1,5 m groß sein, mit starken Ästen zum Klettern und einem sicheren Schlafkasten an der Rückwand. Man füttert eine Mischung von Kleintieren und Früchten. Tayras schätzen ein möglichst naturbelassenes Futter und fressen Mäuse und tote Vögel. Wie bei den meisten Raubtieren zieht man am besten ganz junge Tayras auf. Aber selbst dann werden Tayras aggressiv, sobald sie geschlechtsreif sind, und können scharf zubeißen. Tragen Sie immer feste Handschuhe, wenn Sie sie anfassen oder den Käfig inspizieren. Tayras sind den ganzen Tag über äußerst aktiv und haben die seltene Angewohnheit, schnalzende Laute von sich zu geben, während sie klettern oder laufen.

Hermelin *(Mustela erminea).* Europa, Nordamerika, Nordasien; mit Schwanz 30 cm lang. Im Sommer Oberseite rotbraun, Unterseite cremefarben; im Winter bis auf die schwarze Schwanzspitze ganz weiß; starker Geruch, aus Afterdrüsen abgegeben; Nachttier.

Betreuung. Alle Wieselarten sind extrem wild. Am besten verschafft man sich ein Jungtier, aber es wird dennoch niemals ganz zahm werden. Man hält ein Hermelin in einem Käfig im Freien von 1,8 × 1,2 × 1,2 m Ausmaß, hergestellt aus einem feinmaschigen Gitter mit einem harten Boden und einer doppelten Tür, um ein Entrinnen zu verhüten, und sorgt für zwei wetterfeste Kästen als Unterkunft und Abflußrohre als Tunnel. Ein Hermelin sollte möglichst viel Frischfleisch als Futter bekommen – tote Vögel, Ratten, Mäuse und gelegentlich Eier. Frisches Wasser ist lebenswichtig.

Kleinfleck-Ginsterkatze *(Genetta genetta)*. Südeuropa, Afrika; mit Schwanz bis 112 cm lang; gelblich-graues Fell mit Reihen dunkler Flecken; langer Schwanz mit schwarzen und weißen Ringeln; ähnelt einer Katze, aber mit schlankerem Körper, spitzer Schnauze und langem Nacken; Nachttier, das auf Bäumen lebt.

Betreuung. Bekommt man Ginsterkatzen als Jungtiere, bleiben sie auch ganz zahm, wenn sie herangewachsen sind; sie werden jedoch erst nachts munter. Fängt man sie nicht jung, nehmen es erwachsene Tiere übel, wenn man sie anfaßt, und können böse Bißwunden zufügen. Wenn Ginsterkatzen nicht ganz zahm geworden sind, müssen sie in einem großen Käfig untergebracht werden, mit Ästen zum Klettern und einem geschützten Schlafplatz. Sie brauchen möglichst viel Fleisch. Füttern Sie tote Vögel, Mäuse und Insekten.

Eigentlicher Ichneumon *(Herpestes ichneumon)*. Südeuropa, Afrika; 107 cm lang, einschließlich Schwanz; Grundfarbe grau, dunkler gesprenkelt; kurze Beine; langer, spitz endender Schwanz; hauptsächlich Nachttier; lebhaft, mutig und flink.

Betreuung. Bringen Sie den Ichneumon im Freien in einem Drahtkäfig mit Auslauf unter. Maße 150×90×90 cm mit einem wetterfesten, mit Stroh gefüllten Verschlag zum Schlafen an einem Käfigende. Man hält das Tier bei mindestens 18° C und füttert rohes Fleisch wie Hühnerköpfe, Mäuse und tote Vögel. Frisches Wasser ist lebensnotwendig. Am besten ist es, einen Ichneumon jung zu bekommen und ihn dann dazu abzurichten, daß er im Haus lebt. Sind Ichneumons einmal mit ihrem Besitzer vertraut geworden, werden sie zu treu ergebenen Gefährten und brauchen sehr viel Liebe. Es ist sogar möglich, einen Ichneumon dazu abzurichten, an einer Leine zu gehen.

173

Andere wildlebende Säugetiere

Auf diesen zwei Seiten werden noch vier weitere wildlebende Säugetiere beschrieben, die man manchmal in Gefangenschaft hält. Sie gehören zu vier sehr verschiedenen Säugetiergruppen. Das Virginische Opossum ist ein Beuteltier; es gehört einer primitiven Ordnung an, für die eine Entwicklung der noch nicht voll ausgebildeten Jungen in einem Beutel außerhalb des Körpers charakteristisch ist. Senegalgalagos sind die einzigen Herrentiere, die hier aufgenommen werden können. Aber selbst sie haben

Virginisches Opossum oder Nordopossum *(Didelphis marsupialis).* Östliches Nordamerika; mit Schwanz durchschnittlich 91 cm lang; graues rauhaariges Fell; Greifhand und Rollschwanz; täuscht Scheintod vor, wenn es von Angreifern bedroht wird; Nachttier.
Betreuung. Man hält es im Freien in einem Käfig von 1,8 × 1,5 × 1,5 m Größe, mit Zweigen und einem hohlen Baumstumpf als Schlafstelle, die hoch oben an einem geschützten Platz angebracht wird. Als Lager verwendet man trockenes Gras. Die Kost des Opossums sollte in Gefangenschaft möglichst naturbelassen sein. Dazu gehören kleine Fische, tote Vögel, frisches Grünzeug, Früchte, Milch und ein Trinkwasservorrat. Man füttert am Abend, da das Opossum ein Nachttier ist. Es ist robust und läßt sich gut in Gefangenschaft halten, neigt aber dazu, reizbar zu werden, wenn es erwachsen ist.

Senegalgalago oder Moholi *(Galago senegalensis).* Afrika; mit Schwanz bis 46 cm lang; braun; dichtes, weiches, seidiges Fell; langer buschiger Schwanz; kurze Schnauze; große Augen; große, nackte Ohren, die angelegt werden können; lange Hinterbeine; guter Kletterer und Springer; Nachttier.
Betreuung. Käfige sollten groß sein und reichlich Zweige, Simse und Bretter enthalten sowie Nestkästen, die mit Wolle, Stroh und Heu gepolstert sind. Man füttert eine gemischte Kost aus Fleisch, Früchten und Gemüse und gibt in häufigen Abständen kleine Mengen davon. Hüten Sie sich davor, das Tier zu überfüttern. Halten Sie es im Haus und heizen außerdem noch, wenn die Temperatur stark sinkt. Moholis sind reizend anzusehen, werden aber selten handzahm. Sie urinieren auf ihre Vorder- und Hinterpfoten, und wenn man sie aus dem Käfig läßt, können sie viel Unordnung stiften.

Lebensgewohnheiten und Bedürfnisse, die sie als Hausgenossen ungeeignet erscheinen lassen. Flughunde gehören zur Ordnung Flattertiere. Kleine Arten können interessante, aber recht übelriechende Hausgenossen sein. Westigel sind nutzbringende Bewohner europäischer Gärten, aber sie sind bestenfalls nur Hausgenossen auf Zeit. Keines dieser vier Tiere ist besonders kontaktfreudig, und alle haben für den, der sie hält, den Nachteil, daß sie erst nachts munter werden.

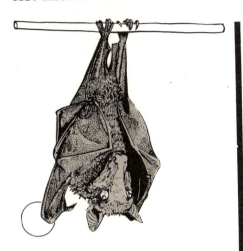

Flughunde (Familie *Pteropidae*). Tropen und Subtropen der Alten Welt; rund 150 Arten; Flughäute bis 1,5 m Spannweite; große Ohren; spitze Schnauze. Pfoten mit Klauen; Nachttiere.
Betreuung. Kleine Flughunde können in einem großen Vogelhaus von 4,5×2,4×3,6 m Größe bei einer Mindesttemperatur von 18°C im Haus gehalten werden. Man decke eine obere Ecke des Käfigs ab und befestige darunter einen Zweig. An ihm können die Flughunde kopfwärts hängen und untertags schlafen. Abends füttert man sie mit einer Mischung aus frisch zerkleinerten Bananen, Äpfeln, Birnen und Trauben in einem Futtertrog, der ziemlich weit oben an der Käfigwand hängt. Wasser sollte mit einem Trinkautomaten gegeben werden. Man bedeckt den Käfigboden mit Zeitungspapier und erneuert es regelmäßig. Flughunde hält man am besten in Gruppen. Wenn sie aufgeregt sind, quieken sie sehr laut.

West- oder Braunbrustigel *(Erinaceus europaeus)*. Europa; bis 26 cm lang; Körper bedeckt mit dunklen Stacheln, die weiße Spitzen haben; auf Kopf und Bauch braune steife Haare; spitze Schnauze; rollt sich bei Gefahr ein; hält Winterschlaf; Nachttier; Insektenfresser.
Betreuung. Man hält den Igel im Garten in einem Käfig, der in einem mit Drahtgitter eingezäunten Gehege steht. Füttern gegen Abend mit lebenden Würmern, Käfern, Schnecken und großen Insekten. Igel fressen auch Brot und Milch, rohe Eier und Gemüse. Ist das Tier zahm geworden, kann man den Gitterzaun entfernen. Der Igel wird dann den Käfig als seinen Unterschlupf betrachten und in ihn zurückkehren. Im Herbst muß man Igeln völlige Freiheit lassen, damit sie genügend Futter verzehren können, ehe sie Winterschlaf halten.

2

Fische

Schwimmende Fische bewegen sich
so anmutig, daß es zu den schönsten
Naturerlebnissen gehört, sie zu betrachten. Diese im Wasser lebenden,
mit Flossen und Kiemen zum
Atmen ausgestatteten Wirbeltiere
sind in Gestalt, Größe und Färbung
von verwirrender Vielfalt. Rund
30000 Arten leben in Teichen, Flüssen, Brackwasser und Meeren. Keine
anderen Wirbeltiere sind so zahl-
reich. Die meisten Fische laichen
(wie man die Eiablage nennt), aber
einige sind lebendgebärend. Manche
fressen Pflanzen, doch viele sind
Raubfische. Diese herrlichen Tiere
sind jahrhundertelang als Hausgenossen oder als Speisefische gezüchtet worden. Es ist noch nicht lange
her, daß es nur in einem gemäßigten
Klima möglich war, robuste Süßwasserfische in Freilandteichen zu halten. Aber die Herstellung von Aquarien aus Glas, von elektrischen Heiz-
geräten für das Wasser und der richtigen Mischung von Salzen haben das
geändert. Millionen Menschen sind
heute imstande, in ihrem Wohnzim-
mer faszinierende Süßwasser- und
Meeresfische zu beobachten.

Rechts: Der stolze Besitzer eines neu erworbenen Goldfischs (Foto: Margaret Murray)

Charakteristische Merkmale eines Fischs

Fische sind wechselwarme Wirbeltiere. Ihre Körpertemperatur richtet sich nach der ihrer Umgebung. Ihr Körperbau macht sie hervorragend dafür geeignet, im Wasser zu atmen, sich zu bewegen und zu ernähren. Fische atmen, indem sie Wasser durch das Maul aufnehmen und es über die Kiemen leiten; die in Kiemenhöhlen liegenden Kiemenblätter nehmen dabei den im Wasser gelösten Sauerstoff auf. Die meisten Fische haben einen stromlinienförmigen Körper, der leicht durch das Wasser gleitet. Sie schwimmen mit Hilfe von Muskeln, von denen die Schwanzflosse bewegt wird. Andere Flossen dienen als Bremsen oder helfen, das Gleichgewicht zu halten. Die meisten Fische können sich durch Änderung des Volumens einer mit Gas gefüllten Schwimmblase im Körper in begrenztem Maß auf verschiedene Wassertiefen einstellen. Form und Größe des Mauls sind der Art der Nahrungsaufnahme angepaßt. Fische hören meist schlecht, reagieren aber empfindlich auf Gerüche und Vibrationsreize. Die Augen der Fische können oft auch Farben wahrnehmen, aber manche Arten sehen schlecht oder sind sogar blind.

Anatomie eines Fisches

1 Die Körperform variiert je nach Lebensgewohnheiten oder Lebensraum.

2 Die Nasenöffnungen führen zu sehr geruchsempfindlichen Sinnesorganen.

3 Den Augen fehlen die Lider.

4 Die Kiemendeckel verbergen die Kiemen, die Sauerstoff aus dem Wasser aufnehmen.

5 Die Schwimmblase regelt den Auftrieb im Wasser.

6 Die Rückenflosse hält den Körper aufrecht.

7 Seitenlinie; Sinnesorgane in ihr reagieren auf Strömungen und andere Bewegungen des Wassers.

8 Schleim, der die von Schuppen bedeckte Haut einhüllt, schützt vor Infektionen.

9 Schwanzflosse, die den Fisch vorantreibt.

10 Die Maulform ist je nach der Nahrung verschieden.

11 Manche Fische haben »Barteln« als Tast- und Geschmacksorgane.

12 Die Brustflossen helfen steuern und bremsen.

13 Die Bauchflossen helfen ebenfalls steuern und bremsen.

14 After

15 Die Afterflosse hält die Lage des Körpers aufrecht.

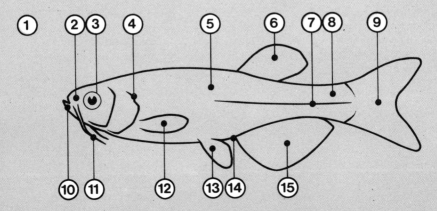

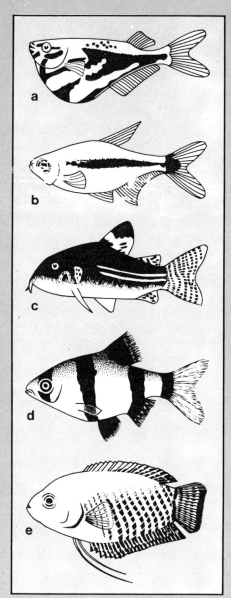

Körpergestalt und Färbung. An der Oberfläche schwimmende Fische wie ein Beilbauch (**a**) haben meist einen flachen Rücken, einen mehr oder weniger gewölbten (konvexen) Bauch und ein oberständiges Maul. Fische mittlerer Tiefe wie viele Salmler (**b**) haben in der Regel einen konvexen Rücken und Bauch und ein endständiges Maul. Zu den Bewohnern des Grunds gehören Welse (**c**) mit konvexem Rücken, konkavem Bauch und unterständigem Maul; sie besitzen Barteln, um Futter im Schlamm zu finden. Andere, dem Leben auf dem Grund angepaßte Fische sind die schlangenähnlichen Aale (S. 196, 211) und Plattfische wie Rochen und Flundern (S. 215). Torpedoförmige Fische wie der Zebrabärbling (S. 202) können in offenem Wasser sehr schnell schwimmen. Große, schmale Fische wie der Skalar (S. 208) sind darauf eingerichtet, zwischen Pflanzen und Steinen zu schwimmen. Maulformen spiegeln die Freßgewohnheiten wider. So hat die Siamesische Saugschmerle (S. 205) ein Saugmaul, mit dem sie Algen von Pflanzen und Steinen schabt. Der Gauklerfisch (S. 218) benützt seine lange Schnauze dazu, Korallenpolypen aus ihren Kalkkelchen zu zerren. Die Viergürtelbarbe (**d**) ist ein Fisch, der sich tarnt; sie ist oben dunkel- und unten hellschattiert und hat senkrechte breite Streifen, die ihre Gestalt optisch auflösen. Andere Fische wie die Männchen des Roten Zwergfadenfischs (**e**) haben eine sehr auffallende Körperform und eine Färbung, die Weibchen anlockt und Rivalen abschreckt.

Wasserbewegung. Wasser strömt von einer starken in eine schwache Lösung. Die Körperflüssigkeiten eines Süßwasserfischs (**a**) sind salzhaltiger als das Wasser; der Fisch nimmt Wasser in sich auf und scheidet das überschüssige über die Nieren wieder aus. Meerwasser ist dagegen salzhaltiger als die Körperflüssigkeiten eines Meeresfischs (**b**): Der Fisch gibt Wasser ab, trinkt neues, um es wieder zu ersetzen und scheidet überschüssige Salze über die Kiemen und Nieren aus.

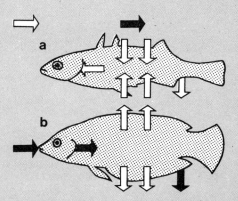

Die Wahl geeigneter Fische

Wenn man anfängt, Fische zu halten, muß man zuerst zwischen vier Gruppen wählen, die verschiedene Bedürfnisse haben: zwischen Süßwasserfischen kalter oder tropischer Gewässer und Seefischen kalter oder tropischer Meere. Im allgemeinen erfordert die erste dieser Gruppen den wenigsten Aufwand, während die zweite am kostspieligsten ist und die höchsten Anforderungen stellt. Aber sie ist auch viel prächtiger als alle anderen. Viele Neulinge haben auch Erfolg mit tropischen Süßwasserfischen, zu

Wahl eines gesunden Fischs

1 Die Augen eines Fischs sollten glänzend und nicht eingesunken sein.

2 Der Körper darf keine winzigen weißen Pusteln, flaumige Flecke oder abgeschürfte Stellen aufweisen.

3 Die Flossen sollten ebenfalls ohne winzige weiße Pusteln, flaumige Flecke und abgeschürfte Stellen sein.

4 Bei den meisten Arten sollte die Rückenflosse aufgerichtet sein und nicht dem Körper aufliegen.

5 Die meisten Arten sollten aufrecht und gleichmäßig schwimmen. Man bedenke aber, daß auch ungewöhnliche

Körperhaltungen möglich sind wie etwa beim Rückenschwimmenden Kongo-Wels oder beim Prachtkopfsteher.

6 Die meisten Arten sollen elegant, ohne ruckartige Bewegungen schwimmen, auch nicht »flattern«, d.h. nicht vorankommen.

7 Nehmen Sie keine Fische, die »eingefallen« aussehen (aber denken Sie daran, daß manche Welse einen konkaven Bauch haben).

8 Meiden Sie Fische, denen Schuppen fehlen.

9 Meiden Sie Fische mit stark beschädigten (zerrissenen) Flossen.

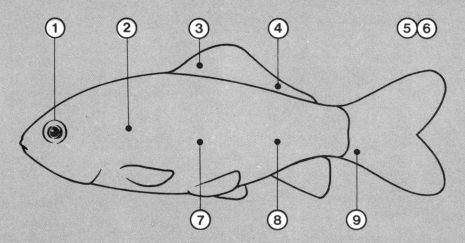

Quarantäne. Selbst anscheinend gesunde Fische können in Ihr Aquarium eine Infektionskrankheit einschleppen. Krankheiten können sich von einem Behälter zum anderen ausbreiten, wenn man das gleiche Netz für alle Fische verwendet. Ein gesunder Fisch, der mit einem verseuchten Netz gefangen wird, kann auf diese Weise selbst erkranken und Krankheiten weiterverbreiten. Bevor Sie einen Fisch kaufen, überzeugen Sie sich, daß der Händler für jedes Aquarium ein eigenes Netz benützt. Um sicher zu gehen, isolieren Sie einen neu erworbenen Fisch 6 Wochen lang in einem besonderen Behälter, ehe Sie ihn mit anderen Fischen zusammenbringen. Verwenden Sie ein Netz und andere Hilfsmittel nur für diesen Behälter.

denen zahlreiche billige, farbenprächtige und anspruchslose Arten gehören. Bevor Sie einen Fisch kaufen, prüfen Sie, ob er gesund zu sein scheint und ob das Aquarium des Tierhändlers keine kranken Exemplare enthält. Widerstehen Sie der Versuchung, mehr Fische zu kaufen als Ihr Aquarium bequem beherbergen kann (siehe S. 183, 190, 198, 212). Sorgen Sie auch dafür, daß Sie mit friedlichen Arten keine aggressiven zusammenbringen. Diese können andere Fische töten oder tyrannisieren.

Aggressive Fische. Man muß vorsichtig sein, wenn man verschiedene Fischarten auswählt, um sie gemeinsam in einem Aquarium zu vereinen. Manche Fische sind sehr reizvoll, aber wenn sie zusammen mit kleineren Arten gehalten werden, töten sie diese. Zu den aggressiven Fischen, die man einzeln hält, gehören von Süßwasserfischen der Hecht (**a**) und die meisten großen Buntbarsche der Tropen (**b**) sowie von den tropischen Meeresfischen etwa Goldstreifenbarsch und Drückerfische (**c**).

Gesellig lebende Fischarten. Verschiedene Arten im gleichen Aquarium sehen hübsch aus, aber man muß darauf achten, solche zu wählen, die zueinander passen. Dabei kann Ihnen Ihr Händler helfen. Beispiele für verträgliche Gruppen sind:
1 in kaltem Süßwasser: Karpfen, Goldorfe und Goldfisch.
2 in warmem Süßwasser: Zahnkärpflinge, Welse und die meisten Salmler.
3 in warmem Salzwasser: Lippfische, Korallenbarsche und Gauklerfische.

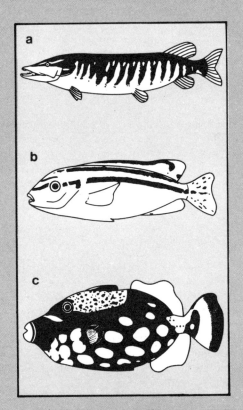

Fischteiche

Ein Teich mit Fischen und Wasserpflanzen ist eine Zierde für jeden Garten. Gewöhnliche Goldfische und deren Zuchtformen sowie Goldorfen und andere robuste Fische werden in einem Teich wahrscheinlich am größten werden, am längsten leben und sich auch fortpflanzen. Setzen Sie in einen Teich solche Friedfische von ähnlicher – mindestens 5 cm – Länge. In einem Teich sind winzige Wassertiere, ertrunkene Insekten und Pflanzen, einschließlich Algen, eine wertvolle Ergänzung des Futters.

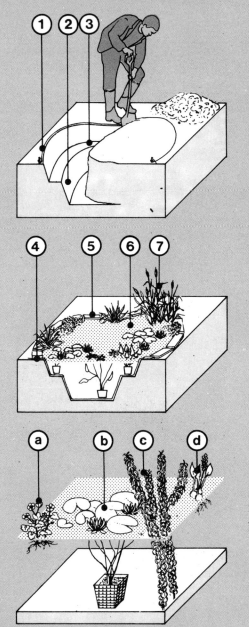

Wie man einen Teich anlegt. Man sucht dafür einen sonnigen Platz aus, der nicht unter Bäumen liegt und wählt eine der üblichen (regelmäßigen) oder eine beliebige (unregelmäßige) Form, markiert den Rand (1) und hebt dann eine Grube aus (2), mindestens 60 cm oder 90 cm tief oder noch tiefer, falls die winterliche Eisschicht voraussichtlich dick ist. Man legt für Seichtwasserpflanzen einen Sims an (3). Der Teich muß dann nur noch wasserdicht gemacht werden. Für die üblichen Teichformen kann man dazu Beton oder Ziegel benützen. Kunststoffe lassen sich für jede Teichform verwenden. Ein Boden aus Polyäthylen kann 2 Jahre, andere Kunststoffe können 10 Jahre halten. Kaufen Sie einen Boden, der ausreichend groß ist. Wenn Sie ihn einlegen (4), achten Sie darauf, ob die Erde darunter frei von scharfen Steinen ist. Beschweren Sie den Rand mit Pflastersteinen (5). Dann füllen Sie den Teich mit Wasser (6). Wird dadurch der Rand des Teichbodens nach innen gezogen, verlegt man die Pflastersteine so, daß sie ihn wieder beschweren. Setzen Sie Pflanzen ein (7).

Teichpflanzen bieten den Fischen Nahrung und Verstecke. Sie absorbieren Abfallprodukte und verhüten, daß das Wasser durch winzige Algen grün wird. Zu den Pflanzen am Rand, von denen nur die Wurzeln untergetaucht sind, gehören die Sumpfdotterblumen (a). Seerosen (b) sollten im Draht- oder Kunststoffkörben angepflanzt werden. Die Krause Wasserpest (c) gedeiht in 60 cm tiefem Wasser. Eine schwimmende Pflanze warmer Gewässer ist die Wasserhyazinthe (d).

Goldfischgläser

Viele Menschen halten Fische nur in einfachen Glasbehältern. Dann müssen sie aber sehr darauf achten, daß die Fische nicht an Sauerstoffmangel oder wegen Verschmutzung des Wassers eingehen. Ein Fisch, der ohne Schwanz etwa 2,5 cm lang ist, braucht mindestens 3,8 l Wasser. Um einen Glasbehälter mit Rand (Abb. unten) mit Sauerstoff zu versorgen, sollte er bis oben gefüllt werden. Ein kugeliges Gefäß braucht nur halbvoll zu sein. Man gibt nur soviel Futter wie die Fische in 5 Minuten verzehren.

Reinigung eines Goldfischglases. Ausscheidungen, von denen manche unsichtbar sind, und nicht verzehrtes Futter machen das Wasser eines solchen Glasbehälters bald faulig. Auch der Sauerstoffgehalt kann abnehmen. Fische hören in verschmutztem Wasser auf zu fressen. Sie schnappen aus Sauerstoffmangel nach Luft und verenden.

1 Stellen Sie einen Eimer mit sauberem Wasser über Nacht direkt neben den Glasbehälter, damit die Wassertemperatur in beiden angeglichen wird. Benützen Sie keinen Eimer, der vorher Reinigungsmittel enthalten hat.
2 Eine halbe Stunde nach der Fütterung bringe man mit einem Netz oder Schöpfer den Fisch in ein kleines Gefäß, das Wasser aus dem Eimer enthält.
3 Man leert das Fischglas und wischt es vielleicht noch mit einem sauberen Papiertuch aus.
4 Füllen Sie den Glasbehälter wieder mit Wasser aus dem Eimer.
5 Bringen Sie den Fisch ganz sacht in das Glas zurück.

Aquarien (1)

Große viereckige Wasserbehälter eignen sich am besten als Aquarien. Je größer der Behälter, desto mehr Fische kann er fassen und desto langsamer ändert sich die Temperatur; Fische mögen schnell wechselnde Temperaturen nicht. Das Fassungsvermögen des Behälters läßt sich durch Multiplikation von Länge × Breite × Höhe errechnen. Ein Kubikdezimeter entspricht einem Liter Wasser, das rund 1 kg wiegt. Vergewissern Sie sich daher,

1

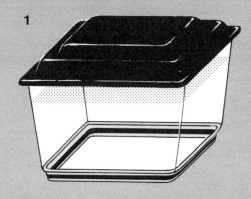

1 Kunststoffaquarien. Aus Plastik geformte Behälter, manchmal mit gewölbter Vorderseite, lassen sich als hübsche kleine Aquarien verwenden. Wenn sie nicht zerbrochen werden, können sie nicht leck werden, da sie aus einem Stück sind. Sie geben weder im Süß- noch im Salzwasser Giftstoffe ab. Aber solche Becken fertigt man selten so groß an, daß sie als Meerwasseraquarien zu benützen sind. Ein Problem ist auch die Beseitigung von Algen. Entfernt man sie mit einer Rasierklinge, zerkratzt man den Kunststoff, und Plastikschaber wirken nicht hundertprozentig.

2

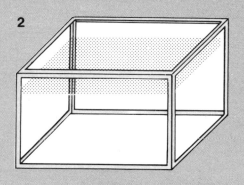

2 Gestellbecken werden aus fünf Glasscheiben hergestellt, die man mit Kitt in einem Metallrahmen befestigt, der oft aus Eisen ist. Sie sind stabil, rosten aber meist und werden leck, wenn der Kitt schrumpft und hart wird. Solche Lecks lassen sich ausbessern, wenn man den Behälter trocknet und innen, entlang der Verbindungsleisten zwischen den Glasplatten, ein Dichtungsmittel spritzt. Soll dieses Aquarium Meeresfische beherbergen, muß es noch besonders behandelt werden. Um Rostbildung (Korrision) zu vermeiden, streicht man den Rahmen mit einer Rostschutzfarbe an.

3

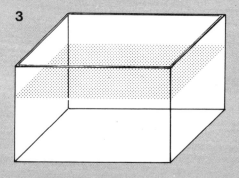

3 Vollglasaquarien können aus Glasplatten bestehen, die mit einem durchsichtigen Silikon-Dichtungsmittel zusammengeklebt werden. Da sie billig, widerstandsfähig, ungiftig und rostfrei sind und man sie ganz überblicken kann, sind sie ungemein beliebt geworden. Man stellt sie auf dünne Schaumgummiplatten (Polystyrolplatten), damit das Glas nicht springt.

daß der vorgesehene Standplatz – etwa ein Regal – das Gewicht des vollen Aquariums tragen kann. Stellen Sie es abseits von einem Fenster auf. Große Temperaturschwankungen tun Fischen nicht gut, und im Tageslicht wachsen Algen sehr schnell und bedecken die Innenflächen des Behälters. Jedes Aquarium braucht einen losen Deckel aus ungiftigem Material, der Luft einläßt, aber Staub fernhält und die Fische hindert, herauszuspringen.

Aufstellen eines Aquariums. Folgen Sie diesen Anweisungen, berücksichtigen Sie dabei aber auch die auf den Seiten 186–187 gezeigten Geräte.

1 Man reinige das Aquarium und spüle es gründlich mit Wasser aus, um alle giftigen Chemikalien zu beseitigen.

2 Man stellt das Aquarium so auf, daß die ganze Grundfläche abgestützt ist.

3 Bauen Sie den biologischen Filter ein.

4 Füllen Sie gewaschenen Kies so ein, daß er nach hinten ansteigt.

5 Installieren Sie (noch nicht anschließen) Heizkörper, Thermostat, einen porösen Verteilerstein und ein mechanisches Filter.

6 Füllen Sie Wasser ein, gießen Sie es auf ein Papier oder einen Teller, die auf dem Kies liegen.

7 Bringen Sie Steine und Pflanzen ins Aquarium.

8 Schließen Sie den Heizkörper an den Thermostat an und lassen Sie sich, wenn nötig, von einem Fachmann helfen.

9 Ebenso verbinden Sie Filter und porösen Verteilerstein mit der Pumpe.

10 Bringen Sie ein Thermometer an.

11 Installieren Sie die Beleuchtung.

12 Schalten Sie Heizkörper, Pumpe und Licht ein.

13 Fische setzen Sie erst eine Woche später ein. (s. auch S. 190, 198, 212).

Reinigung eines Aquariums. Abfallprodukte sammeln sich in jedem Aquarium an und müssen entfernt werden. Um gelöste Abfallstoffe zu beseitigen, wechseln viele Aquarianer regelmäßig bis zu einem Drittel das Wasser durch Absaugen (**a**) aus. Zu diesem Zweck füllt man einen Gummischlauch mit Wasser und klemmt ihn an beiden Enden zu. Halten Sie ein Ende im Aquarium unter Wasser, das andere in einen tiefer stehenden Eimer. Dann öffnen Sie die Enden. Nun fließt Wasser aus dem Aquarium in den Eimer. Feste Abfälle lassen sich aus einem kleinen Aquarium mit einem besonderen Stechheber (**b**) entfernen. Halten Sie die Öffnung am schmalen Ende mit einem Finger zu und zielen mit dem verschlossenen Ende dieses Rohrs unter Wasser auf das Abfallstückchen. Dann nehmen Sie den Finger weg, der das schmale Rohr verschließt. Vom Wasser mitgerissen, stürzt nun das Schmutzstückchen in das breite Rohr. Verschließen Sie es oben; nehmen Sie den Stechheber heraus.

a

b

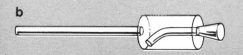

Aquarien (2)

Durchlüftung. Viele Aquarianer statten die Wasserbecken mit einem Durchlüftungssystem aus. Bei einem solchen Gerät treibt eine elektrische Pumpe (**a**) die Luft durch ein Rohr (**b**) abwärts, das sich unter Wasser öffnet. Die Luft strömt dann durch einen porösen Verteilerstein (**c**), der sie in winzige Bläschen zerstäubt. Etwas Luft aus den Bläschen löst sich im Wasser auf und ergänzt so den darin enthaltenen Sauerstoff, der den Fischen für die Atmung zur Verfügung steht. Gleichzeitig lassen die Bläschen auch das Wasser im Aquarium kreisen (**d**), so daß das sauerstoffarme Wasser über dem Boden an die Oberfläche steigt, wo Sauerstoff aus der Luft eindringen kann. Da ein durchlüftetes Becken mehr gelösten Sauerstoff enthält als ein nicht durchlüftetes, können Sie auch mehr Fische einsetzen, ohne zu riskieren, daß sie ersticken. Vermeiden Sie aber eine Überfüllung, da dadurch Krankheiten ausbrechen können.

Filter leisten wichtige Arbeit bei der Reinigung des Aquariums. Die beiden Haupttypen – mechanische und biologische Filter – werden jeweils von einer elektrischen Pumpe betrieben. Es ist ratsam, beide Typen im gleichen Aquarium zu verwenden.

Mechanische Filter entfernen hauptsächlich feste Abfallteilchen vom Grund, wie etwa nicht verzehrtes Futter und verrottete Pflanzen. Ein Filter (**a**) wird an die Außenseite des Beckens geklemmt; ein inneres Filter (**b**) befindet sich in einer Ecke. In beiden Vorrichtungen geht das Wasser durch Schichten aus Nylonwolle und Holzkohle. Die Wolle fängt feste Abfälle auf, die Holzkohle absorbiert schädliche Gase.

Biologische Filter befreien das Becken von schädlichen gelösten Salzen. Ein biologisches Filter (**c**) zieht das Wasser durch den Kies nach unten; dort verwandeln Bakterien schädliche Abfallprodukte in Stoffe, die den Aquariumpflanzen wieder als Nahrung dienen können.

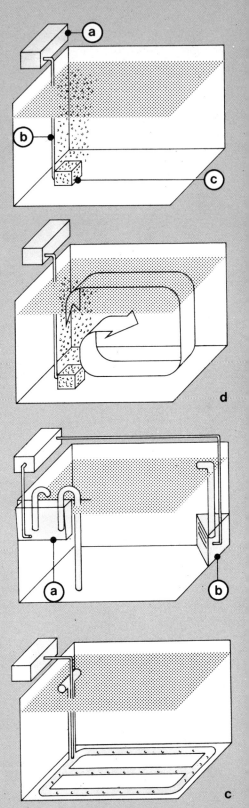

Beleuchtung. In gut beleuchteten Aquarien sind Fische hübsch anzusehen, und die Pflanzen wachsen gut. Ein 61 cm langes Aquarium braucht zwei 40-Watt-Glühbirnen (**a**) oder besser zusätzlich noch eine 20 Watt starke weiße Leuchtstoffröhre (**b**). Überdecken Sie beide Systeme mit einem Metallreflektor. Beleuchten Sie das Aquarium täglich nie länger als 12 Stunden.

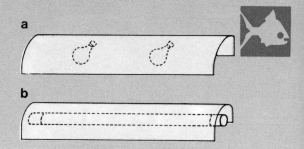

Heizkörper. Aquarien für tropische Fische müssen bis etwa 24° C geheizt werden. Die meisten Heizkörper sind Drahtelemente, eingeschlossen in Glas oder Kunststoffröhren (**a**) oder in eine Gummihülle (**b**). Der erste Typ wird auf den Kies gelegt, der andere darin vergraben. Verwenden Sie auf je 90 Liter Wasser einen Heizkörper mit 100 Watt in einem normal geheizten Zimmer oder einen Heizkörper mit 150 Watt in einem kühlen Raum. Man braucht auch einen Thermostat und ein Thermometer.

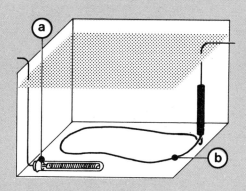

Thermostate regeln die Wassertemperatur. Sie sind mit einem Heizkörper in Serienschaltung verbunden. Ein Thermostat enthält einen Bimetallstreifen. Kühlt der Streifen ab, zieht er sich zusammen und biegt sich so, daß er einen Stromkreis schließt und dadurch den Heizkörper einschaltet. Erwärmt sich der Streifen, dehnt er sich aus, unterbricht den Stromkreis und schaltet den Heizkörper aus. Thermostate lassen sich auf verschiedene Weise anbringen. Manche stecken in einem Röhrchen (**a**), das senkrecht im Becken festgeklemmt wird. Außen am Aquarium läßt sich ebenfalls ein Thermostat (**b**) anbringen. Man kann auch Heizkörper, die in einer Schutzhülle mit einem Thermostat kombiniert sind, kaufen.

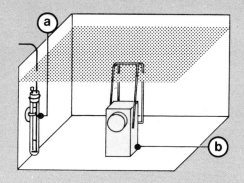

Thermometer braucht man, um die Wassertemperatur zu prüfen. Mögliche Formen sind: Ein Thermometer mit Zeiger (**c**), eines, das mit einem Bimetallstreifen arbeitet (**d**) oder ein Quecksilberthermometer (**e**).

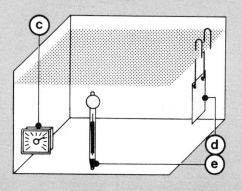

Das richtige Wasser

Die Gesundheit eines Fisches hängt weitgehend von dem Wasser ab, in dem er lebt. Wasser aus einem Vorratstank kann giftig sein, und frisches Leitungswasser kann schädliche Mengen Chlor enthalten. Lassen Sie Leitungswasser ein paar Tage lang stehen, ehe Sie Fische hineinbringen. Füllen Sie von Zeit zu Zeit mit abgekochtem, destilliertem oder demineralisiertem (entsalztem) Wasser nach. Prüfen Sie Härte und Säuregrad und für Meeres- und Brackwasserfische den Salzgehalt des Wasser.

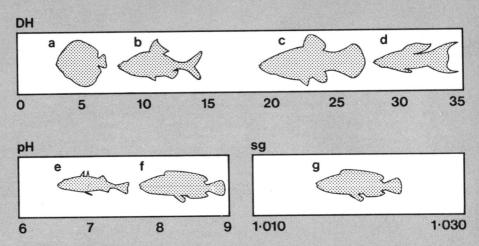

Hart oder weich? Wasser, das reich an gelösten Calciumsalzen ist, nennt man hart. Manches Leitungswasser ist sogar sehr hart. Wasser mit niedrigem Calciumgehalt ist dagegen weich. Destilliertes und demineralisiertes Wasser sowie Regenwasser sind ebenfalls weich. Härte und Weichheit kann auf mehrere Arten gemessen werden. Grundlage für den Härtegrad ist immer die Menge Calciumcarbonat, die in einer bestimmten Wassermenge enthalten ist. Bei den deutschen Härtegraden (DH) sind es Teile pro 100 000. Man kann auch Mittel kaufen, mit denen sich die Wasserhärte regeln läßt. Einige Beispiele für Fische mit ausgeprägter Vorliebe für weiches oder hartes Wasser:

a Diskus-Arten lieben weiches Wasser (0–5 DH)
b Viergürtelbarbe: mittlere Härte (5–15 DH)
c Platys: hartes Wasser (15–30 DH)
d Kärpflinge wie etwa die Guppys: sehr hartes Wasser (30 DH und mehr).

Sauer oder alkalisch? Wasser, in dem sich viele vermodernde Pflanzen befinden, neigt dazu, sauer zu werden; dagegen ist ein an Calciumcarbonat oder Calciumbicarbonat reiches Wasser meist alkalisch. Mit einem Spezialpapier oder flüssigen Indikatoren kann man den Säuregehalt, genauer gesagt die Konzentration der Wasserstoff-Ionen, ausgedrückt im sogenannten pH-Wert, messen. Unter pH-Wert 7 haben wir saures Wasser, bei höheren Werten alkalisches. Die meisten Süßwasserfische (**e**) können 6,4 bis 7,5 pH ertragen; Meeresfische (**f**) brauchen 8,0 bis 8,3 pH. Natriumcarbonat erhöht den pH-Wert; Kaliumdihydrogenorthophospphat senkt ihn.

Süß- oder Salzwasser? Für Meeresfische löst man Meersalz in Leitungswasser. Man mißt den Salzgehalt mit einem Hydrometer; es zeigt das spezifische Gewicht (s.g.) des Wassers an. Beträgt es 1,019–1,025 behagt es den meisten Arten von Meeresfischen (**g**) (s. S. 212).

Fischzucht

Meeresfische pflanzen sich selten in Gefangenschaft fort, Süßwasserarten dagegen oft. Goldfische und andere Kaltwasserfische laichen im Frühling und Sommer in einem gut bepflanzten Teich, in dem sicher einige junge Fische am Leben bleiben und heranwachsen können. Auch viele tropische Süßwasserfische laichen im Aquarium. Um beste Ergebnisse zu erzielen, bringe man ein Pärchen, das durch Ernährung mit Lebendfutter in gutem Zustand ist, allein in einen vorbereiteten Behälter.

Züchtung tropischer Süßwasserfische. Viele lebendgebärende Arten pflanzen sich bereitwillig fort. Ein Plastikgitter (**a**), das die Elterntiere aussperrt, oder dichter Pflanzenwuchs als Versteck, können der Fischbrut helfen, dem gefräßigen Maul der Eltern zu entgehen. Züchtet man laichende Arten, empfiehlt es sich, ein Pärchen für eine Woche zu isolieren und es dann in ein Zuchtaquarium mit einer 1–2°C höheren Temperatur als normal zu bringen. Verschiedene laichende Arten brauchen verschiedene Bedingungen. Damit Bärblinge ihre Eier nicht fressen, lasse man sie oberhalb eines Plastikgitters (**a**) oder über Kieselsteinen oder Murmeln (**b**) laichen. Barben laichen auf beschwerten Nylonwedeln (**c**). Für Zahnkärpflinge wie den Gemeinen Hechtling, der den Laich an etwas anhängen will, lasse man den Wedel baumeln. An Schwimmpflanzen wie Riccia-Lebermoosen (**d**) können Arten der Kletterfische ihr Schaumnest mit den Eiern verankern. Beide Elterntiere werden nach dem Laichen aus dem Becken genommen.

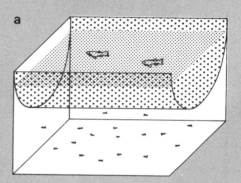

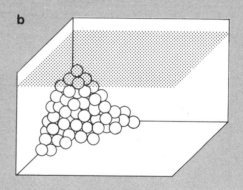

Fütterung der Jungfische. Lebend geborene Fischbrut kann bald nach der Geburt pulverisiertes Trockenfutter bekommen. Man füttert sie auch mit lebenden wirbellosen Tieren. Jungfische der laichenden Arten ernährt man mit winzigen Urtierchen wie Schönaugen (*Euglena*) und Pantoffeltierchen (*Paramecium*). Man kann diese Tierchen erhalten, wenn man Wasser aus dem Aquarium und zerstampfte Salatblätter dem Wasser in Krügen zusetzt. Lassen Sie diese Krüge bei 24°C 2 Tage lang stehen. Füttern Sie die Fischbrut zweimal täglich mit einem halben Krug.

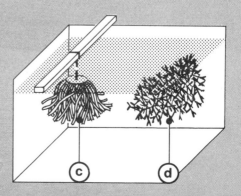

189

Die Haltung von Kaltwasserfischen

Am häufigsten werden in Kaltwasser Goldfische gehalten. Aber auch manche in den Gewässern gefangene Fische eignen sich dafür (S. 196). Goldfische sind nicht heikel wenn es um pH-Wert, Härtegrad (S. 188) oder Temperatur geht. Manche Kaltwasserfische brauchen jedoch Zimmerwärme, andere kühle Lebensbedingungen. Man kann Kaltwasserfische in Glaskugeln, Becken oder Teichen halten (siehe S. 182–187). Ein sogenanntes Goldfischglas kann nur ein bis zwei Fische beherbergen, die aber nie ihre volle Größe erreichen. Aquarien bieten mehr Raum. Ein Becken von 61×38×30 cm Größe kann vier etwa 7,6 cm lange Goldfische aufnehmen. Sorgen Sie für eine Pumpe, die über einen Verteilerstein Luft zirkulieren läßt sowie für ein biologisches und/oder mechanisches Filter (siehe S. 186). Beleuchten Sie mit indirektem Tageslicht oder künstlichem Licht (siehe S. 187). Robuste Fische gedeihen am besten in einem Teich. Goldfische können darin bis 20 Jahre leben. Sind die Winter kalt, muß der Teich tief genug sein, damit die Fische unter dem Eis überwintern können. Verschiedene Zuchtformen der Goldfische eignen sich im allgemeinen nicht gut für einen Teich, da sie eine Temperatur von rund 16° C brauchen. Abdeckung mit einem Netz kann Katzen und Reiher davon abhalten, Teichfische zu jagen und verhindert auch, daß welkes Laub das Wasser verunreinigt.

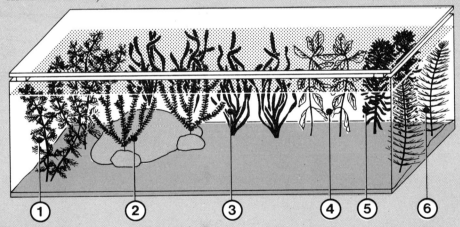

Ein gut eingerichtetes Kaltwasser-Aquarium. Planen Sie es so, daß es natürlich aussieht. Pflanzen verwerten einen Teil der von den Fischen ausgeschiedenen Abfallprodukte. Sie liefern auch etwas Sauerstoff, den Fische zum Atmen brauchen. Breiten Sie die Wurzeln der Pflanzen aus und bedecken sie mit 0,6–1 cm tiefem Kies. Wenn nötig, beschweren Sie sie mit einem Stein – nie mit einem Bleigewicht. Geben Sie keine Wasserschnecken in das Aquarium; sie produzieren Abfallprodukte. Zu den geeigneten Pflanzen gehören: **1** Tausendblatt *(Myriophyllum);* **2** Javamoos *(Vesicularia);* **3** Wasserschrauben *(Vallisneria);* **4** Ludwigia; **5** Egeria; **6** Hornblatt *(Ceratophyllum).*

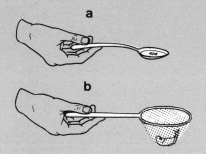

a

b

Handhabung. Um sie in ein anderes Aquarium zu bringen, benützen Sie für die Fischbrut einen Löffel (**a**) oder eine Schöpfkelle. Für größere Fische verwenden Sie ein feinmaschiges Netz (**b**). Nehmen Sie einen Fisch nicht in die Hand; Sie könnten den Schleim abstreifen, der die Haut vor winzigen Krankheitserregern im Wasser schützt. Befördern Sie Fische in einem wasserdichten Behälter. Auf einer langen Reise öffnen Sie ab und zu den Deckel, damit der Fisch nicht erstickt. Vermeiden Sie plötzliche Temperaturänderungen (siehe S. 199).

Krankheiten. Zu ihnen zählt folgendes:
1 Saugwürmer befallen die Haut (wollige Flecke; der Fisch reibt sich an Steinen). Bringen Sie ihn an 4 Tagen täglich in ein Gefäß mit rund einem Liter Wasser, in das Sie 10 Minuten lang pro Minute 10 Tropfen Formaldehyd geben.
2 Saugwürmer auf den Kiemen (Kiemen sind geschwollen). Behandlung wie bei Hautsaugwürmern.
3 Parasitische Ruderfußkrebse (grünliche Arten). 15 Min.-Bad in einer schwachen Kaliumpermanganatlösung.
4 Blähsucht (aufgeblähter Körper, gesträubte Schuppen). Unheilbar.
5 Hakenwurm (weißlicher, aus dem

Ernährung. Versorgen Sie die Fische so abwechslungsreich wie möglich. Man kann Trocken- oder Tiefkühlfutter in Form von Flocken, Körnern, Brei, Krümeln und Pulver kaufen. Je feiner, desto besser für kleine Fische. Verlassen Sie sich nicht zu sehr auf harte Kekse, Zwieback etc. Fische brauchen Eiweiß, Vitamine und Mineralsalze genauso wie wir Menschen. Das Beste ist Lebendfutter wie Regenwürmer, Stechmückenlarven und Wasserflöhe. Junge Goldfische kann man mit Wasserflöhen, Schlammröhrenwürmern, Taufliegen, Fadenwürmern und Salzkrebschen aufziehen – alles im Fachgeschäft erhältlich. Dreimal täglich sollen Fische gefüttert werden; Trockenfutter jedoch nicht mehr, als was sie in zwei Minuten fressen können. Im Teich lebende Fische brauchen in kalten Wintermonaten wenig oder gar kein Futter. Im Sommer können gesunde Fische gut und gern während eines zweiwöchigen Urlaubs ohne Futter gelassen werden (s. S. 199).

Fischkörper herausragender Parasit). Entfernen und Becken säubern.
6 Weißfleckenkrankheit (weiße Tupfen auf Körper und Flossen). 5 Tropfen einer 5%igen Lösung von Methylenblau in je 3,8 l Wasser; eine Woche baden.
7 Moos- oder Flechtenkrankheit, verursacht von einem Pilz (wollige Flecke). Lösen Sie einen Kaffeelöffel Kochsalz in je 2,8 l Wasser; eine Woche baden.
8 Flossenfäule (»angefressene« Flossen). Lösen Sie 8 Kristalle von Kaliumpermanganat in je 2,8 l Wasser und baden den Fisch 5 Minuten. Beschädigten Teil abschneiden; den restlichen Teil mit einer 5%igen Lösung von Methylenblau betupfen.

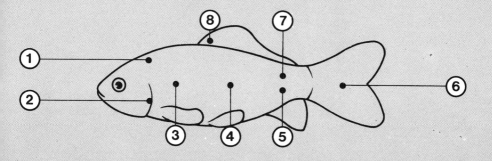

Farbige Kaltwasserfische (1)

Rote, gelbe und andere prächtige Arten der Familie der Karpfen-
fische (Cyprinidae) sind seit langer Zeit beliebt. Man hält sie im
Zimmer in Gläsern und Aquarien oder in Teichen im Freien.
Alle sind domestizierte farbige Varietäten von relativ unscheinbar gefärbten wildlebenden Fischen. Zu ihnen gehören Goldorfe, goldfarbene Rotfeder und Goldschleie. Aber wohl am beliebtesten sind Goldfische und die phantastischen Zuchtformen, die
von ihnen abstammen. In China werden Goldfische seit minde-

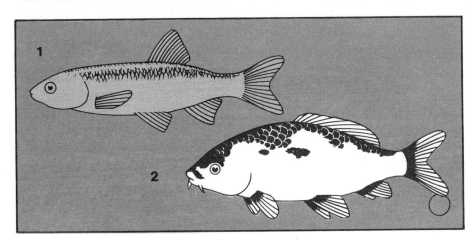

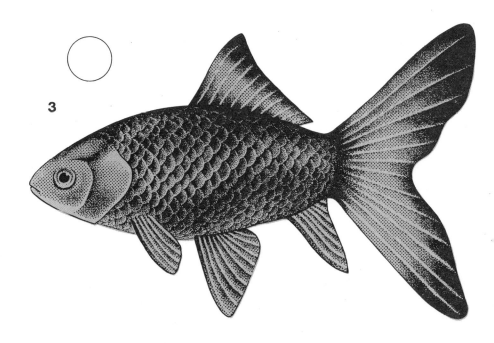

stens 1000 Jahren sehr geschätzt. Selektive Züchtung, die vom wildlebenden Goldfischbestand ausging, hat eine Anzahl eigenartiger Formen hervorgebracht wie etwa den Kometschweif und Shubunkins, die auf diesen beiden Seiten abgebildet sind, ebenso die 10 Zuchtformen des Goldfischs auf den folgenden zwei Seiten. Diese Fische sind alle eigentlich mißgestaltet und daher weniger widerstandsfähig und Angriffen räuberischer Feinde mehr ausgesetzt als gewöhnliche Goldfische.

1 Goldorfe *(Leuciscus idus)*. Europa; 30,5 cm lang oder länger; orangefarben; robuste Fische für Teiche; man gibt Fischfutter, Würmer usw.

2 Karpfen *(Cyprinus carpio)*. Ostasien; 30,5 cm lang oder größer; weiß, orangefarben, schwarz oder andersfarbig; ein robuster Teichfisch, der weiches, leicht saures Wasser von 20° C bevorzugt; man gibt Fischfutter, Würmer usw.

3 Kometschweif. Ein Goldfisch mit langen Flossen; 30,5 cm lang und länger; ein widerstandsfähiger Fisch für Teiche.

4 Goldfisch *(Carassius auratus)*. Ostasien; etwa 30,5 cm lang; goldfarben, auch goldfarben mit Schwarz oder Weiß kombiniert; anspruchslos; robust; ein guter Teichfisch, der auch in pflanzenreichem, seichtem Wasser laichen kann.

5 Bristol Shubunkin. Ostasien; eine schuppenlose vielfarbige Form des Kometschweifs; weniger robust als ein gewöhnlicher Goldfisch.

6 London Shubunkin. Ostasien; eine schuppenlose vielfarbige und robuste Form des gewöhnlichen Goldfischs.

Farbige Kaltwasserfische (2)

1 Fächerschwanz. Ostasien; Goldfisch mit eingeschnittener Schwanzflosse, gedrungenem Körper und länglich geformten Flossen.

2 Schleierschwanz. Ostasien; Goldfisch mit gerade angeschnittenen, gleichlangen Hälften der schleierförmigen Schwanzflosse; fahnenartige Rückenflosse; sehr empfindlich.

3 Teleskopfisch. Ostasien; eingeschnittene Schwanzflosse, Körper verkürzt; vorquellende Augen, lange Flossen.

4 Mohr. Ostasien; ein bevorzugter schwarzer Goldfisch mit kugeligen Augen; Körperfärbung wird manchmal im Alter goldfarben.

5 Perlschupper. Ostasien; mit eingeschnittener Schwanzflosse, mit kurzen anderen Flossen und Schuppen, die wie halbe Perlen ausgebuchtet sind.

6 Oranda oder Bouquetkopf. Ostasien; mit eingeschnittener Schwanzflosse, kurzem Körper, langen Flossen und einer »Haube« aus Hautwucherungen.

7 Löwenkopf. Ostasien; mit eingeschnittener Schwanzflosse; Körper und Flossen kurz, mähnenartige Wucherungen auf dem Kopf; Rückenflosse fehlt.

8 Pompon. Ostasien; Schwanzflosse eingeschnitten; Rückenflosse fehlt; andere Flossen und Körper ziemlich kurz. Zwei »Bommeln« auf der Nase.

9 Himmelgucker. Ostasien; eingeschnittene Schwanzflosse; keine Rückenflosse; vorstehende Augen, nach oben gerichtet; empfindlich.

10 Blasenauge. Ostasien; mit eingeschnittener Schwanzflosse; keine Rückenflosse; Körper kurz; unter den Augen große Flüssigkeitssäcke.

195

Wildlebende Kaltwasserfische

Manche Fische, die in Flüssen oder Teichen Nordamerikas und Europas leben, können faszinierende und ungewöhnliche Bewohner eines Kaltwasser-Aquariums werden. Viele kann man mit der Angel oder besser noch mit einem Netz fangen, um Verletzungen zu vermeiden. Einige wenige Tierhändler verkaufen einige Arten des Kaltwassers wie etwa Scheibenbarsche, Katzenwelse, Japankämpflinge und Bitterlinge.

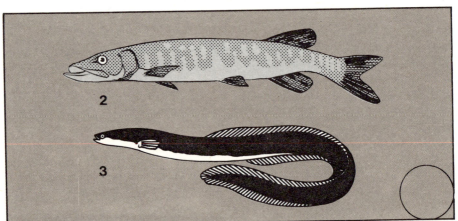

1 Regenbogenforelle *(Salmo gairdneri irideus)*. Nordwestamerika; bis rund 16 cm lang; mit schwärzlichen Flecken; durchlüftetes Wasser unter 21° C. Man füttert Würmer, Wasserflöhe (Daphnia sp.) etc.

2 Gemeiner Hecht *(Esox lucius)*. Nördliche Kontinente; 50–70 cm; graugrün mit helleren Flecken; lebt allein in durchlüftetem Becken; Futter: kleine Fische, Würmer, Fleisch.

3 Aale *(Anguilla sp.)*. Nördliche Kontinente; maximal 150 cm lang; man verwendet durchlüftetes, gut abgedecktes Aquarium; füttert Würmer, kleine Wassertiere; rohes Fleisch etc.

4 Dreistacheliger Stichling *(Gasterosteus aculeeatus)*. Nördliche Kontinente; bis 10 cm lang; grünlich und silberfarben, Männchen im Frühling orangerote Unterseite; fressen lebende Wasserflöhe und zerkleinerte Regenwürmer.

Die Fische auf diesen beiden Seiten und ähnliche Arten kommen auf allen nördlichen Kontinenten vor und geben uns einen Begriff von ihrem Formenreichtum. Halten Sie von Arten, die recht groß werden, wenn sie erwachsen sind, nur Jungtiere. Wie bei den tropischen Fischen hüten Sie sich, mit Raubfischen friedfertige Arten zusammenzubringen, es sei denn, diese sollen als Lebendfutter dienen.

5 Gewöhnliche Schmerle oder Bartgrundel *(Noemacheilus barbatulus)*. Europa; bis 12 cm; gelblich mit braunen Flecken; man füttert Würmer und kleine, lebende Wassertiere.

6 Katzenwels *(Ameiurus = Ictalurus sp.)* USA; größte Art bis 70 cm lang; braun und gelblich; Futter: Würmer, rohes Fleisch.

7 Scheibenbarsch *(Enneacanthus chaetodon)*. Östliche USA; bis 10 cm lang; robust; der Fisch bevorzugt Lebendfutter.

8 Barsch *(Perca sp.)* Eurasien und Nordamerika; bis 30 cm; Färbung in Europa wechselnd, in den USA trifft man mehr gelbliche, mit dunklen Querstreifen gezeichnete Varianten; man füttert Würmer, Maden, rohes Fleisch.

197

Die Haltung tropischer Süßwasserfische

Fische des tropischen Süßwassers sind relativ einfach zu halten. In einem Aquarium von 61×38×30 cm lassen sich bis zu 15 dieser farbenprächtigen, 3–5 cm langen Fische unterbringen. Viele Tierhandlungen bieten eine Menge Arten an. Halten Sie jedoch in einem Aquarium nur verträgliche Arten. Dafür sind mehrere Aquarientypen geeignet (S. 184). Sie brauchen auch Heizkörper, Thermostat, Thermometer und künstliche Beleuchtung (S. 187). Die meisten Aquarianer benützen eine Durchlüftungspumpe, die über einen porösen Verteilerstein arbeitet, sowie ein biologisches und/oder mechanisches Filter (S. 186). Viele Süßwasserfische der Tropen sind nicht überempfindlich gegenüber Härte oder pH–Wert des Wassers (S. 188). Aber lassen Sie Leitungswasser eine Weile vor der Verwendung stehen, denn die meisten Fischarten brauchen eine Temperatur um 24°C. Eine tägliche Schwankung von etwa 3°C ist vielleicht sogar vorteilhaft. Aber ein Absinken auf 15,6°C oder ein Ansteigen auf 32°C kann, besonders wenn es länger dauert, tödlich sein.

Auch konstant höhere Temperaturen können fieberhafte Tätigkeit verursachen und die Lebensspanne verkürzen. Die meisten tropischen Fische leben mehrere Jahre, aber manche Zahnkärpflinge oder Kärpflinge gehen nach etwa einem Jahr ein.

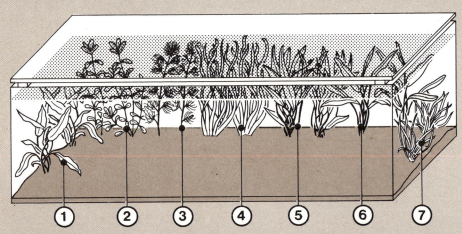

Ein gut ausgestattetes Aquarium für tropische Süßwasserfische ist im wesentlichen mit Pflanzen, Kies und Steinen so eingerichtet wie ein Becken für Kaltwasserfische (S. 190). Aber ordnen Sie alles so an wie Kulissen und Hintergrund einer Bühne. Man faßt alle, außer die ganz großen Pflanzen, zu Gruppen zusammen. Bringen Sie Heizkörper und Thermostat an den entgegengesetzten Enden und hinter Pflanzen und Steinen verborgen an. Das oben abgebildete Aquarium enthält folgende Pflanzen: 1 Härtels Wasserkelch (*Cryptocoryne affinis*); 2 Wasserstern (*Hygrophila*); 3 Wasser-Haarnixe (*Cabomba*); 4 Gemeine Sumpf- oder Wasserschraube (*Vallisneria spiralis*); 5 grasartige Schwertpflanze (*Echinodorus sp.*) aus dem Amazonas; 6 Nevilles Wasserkelch (*Cryptocoryne nevilli*); 7 Zarte Schwertpflanze (*Echinodorus tenellus*).

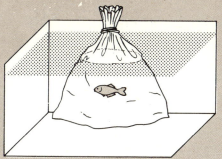

Handhabung. Um Verletzungen zu verhüten, setzt man tropische Fische genauso mit Netz oder Löffel um wie Kaltwasserfische (S. 191). Kaufen Sie einen neuen Fisch, achten Sie darauf, daß ihm auf dem Heimweg nicht zu kühl wird. Hüllen Sie die Plastiktüte mit dem Fisch in ein altes Wolltuch oder in Zeitungen und stellen sie in eine größere Tasche. Daheim lassse man 10 Minuten lang die verschlossene Plastiktüte im Aquarium schwimmen, damit sich die Temperaturen angleichen. Dann schlitzen Sie die Tüte auf und lassen den Fisch frei.

Krankheiten. Süßwasserfische der Tropen leiden an manchen Krankheiten von denen auch andere Süßwasser- und Meeresfische befallen werden.
1 Flossenfäule (zerfressene Flossen). Bringen Sie den Fisch in eine schwache Acriflavinlösung.
2 Weißfleckenkrankheit (weiße Tupfen). Erhöhen Sie die Temperatur auf 28°C und behandeln wie auf S. 191 geschildert. Das bepflanzte Aquarium braucht nicht behandelt zu werden, aber man muß 10 Tage lang die Fische herausnehmen.
3 Samtkrankheit (gelblich weißer Belag) Behandlung wie bei Weißfleckenkrankheit. Isolieren Sie die Fische und sterilisieren das Aquarium.

Ernährung. Füttern Sie wenig, oft und abwechslungsreich. Kaufen Sie Trokkenfutter, Trocken-Katzenfutter und Flocken-Babynahrung. Soweit wie möglich versorgen Sie die Fische mit Lebendnahrung. Doch pflanzenfressende Fische wie der *Plecostomus* brauchen Algen, die sie abfressen können. Schlammröhrenwürmer, Wasserflöhe, Stechmückenlarven und rote Larven von Federmücken sind eine wertvolle Nahrung. Man kann sie sich aus Teichen holen oder kaufen. Doch sie können Krankheitsüberträger sein. Sichereres Lebendfutter sind z. B. Topfwürmer, Salzkrebschen und Taufliegen (siehe auch S. 228–231). Wenn das Lebendfutter knapp ist, versuchen Sie es mit kleingehackten Garnelen, gekochtem Fisch, Kabeljaurogen, hartgekochtem Eigelb und Weizenkeimflocken. Für einen kurzen Urlaub können Sie die Fische ungefüttert lassen oder sie mit einem langlebigen Gallertbrocken versorgen.

4 Saugwürmer (schleimige Flossen, mühsame Kiemenatmung). Halten Sie die Fische 3 Tage lang in starker Methylenblaulösung.
5 Pilzbefall (siehe S. 191). Man pinselt täglich mit 5%iger Lösung von Methylenblau, bis der Fisch geheilt ist.
6 Die Schwimmblase macht Beschwerden (der Fisch kann nicht richtig aufsteigen oder absinken). Bringen Sie ihn in seichtes Wasser.
7 Schwächeanfälle. Können durch einen Tumor oder Alter verursacht sein.
8 Flattern, Taumeln (Schwimmen, ohne voranzukommen). Kann auf Verdauungsbeschwerden oder zu hartes Wasser zurückzuführen sein.
9 Blähsucht (siehe S. 191).

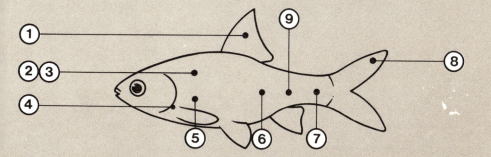

Salmler

Viele Aquariumfische gehören zur großen Familie der Salmler (Characidae). Die meisten der mehreren hundert Arten stammen aus Mittel- und Südamerika. Aber man findet sie auch in Afrika und im südlichen Nordamerika. Barteln fehlen ihnen. Sie haben bezahnte Kiefer und die meisten auch eine »Fettflosse« – eine kleine strahlenlose Flosse, die, wie die Zeichnungen zeigen, zwischen Schwanz- und Rückenflosse sitzt.
In den Ausmaßen reichen sie von den großen Piranhas bis zu den

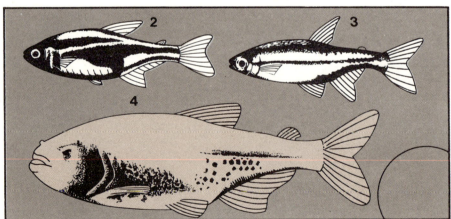

1 Natterers Sägesalmler (*Serrasalmus nattereri*). Südamerika; bis 30 cm; silberfarben mit roter Brust; bei 25° C; man gibt Lebendfutter; kann dem unvorsichtigen Aquarianer plötzlich die Fingerspitze abbeißen.

2 Echter Neon (*Paracheirodon innesi*). Südamerika; Bis 4 cm; prächtig irisierendes Längsband; der Neon liebt weiches Wasser, Temperatur 22° C.

3 Roter Neon (*Cheirodon axelrodi*). Südamerika; bis 4 cm; leuchtend blaugrün und rot; liebt Wasser von einem pH-Wert 6–7 und einer Temperatur von etwa 26° C.

4 Blinder Höhlensalmler (*Astyanax jordani*) Mexiko; 9 cm; rötlich; Augen unter der Haut; 21° C; diese Art gehört zu den Allesfressern.

kleinen Echten Neons. Alle sind räuberische Arten und sollten daher mit tierischem Futter ernährt werden. Salmler leben gern in fließendem Wasser und bilden Schwärme. Viele laichen in einem Aquarium mit weichem Wasser wie etwa Regenwasser, das feinblättrige Pflanzen und als Grund derbes Torfmoos enthält. Entfernen Sie hinterher die Elterntiere. 5 Tage nach dem Ausschlüpfen der Jungen füttert man sie mit Urtierchen, erst 8 Tage danach durchlüftet man vorsichtig das Wasser.

5 Serpasalmler *(Hyphessobrycon serpae)*. Südamerika; 4,5 cm; rötlich; weiches oder hartes Wasser von pH-Wert 6–7 und 24°C; man füttert Lebend- und Trockenfutter.
6 Sherrysalmler *(Hyphessobrycon rubrostigma)*. Südamerika; 6 cm; silberfarben und rötlich; zu halten wie Serpasalmler.
7 Schwarzbandsalmler *(Hyphessobrycon scholzei)*. Südamerika; 5 cm; grünlich und silberfarben mit schwarzen Streifen; diese Fische sind ebenso zu halten wie Serpasalmler.
8 Glühlichtsalmler *(Hemigrammus gracilis)* Südamerika; 3,8 cm; grünlich mit einem irisierenden Goldstreifen; es empfiehlt sich, diese Fische ebenso zu halten wie Serpasalmler.

Karpfenähnliche Fische (Cyprinoidei)

Diese Unterordnung ist mit rund 1500 Fischarten besonders formenreich. Zu ihr gehören z.B. Barben, Karpfen und Weißfische. Die Hauptzentren der Verbreitung sind Afrika und Südasien. Aber zu den Weißfischen im engeren Sinn gehören auch viele bekannte Arten Europas und Nordamerikas (siehe S. 192–195). Alle diese Arten besitzen Zähne im Schlund, nicht aber in den Kiefern. Viele haben Barteln. Eine Fettflosse fehlt ihnen.

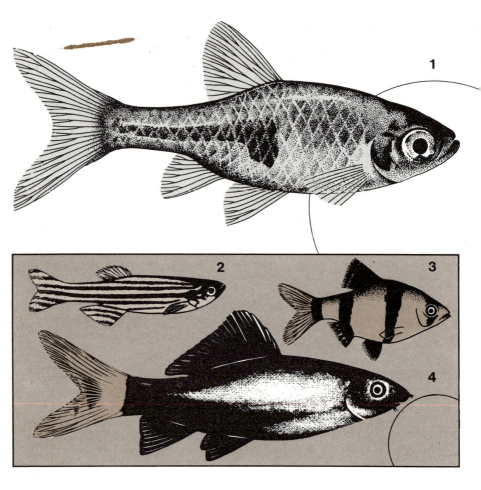

1 Keilfleckbarbe *(Rasbora heteromorpha).* Südostasien; 4,5 cm; silbergrau mit dunklem keilförmigem Fleck; Pflege wie beim Serpasalmler (S. 200); laicht auf Wasserkelcharten.

2 Zebrabärbling *(Brachydanio rerio).* Ostindien; 5 cm; blau mit goldglänzenden Längsbinden; man hält ihn in hartem Wasser bei 23° C; laicht gut; (sorgen Sie für groben Kies).

3 Viergürtelbarbe *(Barbus tetrazona).*- Südostasien; 6 cm; goldfarben mit schwarzen Streifen; Flossen rot; der pH-Wert beträgt 6,9; die Wassertemperatur liegt bei 23° C.

4 Feuerschwanz-Fransenlipper *(Labeo bicolor).* Thailand; 12 cm; schwarz, Schwanzflosse rot; pH-Wert 6,7 bei 24° C; erwachsene Fische reagieren oft sehr aggressiv.

Labyrinth- oder Kletterfische (Anabantidae)

Diese Fische Südostasiens und Afrikas leben oft in sauerstoffarmem Wasser. Lungenähnliche, Labyrinth genannte Organe beiderseits in Höhlen oberhalb der Kiemen, ermöglichen den Fischen, zusätzlich Sauerstoff der Luft zu atmen. Bei den meisten Arten bauen die Männchen Schaumnester an der Wasseroberfläche und hüten die Eier, dann auch die Brut, bis sie im offenen Wasser schwimmen kann.

1 Paradiesfisch oder Großflosser (*Macropodus opercularis*). Ostasien; 9 cm; erträgt 15° C; pflanzt sich bei 24° C fort; die Männchen verhalten sich dann aggressiv.

2 Roter Zwergfadenfisch (*Colisa lalia*). Indien; 5 cm; Männchen blaugrün und rot gestreift; die Wassertemperatur sollte bei etwa 24° C liegen; die Arten sind anspruchslos und friedlich.

3 Kampffisch (*Betta splendens*). Südostasien; 6 cm; anspruchslos; ungefährlich für andere Arten, aber halten Sie die Männchen von den übrigen Beckenbewohnern getrennt.

4 Mosaikfadenfisch (*Trichogaster leerii*). Südostasien; 11 cm; die Körperzeichnung ist hellbraun mit hellen Perlflekken; Wassertemperatur: etwa 24° C; anspruchslos.

Welse und Schmerlen

Mit diesen Namen bezeichnet man etliche Dutzend Familien, die sich hauptsächlich Futter auf dem Grund suchen. Viele Welse haben einen großen Kopf, sowie Barteln, die Schnurrhaaren von Katzen ähneln und ihnen helfen, Futter aufzuspüren, ferner ein unterständiges Maul und einen nackten oder gepanzerten Körper ohne echte Schuppen. Sie sind in 30 Familien weltweit verbreitet, aber mehr als die Hälfte der rund 2000 Arten lebt in Südamerika. Seltsame Körperformen und eine ungewöhnliche

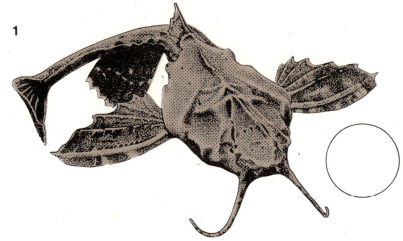

1 Bratpfannenwels *(Bunocephalus sp.)*. Südamerika; 15 cm; braun; 23°C; Allesfresser; vergräbt sich untertags im Sand.
2 Indischer Glaswels *(Kryptopterus bicirrhis)*. Südostasien; 10 cm; durchsichtig; man hält diese Fische in einem kleinen Schwarm; gibt Lebendfutter.
3 Leopard-Panzerwels *(Corydoras julii)*.

Südamerika; 6 cm; hat Knochenschilder; graugrün mit schnörkeligen Tüpfelreihen; 24°C; Allesfresser; liebt feinen Kiesboden.
4 Rückenschwimmender Kongo-Wels *(Synodontis nigriventris)*. Afrika; 6 cm; braun; schwimmt mit dem Bauch nach oben; 24°C; Lebendfutter, Algen.

Lebensweise machen Welse zu interessanten Tieren im Aquarium. Schmerlen (Cobitidae) sind Fische der Alten Welt mit im allgemeinen winzigen Schuppen; sie haben auch winzige Augen unter einer durchsichtigen Haut, einen kleinen Kopf und drei oder mehr Paare Barteln. Die meisten Schmerlen sind leicht zu halten, pflanzen sich aber selten fort. Die hier einbezogene Siamesische Saugschmerle ist keine echte Schmerle, sondern mit den Weißfischen verwandt.

5 Schilder- oder Harnischwels *(Plecostomus sp.).* Südamerika; 25 cm; bräunlich; 22° C; braucht Steine; Algenfresser.
6 Maskendornauge *(Acanthophthalmus kuhli).* Südostasien; 8 cm; gelb und schokoladebraun; weiches Wasser mit pH-Wert 6,9 bei 25° C; Sandboden; Allesfresser; Nachttier.

7 Prachtschmerle *(Botia macracantha).* Südostasien; bis 30 cm; orangerot und schwarz; 27° C; Sandboden; Allesfresser.
8 Siamesische Saugschmerle *(Gyrinocheilus aymonieri).* Thailand; 30 cm; graubraun, dunkel gefleckt, Unterseite hell; 25° C; Algenfresser.

Eierlegende Zahnkärpflinge

Diese Mitglieder der Familie Cyprinodontidae, früher noch in eine zweite Familie Kärpflinge (Fundulidae) aufgeteilt, sind weit verbreitet. Viele »einjährige« Arten sind kurzlebig. Man gibt ihnen Wasser von neutralem Härtegrad und bedeckt den Aquariumboden nicht mit Sand, sondern mit abgekochtem Torfmoos (Sphagnum). Laichen diese Fische, trocknet man das Moos bei Zimmertemperatur, lagert es einen Monat oder länger bei 24°C, bringt es dann in Regenwasser von 22°C, damit die Brut schlüpft.

1 **Blauer Prachtkärpfling** (*Aphyosemion coeruleum*). Westafrika; 10 cm; blau, grün, blau und gelb; dreilappige Schwanzflosse; nicht annuell (einjährig); 22°C; Lebend- und Trockenfutter.

2 **Gemeiner Hechtling** (*Aplocheilus panchax*). Süd- und Südostasien; 8 cm; graugelb; nicht annuell (einjährig); 23°C; man gibt Lebendfutter.

3 **Schwarzflossiger Fächerfisch** (*Cynolebias nigripennis*). Südamerika; meist nur 4,5 cm; Männchen blauschwarz; annuell (einjährig); 21°C; Lebend- und Trockenfutter.

4 **Bunter Prachtfundulus** (*Nothobranchius guentheri*). Afrika; 7 cm; Männchen blau, rot, grün, gelb; 22°C; Lebend- und Trockenfutter.

Lebendgebärende Zahnkärpflinge

Angehörige dieser Gruppe gedeihen in warmen, sonnigen, pflan-
zenreichen Teichen der Tropen und Subtropen Amerikas. Die
meisten lieben etwas härteres, alkalisches Wasser. Viele sind
leicht zu halten und zu züchten. (Durch Kreuzungen hat man
Formen in vielerlei Farben und mit verschiedenartigen Flossen
erhalten). Die Männchen haben schmale und spitze Afterflossen.
Neugeborene Jungfische sind größer als die von frisch geschlüpften, eierlegenden Arten.

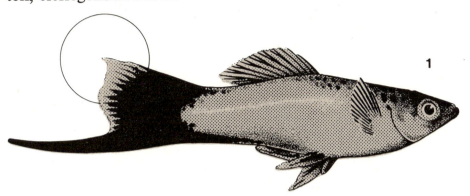

1 **Schwertträger** *(Xiphophorus helleri)*.
Mittelamerika; 12 cm; grün, rot, Albinos
etc.; 24° C; Allesfresser, einschließlich
Algen.

2 **Platy oder Spiegelkärpfling** *(Xiphophorus maculatus)*. Mittelamerika;
Weibchen 6 cm; schwarz, rot, gelb etc.;
zu halten wie Schwertträger.

3 **»Molly«** *(Poecilia-Kreuzungsform)*.
Mittelamerika; 10 cm; schwarz; hartes
alkalisches Wasser von 26° C; 1 Kaffeelöffel Salz auf 3,8 l; frißt Algen, gilt als
Allesfresser.

4 **Guppy** *(Poecilia reticulata)*. Mittel-
und Südamerika; Weibchen 6 cm;
Männchen 3 cm; bunt mit langen Flossen; 22° C; Allesfresser; die Guppys
sind sehr fruchtbar.

Buntbarsche

Diese Familie umfaßt rund 1000 hauptsächlich afrikanische und amerikanische Arten. Viele von ihnen verteidigen sehr energisch ein Revier. Einige große Buntbarsche sind aggressiv und dürfen nicht mit anderen Fischen zusammengebracht werden. Aber kleinere Arten kann man ohne Gefahr in ein gemischt besetztes Aquarium bringen. Buntbarsche sind hauptsächlich Fleischfresser und brauchen Futter wie Fischrogen oder rohes Hackfleisch. Die meisten Arten brauchen kein besonderes Wasser. Solchen,

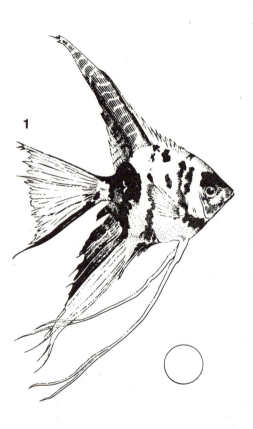

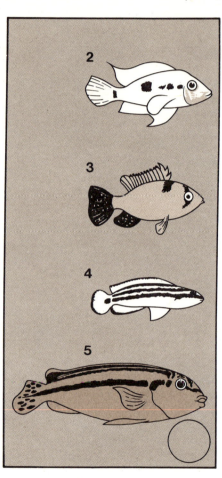

1 Skalar oder Segelflosser *(Pterophyllum scalare).* Südamerika; bis 15 cm; silberfarben und schwarz; auch variierende Zuchtformen; 24°C; liebt ein gut bepflanztes Becken; friedlich.
2 Maskenbuntbarsch *(Cichlasoma meeki).* Mittelamerika; bis 15 cm (mit 8 cm zuchtfähig); blaugrau, orangeroter Bauch, 22°C.

3 Schmetterlingsbuntbarsch *(Apistogramma ramirezi).* Südamerika; 7 cm; gelb, rötlich und blau; weiches Wasser; pH-Wert 8; 24°C; man läßt ihn mit ähnlichen Arten zusammen.
4 Bunter Schlankbarsch *(Julidochromis ornatus).* Afrika; 7 cm; cremefarben, dunkel gestreift; hartes Wasser; pH-Wert 8 bei 24°C; gesellig.

die Pflanzen ausreißen, wird man zweckmäßigerweise nur Steine und Kies ins Aquarium geben.

Viele Buntbarsche lassen sich leicht züchten. Einige legen Eier auf Steine und Blätter, andere in Spalten. Eier und Jungfische werden von einem Elternteil oder von beiden Eltern behütet (aber geben Sie acht, daß sie ihre Sprößlinge nicht fressen!). Weibchen der Maulbrüter genannten Arten legen Eier, die sie im Maul tragen, bis die Jungen ausschlüpfen.

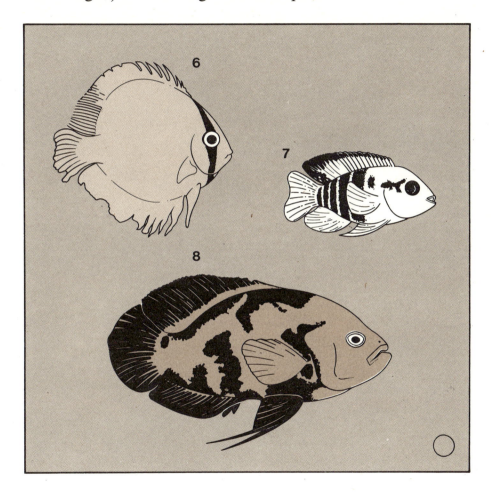

5 Gold-Mbuna *(Melanochromis auratus)*. Afrika; 12 cm; mittelhartes Wasser mit pH-Wert 8; ein aggressiver Maulbrüter.

6 Diskus- oder Pompadourfisch *(Symphysodon sp.)*. Südamerika; bräunlich oder bläulich mit Zeichnung; sehr weiches Wasser mit pH-Wert 6,5 bei 28° C; man hält ihn allein.

7 Blaupunktbarsch *(Aequidens pulcher)*. Süd- und Mittelamerika; 17 cm; violett und purpurrot; 25° C; läßt sich mit Buntbarschen halten.

8 Pfauenaugen-Buntbarsch *(Astronotus ocellatus)*. Südamerika; 33 cm; schokoladebraun und rötlich; 23° C; man hält ihn mit Maskenbuntbarsch, aber ohne Pflanzen.

Andere Süßwasserfische der Tropen

Manche tropischen Süßwasserfische verschiedener Familien haben eine seltsame Gestalt, Färbung oder Verhaltensweise. Auf diesen Seiten sind acht davon abgebildet. Der Blattfisch ahmt ein abgefallenes Blatt nach und kann Fische schnappen, die mehr als halb so groß sind wie er. Der Gestreifte Beilbauch kann »fliegen« und 5 m weit gleiten, wenn er mit den Brustflossen schlägt. Ein Indischer Glasbarsch ist fast durchsichtig. Die feststehenden

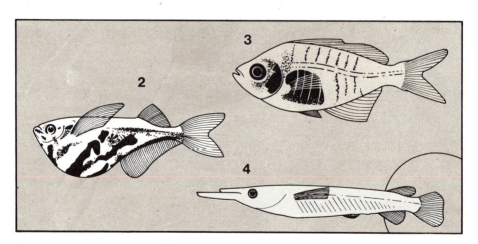

1 Blattfisch *(Monocirrhus polyacanthus).* Südamerika; 8 cm; braun; weiches Wasser mit pH-Wert 6,5 bei 23°C; Lebendfutter.

2 Gestreifter Beilbauch *(Carnegiella strigata).* Südamerika; 4,5 cm; purpurn und gelb; weiches Wasser mit pH-Wert 6,4 bei 27°C; man füttert mit Fliegen.

3 Indischer Glasbarsch *(Chanda ranga).* Südasien; 5 cm; durchsichtig; hartes, alkalisches Wasser mit 1 Kaffeelöffel Salz auf 4 l; 22°C; Lebendfutter.

4 Kampfhalbschnäbler *(Dermogenys pusillus).* Südostasien; 7 cm; silberfarben; hartes Wasser mit Meersalz; 20°C; lebendgebärend; man füttert mit Fliegen.

5 Schmetterlingsfisch *(Pantodon buchholzi).* Westafrika; meist nur 10 cm;

Unterkiefer des Kampfhalbschnäblers sind Teil einer lebenden Fliegenfalle. Der Schmetterlingsfisch des Süßwassers kann hochspringen, um Insekten zu fangen. Ein Ameisenbärfisch kann mit seinem »Rüssel« Futter aufspüren. Dem Pfauenaugen-Stachelaal hilft der langgestreckte Körper mit der rüsselförmigen Schnauze, sich einzugraben und zu verstecken. Der Prachtkopfsteher ist ein Fisch, der kopfabwärts schwimmt und ruht.

bräunlich; weiches, leicht saures Wasser von 27° C; man füttere Insekten an der Oberfläche; etwas aggressiv.

6 Ameisenbärfisch *(Gnathonemus tamandua).* Afrika; 13 cm; braun und grau; die Wassertemperatur liegt bei 25° C; Allesfresser.

7 Pfauenaugen-Stachelaal *(Macrognathus aculeatus).* Südostasien; durch-

schnittlich 15 cm, maximal 35 cm; 24° C; fühlt sich am wohlsten in tiefem, gut bepflanztem Sandboden; bevorzugt Lebendfutter.

8 Prachtkopfsteher *(Anostomus anostomus).* Südamerika; 17 cm; schwarz, cremefarben, rot; etwas weicheres Wasser einer Temperatur von etwa 25° C; gehört zu den Allesfressern.

Haltung von Meeresfischen

Bunte (auffallend gefärbte) Fische tropischer Meere sind höchst reizvoll, aber viel heikler als Süßwasserarten. Hüten Sie sich vor teuren »schwierigen« Arten. Rechnen Sie 7,6 l Wasser für je 2,5 cm Körperlänge der Fische und verwenden Sie ein Vollglasaquarium (S. 184) von mindestens 76 l Fassungsvermögen. Das Wasser darf nicht mit Metall in Berührung kommen. Stellen Sie künstliches Meereswasser her, indem Sie in Plastikeimern dem Leitungswasser eine Meersalzmischung zusetzen. Durchlüften Sie das Becken und lassen es stehen, bis sich das Chlor, das meist im Wasser enthalten ist, verflüchtigt hat. Sie brauchen noch einen Heizkörper mit Thermostat, ein Thermometer und eine kräftige Pumpe, die Luft durch den Verteilerstein treibt und ein Filter, das unter dem Kies liegt (S. 186). Mechanische Filter und kostspielige Geräte, die Eiweiß abschäumen, oder Ozon zur Wasserreinigung einpumpen, sind nicht lebenswichtig. Man beleuchtet mit einer Leuchtstoffröhre (S. 187), um eine zu starke Erwärmung des Oberflächenwassers zu verhüten. Man hält die meisten tropischen Meeresfische bei 24° C, pH Wert 8,0–8,3 und bei 1,019–1,025 spezifischem Gewicht des Wassers. Kontrollieren Sie täglich diese Daten. Das spezifische Gewicht läßt sich mit Pufferlösungen regeln. Das Wasser muß sauber sein.

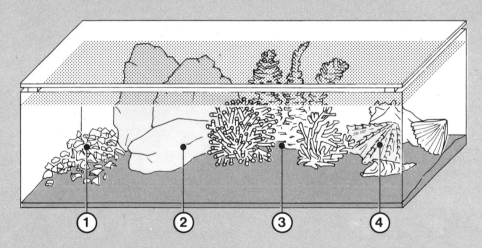

Ein gut eingerichtetes Aquarium. Man verwendet als Dekoration Kalkstein, Korallen und Muschelschalen. Sie dienen den Fischen als Versteck und tragen dazu bei, daß das Wasser alkalisch bleibt. Muscheln und tote Korallen taucht man zuerst 3 Tage lang in eine Bleichlösung, wäscht sie eine Stunde in Leitungswasser, kocht sie dann 2 Stunden in einem emaillierten Topf. Man legt die Steine in Salzwasser und prüft dessen pH-Wert etc., ehe man es ins Aquarium gießt. Ordne alles so an wie auf S. 190 geschildert. Wenn man wirbellose Meerestiere dazu nimmt: vgl. S. 232. Dieses Aquarium enthält: **1** Kies aus zerkleinerten Muschelschalen und Korallen; **2** Kalksteinbrocken; **3** abgestorbene Korallen; **4** Muschelschalen.

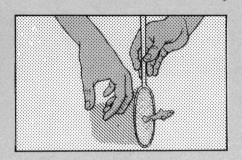

Handhabung. Man setzt Meeresfische mit dem Netz, nie mit der Hand um. (Gründe dafür siehe S. 191). Tragen Sie sie heim, wie für tropische Süßwasserfische beschrieben, und lassen sie im Becken frei (S. 199). Aber man soll Meeresfische nur bei mattem Licht oder im Dunkeln befördern und ins Aquarium entlassen. Beunruhigung kann Meeresfische erschöpfen, ja sogar töten. Daher geht man möglichst schonend mit ihnen um. Hält sich ein neuer Fisch anfangs ermattet still, klopft man nicht ans Glas oder »stupst« ihn. Lassen Sie ihn in Ruhe, damit er sich erholt.

Krankheiten. Meeresfische haben noch einige andere Krankheiten als Süßwasserfische (siehe S. 191 und 199). Bestimmte Krankheiten tauchen bei schlechten Lebensbedingungen auf. Prüfen Sie häufig die Reinheit des Wassers etc.

1 *Oodinium sp.* als Ursache (grauweiße Bläschen bedecken den Körper; zu schnelle Atmung). Behandlung mit käuflichen Mitteln wie etwa »Cuprazin«.

2 *Lymphocystis* (Zysten infolge einer Virusinfektion). Schneiden Sie die Zysten weg und pinseln die Wunden mit 1 %-iger Trypoflavinlösung.

3 Hautfäule. Man tötet die dafür ver-

Ernährung. Füttern Sie wenig und oft, besonders wenn ein Aquarium noch keine 3 Monate alt ist. Es sind noch zu wenig Stickstoff verarbeitende Bakterien vorhanden, die schädliche Abfälle in unschädliche Nitrate umwandeln. Entfernen Sie schleunigst nicht verzehrtes Futter und geben Futter, das der Größe des Mauls entspricht. Viele Fische nehmen Trockenfutter an, aber Lebend- oder Rohfutter ist besser. Brauchbares Lebendfutter sind verschiedene Garnelen und Sandhüpfer, auch Regenwürmer, Maden, Stechmückenlarven, junge Guppys, sowie Wasserflöhe (Daphnia) und Schlammröhrenwürmer (Tubifex). Man kann auch rohes Fleisch von Krabben, Krebsen, Muscheln und Fischen sowie Fischlaich füttern. Aber das hat auch »Haken«. Lebenfutter aus dem Meer kann Krankheiten einschleppen; Lebendfutter aus dem Süßwasser geht im Salzwasser bald zugrunde. Man beachte auch besondere Bedürfnisse. So lieben etwa Doktorfische pflanzliche Nahrung.

antwortlichen Bakterien ab mit einer Lösung von Trypoflavin oder Mercurochrom.

4 Flossenfäule. Behandlung wie bei Hautfäule.

5 Pilzerkrankung (siehe S. 191). Besitzt man einen Ozonisator, so pumpe man ozonhaltige Luft etwa einen Tag lang durch das Wasser, um den Pilz (*Saprolegnia sp.*) zu bekämpfen.

6 Weißfleckenkrankheit siehe S. 191. Behandlung mit »Cuprazin« oder einem anderen Mittel, das auch gegen Oodinium hilft.

7 *Benedenia*-Befall (dreieckige Parasiten auf dem Körper). Behandlung mit »Cuprazin« oder ähnlichem.

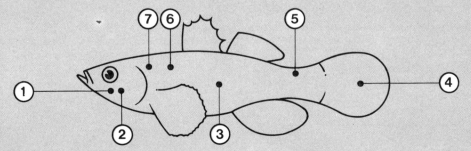

Brackwasserfische

Manche Fische können zumindest einen Teil ihres Lebens auch im Brackwasser an der Küste verbringen. Die hier gezeigten tropischen Arten sind gute Aquariumbewohner. Der Flußkugelfisch und der Schlammspringer mögen ebenso Brack- wie Süßwasser. Argusfische oder das Silberflossenblatt gedeihen in Süßwasser, solange sie jung sind. Werden sie aber über 5 cm lang, brauchen sie ein Meerwasseraquarium. Schützenfische können in Brack-, Salz- oder Süßwasser leben.

1 Silberflossenblatt *(Monodactylus argenteus).* Indischer und Pazifischer Ozean; 23 cm; silberfarben; Wassertemperatur etwa 27°C; Lebend- und Trockenfutter.
2 Flußkugelfisch *(Tetraodon fluviatilis).* Südostasien; 19,7 cm; gelb und schwarz; 24°C; Allesfresser.
3 Schützenfisch *(Toxotes jaculator).* Südostasien; 24 cm; silbern und dunkel; Wassertemperatur: 27°C; Als Futter mag er am liebsten Insekten.
4 Gefleckter Argusfisch *(Scatophagus argus).* Südostasien; 30 cm; grün, schwarz; 24°C; Lebendfutter.
5 Schlammspringer *(Periophthalmus sp.).* Indischer Ozean; 15 cm; braun; Wassertemperatur: 27°C; sein bevorzugter Lebensraum ist 5 cm tiefes Wasser mit Sand, Steinen, Würmern etc.

Fische kalter Meere

Viele interessante Fische und Wirbellose (S. 232) leben in kühlem Wasser vor der Küste. Bei Ebbe kann man in Felsentümpeln schlanke, in Spalten gezwängte Fische entdecken. Zieht man ein Garnelennetz durch den Sand einer Flachküste, kann man einen Plattfisch fangen. Solche Geschöpfe lassen sich in einem kühlen, gut durchlüfteten Meerwasseraquarium halten. Aber wenn sich einer der Fische sichtlich unbehaglich fühlt, sollte man ihn schnell wieder ins Meer zurückbringen.

1 Blauer Knurrhahn oder Seebull *(Cottus bubalis)*. Ost- und Nordatlantik; 15 cm; Futter: rohe Fische, Muscheln, Garnelen und dgl.

2 Schan *(Blennius pholis)*. Ost- und Nordatlantik; 13 cm; grün oder gelblich; kann auf ein Gesims herausklettern; füttern wie Knurrhahn.

3 Scholle oder Goldbutt *(Pleronectes platessa)*. Ost- und Nordatlantik; 13 cm;

Oberseite braun, Unterseite grau; im Aquarium mit Sandboden; Als Futter bevorzugen diese Tiere rohe Fische, Muscheln etc.

4 Streifenlippfisch *(Labrus mixtus)*. Ost- und Nordatlantik; 25 cm; gelb; Männchen blau gestreift; schläft in Seitenlage; Als Futter mögen diese Fische am liebsten zerkleinerte Muscheln, Garnelen, rohe Fische.

215

Fische tropischer Meere (1)

Die meisten der in diesem Buch genannten Meeresfische leben in klarem Seichtwasser, das Riffe im Indischen oder Pazifischen Ozean oder in der Karibischen See umspült. Dabei konnte hier nur eine sehr eng begrenzte Auswahl getroffen werden, um verschiedene Familien beispielhaft vorzustellen.

Die seltsam geformten Seepferdchen und Seenadeln gehören zur Familie Syngnathidae, die nahe verwandt ist mit der Familie der Schnepfenmesserfische (Centriscidae). Zu den wenigen Welsen

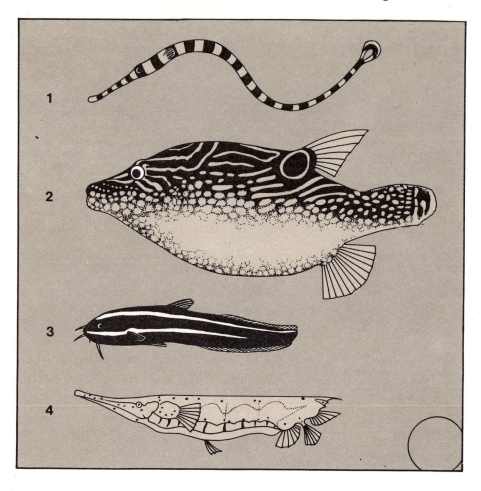

1 Geringelte Seenadel *(Dunckerocampus sp.).* Westpazifik; 16 cm; hauptsächlich schwarz und gelb; man halte sie in Wasser von spezifischem Gewicht 1,025; 27°C; Futter: Salzkrebschen.
2 Spitzkopfkugelfisch *(Canthigaster margaritatus).* Indopazifik; 15 cm; braun, grau gefleckt; zu halten wie die Seenadel.

3 Kleiner Korallenwels *(Plotosus lineatus).* Indopazifik; jung 7,6 cm; cremefarben und schwarz; wie Seenadel zu halten; gefräßig; erwachsene Tiere groß und aggressiv.
4 Rasiermesserfisch *(Aeoliscus trigatus).* Indopazifik; 12 cm; die Körperfarben dieses Fisches sind rot, gelb, schwarz; wie Seenadel zu halten.

des Meeres zählt der Kleine Korallenwels aus der Familie der Korallenwelse (Plotosidae). Anemonenfische und der Dreipunkt-Korallenbarsch sind Vertreter der Riffbarsche (Pomacentridae). Sie haben noch andere hübsche Verwandte. Etliche Anemonenfische können gut miteinander leben, aber die meisten Riffbarsche sind sehr agressive Tiere und greifen Artgenossen an. Man kann daher nur Pärchen halten, die sich im Aquarium im allgemeinen akzeptieren.

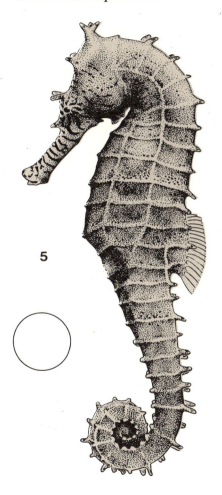

5 Atlantisches Seepferdchen *(Hippocampus hudsonius).* Westatlantik; bis 20 cm; braun oder grau; spezifisches Gewicht des Wassers 1,025; 24°C;, Futter: kleine Guppys, Stechmückenlarven; man sorge für Korallen, den natürlichen Lebensraum des Seepferdchens.

6 Anemonenfisch *(Amphiprion ocellaris).* Indopazifik; 10 cm; orangefarben und weiß; zu halten wie Seenadel, aber man gebe eine Seeanemone als Unterschlupf ins Aquarium; gehört zu den Allesfressern.

7 Dreipunkt-Korallenbarsch *(Dascyllus trimaculatus).* Indopazifik; 12 cm; schwarz und weiß; zu halten wie Seenadel; gehört ebenfalls zu den sogenannten Allesfressern.

217

Fische tropischer Meere (2)

Die acht Fische auf diesen beiden Seiten zeigen die ganze Vielfalt der Formen. Der Schmuckfeilenfisch zählt zu den Feilenfischen (Monocanthinae), die eng verwandt sind mit den Drückerfischen (S. 222). Der Pyjamafisch und andere Kardinalbarsche (Apogonidae) schweben gern reglos im Wasser. Gaukler der Familie Borstenzähner (Chaetodontidae) fressen Korallenpolypen und sind empfindliche Bewohner eines Meeresaquariums. Der Rote Kanari der Gattung Rötlinge (Anthias) ist ebenfalls nicht für ange-

1 Schmuckfeilenfisch *(Chaetoderma penicilligera).* Indopazifik; 18 cm; goldbraun; Wasser von spez. Gewicht 1,025; 26°C; man gebe Lebend- und Trockenfutter.

2 Pyjamafisch *(Shaeramia nematoptera = Apogon nematopterus).* Indopazifik; 8 cm; gelb mit roten Punkten; zu halten wie *Chaetoderma;* Lebendfutter.

3 Goldgelber Gaukler oder Schmetterlingsfisch *(Chaetodon kleinii).* Indopazifik; 12 cm; goldfarben mit blauroten Tüpfeln; zu halten wie *Chaetoderma;* Futter: kleines Lebendfutter und Fischlaich.

4 Roter Kanari *(Anthias squamipinnis).* Indopazifik; 10 cm; orangefarben; in einem Schwarm zu halten; Als Futter

hende Aquarianer geeignet. Ein Feenbarsch (Grammidae) und Rückenschwimmer in Meereshöhlen ist der Königliche Gramma. Von den Lippfischen (Labridae) wechselt der Rotlinien-Lippfisch völlig die Farbe, wenn er erwachsen ist. Die kleine gestreifte Neongrundel und der kleine, aber prächtig gemusterte Mandarinfisch gehören zu den Familien Grundeln (Gobiidae) bzw. Leierfische (Callionymidae). Beide wirken im Becken attraktiv.

empfehlen sich: Hüpferlinge (*Cyclops sp.)*, Fischlaich etc.

5 Königlicher Gramme *(Gramma loreto).* Karibische See; 8 cm; magentarot und gelb; zu halten wie *Chaetoderma;* man biete Verstecke; Lebenfutter.

6 Rotlinien-Lippfisch *(Coris gaimardi).* Indopazifik; 20 cm; Jungfisch rot, weiß, schwarz; zu halten wie *Chaetoderma,* mit Korallensand; Futter: Würmer etc.

7 Mandarinfisch *(Synchiropus splendidus).* Philippinen; 7 cm; grün, rot, blau, gelb; zu halten wie *Chaetoderma;* füttere Cyclops etc.

8 Neongrundel *(Gobiosoma oceanops).* Karibische See; 6 cm;, weiß, schwarz, gelb; wie *Chaetoderma* zu halten; Futter: Salzkrebschen, Fischlaich.

Fische tropischer Meere (3)

Vertreter von 5 Familien und einer Unterfamilie finden sich auf diesen beiden Seiten. Der Buckelkofferfisch gehört zu den Kofferfischen (Ostraciontidae), die ihren Namen der Gestalt verdanken. Die Umberfische (Scienidae), darunter der Ritterfisch, können mit der Schwimmblase Laute erzeugen. Auch die Süßlippen (Pomadasyidae) sind durch eine Art vertreten. Igelfische (Dio-

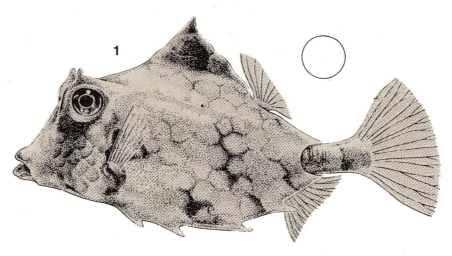

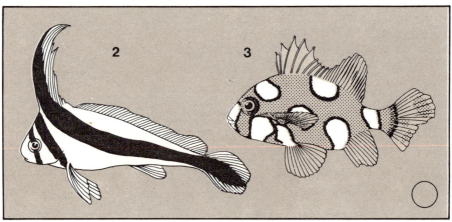

1 Buckelkofferfisch *(Rhinosomus gibbosus)*. Indopazifik; 25 cm; goldbraun; spez. Gewicht des Wassers 1,025; 27° C;, Allesfresser; diese Fische sind überaus friedliche Tiere.

2 Ritterfisch *(Equetes lanceolatus)*. Karibische See; 25 cm; schwarz und weiß; zu halten wie *Rhinosomus,* aber man sollte Ritterfische möglichst in einem Schwarm und nur in einem großem Aquarium halten.

3 Harlekin-Süßlippe *(Plectorhynchus chaetodontoides)*. Indo- Australischer Bereich; in Gefangenschaft 20 cm; braun und weiß; zu halten wie *Rhinosomus;* Als Futter bevorzugen die Süßlippen Stechmückenlarven und tote Futtertierchen.

dontidae) schrecken Feinde ab, indem sie sich aufblähen und die Stacheln aufrichten. Von den Halfterfischen der Unterfamilie Zanclinae ist eine typische Art abgebildet. Doch die bizarrsten Fische sind die Drachenköpfe (Scorpionidae), eine Familie, zu der auch der Eigentliche Rotfeuerfisch gehört. Seine harten Rükkenflossenstrahlen geben ein gefährliches Gift ab.

4 Halfterfisch *(Zanclus canescens),* Indopazifik; 25 cm; schwarz, weiß, gelb; zu haten wie *Rhinosomus,* aber in Aquarium mit mindestens 1000 l.

5 Großer Igelfisch *(Diodon holacanthus).* Indopazifik und Atlantik; 40 cm; bräunlich; zu halten wie *Rhinosomus;* friedlich; ist er verängstigt, bläst er sich auf; nicht mutwillig erschrecken!

6 Eigentlicher Rotfeuerfisch *(Pterois volitans).* Indopazifik; 35 cm; rötlich und weiß; zu halten wie *Rhinosomus;* frißt lebende Fische oder rohes Fischfleisch; nur mit großen Arten in einem entsprechend geräumigen Aquarium halten; der Fisch ist giftig, man sollte ihn nicht berühren.

221

Fische tropischer Meere (4)

Die hier gezeigten Fische sind groß und brauchen auch ein geräumiges Meereswasseraquarium. Die Drückerfische snd robust aber aggressiv. Engelfische (Pomacanthidae) sind imposant und farbenprächtig. Wie viele Riff-Fische greifen auch die Schnapper (Lutianidae) Artgenossen an. Soldatenfische (Holocentridae) sind nächtliche Räuber und gefährlich für kleinere Arten. Der Atlantische Ammenhai ist ein Abfallfresser aus der Familie

1 Leoparden-Drückerfisch *(Balistoides niger).* Indopazifik; 50 cm; braun, oder blau und weiß; spez. Gewicht des Wassers 1,025; Temperatur 27°C; Allesfresser; muß allein gehalten werden.
2 Blauer Kaiserfisch *(Pomacanthus semicirculatus).* Indopazifik; 40 cm; erwachsen gelblich, schwarz, usw.; Wasser wie für *Balistoides;* frißt Algen etc.

3 Kaschmir-Schnapper *(Lutianus kasmira).* Indopazifik; 40 cm; gelb und blau; Wasser wie für *Balistoides;* Allesfresser.
4 Großer Soldatenfisch *(Holocentrus spinifer).* Indopazifik; 45 cm; rot und gelb; zu halten wie *Balistoides;* frißt bevorzugt Krebstiere.

Ammenhaie (Orectolobidae). Im Gegensatz zu den meisten Fischen haben Haie ein Skelett, das aus Knorpeln, nicht aus Knochen besteht. Sägebarsche sind intelligent, schnappen sich aber gern kleinere Mitbewohner des Aquariums. Manche Arten der Fledermausfische aus der Unterfamilie Platacinae lassen sich gut halten. Doktorfische oder Seebader (Acanthuridae) haben scharfe »Messer« auf dem Schwanzstiel. Vorsicht beim Anfassen.

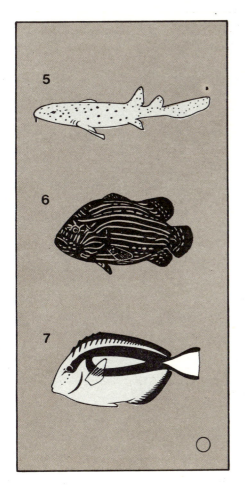
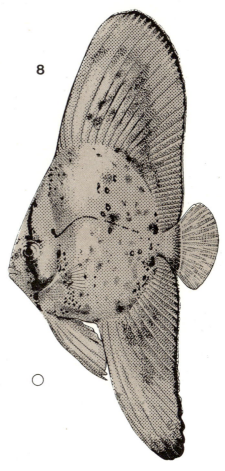

5 Atlantischer Ammenhai *(Ginglymostoma cirratum).* Warme Meere; von 33 cm an bis 4,5 m; grau; Wasser wie für *Balistoides;* Futter: Muscheln und Tintenfische.

6 Goldstreifenbarsch *(Grammistes sexlineatus).* Indopazifik; 25 cm; dunkel mit gelben Streifen; Wasser wie *Balistoides;* Futter: rohes Fischfleisch, Rindsherz.

7 Paletten-Doktorfisch *(Paracanthurus hepatus).* Indopazifik; 30 cm; blau, schwarz, gelb; Wasser wie für *Balistoides;* frißt Algen und Gemüsepflanzen, z.B. Spinat, Salat.

8 Gewöhnlicher Fledermausfisch *(Platax orbicularis).* Indopazifik; 50 cm; braun; 24°C; Allesfresser; eine recht langlebige Art.

3

Wirbellose Tiere

Als Wirbellose Tiere oder kurz Wirbellose (Invertebrata) bezeichnet man, grob gesprochen, alle Tiere ohne Wirbelsäule. Sie umfassen 95 % des Tierreichs und übertreffen ebenso an Arten- wie Individuenzahl die Wirbeltiere. Sie sind überaus formenreich, von der einfachsten einzelligen Amöbe bis zu kompliziert gebauten Insekten wie etwa Ameisen oder Bienen, die hochorganisierte Staaten bilden.

Innerhalb dieser großen Gruppe von Geschöpfen finden wir viele, die aus verschiedenen Gründen eng mit dem Menschen verbunden sind. Einige der einfachsten Formen werden als Futter für andere in Gefangenschaft gehaltene Tiere gezüchtet. Wirbellose des Wassers werden mit anderen Wassertieren zusammen in Aquarien gehalten. Bienen erzeugen Honig und tragen zur Bestäubung von Feldfrüchten bei. Viele andere Insekten können vorübergehend für Studienzwecke gehalten oder in Gefangenschaft gezüchtet werden.

Rechts: Imker und seine Bienen. Ein Holzschnitt von Sebastian Brant, veröffentlicht 1502 in Straßburg (Mansell Collection).

Charakteristische Merkmale
der Wirbellosen

Als Wirbellose Tiere bezeichnet man 95 % aller Tierarten, nämlich lich alle jene, die ohne Wirbelsäule (ein inneres Knochenskelett) existieren. Innerhalb dieser Gruppe sind Körperbau und Anpassung der Formen von ungemein großer Mannigfaltigkeit. Von den 26 Tierstämmen sind 25 Wirbellose. Nur einen davon bilden die Wirbeltiere (siehe auch S. 418). Manche der primitivsten Arten der Wirbellosen sind nur schwer von Pflanzen zu unterscheiden.

Charakteristische Merkmale von Wirbellosen. Ihnen fehlt eine Wirbelsäule, aber viele haben Anpassungsformen entwickelt, die dem Körper auf andere Weise Halt und Schutz geben. Insekten und andere Gliederfüßer (Arthropoda) besitzen oft ein hartes, durch Gliederung in Segmente bewegliches Außenskelett. Weichtiere (Mollusca) schützen oft den weichen Körper durch ein Kalkgehäuse. Auch die Körperfunktionen zeigen auf vielerlei Weise, wie geschickt sich jedes

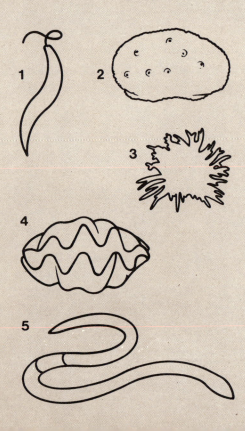

dieser Tiere der Umwelt anpaßt. Die Atmung kann durch Kiemen, Membrane und primitive Lungen erfolgen. Nahrung kann aufgenommen und gekaut oder wie etwa bei Spinnen zum Teil außerhalb des Körpers durch die Einwirkung von Säften verdaut werden. Niedrigere Formen pflanzen sich oft ungeschlechtlich durch Teilung fort. Findet geschlechtliche Fortpflanzung statt, sind oft die Männchen kleiner und werden bei einigen Arten nach der Begattung vom Weibchen gefressen.

1 Einzeller oder Urtierchen (*Protozoa*) bestehen aus nur einer kompliziert gebauten, oft spezialisierten Zelle. Einige können wie Pflanzen mit Hilfe des Sonnenlichts Nährstoffe aufbauen. Die meisten sind mikroskopisch klein und unregelmäßig gestaltet. Beispiele sind Schönaugen (*Euglena sp.*), Pantoffeltierchen (*Paramecium sp.*) und Amöben (*Amoeba sp.*).

2 Schwammtiere (*Spongia*) sind vielzellig und bestehen aus einem Netzwerk von Kammern. Die meisten leben im Meer, einige auch im Süßwasser.

3 Hohltiere (*Coelenterata*) leben nur im Wasser und sind symetrisch gebaut. Sie können schlanke festsitzende Polypen sein, aber auch schirmförmig und freischwimmend. Zu ihnen zählen ebenso Korallen wie etwa Süßwasserpolypen (*Hydra sp.*).

4 Weichtiere (*Mollusca*) sind nicht gegliedert und haben keine einheitliche Gestalt. Sie leben auf dem Festland, im Süßwasser oder im Meer. Oft besitzen sie als Schutz kalkhaltige Schalen.

5 Gliederwürmer (*Annelida*) wie etwa Regenwürmer, haben einen Körper, der aus ähnlichen Teilabschnitten (Segmenten) besteht.

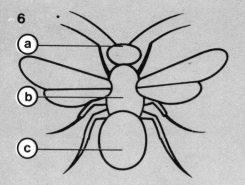

6 Insekten (*Insecta*) gehören zu den Gliederfüßern. Dieser Tierstamm umfaßt die größte Artenzahl des Tierreichs. Zu ihm zählen Spinnentiere (*Arachnida*), Krebstiere *(Crustacea)* wie auch Insekten. Der Körper der Insekten ist in Kopf **(a)**, Brustabschnitt **(b)**, und Hinterleib **(c)** gegliedert, die jeweils von einer hornartigen Hautschicht (Chitinschicht) umschlossen sind. Der Kopf trägt ein paar Fühler und drei Paare Mundwerkzeuge, der Brustabschnitt drei Beinpaare und meist zwei Paare Flügel.

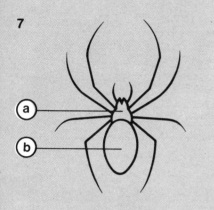

7 Spinnentiere *(Arachnida)* sind landbewohnende Gliederfüßer, die durch sogenante Buch- oder Tracheenlungen atmen. Der Körper besteht nur aus zwei Teilen: aus dem Kopfbruststück **(a)** und dem Hinterleib **(b)**. Zu den Spinnentieren zählen auch die Skorpione. (Sie jagen kleinere Gliederfüßer). Die Echten Spinnen weben Netze, mit denen sie kleine Insekten fangen. Die meisten Spinnentiere töten ihre Beute mit Gift aus Klauen oder Stacheln.

8 Krebstiere *(Crustacea)* leben hauptsächlich im Wasser und atmen durch Kiemen. Sie besitzen zwei Paare Fühler und drei Paare Mundwerkzeuge. Der Körper besteht aus Kopf, Brustabschnitt und Hinterleib. Kopf und Brust sind aber meist miteinander verschmolzen. Vertreter dieser Gruppe sind im Meer Krabben und Garnelen sowie im Süßwasser Flußkrebse und Wasserflöhe. Die Larve der Krebstiere mit ungegliedertem Körper wird Nauplius genannt. Sie bildet die Grundnahrung vieler Wassertiere.

9 Stachelhäuter *(Echinodermata)* wie Seesterne und Seeigel sind die einzigen höheren Wirbellosen mit symmetrisch radialer Körperform und einer Körperhöhle. Sie sind mit Platten oder Stacheln aus Kalk bedeckt, bewegen sich langsam und besitzen weder einen Kopf noch ein Gehirn.

Wirbellose als Futter für andere Tiere

Primitive oder kleine Wirbellose bilden die Grundnahrung vieler Fische, Lurche, Kriechtiere und Vögel. Zu ihnen gehören mikroskopische Einzeller wie Pantoffeltierchen und andere Tiere des Planktons, Krebschen, Weichtiere, Würmer, Insektenlarven und voll entwickelte fliegende Insekten. Für viele Arten ist Lebendfutter wichtig, weil es die nötigen Spurenelemente und einen hohen Anteil an Eiweiß enthält. Lebendfutter ermöglicht auch dem Tier, sich die Nahrung selbst zu fangen. Das ist wesentlich für Arten, deren Sinne auf die Bewegung der Beute reagieren. Gibt man Lebendfutter, muß man aber eines bedenken: Tiere, die man direkt aus Teichen oder Flüssen holt, sollten gründlich abgespült werden, damit man alle Bakterien oder verfaulenden Substanzen entfernt, die andere Geschöpfe eines Aquariums gefährden können. Alles nicht verzehrte Lebendfutter, das abgestorben ist oder sich zersetzt hat, muß beseitigt werden. Auch Larven, die geschlüpft sind, können lästig sein. Man kann Lebendfutter im Freiland selbst fangen oder in Tierhandlungen kaufen. Dies können schon voll entwickelte Tiere sein oder Eier, Larven und dergleichen, die erst später schlüpfen.

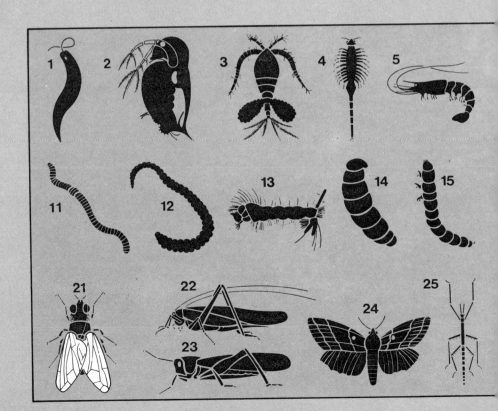

Wirbellose als Futter. Die unten abgebildeten Wirbellosen sind Beispiele für häufig zur Ernährung anderer Arten verwendete Kleintiere. (Sie sind nicht maßstabgetreu gezeichnet.) Futter für Fische siehe S. 189, 191, 199, 213; Futter für Lurche S. 261, 262; für Kriechtiere 288, 291, 303, 317; für Vögel 334, 335, 366, 391.

1 Schönaugen oder Pantoffeltierchen sind mikroskopische Einzeller.
2 Wasserflöhe sind kleine Krebstiere.
3 Hüpferlinge sind ähnliche Krebschen.
4 Salzkrebschen *(Artemia salina)* werden oft als Larven verfüttert.
5 Garnelen *(Natantia)*.
6 Süßwassergarnelen *(Atyidae)*.
7 Nacktlungenschnecken *(z. B. Arion sp.)*.
8 Landlungenschnecken mit Gehäuse (versch. Arten).
9 Fadenwürmer *(Nematoda)*, nur 6 mm lang.
10 Schlammröhrenwürmer des Süßwassers.

11 Regenwürmer *(Lumbricus sp.)*
12 Topfwürmer *(Enchytraeus albidus)*.
13 Stechmückenlarven.
14 Maden d. h. Fliegenlarven.
15 Mehlwürmer sind Käferlarven.
16 Rote Larven von Federmücken *(Chironomus sp.)*.
17 Taufliegen *(Drosophila sp.)*.
18 Sandhüpfer *(Talitrus, Orchesstia sp.)* und andere Wassertierchen.
19 Blattläuse *(Aphidina)*.
20 Holzläuse *(Psocoptera)* zusammen mit anderen kleinen Insekten, aus Labstreu.
21 Stubenfliegen *(Musca domestica)*.
22 Grillen *(Gryllidae)*.
23 Feldheuschrecken *(Acrididae)*.
24 Nachtfalter.
25 Gespenstheuschrecken *(Phasmida)*.
26 Kleine, von Laub gesammelte fliegende Insekten.
27 Schaben, z. B. Hausschaben *(Blattella germanica)*.
28 Ameisen *(Formicidae)*.
29 Spinnen, besonders Wolfsspinnen *(Lycosidae)* und Kreuzspinnen *(Araneus diadematus)*.

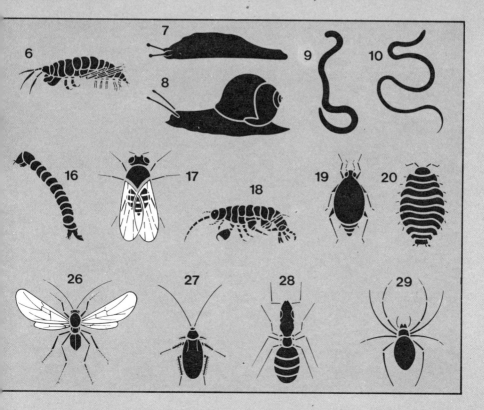

Wie man Wirbellose als Futtertiere fängt

Man kann sich solche Arten, die als Futter für andere in Gefangenschaft gehaltene Tiere dienen, auf verschiedene Weise verschaffen. Am bequemsten ist es oft, sie in einer Tierhandlung zu kaufen, entweder vollentwickelt oder als Eier, die man bis zum Ausschlüpfen betreut. Häufig vorkommende Insekten oder Wassertiere lassen sich ohne Schwierigkeit (aber mit großer Geduld) in ihrem natürlichen Lebensraum sammeln.

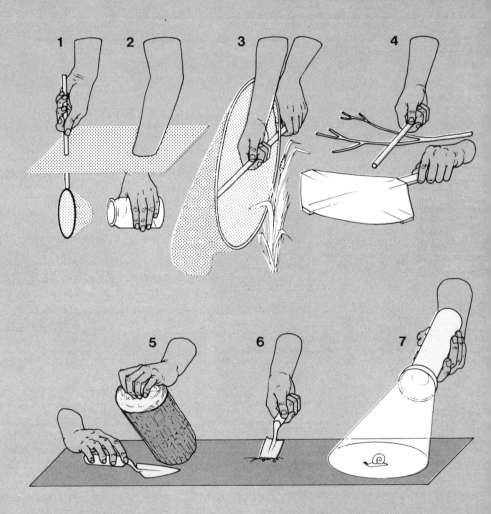

Wie man Wirbellose sammelt

1 Man sammelt kleine Krebstiere und Würmer mit einem feinmaschigen Netz.

2 Verwenden Sie ein Marmeladeglas für Teichwasser, das mikroskopische Tiere enthält.

3 Streifen Sie mit einem roßen Netz über Büsche und Hecken, um fliegende Insekten und Spinnen zu fangen.

4 Von Bäumen sammelt man Insekten, indem man auf die Zweige klopft und die herabfallenden Tiere auffängt.

5 Suchen Sie nach Larven und Holzläusen unter Baumstämmen und Steinen.

6 Regenwürmer gräbt man mit einem kleinen Spaten aus feuchtem Grund.

7 Schnecken sind nachts leicht mit einer Taschenlampe zu finden.

Wie man Wirbellose züchtet. Einzeller-kulturen siehe S. 189. Aus Eiern von Salzkrebschen, die man in einer Tier-handlung erhält, schlüpfen in einer Salz-lösung von 27°C nach 48 Stunden die Larven. Fadenwürmer könne auf einer Schicht von gekochter abgekühlter Ha-fergrütze bei 27°C vermehrt werden. Die Würmer lassen sich mit einer klei-nen Bürste abnehmen. Topfwürmer werden in einem Holzkistchen mit Abflußlöchern gezüchtet. Man legt Ge-treideflocken oben auf das Kulturmate-rial und deckt es mit einem Glas und ei-nem Brett ab. Das Kistchen läßt man bei 13°C im Dunkeln stehen. Man kann dann die Würmer vom Glas abstreifen. Wasserflöhe, Hüpferlinge, Schlamm-röhrenwürmer, Larven von Stech- und Federmücken sowie Süßwassergarnelen sammelt man am besten direkt aus Tei-chen und Bächen. Alle sollten gut gewa-schen werden, ehe man sie verfüttert.

Wie man Insekten fängt
a Fliegenfalle. Futter (Zuckerlösung oder Fleisch) wird auf einen kleinen Tel-ler unter einen Trichter gelegt, der auf einem Ständer ruht und von einem ge-schlossenen Behälter überdeckt ist. Flie-gen werden vom Futter angelockt, schwirren durch die Trichteröffnung nach oben und können nicht mehr entkommen.
b Falle für Nachtfalter oder andere flie-gende Insekten. Angezogen von der Lichtquelle, werden die Insekten von der Glühbirne betäubt und stürzen durch den Trichter in das Gefäß darun-ter.
c Falle für Insekten in Laubstreu. Sam-meln Sie welkes Laub von feuchten, schattigen Plätzen und legen es in ein Gefäß mit einem Sieb als Boden. Er soll genau in einen Trichter passen, der in ein Sammelglas führt. Diesen Insekten behagen Licht und Hitze nicht, sie krab-beln daher auf den Boden des Gefäßes und fallen dann durch das Sieb und den Trichter in das Glas hinunter.

Kauf von Wirbellosen als Futtertiere. Vie-le Tierhandlungen liefern lebende Wir-bellose, die als Futter dienen. Manche

sind auch tiefgefroren oder konserviert erhältlich. Um durch Bakterien verur-sachte Krankheiten zu verhüten, spüle man unbedingt alle Wirbellosen gut ab, ehe man sie an Wassertiere verfüttert.

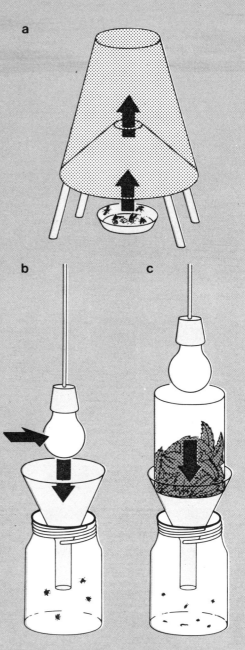

Die Haltung von Wirbellosen Wassertieren

Wirbellose, die hauptsächlich oder ganz im Wasser leben, lassen sich oft in verschiedenartigen Aquarien mit Erfolg halten. Diese Tiere reichen von mikroskopischem Plankton und kleinen Krebschen wie Wasserflöhen und Hüpferlingen, die als Futter für Fische, Lurche und größere Wirbellose dienen, bis zu kompliziert gebauten und interessanteren Geschöpfen wie Krabben und anderen Schalentieren. Viele Wirbellose sehen wunderlich und ungewöhnlich aus und können reizende Mitbewohner eines Aquariums sein. Sie können auch zur Schaffung einer ausgeglicheneren Umwelt beitragen, da viele von ihnen Unratfresser sind oder sich Futter vom Filter des Aquariums holen und Bakterien sowie Abfallprodukte beseitigen.

Nicht alle Wirbellosen sind jedoch leicht zu halten. Viele brauchen Lebensbedingungen, die ein Unerfahrener ihnen vielleicht nur schwer bieten kann. Manche wie Kraken *(Octopus sp.)* werden für ein durchschnittliches Aquarium zu groß und müssen in einem geräumigeren untergebracht werden. Man vermeide es möglichst, solche Wassertiere anzufassen. Viele dieser Wirbellosen scheiden Giftstoffe aus oder tragen Nesselkapseln zur Abwehr räuberischer Arten von Angreifern; manche besitzen scharfe Klauen oder Stacheln.

Die Haltung von Wirbellosen, die im Wasser leben, ähnelt in vieler Hinsicht der von Fischen. Siehe S. 184–188, über die Art des Aquariums sowie Ausstattung und Bereitung des Wassers. Die meisten der häufig gehaltenen Wirbellosen Wassertiere stammen aus dem Meer. Sie brauchen ein pH-Wert von 8 und eine Temperatur von 20° C oder ein wenig höher. Will man Wirbellose des Süßwassers halten, informiere man sich auf den Seiten 184–188, 190 und 198 über das richtige Aquarium. Viele darin lebende Wirbellose sind Unratfresser und suchen Futter am Filter. Sie verzehren organische Abfälle, die von einem mechanischen Filter entfernt werden. Deshalb ist es lebenswichtig, in einem solchen Aquarium nur ein biologisches Filter zu verwenden. Die meisten dieser Wirbellosen vertragen keine plötzlichen Veränderungen der Temperatur oder Zusammensetzung des Wassers.

Darstellung Wirbelloser Wassertiere in der Kunst
a Krake von einem römischen Mosaik in Pompeji.
b Abbildung einer Krabbe auf einer altgriechischen Münze.

a

b

See-Anemonen, Korallen, Schwämme

See-Anemonen, Korallen und Schwämme kann man manchmal in einem Meerwasseraquarium halten und damit den Fischen eine natürlich wirkende Umwelt bieten. Korallen und Schwämme bekommen Futter vom Filter und sollten nicht in einem Aquarium gehalten werden, in dem dauernd ein mechanisches Filter arbeitet. Man kann aber ein biologisches Filter verwenden, das unter dem Kies liegt. Manche Arten, besonders Korallen, sind empfindlich und ihre Pflege erfordert Erfahrung.

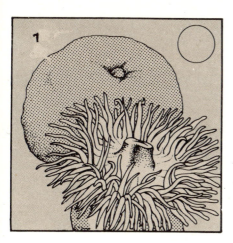

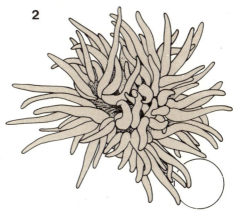

1 Purpurseerose oder Pferdeaktinie (*Actinia equina*). Weltweit verbreitet; 4–8 cm; dunkelrot mit helleren zurückziehbaren Tentakeln; gut in den meisten Meeresaquarien zu halten; Futter: organische Substanzen, frische oder konservierte tierische Nahrung.

2 Wachsrose (*Anemonia sulcate*). Mittelmeer; 10 cm; die weißen Tentakel mit purpurnen Spitzen ziehen sich nur ein wenig zusammen; Pflege wie bei Purpurseerose.

3 Badeschwamm (*Spongia officinalis*) mit Unterarten im Mittelmeer (wie *S. o. mollissima*) und anderen in der Karibischen See; 15 cm Durchmesser; weiß, cremefarben, braun; Nahrung organische Stoffe, Bakterien.

4 Rote Edelkoralle (*Corallium rubrum*). Mittelmeer; Koloniegröße schwankt je nach Alter und Standort; weicher, verzweigter Körper mit rotem Kalkskelett; weiße Polypen ziehen sich in Hohlräume zurück; unter 20°C halten; ernährt sich von organischen Stoffen.

233

Im Wasser lebende Weichtiere

Die Weichtiere sind ein interessanter und formenreicher Tierstamm mit über 80 000 Arten. Zu ihnen gehören Land- und Wassertiere (siehe S. 241). Alle besitzen einen weichen von einem Mantel umgebenen Körper. Viele haben ein Gehäuse oder Schalen, die vom Mantelgewebe ausgeschieden werden. Andere Arten haben diese harte Hülle verloren und sind dadurch beweglicher. Häufig gehaltene Weichtiere des Wassers gehören zu drei Gruppen: Die ersten beiden sind Muscheln (Bivalvia) und

1 Eine Riesenmuschel *(Tridacna lamellosa)*. Tropische Meere; bis zu 1 m; zwei starke gewölbte Schalen; man halte nur junge, kleine Tiere; sie brauchen 25°C und Licht; Futter: Filterabfall.
2 Pilgermuschel *(pecten jacobaeus)*. Mittelmeer; 12 cm; 2 Schalen, eine flache und ein gewölbte Schale, durch Schließmuskel aufklappbar verbunden; Tentakel am Mantelrand; frißt Filterabfall.
3 Tigerschnecke *(Cyprea tigris)*. Rotes Meer; 10 cm; glänzendes weißes Gehäuse mit braunen Flecken; braucht 25°C; frißt frisches oder totes tierisches Futter.
4 Trompetenschnecke oder Klinkhorn *(Tritionium nodiferum=Charonia lampas)*. Mittelmeer; 40 cm lang; schmales weißes Gehäuse; Körper braun mit zwei gestielten Augen; braucht ein großes Aquarium mit 22°C und viel tierisches Futter; nicht mit Seesternen halten.
5 Sternschnecke (Überfamilie *Doridoidea*). Nacktschnecken tropischer Meere; etwa 7,6 cm; leuchtend gezeichnet; Pflanzenfresser.

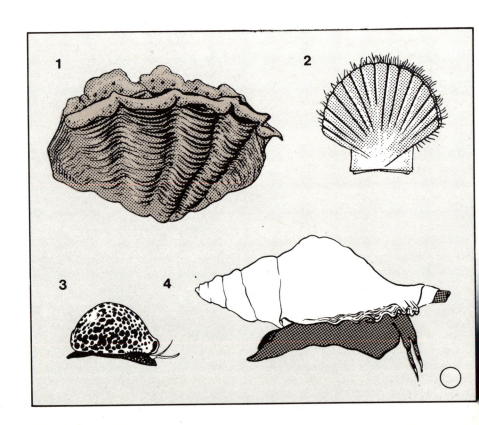

Schnecken (Gastropoda), zu denen etwa Pilgermuscheln, Tiger- und Trompetenschnecken, aber auch Tellerschnecken (Planorbidae) des Süßwassers und zahlreiche andere Arten zählen. Die dritte Gruppe bilden Kopffüßer (Cephalopoda) wie Kraken und der Gemeine Tintenfisch (Sepia officinalis). Tiger- und Trompetenschnecken sowie ihre Verwandten sind gut in einem naturgetreu ausgestatteten Aquarium zu halten. Tellerschnecken sind Unratfresser, können aber auch Pflanzen beschädigen.

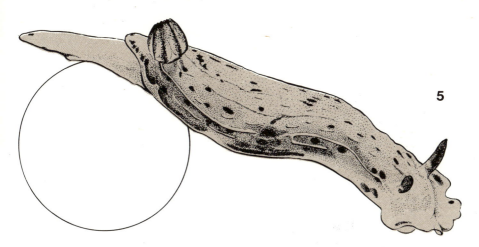

5

6   7

Süßwasserschnecken
6 Posthornschnecke *(Planorbarius corneus)*. Europa, Asien; Schalendurchmesser 1 cm; meist ziegelrot mit flacher, gewundener Schale; man halte sie im Süßwasseraquarium; frißt tierisches und pflanzliches Futter; nützlicher Unratfresser, kann aber Pflanzen schädigen.

7 Flußdeckelschnecke *(Viviparus fasciatus)*, Mittel- und Südeuropa; durchschnittlich 2 cm; kurzes spiraliges Haus, braun oder grün mit dunklen Längsstreifen; schwierig zu halten, braucht Wassertemperatur unter 22° C; frißt Abfallprodukte von Pflanzen und Tieren.

235

Kopffüßer

Die Kopffüßer sind die höchststehenden Weichtiere. Sie besitzen ein hochentwickeltes Nervensystem, das sie befähigt, sich bei ihrer räuberischen Lebensweise erstaunlich geschickt zu verhalten. Die meisten haben eine innere oder, wie die Kraken, überhaupt keine Schale und statt einem einzigen Fuß tragen sie Tentakel oder Arme. Alle Kopffüßer sehen sehr gut, und einige zählen zu den größten Meerestieren, die es gibt.

1 Mittelmeersepiole *(Sepiola rondeletti)*. Mittelmeer; 4 cm; sackförmiger Körper, große Augen; 10 Tentakel; unter 22° C zu halten; Futter: kleine Fische und Krebse.

2 Gemeiner Krake *(Octopus vulgaris)*. Tropische und wärmere Meere; wird 3 m lang, sollte aber nur bis 80 cm Länge gehalten werden; sackförmiger Körper; große Augen; 8 Arme mit Saugnäpfen; braun; man halte ihn allein in einem Aquarium mit Verstecken; frißt tierisches Frischfutter.

2

Stachelhäuter

Die Stachelhäuter snd stachelige Wirbellose. Sie sind radial symmetrisch, haben also keine linke oder rechte Seite. Alle lassen sich in fünf Abschnitte um eine Mittelachse gliedern. Am häufigsten werden Seeigel und Seesterne gehalten. Die meisten Stachelhäuter haben ein äußeres Skelett aus Knochenplatten dicht unter der Haut. Sie sind durch scharfe, oft giftige Stacheln geschützt und können verlorengegangene Körperteile neu bilden.

1 Fünfeckstern (*Asterina gibbosa*). Mittelmeer; 5 cm Durchmesser; kurze Arme; grün, gelb; widerstandsfähig; frißt Futter vom Filter.

2 Zerbrechlicher Schlangenstern (*Ophiothrix fragilis*). Mittelmeer; bis 10 cm; schlanke, bewegliche und mit Borsten bedeckte Arme; grün, schwarz oder rot; lebt im Aquarium versteckt zwischen Steinen; bei 22° C zu halten; frißt Überreste von Tieren auf dem Boden des Aquariums.

3 Purpurstern (*Echinaster sepositus*). Küsten des Mittelmeers; 20 cm Durchmesser; Arme bedeckt mit Gruben; Saugfüßchen an der Spitze der Arme; leuchtend rot: Temperatur unter 22° C; frißt kleine Weichtiere und Überreste von Futtertieren.

4 Violetter Seeigel (*Spaerechinus granularis*). Mittelmeer; 7 cm; leuchtend purpurn mit an der Spitze weißen Stacheln; frißt organische Stoffe und Pflanzen; man lasse das Futter auf die Stacheln fallen.

Krebstiere

Krebstiere zählen wie Insekten und Spinnentiere zu der großen, sehr formenreichen Gruppe der Gliederfüßer, die insgesamt über 80% aller Tierarten umfaßt. Krebstiere leben hauptsächlich im Wasser, haben gegliederte Beine, atmen durch Kiemen und sind von einem festen, nicht gegliederten Außenskelett bedeckt. Sie besitzen zwei Paare Fühler und drei Paare Mundwerkzeuge. Zu den Krebstieren gehören auch winzige Ruderfußkrebse (Co-

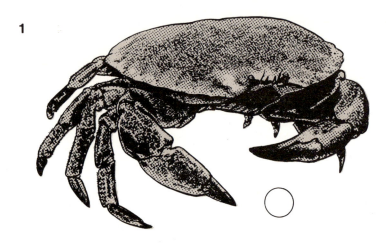

1

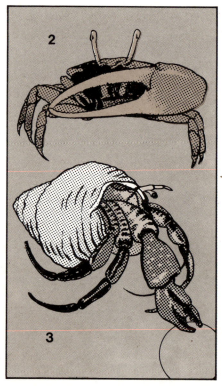

2

3

1 Taschenkrebs *(Cancer pagurus).* Mittelmeer, Atlantik; 20 cm; Oberseite braun mit dunklen Flecken, Unterseite gelblichgrün; große Scheren; behaarte Beine; unter 22°C zu halten; frisches oder konserviertes tierisches Futter.

2 Winterkrabbe *(Uca uca).* Küsten des tropischen Indopazifik; Körperbreite 4 cm; leuchtend orangefarben; die Männchen besitzen eine riesige und eine kleine Schere; Augen langgestielt; bei 25°C zu halten; frisches oder getrocknetes tierisches Futter.

3 Einsiedlerkrebs *(Eupagurus sp.)* Weltweit verbreitet; Körperbreite 7,5 cm; rot und braun gefleckter weicher Körper ohne äußere Schale; der Krebs steckt ihn zum Schutz in leere Schneckengehäuse, oft in das einer Wellhornschnekke *(Buccinum undatum);* man halte den Krebs in einem gut eingerichteten Aquarium mit biologischem Filter; tierische Nahrung, Aasfresser.

4 Lysmata seticaudata. Garnele des Mittelmeers; 5 cm; leuchtend rote Längsstreifen; große, schwarze Augen auf kur-

pepoda), die im Plankton leben und vielen Wassertieren als Futter dienen. Salzkrebschen, Wasserflöhe und Hüpferlinge sind als erwachsene Tiere oder als Nauplius-Larven ebenfalls wichtige Nahrungsquellen. Krabben, Europäische Hummer (Homarus gammarus) und Garnelen sind die bekanntesten größeren Krebstiere. Manche davon gedeihen auch in Gefangenschaft gut. Viele sind Aas- und Unratfresser.

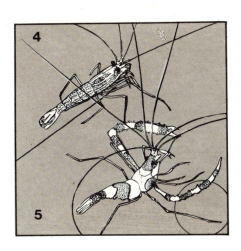

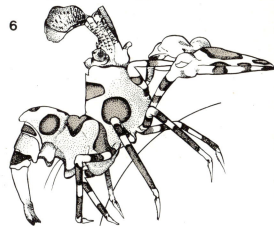

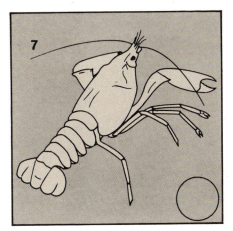

zen Stielen; unter 22° C; nimmt alles tierische Futter; Unratfresser.

5 Putzergarnele *(Stenopus hispidus).* Tropische Meere; 5 cm; weiß mit breiten roten Streifen; kräftige Scheren; lange Fühler; Körper gekrümmt; beliebter und robuster Aquariumsbewohner; braucht 25° C; füttern mit Fleischstückchen; man halte die Garnele allein in einem gut eingerichteten Aquarium.

6 Harlekingarnele *(Hymenocera picta).* Korallenriffe im Indopazifik; 5 cm; schöne Färbung, hellrosa mit roten, purpurn umrandeten Flecken, blau gestreiften Beinen; blattförmige Fühler; bei 25° C halten; kampflustig; frißt Seesterne und daneben auch anderes tierisches Futter.

7 Flußkrebs *(Astacus fluviatilis).* Süßwasser Europas; 10 cm; grau, grün, braun; großer Rückenpanzer; schlanker Hinterleib; zwei große Scheren; man halte ihn im Süßwasseraquarium bei 18° C; er braucht Verstecke; Abfallfresser; tierisches Futter; man halte ihn einzeln im Aquarium.

Die Haltung Wirbelloser Landtiere

Zu den Wirbellosen, die sich einem Leben auf dem Festland angepaßt haben, gehören sehr viele verschiedene Tierarten. Manche davon beginnen ihren Lebenszyklus noch im Wasser. Die meisten zählen zu zwei Gruppen: zu den landbewohnenden Weichtieren und zu den Gliederfüßern, und bei diesen vor allem zu den Insekten, Spinnen und Skorpionen. Besonders interessante Studienobjekte sind die Insekten, die sich auf vielerlei Weise als nützlich für den Menschen erwiesen haben. Manche sind seit Jahrhunderten gezüchtet worden, weil sie süße Säfte, Wachs, Schellak, feine Seidenfäden und Honig lieferten. In alter Zeit wurden manche Insekten sogar verehrt, so etwa der ägyptische Skarabäus, der das heilige Symbol für schöpferische Kraft war. Insekten spielen auch eine entscheidende Rolle in der Natur bei der Bestäubung von Blüten, sie können aber ebenso Schädlinge von Feldfrüchten oder Überträger von Krankheiten sein.

Wirbellose Landtiere kann man sammeln, um sie eine Weile zu studieren, oder man kann sie züchten und in Gefangenschaft großziehen. In beiden Fällen geben sie uns hervorragend Gelegenheit, die Vielfalt der Natur zu beobachten und komplizierte Lebenszyklen und Verhaltensweisen kennenzulernen.

Landbewohnende Wirbetiere in der Kunst

a Skorpion auf einem Stein aus Babylon, 12. Jahrhundert v. Chr.
b Skarabäus auf einem ägyptischen Brustschmuck aus dem Grab von Tutanchamun; 14. Jahrhundert v. Chr.
c Illustration aus einem Kinderbuch, das die Angst der kleinen Muffet vor einer Spinne zeigt.

Würmer. Landbewohnende Weichtiere

Weichtiere sind im wesentlichen Wassertiere, aber etliche Arten leben auch auf dem Land, vor allem gewisse Schnecken. Man kann sie im Garten beobachten oder sammeln, um sie zu studieren. Zu den Gliederwürmern zählen auch Regenwürmer, die in feuchter Gartenerde zu finden sind. Auf welche Weise sie den Pflanzenwurzeln Luft zuführen, zeigt sich, wenn sie die Erdschichten mit ihren Gängen durchziehen.

1 Weinbergschnecke *(Helix pomatia).* Europa; 3,8 cm Durchmesser; braunes oder rötlich-braunes, gewundenes Haus; lange Fühler, die als Augen dienen; muskelöser Fuß; zu finden in Gras nahe von Mauern, unter Steinen und gefällten Baumstämmen; läßt sich vorübergehend in einem Glas halten, das täglich ausgewaschen wird und mit einem Mulltuch bedeckt ist; man halte es von hellem Sonnenlicht fern; Futter: Grünzeug wie Salat und Spinat, die aber nicht vertrocknet sein dürfen.

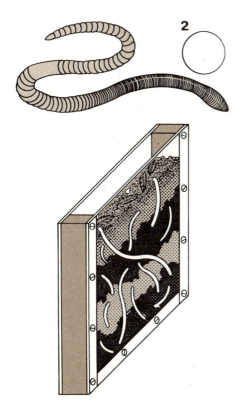

2 Regenwurm *(Lumbricus sp.).* Weltweit verbreitet; die Länge variiert je nach der Art bis 25 cm; rötlich-braun; Körper in gleiche Segmente geteilt, mit vier Borstenpaaren auf jedem Segment; breiter, glatter »Sattel« nahe dem Vorderende zeigt die Geschlechtsreife an; zu finden in feuchter Gartenerde; nächtliche Lebensweise; kann vorübergehend in einem »Wurmbehälter« untergebracht werden. Frißt organische Stoffe, die mit Erde aufgenommen werden.

Behälter für Regenwürmer. 2 durchsichtige quadratische Kunststoffplatten von 30 cm Seitenlänge werden beiderseits auf zwei Leisten von 2,5 cm Breite geschraubt. Den Zwischenraum füllt man mit verschiedenen Bodenarten und bringt ein Dutzend Regenwürmer hinein. Man befeuchtet den Behälter, bedeckt ihn mit einer Kiesschicht, Laub und Grasschnipseln und verhüllt ihn mit einem lichtdichten Tuch. Nach ein paar Tagen werden die Erdschichten vermischt sein.

241

Gespenst- und Fangschrecken

Stabschrecken und Wandelnde Blätter gehören zur Ordnung Gespenstschrecken (Phasmida). Von ihnen leben über 2000 Arten in Gebieten mit tropischem und gemäßigtem Klima. Die meisten Arten sind groß und sehen ungewöhnlich aus, da sie Zweigen oder Blättern ähneln. Alle sind Pflanzenfresser und lassen sich leicht in Gefangenschaft halten. Die Fangschrecken der Ordnung Mantodea sind große, aggressive Insekten, denen man lebende Beute als Futter geben muß.

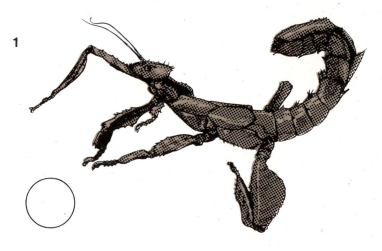

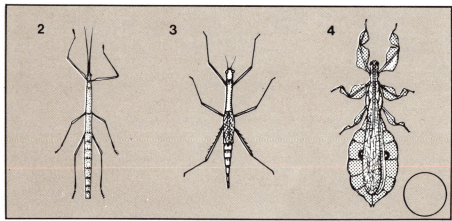

1 Australische Riesenstabschrecke (*Extatasoma tiaratum*). Australien, Neuguinea; Weibchen 20 cm; braun, mit verkümmerten Flügeln, der Körper des Weibchens ist mit Dornen bedeckt; Männchen 15 cm; die Körperfarbe des Männchens ist heller als die des Weibchens; die Flügel des männlichen Tieres sind voll entwickelt.

2 Gemeine Stabschrecke (*Carausius morosus*). Indien; 8 cm; ähnelt dürrem Zweig; gut im Laboratorium zu züchten.
3 Didymuria violescens. Australien; 6 cm; grünlich, braun; eine schlanke, geflügelte Fangschrecke.
4 Wandelndes Blatt (*Phyllium pulchrifolium*). Asien; 9 cm; grün; Körper und Beine abgeflacht; gleicht einem Blatt.

Betreuung von Stabschrecken und Wandelndem Blatt. Diese Insekten sind gut zu halten und vermehren sich leicht. Am besten kauft man die Eier und zieht sie groß. Eier sollten bei 22°C in feuchtem Sand in einem Kunststoffbehälter mit Deckel ausgebrütet werden. Es kann Monate dauern, bis die Nymphen schlüpfen, die sich fünfmal häuten, ehe sie die volle Größe erwachsener Tiere erreichen. Sie können dann in einem besonderen Behälter gehalten werden. Er besteht (links gezeigt) aus einem zylindrischen Kunststoff- oder Glasgefäß, das mit einem Gitter bedeckt wird. Es sollte die Futterpflanzen der betreffenden Art enthalten – oft Zweige von Himbeersträuchern, Eschen oder Efeu – in kleinen Vasen mit Wasser oder Blumentöpfen, die mit nasser Erde gefüllt sind. Erneuern Sie die Pflanzen zweimal wöchentlich und besprühen sie täglich mit Wasser, um die Luft, bei 20°C, feucht zu halten. Reinigen Sie das Gefäß oft und entfernen Exkremente und Eier.

5 Gottesanbeterin *(Mantis religiosa).* Westeuropa, östliche USA; 3,8–7,5 cm; die Abbildung zeigt Weibchen (**a**) und Männchen (**b**); die Geschlechter sind ähnlich, aber die Weibchen sind viel größer; hellgrün; Vorderbeine in »Gebetsstellung« für den Beutefang; scharfe Dornen auf den Beinen; gut entwickelte Augen, lange Fühler; fliegt schlecht; erwachsene Tiere und Nymphen (das sind Insekten im letzten Entwicklungsstadium vor der Fortpflanzungsreife) fressen hauptsächlich andere Insekten; aggressiv gegen Artgenossen.

Haltung von Fangschrecken. Diese Insekten sind etwas schwierig zu betreuen, weil sie große Mengen von lebenden Beutetieren brauchen und auch Artgenossen fressen können. Man kann sie in einem Gefäß halten, ähnlich dem für Stabschrecken, aber man muß in einem Blumentopf noch Zweige anbringen, auf denen sie sitzen können. Weibchen isoliert man am besten, Männchen kann man gemeinsam halten. Fangschrecken fressen Schmeißfliegen, alle Feld- und Laubheuschrecken, Wespen, Bienen und Nachtfalter.

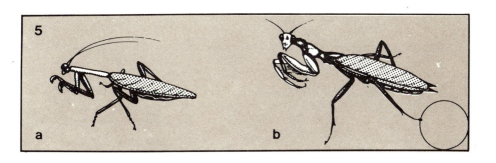

a   b

243

Heupferde und Grillen

Heupferde und Grillen werden heute in der Unterordnung Langfühlerschrecken (Ensifera) zusammengefaßt. Früher wurden sie gemeinsam mit Feld- und Laubheuschrecken als Orthoptera bezeichnet. Sie sind weltweit verbreitet und in gemäßigten Regionen Europas und Nordamerikas häufig. Sie erzeugen zirpende Laute. Früher wurden sie in China als Glücksbringer gehalten und sind recht interessante Hausgenossen.

1

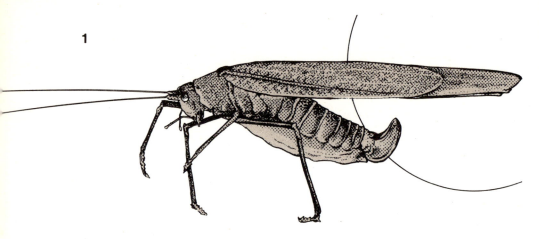

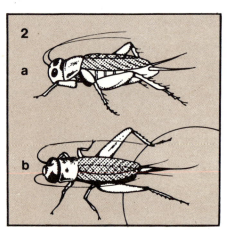

1 Heupferde (Familie *Tettigoniidae*). Gebiete gemäßigten Klimas; bis 4 cm; grün; lange Fühler; das Weibchen besitzt Legebohrer (Ovipositor); das Männchen zirpt.

2 Grillen (Familie *Gryllidae*). Gebiete mit gemäßigtem Klima; bis 2,5 cm; Männchen (**a**); Weibchen (**b**); braun; lange Fühler; Weibchen hat Legebohrer; Männchen zirpt.

Haltung. Heupferde und Grillen kann man an Sommerabenden auf Feldern finden. Man hält sie eine Zeitlang in einem Glas, das mit Mull bedeckt ist. Sie fressen Insekten und Pflanzen.

Zirplaute werden von den Männchen der Grillen und Heupferde dadurch erzeugt, daß eine verdickte Ader des Vorderflügels (**a**) kräftig über eine rauhe Schrill-Leiste an der Innenseite der Hinterflügel (**b**) streicht. Dieses geräuschvolle Zirpen hört man am häufigsten nachts.

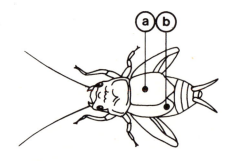

Käfer

Käfer (Ordnung Coleoptera) bilden die größte Einzelgruppe des Tierreichs. Sie umfassen 140 Familien und 40% aller Insekten. Man kann sie daran erkennen, daß die Vorderflügel zu harten, lederartigen Flügeldecken, sogenannten Elytren, geworden sind. Viele Arten sind lebhaft gefärbt. Räuberische Käfer wie etwa den Siebenpunkt-Marienkäfer hat man auch zur Bekämpfung von Schadinsekten eingesetzt.

Käfer sind von 0,25 bis etwa 10 cm groß. Sie können schwarz, braun oder leuchtend gefärbt sein. Der Leuchtkäfer ist imstande, Licht mit chemichen Stoffen des Körpers zu erzeugen. Käfer findet man überall auf der Welt. Sie können Alles-, Fleisch- oder Pflanzenfresser sein. Es ist interessant, sie zu sammeln und zu bestimmen. Man kann sie auch eine Zeitlang in großen Gläsern halten, die man mit Mull zudeckt. Bemühen Sie sich, ihnen dann naturgemäßes Futter zu liefern.

Vertreter verschiedener Käferfamilien sind unter anderem:
1 **Grüner Sandlaufkäfer** (Familie *Cicindelidae*).
2 **Violetter Laufkäfer** (Familie *Carabidae*).
3 **Hirschkäfer** (Familie *Lucanidae*).
4 **Siebenpunkt-Marienkäfer** (Familie *Coccinellidae*).
5 **Rosenkäfer** (Familie *Scarabaeidae*).
6 **Leuchtkäfer** (Familie *Lampyridae*).
7 **Bockkäfer** (Familie *Cerambycidae*).
8 **Blattkäfer** (Familie *Chrysomelidae*).

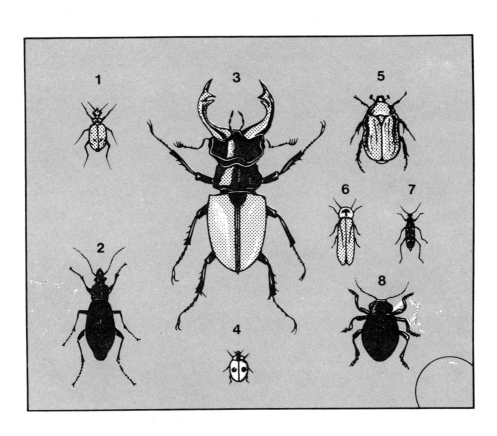

Schmetterlinge

Schmetterlinge, bei denen man Tag- und Nachtfalter unterscheidet, gehören zur Ordnung Lepidoptera und sind in rund 112000 Arten auf der ganzen Welt zu finden. Viele sind bekannt wegen ihrer in leuchtenden Farben gemusterten Flügel, die man zur Bestimmung der Arten verwendet, die aber auch zur Tarnung und Wärmeaufnahme und zur Abschreckung dienen. Für viele Arten besteht gegenwärtig die Gefahr, daß sie aussterben, weil ihre Futterpflanzen verschwinden.

Lebenszyklus. Schmetterlinge machen wie viele andere Insekten eine vollkommene Verwandlung oder Metamorphose durch. Die Entwicklung beginnt mit dem Ei (**1**). Aus ihm schlüpfen Raupen (**2**), die sich von Pflanzen ernähren und sich mehrmals häuten (**3**). Hat die Raupe die volle Größe erreicht (**4**), verwandelt sie sich in eine Puppe, die durch einen gesponnenen Kokon oder durch eine harte Hülle geschützt sein kann (**5**). Aus ihr schlüpft später der Schmetterling (**6**). Zuerst sind dessen Flügel feucht, sie trocknen aber bald (**7**).

Die Züchtung von Schmetterlingen, von Nacht- wie auch Tagfaltern, kann eine brauchbare Methode sein, eine Reihe von gefährdeten Arten wieder zu vermehren. Aber man darf dabei niemals ausländische Arten freilassen, die zu Schädlingen werden könnten. Die Eier kann man meist kaufen und bis zum Schlüpfen in einem kleinen Kunststoffbehälter verwahren. Er sollte luftdicht verschlossen und täglich einmal geöffnet werden, um die Luft zu erneuern. Die geschlüpften Larven, die Raupen, bringt man dann in immer größere Behälter mit Deckel (**a**). Man lege auch die hauptsächliche Futterpflanze der Spezies hinein. Nach mehreren Häutungen sind die Raupen bereit, sich zu verpuppen und sollten in einen Behälter gebracht werden, in dem Zweige in Erde gesteckt worden sind (**b**). Richtige Temperatur und Feuchtigkeit sind für die Aufzucht wichtig, sie variieren aber je nach der Schmetterlingsart.

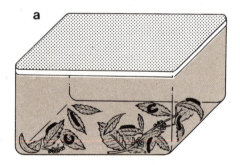

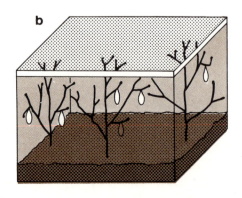

Tagfalter sind im Gegensatz zu den Nachtfaltern mit kolbenförmigen Fühlern ausgestattet.

1 Tagpfauenauge *(Inachis io)*. Europa; 3 cm lang; orangefarbene und schwarze Flügel mit schillernden violetten und gelben Flecken die »Pfauenaugen« ähneln. Raupen schwarz mit weißen Tupfen; Die bevorzugte Futterpflanze ist die Brennessel.

2 Trauermantel *(Nymphalis antiopa)*. Europa, Nordamerika; 4 cm lang, dunkle Flügel, am Rand violette Flecke und ein gelber Saum; erwachsene Tiere saugen Nektar oder Saft; Futterpflanze der Raupe sind Weiden; Raupen stachelig, ihre Körperzeichnung ist schwarz mit roten Flecken.

3 Monarchfalter *(Danaus plexippus)*. Nordamerika, Australien; 4,7 cm lang; orangefarbene Flügel mit schwarzen Adern und schwarzem Rand mit weißen Tupfen; Raupe gelb mit schwarzen Streifen; Futterpflanze: Wolfsmilcharten.

Nachtfalter sind unter den Schmetterlingen am zahlreichsten. Hier nennen wir einige wenige Beispiele der häufigsten Arten:

4 Kleines Nachtpfauenauge *(Saturnia = Eudia pavonia)*. Europa; 3 cm lang; Männchen orangefarben und braun; Weibchen grau; Raupen groß, hellgrün und schwarz; Futterpflanzen z. B. Weißdorn, Heidekraut, Himbeerstrauch, Weiden.

5 Linienschwärmer *(Celerio lineata)*. Europa, Nordamerika; 4 cm; grünlich braun mit schwarzen und weißen Abzeichen auf dem Hinterleib und hellen Streifen auf den Flügeln; Futterpflanze hauptsächlich Weinreben.

6 Mondspinner *(Actias sp.* Familie *Saturniidae)*. Nordamerika, Asien; Spannweite der Flügel 15 cm; zartgrün; schwanzartig verlängerte Hinterflügel mit je einem durchsichtigen »Fenster«; gefiederte Fühler; grüne Raupen; Futterpflanzen, Walnußbaum, Eichen, Buchen, Birken und andere Bäume.

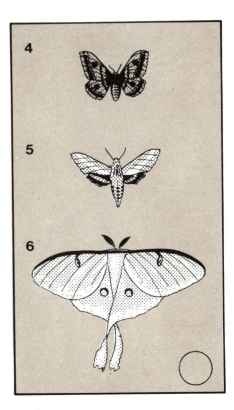

Honigbienen

Honigbienen gehören zur Ordnung Hautflügler (Hymenoptera), zu der auch Ameisen und Wespen zählen. Sie sind staatenbildende Insekten und hausen in der Natur in Nestern, die sie in Höhlen und hohlen Bäumen bauen. Seit Jahrhunderten sind Bienen in vom Menschen kunstvoll angefertigten Bienenstöcken untergebracht und gezüchtet worden, um den Honig, den sie erzeugen, ernten zu können. Wer anfängt, Bienen zu halten, sollte sich von einem erfahrenen Imker unterweisen lassen.

Honigbiene *(Apis mellifica)*. Weltweit verbreitet; Spannweite der Flügel einer Arbeiterin 1,8 cm; zwei Flügelpaare; brauner Körper; abgesehen von den Drohnen ein Stachel am Hinterleib; überwintert.

a Drohnen oder Männchen sind nur zu bestimmten Zeiten im Bienenstock vorhanden. Ihre einzige Aufgabe ist es, sich mit den neuen Königinnen zu paaren; nachher gehen sie zugrunde. Drohnen sind große Bienen mit großen Augen.

b Königinnen beschränken sich ganz aufs Eierlegen. Sie gehen aus Larven hervor, die in großen Zellen (Weiselzellen) nur mit Königinnenfuttersaft (dem »Gelée Royale«) gefüttert werden. Eine Königin paart sich nur einmal zu Beginn ihres Lebens, das 5 Jahre dauern kann. Auf dem Höhepunkt ihrer Leistungsfähigkeit kann sie täglich bis 2000 Eier legen. Keine Königin duldet im Stock eine andere; Rivalinnen tötet sie. Ist der Stock übervölkert oder die Königin alt, werden neue Königinnenzellen (Weiselzellen) gebaut.

c Arbeitsbienen sind unentwickelte Weibchen; sie leisten alle Arbeiten, sie tragen z. B. Futter ein, ziehen die Larven auf (siehe Bild unten) und betreuen die Königin. Erst nach 3 Wochen Arbeit im Stock werden sie zu Sammelbienen. Sie bringen Blütenstaub heim, der an den Haaren haften bleibt und an den Hinterbeinen zu »Höschen« verpackt wird. Aber sie saugen aus den Blüten auch Nektar, der in Honig umgewandelt und für die Winterruhe im Stock gespeichert wird. Der Mensch erntet dann im Herbst die überschüssigen Vorräte der Bienen.

Bienenstöcke. Wer im Garten Bienen halten will, sollte ein bis zwei gute Stökke, nach Südosten orientiert, aufstellen.

Bestandteile eines »Bienenkastens«

1 Wetterfestes Dach.

2 Innendecke.

3 Flache Kästen mit Holzrähmchen für die Honigwaben.

4 Eine Art Sperrgitter, um die Königin und die Drohnen unten in den Brutwaben zu halten, wo sie die Eier legt.

5 Brutkasten ohne Boden für Rähmchen zum Bau von Brutzellen.

6 Boden mit Einflugloch. Bienenkästen sollten auf Stützen stehen um Feuchtigkeit fernzuhalten.

7 Die Rähmchen sind aus leichtem Holz und enthalten bereits Wachsblätter, auf die das Zellenmuster geprägt ist. Die Bienen fertigen auf beiden Seiten Zellen an, können aber das Wachs dafür auch selbst liefern. Die Rähmchen müssen in einem solchen Abstand eingehängt werden, daß man sie herausnehmen und inspizieren kann. Der Abstand zwischen den Rähmchen und zur Wand soll 6–9 mm betragen.

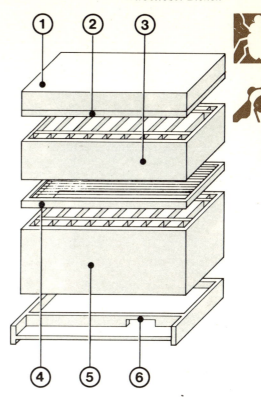

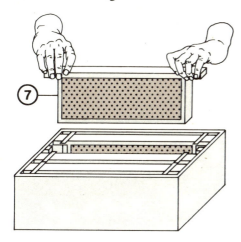

Zum »Schwärmen« der Bienen kommt es gewöhnlich, weil das Bienenvolk im Lauf des Sommers zu groß geworden ist. Ein Teil, meist die Hälfte, der Bienen verläßt mit der alten Königin den Stock, um einen neuen zu gründen. Der Imker bemüht sich, den Schwarm zu finden, ihn wieder einzufangen und in einen leeren Kasten zu bringen.

Andere Hilfsmittel. Anfänger sollten Landwirtschaftsausstellungen oder Imkervereine besuchen, um zu erfahren, was man an Ausrüstung braucht und wie man mit Bienen umgeht. Wesentlich sind eine Schutzkleidung (ein Hut mit Schleier und ein geschlossener Drillichanzug), Werkzeug, um Bienenharz (Klebwachs) von den Rähmchen zu schaben und ein Räuchergerät, um die Bienen zu besänftigen, wenn man den Stock überprüft. Solche Geräte verbrennen Holzkohle, und der Rauch veranlaßt die Bienen, sich mit Honig vollzustopfen und friedlicher zu werden. Es gibt dafür auch eigene Imkerpfeifen.

Ameisen

Ameisen (Familie Formicidae) sind die erfolgreichsten staaten-bildenden Insekten. Über 10000 Arten sind weltweit vebreitet. Sie leben in hochorganisierten Gemeinschaften in Nestern, die oft unterirdisch, aber auch in Pflanzen oder Bäumen angelegt werden. Ihr Staat besteht aus Königinnen, Arbeiterinnen und zu bestimmten Zeiten aus Männchen, von denen jede Form ihre besonderen Aufgaben hat. Ihr Verhalten kann man in einem künstlichen Nest, einem Formicarium studieren.

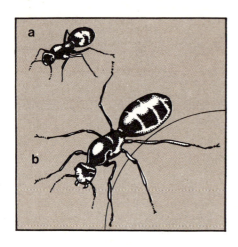

Ameisen (Familie *Formicidae*) sind weltweit verbreitet; bis zu 1,3 cm lang; Kopf, Brust und Hinterleib sind deutlich abgesetzt; lange Fühler; glänzend schwarz oder rot; die Arbeiterinnen (**a**) sind unfruchtbare Weibchen und können sich als sogenannte Soldaten, Ammen, Nestbauer oder Futtersammlerinnen in Aufgaben teilen. Königinnen (**b**) sind im allgemeinen größer und tragen vor der Paarung Flügel; die Männchen entwickeln sich aus unbefruchteten Eiern und sind geflügelt; sie sind nur zu bestimmten Zeiten vorhanden; Ameisen beißen oder haben einen Giftstachel.

Wie man sich Ameisen verschafft. Man findet ihre Nester, wenn man nach Ameisenhaufen sucht, die z. B. aus der Erde auf charakteristische Weise von den Ameisen gebaut werden. Man gräbt das Nest aus, legt es auf ein Tuch und bringt Königinnen, Arbeiterinnen, Eier, Larven und Puppen in getrennte Gefäße. Die Königinnen findet man oft auf dem Grund des Nestes.

Ein künstliches Nest oder Formicarium wird dazu verwendet, Ameisen unterzubringen und zu beobachten.
1 Schiebedeckel aus Glas.
2 Aus Gips geformte Gänge.
3 Dunkles Tuch, um Licht abzuhalten.

4 Futtertrog.
5 Ein Rohr, das Futter zuführt und mit einem Glasgefäß verbunden ist, kann angebracht werden.

Betreuung. Man halte das Formicarium feucht, zugedeckt und vor Sonne geschützt. Füttern Sie die Ameisen mit kleinen Mengen von toten Insekten, Nüssen, Brotkrumen und Früchten. Sorgen Sie für einen mit Honigwasser befeuchteten Schwamm. Das Futterglas kann für größere Nahrungsstücke verwendet werden oder auf einem Stöckchen Blattläuse enthalten, die von den Ameisen »gemolken« werden.

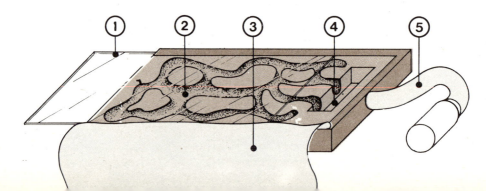

Skorpione

Man kennt von Skorpionen viele Arten, die alle in tropischen Regionen leben. Sie unterscheiden sich von den anderen Spinnentieren durch die großen Kiefertaster, die wie Krebsscheren aussehen und zum Festhalten der Beute dienen. Skorpione sind berüchtigt wegen ihres Stachels, der am Ende des Schwanzes sitzt. Der Stachel kann bei manchen Arten sogar einen Menschen töten, bei anderen Arten ist er weniger gefährlich. Man behandle jedoch Skorpione immer mit Vorsicht!

Brauner Skorpion *(Palamnaeus fulvipes).* Tropische Regionen; 6 cm; braun; vier Beinpaare, ein Paar scherenartige Kiefertaster; langer schlanker Schwanz mit Stachel; Nachttier; Fleischfresser.

Pflege Man bringt Skorpione in einem wüstenähnlichen Becken unter, wie für tropische Spinnen (siehe S. 253). Der Glasbehälter sollte 30 × 60 × 30 cm groß sein. Der Boden muß mit einer schräg abfallenden feuchten Sandschicht und mit Steinen als Versteck bedeckt sein. Man hält das Tier bei 26° C. Sauberkeit ist wesentlich. Futter: lebende Insekten; Versorgung mit Wasser: ein kleiner Behälter, der mit wassergetränkter Watte gefüllt ist. Man übersiedelt Skorpione, indem man sie mit einem langstieligen Malerpinsel in ein Kistchen lockt. Nicht anfassen!

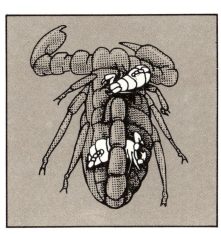

Züchtung. Die Brutpflege der Skorpione ist bemerkenswert, weil das Muttertier getreulich für die Jungen sorgt. Etwa 10 fette weiße Junge werden geboren und bis zu zwei Wochen von der Mutter auf dem Rücken getragen (siehe oben). Das Weibchen füttert dann die Jungen noch bis etwa zum 60. Tag.

251

Spinnen

Die verschiedenen Spinnen bilden die zweite große Gruppe der Spinnentiere mit über 30 000 Arten, die man weltweit findet. Ein Hauptmerkmal ist die Erzeugung von seidigen Fäden mit Hilfe von Spinndrüsen am Hinterleibsende. Diese Seidenfäden werden dazu verwendet, Eier in Kokons zu hüllen, Beute einzuwikkeln, Netze, Tunnels oder Baue anzufertigen und Jungspinnen auf ihren Wanderungen vom Wind tragen zu lassen. Nicht alle Spinnen haben Netze, um die Beute zu fangen. Wolfsspinnen,

1 Wolfsspinnen und Raubspinnen *(Lycosidae* und *Pisauridae).* Weltweit verbreitet; durchschnittlich bis zu 1,3 cm Körperlänge; braun.
2 Rotbeinige Vogelspinne *(Brachyrelma smithi colima).* Mexiko; 18 cm Spannweite der Beine; schwarz mit roten Bändern auf den Beinen.

3 Springspinnen (Familie *Salticidae).* Weltweit verbreitet; unter 1,7 cm; oft lebhaft gefärbt.
4 Radnetzspinnen (Familie *Araneidae).* Weltweit verbreitet; 1,3 cm; hochempfindlicher Tastsinn.
5 Hausspinnen *(Tegenaria sp.).* Bis 1,5 cm; langbeinig; weben Deckennetze.

riesige Vogelspinnen oder Taranteln und Springspinnen jagen auf dem Boden und verlassen sich auf ihre guten Augen und ihre Wendigkeit, wenn sie ihre Opfer anspringen. Radnetzspinnen (Araneidae) weben das klassische Netz, das in Gärten so häufig ist. Und Hausspinnen fertigen im Haus oder an geschützten Plätzen sogenannte Deckennetze an. Die meisten Arten sind ungefährlich und nützen dem Menschen, weil sie lästige Insekten bekämpfen.

Betreuung. Große tropische Taranteln oder Vogelspinnen kann man in einem häufig gereinigten Terrarium (trockenem Aquarium) halten (siehe unten).
1 Drahtnetz zum Zudecken.
2 Versteck unter Steinen.
3 Kiesboden.
4 Glühbirnen als Wärmespender.
5 Kaktee oder andere Tropenpflanze.
6 Schwamm in Wasserschale. Spinnen trinken nicht, sondern befeuchten nur die Mundwerkzeuge.

Man füttert lebende Insekten, besonders Feldheuschrecken und Grillen. Spinnen häuten sich regelmäßig und können während dieser Zeit die Farbe ändern und sich ganz still halten.
Kleinere Spinnen, einschließlich der Netzspinnen, kann man fangen und für ein paar Tage in Glas- oder Kunststoffbehälter mit durchlochtem Deckel sperren. Man gibt lebende Insekten, Stöckchen, an die ein Netz befestigt werden kann, und feuchte Blätter hinein.

Netze. Das klassische Spinnennetz wird von den Radnetzspinnen gewebt und findet sich oft in Gärten. Jeder Faden hat nicht mehr als 0,003 mm Durchmesser; die äußere Spirale ist mit einem klebrigen Stoff bedeckt. Schwingungen des Netzes ermöglichen der Spinne, die Beute aufzufinden, die durch den giftigen Biß getötet wird.

4

Lurche

Lurche (Amphibia) sind wechselwarme Tiere. Sie haben eine feuchte, glatte, schuppenlose Haut, durch die sie Feuchtigkeit aufnehmen. Da sie nicht trinken, sind eine feuchte Atmosphäre oder Wasser zum Eintauchen lebenswichtig, weil sonst die Gewebe austrocknen. Die meisten pflanzen sich im Wasser fort, sie laichen dort, d. h. legen Eier, die in eine Gallertmasse gehüllt sind. Die Jungen atmen durch Kiemen, aber die meisten bekommen als erwachsene Tiere Lungen und leben auf dem Land. Dort fressen sie nur Beutetiere, die sich bewegen. Lurche sind in Ländern mit warmem und gemäßigtem Klima daheim. Frösche, Kröten und Salamander können reizvolle Hausgenossen sein. Manche sind auffallend gefärbt, besonders jene Frösche und Salamander, die als Schutz vor räuberischen Tieren giftige Hautsekrete ausscheiden. Die erfolgreiche Haltung von Lurchen hängt von der richtigen Kombination von Temperatur, Feuchtigkeit, Licht, Sauberkeit und Futter ab.

Rechts: Ein hübscher Frosch, fotografiert auf einer Farm in Kalfornien (Popperfoto)

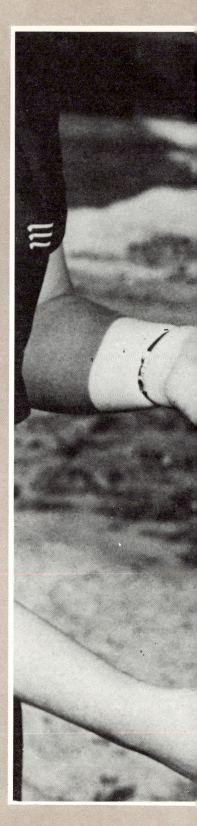

Charakteristische Merkmale der Lurche

Am häufigsten werden Frösche, Kröten und Salamander – einschließlich der Molche – als Hausgenossen gehalten. Frösche haben keinen Schwanz, sie sind schlanker als Kröten und haben meist längere Hinterbeine. Kröten sind untersetzter und ebenfalls ohne Schwanz. Viele können auch unter recht trockenen Bedingungen leben, pflanzen sich aber im Wasser fort. Salamander haben einen langgestreckten Körper und langen Schwanz. Manche sind nur Wasserbewohner, andere sind Landtiere.

a Frösche. Hier werden die Merkmale der Echten Frösche (Familie *Ranidae)* angegeben. Andere Familien der Frösche oder froschähnlichen Lurche wie die Laubfrösche (Familie *Hylidae)* ähneln anatomisch mehr den Kröten.

1 Kopf ziemlich lang und schmal.
2 Trommelfell meist sichtbar.
3 Ziehen die Augen in den Kopf zurück, um sie zu schließen.
4 Die Haut ist glatt, feucht und wird regelmäßig abgestreift und erneuert. Sie nimmt aus der Luft und Wasser Sauerstoff und Wasser auf.
5 Die Haut mancher Frösche scheidet Gift aus, um Feinde abzuschrecken.
6 Ein Schwanz fehlt.
7 Ziemlich schlanker Körper mit schmaler Mitte.
8 Hinterbeine meist lang; Frösche hopsen oder laufen kaum, sie springen.
9 Die Hinterfüße haben gewöhnlich Schwimmhäute. Aber bei den Laubfröschen sind die Zehen meist getrennt und enden in Haftscheiben, die zum Festhalten an Zweigen dienen.
10 Fleischfresser, die nur Beutetiere jagen, die sich bewegen.
11 Bei den erwachsenen Tieren sind die Männchen kleiner als die Weibchen.
12 Die Männchen quaken in der Fortpflanzungszeit.

b Kröten. Die Echten Kröten zählen zur Familie *Bufonidae;* sie haben im Oberkiefer keine Zähne. Einige andere, ähnlich gebaute Lurche werden ebenfalls Kröten genannt. Die folgenden Merkmale gelten nur für Echte Kröten.

1 Der Kopf ist kurz und breit.
2 Die Haut ist ziemlich trocken, warzig und wird regelmäßig erneuert. Sie nimmt Sauerstoff und Wasser auf.
3 Die Haut kann die Trommelfelle bedecken.
4 Die Augen werden in den Kopf zurückgezogen, um sie zu schließen.
5 Ohrspeicheldrüsen und andere Drüsen sind vorhanden, die Gift zur Abwehr von Feinden ausscheiden.
6 Körper kurz und gedrungen.
7 Kein Schwanz.
8 Kurze Hinterbeine; Kröten hopsen, gehen oder laufen.
9 Die Hinterfüße haben meist Schwimmhäute.
10 Fleischfresser; Kröten schnappen nur Beute, die sich bewegt.
11 Bei den erwachsenen Tieren sind die Männchen kleiner als die Weibchen.
12 Die Männchen quaken in der Fortpflanzungszeit.

c Salamander und Molche (Familie *Salamandridae)*

1 Sehr feiner Geruchssinn.
2 Keine beweglichen Augenlider.
3 Keine Ohren.
4 Zehen ohne Krallen.
5 Die Haut ist glatt oder warzig und wird regelmäßig erneuert, sie absorbiert Sauerstoff und Wasser.
6 Die Haut scheidet Gift aus.
7 Langgestreckter, schmaler Körper.
8 Langer, oft abgeflachter Schwanz.
9 Gliedmaßen kurz, den Armmolchen (*Sirenidae)* fehlen Hinterbeine; abgetrennte Glieder wachsen nach.
10 Die Männchen haben meist einen dickeren Hinterleib.
11 Fleischfresser.
12 Manche Arten quieken wenn man sie anfaßt.
13 Bei vielen Molchen tragen die Männchen im Frühling einen Hautkamm.

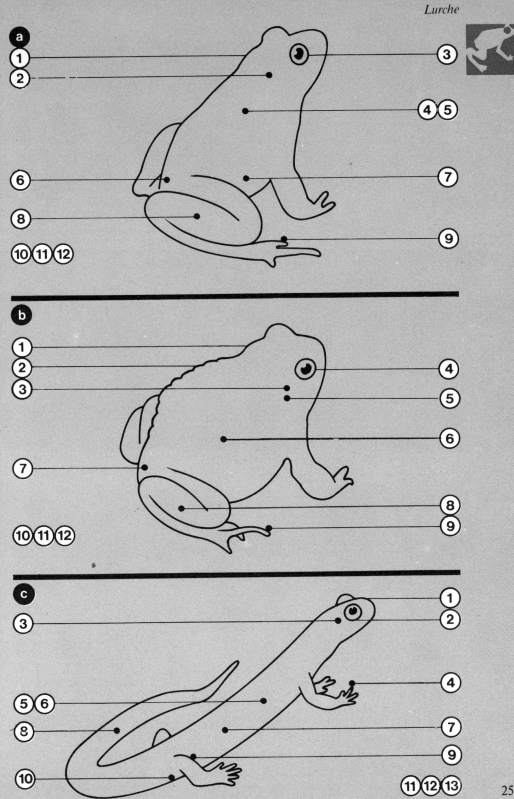

257

Terrarien für Lurche

Die meisten Frösche, Kröten und Salamander brauchen eine feuchte Unterkunft mit etwas Wasser. Hier abgebildet sind ein großes Becken mit Pflanzen und Zweigen, das ideal für Laubfrösche ist, und eine Art Waldlandschaft, die sich für viele Lurche eignet. Die Pflanzen müssen der erforderlichen Feuchtigkeit, Wärme und Lichtstärke angepaßt werden. Mit Löchern versehene Deckel müssen gut schließen. Lurche, die innerhalb des Hauses entkommen, trocknen aus und verenden. Man erneuert die

Vivarium für Laubfrösche
1 Glasbecken.
2 Aufklappbarer, sicher befestigter Deckel mit Löchern.
3 Moos, das feucht gehalten wird.
4 Wasserschale.
5 Zweig.
6 Große Topfpflanze.

Eine Art Waldlandschaft
7 Glasbecken.
8 Zinkdeckel mit Löchern in einem Holzrahmen.
9 Feucht gehaltenes Moos.
10 Ein Versteck aus Baumrinde.
11 Säurefreier 5 cm tiefer Torf (behandelt durch Einweichen in Wasser).
12 Holzkohle und Kies, 2,5 cm tief.
13 Wasserschale.
14 Einfassung aus Steinen.
15 Topfpflanzen (Topf in Torf).
16 Dränagelöcher.

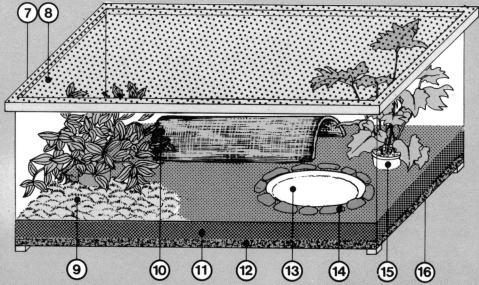

258

Erde, wenn sie übelriechend wird. Bieten Sie den Tieren Tageslicht. Für tropische, nachts aktive Arten kann eine farbige Glühbirne auch als Wärmequelle dienen. Für andere Arten kann eine Neonröhre Licht ohne zuviel Wärme liefern. Manche Lurche brauchen ein Becken, das auch Wasser (siehe S. 282, aber mit mehr Land) oder nur Wasser (S. 184, 190) enthält. Robuste Lurche gedeihen in einem Aquarium für Kriechtiere im Freien (S. 280) am besten.

Das richtige Vivarium

Die Tabelle zeigt, welches Vivarium die verschiedenen Lurche brauchen.

Legende:
- Manche Arten
- Die meisten Arten
- Alle Arten

	Frösche	Laubfrösche	Kröten	Im Wasser lebende Salamander	Landbewohnende Salamander	Molche
Eine Art Waldlandschaft	●	●	●		●	●
Landschaft mit Wasser und Land	●				●	●
Mit Wasser gefülltes Aquarium				●		●
Kriechtierterrarium im Freien	●		●	●	●	●
Feuchte Atmosphäre	●	●			●	●
Über 21°C	●	●	●			
Etwas Sonne	●	●	●			
Lebendfutter	●	●	●	●	●	●
Zweige		●				
Wasserschale	●	●	●		●	
Erde, um Höhle zu graben	●		●		●	
Verstecke	●		●		●	●

259

Wie man mit Lurchen umgeht

Lurche sind sehr reizempfindlich, und die schlüpfrige Haut sowie heftiges Zappeln machen es bei manchen schwierig, sie festzuhalten. Aalmolche (siehe S. 271) beißen auch gefährlich. Wenn möglich, sollten Lurche mit einem feuchten Musselinnetz herausgeholt werden. Man kann sie auch in die Hand nehmen, die man aber zuvor mit kühlem oder lauwarmen Wasser befeuchten muß. Waschen Sie sich nachher gründlich die Hände, um Gift zu entfernen, das manche Lurcharten ausscheiden.

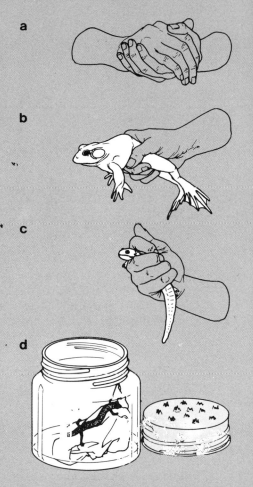

a

b

c

d

Behandlung. Manche schlüpfrigen Frösche und Salamander bereiten besondere Schwierigkeiten. Man schließt kleine Tiere in zwei hohle Hände ein (**a**), läßt keinen Spalt frei, gibt aber acht, das Tier nicht zu verletzen. Größere Frösche faßt man mit Fingern und Daumen um die Mitte (**b**) oder benützt ein feuchtes Musselinnetz. Einen großen landbewohnenden Salamander hält man so, daß der Kopf zwischen den ersten zwei Fingern und der Schwanz zwischen der Handfläche und dem kleinen Finger herausschaut (**c**).

Transport. Jeder Behälter muß Moos, Papiertücher oder Schaumgummi enthalten, die feucht sind. Kleine Lurche können in Kunststoffbehältern mit durchlochtem, gut schließendem Deckel befördert werden (**d**). Für kurze Reisen kann man einen verschlossenen Plastiksack verwenden, der genügend Luft enthält. Große Lurche kann man in Musselinsäcken (siehe S. 287) transportieren, die man in eine mit Luftlöchern versehene Polystyrolschachtel stellt. Man darf sie nie quetschen. Stellen Sie einen Behälter nie dorthin, wo er herunterfallen kann. Bedenken Sie, daß kräftige Tiere ihn vom Fleck bewegen können. Stellen Sie ihn nicht in die Sonne.

Versand. Für kurze Beförderung mit Auto, Bahn oder Flugzeug kann man ein paar kleinere Exemplare zusammen mit feuchtem Moos, Zellstofftuch oder Schaumgummi am besten in einem starren Kunststoffbehälter mit Luftlöchern verschicken. Größere Tiere gibt man in einen Musselinsack, der ebenfalls Moos, Papiertücher oder Schaumgummi, gut angefeuchtet, enthält. Man legt den Sack in ein gut ventiliertes festes Kistchen, das mit zerknülltem Papier ausgepolstert ist. Die Aufschrift sollte den wissenschaftlichen und den volkstümlichen Namen des Tieres und den Vermerk »verderbliche Sendung« enthalten. Verschicken Sie Tiere nie bei rauhem Winterwetter.

Fütterung von Lurchen

Lurche sind Fleischfresser. Landbewohnende Arten fressen nur Beutetiere, die sich bewegen. Im Wasser lebende Arten fressen auch unbewegliche Fisch- oder Fleischstückchen. Manche nehmen nur nachts Futter an. Man füttert die Tiere getrennt, wenn eines dabei ist, das die Rationen der anderen stiehlt. Lurche können auch rohes Fleisch oder Fischstücke von einer Pinzette annehmen, die man in ihrer Nähe hin- und herschwenkt. Sorgen Sie für abwechslungsreiche Kost.

Futter. Genaue Angaben, wie man das Futter beschafft, siehe S. 230. Man nimmt nie Geschöpfe, die Pestiziden (Schädlingsbekämpfungsmitteln) ausgesetzt gewesen sind. Die Zeichnung (rechts) zeigt, welches Futter sich für die verschiedenen Lurche eignet.

1 Viele Frösche fressen Würmer, Nacktschnecken, Maden, Fliegen, Käfer, Grillen, Heupferde und Stabschrecken.

2 Kleine Frösche fressen kleine Würmer, Taufliegen, Blattläuse, Fliegen, Grillen und Heupferde sowie kleine Insekten aus Laubstreu.

3 Kröten fressen Würmer, Nacktschnecken, Mehlwürmer, Käfer, Fliegen, Grillen und Heupferde, junge Mäuse und Stabschrecken.

4 Riesenlaubfrösche und Riesenkröten fressen Nacktschnecken, Fliegen, Grillen und Heupferde, junge Mäuse und Stabschrecken.

5 Laubfrösche fressen Taufliegen, Blattläuse, Fliegen, Grillen und Heupferde, Nachtfalter, Stabschrecken und Insekten aus Laubstreu.

6 Salamander und Molche fressen Würmer, Nacktschnecken, Fleisch oder Fische, Fliegen, Grillen und Heupferde. Die Landbewohner unter ihnen nehmen auch Futter von der Pinzette (siehe unten).

Würmer, Nacktschnecken, Maden, Taufliegen, Blattläuse, Fleisch oder Fische, Mehlwürmer, Käfer, Fliegen, Grillen, junge Mäuse, Nachtfalter, Stabschrecken, Insekten aus Laubstreu

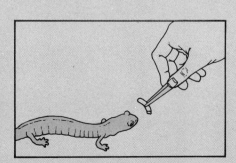

261

Aufzucht junger Lurche

Es ist ein faszinierendes Erlebnis, das Ausschlüpfen und die Entwicklung von Kaulquappen oder von Salamanderlarven zu beobachten. Aber allzuoft versäumen die Menschen, sie mit dem zu versorgen, was sie unbedingt brauchen. Dazu gehört auch das richtige Futter. Diese Geschöpfe müssen, sobald sie das Wasser verlassen, ein Ufer vorfinden. Frösche und Kröten entwickeln dann Beine und Salamander Lungen.

Entwicklungsstufen. Die Zeichnung zeigt die Entwicklungsstufen eines Frosches (**a**) und eines Molchs (**b**). Die Larven entstehen aus den gallertartigen Eiern und unterziehen sich einer Metamorphose (vollständige Umwandlung), bis sie erwachsen werden.

Aquarium. Für junge Larven eignet sich ein zuerst noch nicht schräg gestelltes Becken mit tieferem Wasser. Aber wenn sich die Kaulquappen in Frösche umwandeln, besteht Gefahr, daß sie ertrinken, und das muß man verhüten.
1 Deckel auf Kork (Luftdurchlaß).
2 Glasbecken. Wird während der Umwandlungszeit (Metamorphose) geneigt; verschiedene Wassertiefen.
3 Seichtwasser (für die meisten Arten mit Raumtemperatur).
4 Torfmoos (auch Zellstoff oder Schaumgummi), damit die Frösche während der Umwandlungszeit darauf kriechen können.

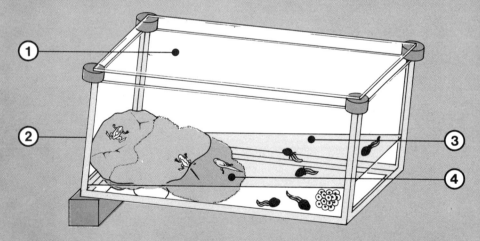

Fütterung der Larven. Die meisten Kaulquappen lieben Grünalgenschaum von Teichen, gekochten Kopfsalat, Graspulver (zu einer Paste gemischt) und winzige Stückchen von Würmern, Schabefleisch und Eidotter. Den Larven von Salamandern und Schaufelfüßen gibt man Wasserflöhe, Topfwürmer und Stückchen von roher Leber und von Regenwürmern. Machen Sie das Wasser nicht faulig durch zuviel Futter. Hungrige Molche beißen sich gegenseitig die Gliedmaßen ab; halten Sie sie einzeln. **Fütterung von Jungtieren an Land.** Man gibt gehackte Regenwürmer, Topfwürmer oder für Laubfrösche Taufliegen, füttert auch winzige Insekten aus Laubstreu. Die Jungen nehmen vielleicht auch Fleisch von einem Zweig, der sich bewegt.

Gesundheit und Krankheit

Manche gesunden Lurche leben 30 Jahre oder noch länger. Aber Infektionen, Verletzungen und falsche Lebensbedingungen können Hungerstreik, Teilnahmslosigkeit und einen frühen Tod verursachen. Betreffen Beschwerden die Haut oder sind sie auf schlechte Lebensbedingungen zurückzuführen, lassen sie sich vielleicht behandeln, innere Krankheiten aber nicht. Man hält neu angekommene Tiere zwei Wochen in Quarantäne.

Schädliche Bedingungen

1 Direktes Sonnenlicht. Man läßt durch einen Deckel aus einem feinen Netz etwas Sonnenlicht einfallen, nicht aber durch die Glaswand des Beckens. Sehr begrenzt kann man auch mit ultraviolettem Licht bestrahlen.
2 Schlechte Durchlüftung. Einen Glasdeckel legt man auf Korkstücken oder dergleichen. Statt dessen kannst du das Becken auch mit Musselin, einem Nylonnetz oder perforierten Zink- oder Kunststoffplatten abdecken.
3 Licht behindert die nächtliche Fütterung. Man schaltet es aus oder verwendet blau getönte Glühbirne.

4 Es ist zu heiß oder zu kalt. Man bringt einen Heizkörper an, sorgt für Schatten oder stellt das Becken anderswo auf.
5 Zuviel Tiere – Bestand vermindern.
6 Fauliger Boden. Becken reinigen.
7 Die Luft ist zu trocken oder zu feucht. Man reguliert den Wassergehalt, bringt vielleicht einen anderen Deckel an.
8 Vergiftet durch Sprühmittel gegen Fliegen. Man sprüht nicht in einem Raum, in dem sich Lurche befinden.
9 Falsches Futter. Prüfen Sie, welches Futter erforderlich ist.
10 Eine Art wird durch die Hautausscheidungen einer anderen vergiftet. Man trennt Arten, die aggressiv sind.

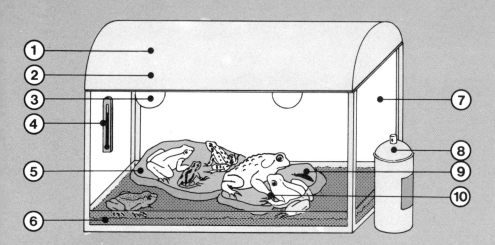

Verletzungen und Krankheiten

Infizierte Hautabschürfungen sollte man mit Mercurochrom pinseln. Lurche, die in einem überheizten, verschmutzten Becken gehalten werden, können unter einer Pilzkrankheit der Haut leiden. Isolieren Sie sie, senken die Temperatur und behandeln sie mit den gleichen Mitteln gegen Pilze wie Fische. Frösche können eine »Rotbeinigkeit« genannte ansteckende und oft tödliche Krankheit bekommen. Sie wird durch Bakterien verursacht. Der Frosch ist aufgebläht und teilnahmslos. Die Unterseite der Hinterbeine ist gerötet. Man isoliert das infizierte Tier und gibt (bis zu 0,06 %) Salz ins Wasser. Eine Behandlung mit Antibiotika könnte Erfolg haben. (Suchen Sie einen Tierarzt auf). Desinfizieren Sie das Becken.

Echte Frösche

Die Echten Frösche der Familie Ranidae sind kraftvolle Schwimmer, und manche können bis 2,4 m weit springen. Man findet sie auf der ganzen Welt. Einige Arten sind unter 2,5 cm groß, andere werden 28 cm lang. Diese Frösche paaren sich im Wasser. Die Männchen umklammern die Weibchen, um den von diesen abgelegten Laich – die Eier – zu befruchten. Viele lassen sich gut halten. Sie brauchen nur reichlich Raum.

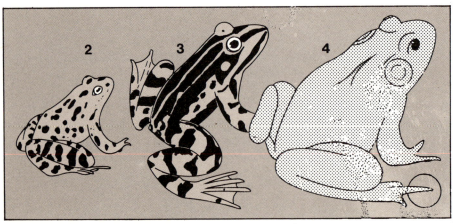

1 Grasfrosch *(Rana temporaria)*. Eurasien; 9 cm; gelb, braun, grau oder dunkel; frißt lebende Regenwürmer, Insekten, allerlei Larven etc.; liebt Feuchtigkeit und Schatten.

2 Leopardfrosch *(Rana pipiens)*. Kanada und nördl. USA; 9 cm; braun oder grün mit Flecken; halten wie Grasfrosch.

3 Wasserfrosch *(Rana esculenta)*. Eurasien; 12 cm; grün oder braun mit schwarzen Klecksen; frißt Würmer etc.; behandeln wie Ochsenfrosch.

4 Ochsenfrosch *(Rana catesbeiana)*. Nordamerika; 15–20 cm; grün oder grünlich braun; frißt lebende Fische, Mäuse, Würmer etc.; braucht großes Terrarium.

Südfrösche und Zungenlose

Pfeif- und Hornfrösche zählen zu den Südfröschen (Leptodactylidae), einer großen Familie der Frösche der Neuen Welt und Australiens. Einige pflanzen sich an Land fort und legen Eier, aus denen voll entwickelte Frösche schlüpfen. Der Glatte Krallenfrosch und die Surinamische Wabenkröte sind Vertreter der Zungenlosen (Pipidae). Diese bilden eine primitive im Wasser lebende Gruppe, die nur in Afrika und Südamerika zu finden ist.

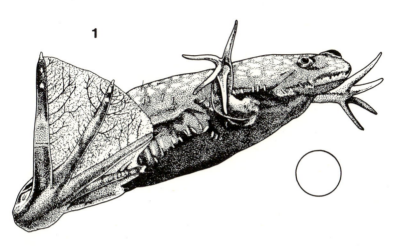

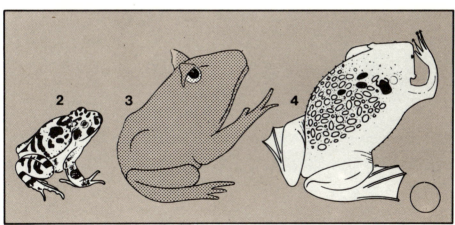

1 Glatter Krallenfrosch *(Xenopus laevis).* Afrika; 15 cm; grau mit hellem Bauch; frißt Würmer, rohes Fleisch, Fische und Fischmehlkörner; Wasser: 21°C.

2 Pfeiffrosch *(Hylactophryne augusti).* Südwestl. Nordamerika; 7,6 cm; krötenähnlich; grau, braun oder grünlich; frißt Spinnen, Insekten; braucht Sandboden und Höhle aus Steinen.

3 Brasilianischer Hornfrosch *(Ceratophrys cornuta).* Amazonasbecken; 15 cm; schwarz, lohfarben, rötlich, frißt Mäuse, Eidechsen, Insekten, Würmer, Frösche; braucht Wärme, Sandboden, Blattstreu, Moos.

4 Surinamische Wabenkröte *(Pipa pipa).* Südamerika; 15 cm; braun, grau; halten wie Krallenfrosch bei 24°C.

Laubfrösche

Die Laubfrösche sind sehr formenreich, und viele können reizende Pfleglinge sein. Große Pflanzen, Wasser, lebende Insekten und Spinnen gehören zu deren Grundbedürfnissen. Tropische Arten brauchen auch Wärme. Zu dieser weltweit verbreiteten Familie Hylidae zählen über 450 Arten. Manche sind winzig klein, andere 13 cm lang. Die meisten haben eine schlanke Taille, lange Gliedmaßen und Haftscheiben an den Zehen. Sie können

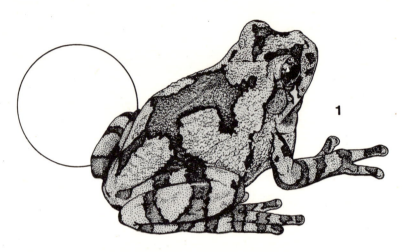

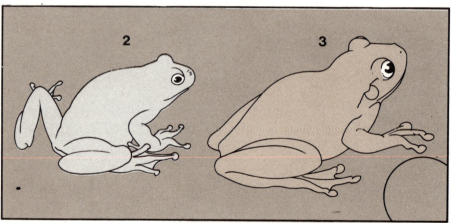

1 Grauer Laubfrosch *(Hyla versicolor)*. Östl. Nordamerika; 5 cm; grau oder grün, aber variabel; die Männchen trillern; Futter: Fliegen, Nachtfalter etc.; sorgen Sie für ein großes Terrarium mit Topfpflanzen und einem Teich, in dem die Tiere ablaichen können.

2 Laubfrosch *(Hyla arborea)*. Süd- und Mitteleuropa; 5 cm; grün, aber variabel;

behandeln Sie diese Art genauso wie den Grauen Laubfrosch.

3 Kuba-Laubfrosch *(Hyla septentrionalis)*. Westindien, südöstl. USA; 9 cm; grün bis bronzefarben, warzige Haut; verbirgt sich am Tag an feuchtem Ort; die Art ist im wesentlichen nachtaktiv; am liebsten frißt der Kuba-Laubfrosch Insekten und kleine Frösche.

flink klettern. Einige wechseln die Farbe. Wieder andere lassen nachts oder nach einem Regen einen lärmenden Ruf hören. Zu ihnen gehören auch die Beutelfrösche, deren Weibchen die Eier in einer Rückentasche mit sich tragen. Die winzigen Aronstab-Frösche sind Mitglieder der Familie Ruderfrösche (Racophoridae). Die »Pfeilgift-Frösche« Südamerikas gehören zu den giftigen Baumsteiger- oder Farbfröschen (Dendrobatinae).

4 Westlicher Chorfrosch *(Pseudacris triserata)*. Mittleres Nordamerika; 3,8 cm; braun gestreift; das Tier ist recht scheu, klettert gern.

5 Beutelfrosch *(Gastrotheca marsupialis)*. Südamerika; 5 cm; grünlich grau, dunkel gezeichnet; behandeln wie Grauen Laubfrosch, aber bei einer Temperatur von 21–24° C.

6 Aronstab-Frosch *(Hyperolius horstokkii)*. Südafrika; 2,5 cm; Brauntöne; frißt winzige Insekten; man sorge für ein feuchtes, moosreiches Terrarium mit 21–24° C.

7 »Pfeilgiftfrosch« (Unterfamilie *Dendrobatinae*). Südamerika; 3,8 cm; schwarz und weiß, roter Kopf und Rücken; behandeln wie Aronstab-Frosch.

Kröten

Echte Kröten der Familie Bufonidae zählen zu den Lurchen, die sich am besten halten lassen. Hunderte von verschiedenen Arten sind fast weltweit verbreitet. Darunter sind auch die gewöhnlichen Erdkröten mit ziemlich trockener »warziger« Haut, wuchtigem Körper und kurzen Gliedmaßen. Die größte Art wird 23 cm lang. Giftige Hautausscheidungen schrecken viele räuberische Feinde ab. (Waschen Sie sich die Hände, wenn Sie eine Kröte

1 **Aga-Kröte** *(Bufo marinus).* tropisches Amerika; 23 cm; bräunlich; frißt Mehlwürmer, lebende Mäuse etc.; braucht geheiztes Becken mit einem Teich oder einer Wasserschale.

2 **Erdkröte** *(Bufo bufo).* Eurasien, Nordafrika; 12 cm; bräunlich; frißt Insekten, Würmer; wird leicht zahm; langlebig.

3 **Amerikanische Kröte** *(Bufo america-* *nus).* Östl. Nordamerika; 9 cm; braun mit dunklen Flecken; frißt lebende Insekten; braucht Erde um eine Höhle zu graben.

4 **Wechselkröte** *(Bufo viridis).* Eurasien; 8 cm; graugrün mit schwarz geränderten grünen Flecken, manche mit roten Warzen; frißt Wirbellose; gräbt sich gern in die Erde ein.

angefaßt haben!). Viele Arten fressen nachts und gehen nur ins Wasser, wenn sie sich fortpflanzen. Die meisten lieben ein ziemlich kühles und trockeneres Becken als das für Frösche. Schaufelfüße der Familie Krötenfrösche (Pelobatidae) graben mit »Schaufeln« an den Hinterbeinen. Geburtshelferkröten und die mehr im Wasser lebenden Rotbauchunken vertreten die Familie Scheibenzüngler (Discoglossidae).

5 Östlicher Schaufelfuß *(Scaphiopus holbrocki).* Östl. und südöstl. USA; 5,7 cm; braun; frißt Maden, Regenwürmer; man sorge für Erde zum Eingraben.

6 Geburtshelferkröte *(Alytes obstetricans).* Westeuropa; 5 cm; graubraun; Männchen trägt Eier auf dem Rücken, bis sie im Seichtwasser ausschlüpfen;

Futter: Insekten, Würmer; braucht Land und Wasser als ihre natürlichen Lebensräume.

7 Rotbauchunke *(Bombina bombina).* Osteuropa; 5 cm; dunkler Rücken, orangeroter Bauch; frißt Insekten und Würmer; braucht Land und Wasser in ihrem Vivarium.

Im Wasser lebende Schwanzlurche

Manche Schwanzlurche verbringen ihr ganzes Leben im Wasser. Viele, aber nicht alle von ihnen, behalten auch als erwachsene Tiere die Kiemen. Ausschließlich wasserbewohnende Arten findet man hauptsächlich in Nordamerika, Europa und Ostasien. Zu ihnen gehören die größten heute lebenden Lurche. Auf diesen Seiten sind mehrere Familien vertreten. Hellbender wie auch die asiatischen Riesensalamander (Andrias sp.) gehören zur Familie Riesensalamander (Cryptobranchidae). Olme, Aalmolche, Fur-

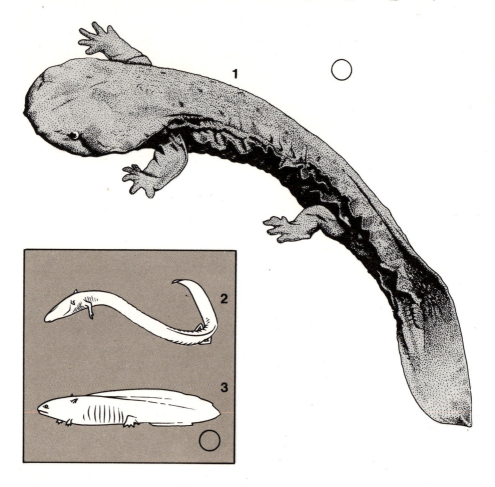

1 Hellbender (*Cryptobranchus alleganiensis*). Östl. USA; 76 cm; grau; frißt Fleisch, Fische, Hundefutter; braucht 30 bis 46 cm tiefes Wasser.
2 Grottenolm (*Proteus anguinus*). Südeuropa; 30 cm; weiß; frißt Schlammröhrenwürmer und andere Würmer; braucht gedämpftes Licht und Temperatur unter 10° C.

3 Axolotl (*Ambystoma mexicanum*). Mexiko; 22,5 cm; braun oder weiß mit großen gefiederten Kiemen (er verliert sie, wenn man ihm Schilddrüsenextrakt gibt und lebt dann wie andere Querzahnmolche an Land); beide Formen können sich fortpflanzen und leben bis 20 Jahre; Futter: Würmer, Nacktschnekken etc.

chenmolche und Armmolche bilden eigene Gruppen. Der Axolotl ist ein ungewöhnliches Mitglied der Querzahnmolche (Am-
bystomatidae), die sonst Landbewohner sind.
Ganz im Wasser lebende Schwanzlurche sollten in Wasser unter
21°C gehalten werden mit Pflanzen oder Steinen, unter denen sie
sich verstecken können, und mit einem festschließenden Gitterdeckel, damit sie nicht entwischen. Das Aquarium muß häufig
mit chlorfreiem Wasser gereinigt werden.

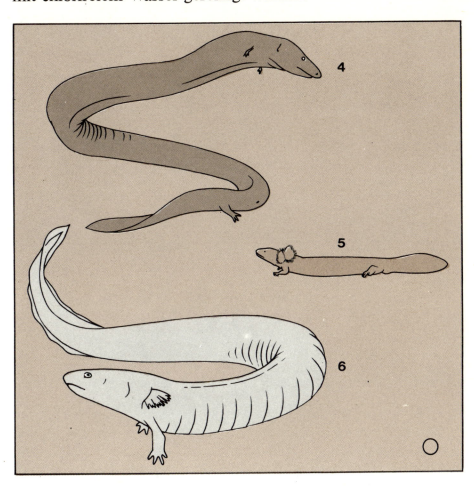

4 Zweizehen-Aalmolch *(Amphiuma
means).* Südöstl. USA; 76 cm; schwarzbraun; mag kein helles Licht; beißt; frißt
Würmer, Fische, Muscheln etc.
5 Gefleckter Furchenmolch *(Necturus
maculosus).* Östl. Nordamerika; 33 cm;
braun mit Kiemen; langlebig; frißt Würmer, Rindfleisch, Fische; das Wasser
muß durchlüftet werden.

6 Großer Armmolch *(Siren lacertina).*
Südöstl. USA; 76 cm; aalähnlich, mit
Kiemen, ohne Hinterbeine; olivgrau;
frißt Würmer, rohes Rindfleisch.

Landbewohnende Salamander

Robuste Salamander, die Landtiere sind, gehören zu den dekorativsten, beliebtesten und am leichtesten zu behandelnden Lurchen. Hier sind Beispiele aus der Familie Salamandridae angeführt, die auch die Molche (S. 274) umfaßt, sowie aus der Familie Querzahnmolche. Feuer- und Alpensalamander bringen lebende Junge zur Welt, die erste Art in 2,5 cm tiefem Wasser, die zweite Art auf feuchtem Boden. Querzahnmolche laichen im Wasser.

1 Alpensalamander *(Salamandra atra).* Europa; 16 cm; bringt Junge an Land zur Welt; frißt Schnecken, Würmer; kühl halten; hält Winterschlaf.

2 Feuersalamander *(Salamandra salamandra).* Europa, Südwestasien, Nordafrika; 24 cm; schwarz und gelb; bringt lebende Junge zur Welt (lebendgebärend); frißt Schnecken, Würmer; feuchtes, moosreiches, schattiges Becken mit Wasserschale.

3 Tigerquerzahnmolch *(Ambystoma tigrinum).* USA; 18 cm; dunkel mit hellbraunen Flecken; halten wie Feuersalamander.

4 Marmorquerzahnmolch *(Ambystoma opacum).* Östl. USA; 11 cm; schwarz/weißlich; halten wie Feuersalamander.

Lungenlose Salamander

Lungenlose Salamander (Familie Plethodontidae) entwickeln als erwachsene Tiere keine Lungen, sondern »atmen« statt dessen durch die Haut und das Maul. Diese, fast ausschließlich auf die Neue Welt beschränkte Familie hat land- und wasserbewohnende Formen. Die Landformen brauchen aber feuchte, kühle Bedingungen und als Futter Würmer und Insekten. Die kleinen Arten benötigen Topf- und Schlammröhrenwürmer.

1 Silber-Waldsalamander *(Plethodon glutinosus)*. Östl. USA; 17 cm; schwarz, gefleckt und klebrig; Futter: Schlammröhrenwürmer, Schnecken etc.; kühl und feucht halten.

2 Roter Wiesensalamander *(Pseudotriton ruber)*. Östl. USA; 15 cm; rötlich mit schwarzen Flecken; kühl halten; feuchtes Moos, Baumrinde, seichtes Wasser.

3 Brauner Bachsalamander *(Desmognathus fuscus)*. Östl. USA; 11 cm; braun oder grau; das Tier lebt meist an Bergbächen.

4 Eschscholtz-Salamander *(Ensantina eschscholtzi)*. Westl. USA; 14 cm; braun, heller Bauch; in feuchter »Waldlandschaft« halten.

273

Molche

Diese Mitglieder der Familie Salamandridae haben flachere Schwänze als die anderen (S. 272); und soweit sie Landtiere sind, ist ihre Haut rauher und weniger schlüpfrig. Die meisten leben in Europa, Asien und Nordamerika. Die Fortpflanzung erfolgt im Wasser, und auch die erwachsenen Tiere mancher Arten sind Wasserbewohner. Viele Männchen haben zur Fortpflanzungszeit Hautkämme und sind leuchtend gefärbt. Das Männchen legt seine gallertartigen Samenkapseln (Spermatophoren) auf den

1 Kamm-Molch *(Triturus cristatus).* Eurasien; 16 cm; »warzig«; schwarz und orangerot, Männchen hat weiße Tüpfel und weißes Schwanzband, im Frühling einen gezackten Kamm; frißt Würmer etc.; kühl und feucht halten.

2 Teichmolch *(Triturus vulgaris).* Eurasien; 9 cm; bräunlich, aber Männchen schwarz, blau und orangefarben, im Frühling mit Kamm; behandeln wie Kamm-Molch.

3 Marmormolch *(Triturus marmoratus).* Südwesteuropa; 16 cm; grün und schwarz; Männchen im Frühling mit auffallendem Kamm; robust; behandeln wie Kamm-Molch.

Grund, von dem das Weibchen sie in den Körper aufnimmt. Will man sehen, wie Molche schwimmen, das Weibchen umwerben und die Eier ablegen, bringe man sie im Frühling in ein Aquarium, das mit feinblättrigen Wasserpflanzen ausgestattet ist. Nach dem Laichen setzt man dann die erwachsenen Tiere in ein anderes geeignetes Vivarium um (S. 258); sonst fressen sie die Eier oder Larven. Im Wasser nehmen Molche rohes Fleisch, Insekten und Regenwürmer an, an Land nur Lebendfutter.

4 Bergmolch *(Triturus alpestris)*. Europa; 10 cm; orangefarben, blau, Männchen im Frühling mit Kamm; robust.
5 Kalifornischer Molch *(Taricha torosa)*. Kalifornien; 16,5 cm; dunkel, mit orangerotem Bauch; robust.
6 Spanischer Rippenmolch *(Pleurodeles waltl)*. Südwesteuropa, Nordwestafrika; 22 cm; größter Molch; graubraun mit

orangefarbenen »Warzen«; verläßt selten das Wasser; Futter: Würmer.
7 Grünlicher Wassermolch *(Notophthalmus viridescens)*. Östl. Nordamerika; 10 cm, die roten, aus den Larven hervorgegangenen Jungen sind Landtiere und fressen Insekten; erwachsene Tiere sind olivfarben und gelb mit roten Tupfen; leben im Wasser.

275

5

Kriechtiere

Kriechtiere (Reptilia) – Echsen, Schlangen, Krokodile und Schildkröten – sind wechselwarme Wirbeltiere mit trockener, schuppiger Haut. Manche Arten bringen lebende Junge zur Welt (sind lebendgebärend), andere legen Eier mit lederartiger oder harter Schale.

Manche Kriechtiere lassen sich leicht zähmen und reagieren auf gute Behandlung. Viele sind interessante Hausgenossen für Menschen, die bereit sind, sie richtig zu betreuen. Man muß aber ein gefährdetes, sehr großes, giftiges oder heikles Kriechtier als ungeeignet für alle betrachten, die Tiere nicht hingebungsvoll pflegen und nicht über die nötigen Spezialeinrichtungen dafür verfügen. Die meisten Kriechtiere stammen aus Gebieten mit warmem Klima, und viele sind nur aktiv, wenn die Sonne sie wärmt. Überhitzung kann aber ebenso töten wie Unterkühlung. Kriechtiere sind hauptsächlich Fleischfresser. Damit sie gesund bleiben, brauchen sie calciumreiches Futter und Vitamin D, genauso wie direkte Sonnenbestrahlung.

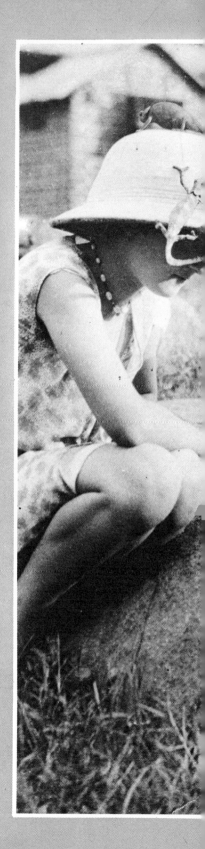

Rechts: Diese afrikanischen Chamäleons lassen sich von ihren Beobachtern nicht davon abschrecken, die Sonne zu genießen.

Die Wahl eines Kriechtiers

Suchen Sie sich nur gesunde, sauber gehaltene Exemplare aus. Der Preis richtet sich nach Ihrem Geschmack, aber bedenken Sie folgendes. Manche Kriechtiere sind kurzlebig. Andere brauchen Futter, das schwer zu bekommen ist. Echsen fressen häufiger als Schlangen. Becken von Wasserschildkröten müssen öfter gereinigt werden als die von Kriechtieren, die auf trockenem Land leben. Krokodile und Pythons können so groß werden, daß sie sich nicht mehr handhaben lassen. Die Haltung seltener und gefährlicher Arten ist im allgemeinen verboten.

a Schlangen

1 Man wähle scheue, aber lebhafte Exemplare.

2 Die Augen sollten – außer bei der Häutung (S. 303) – glänzend und klar sein.

3 Nehmen Sie keine sich langsam bewegenden »zutraulichen« Tiere.

4 Achten Sie darauf, daß das Maul nicht verletzt ist.

5 Nehmen Sie kein Tier, das mühsam, mit aufgerissenem Maul atmet.

6 Nehmen Sie kein Tier, das hustet und »erkältet« ist.

7 Nehmen Sie keine Schlange, deren Haut in schlechtem Zustand ist.

8 Keine Schlangen mit Pusteln.

9 Keine Tiere mit Milbenbefall.

10 Keine Tiere, die nicht fressen wollen.

11 Kaufen Sie keine Schlangen bei kaltem Wetter, außer Sie können sie vor Unterkühlung schützen.

b Echsen
c Krokodile

1 Man suche sich scheue, aber lebhafte Tiere aus.

2 Die Augen sollten glänzend und klar sein.

3 Nehmen Sie keine Exemplare, die »zutraulich« sind und sich langsam bewegen.

4 Achten Sie auf Verletzungen an Maul oder Schnauze und auf Maulfäule.

5 Nehmen Sie kein Tier, das mühsam mit aufgerissenem Maul atmet.

6 Achten Sie darauf, daß ein Tier nicht »erkältet« ist und hustet.

7 Nehmen Sie keine Exemplare mit deformiertem Kiefer.

8 Keines mit deformiertem Rückgrat.

9 Kein Tier, dessen Haut in schlechtem Zustand ist.

10 Nehmen Sie keine Tiere mit Milbenbefall.

11 Achten Sie darauf, daß die Hinterbeine nicht gelähmt sind.

12 Verzichten Sie auf Tiere, die schlecht fressen.

13 Kaufen Sie nicht bei kaltem Wetter, es sei denn Unterkühlung läßt sich vermeiden.

d Schildkröten

1 Schildkröten sollten scheu sein, sich aber lebhaft bewegen.

2 Die Augen sollten glänzend und klar sein.

3 Kopf, Gliedmaßen und Nacken sollten frei von wunden Stellen, Beulen oder weißen Pilzflecken sein.

4 Die Nüstern sollten von keinerlei Ausfluß verunreinigt sein.

5 Im Maul sollte kein gelber Pilz vorhanden sein.

6 Die Panzer sollten unversehrt sein.

7 Der Panzer sollte im Verhältnis zur Größe schwer sein.

8 Bei jungen Schildkröten – abgesehen von Weich- oder Lederschildkröten – sollte der Panzer hart sein.

9 Wachstumsringe auf dem Panzer oder abgenützte Krallen verraten, daß die Tiere alt sind.

10 Schildkröten, die vom Tierhändler gemeinsam gehalten werden, sind wahrscheinlich gesund.

11 Wasserschildkröten sollten bald gut schwimmen und tauchen, wenn man sie ins Wasser bringt.

279

Haltung von Kriechtieren im Freien

Robuste Echsen, Schlangen und Wasserschildkröten kann man das ganze Jahr über oder auch nur zeitweise im Freien in einem Kriechtiergehege halten, aus dem sie nicht herausklettern können, ähnlich dem unten abgebildeten. Man denke aber bei manchen gemeinsam gehaltenen Kriechtieren an die Möglichkeit von Kanibalismus oder Unterdrückung der Schwächeren. Landschildkröten brauchen ein besonderes Gehege.

Gehege für Kriechtiere im Freien

1 Eingefriedeter Platz in offenem, sonnigen Gelände.

2 Wand aus Asbest- oder PVC-Platten, die an Stützpfosten genagelt werden, 90 cm hoch über dem Boden stehen und 30 cm tief darin verankert sind.

3 Die Platten überlappen sich.

4 Große Steine und kriechende Sträucher oder andere Pflanzen. (Nicht zu nahe an der Wand!)

5 Sträucher als Versteck und Schattenspender.

6 Kleine Hügel aus Sand und Steinen, mindestens 46 cm hoch; höher, wenn die Temperaturen unter 0°C sinken. Nicht zu nahe an der Wand anlegen. Das Innere kann aus Steinen oder Ziegelstücken bestehen.

7 Abschüssiger Rand für die Dränage.

8 Sandiger Platz zum Sonnen.

9 Teich: Becken mit Beton oder Kunststoffplane ausgekleidet. Es muß für die Winterruhe von Wasserschildkröten über 60 cm tief sein.

10 Seichtes, schräg abfallendes Ufer.

11 Angebundener Baumstamm und Wasserpflanzen.

12 Baumstamm mit Zweig als Platz für Sonnenbäder.

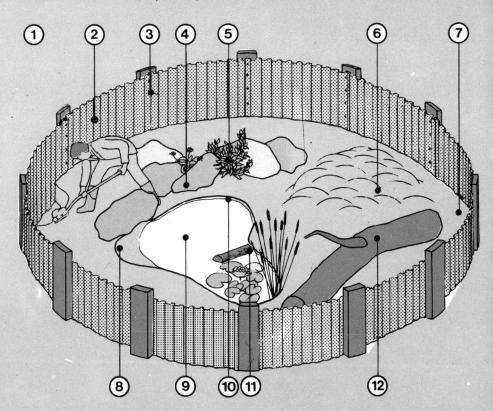

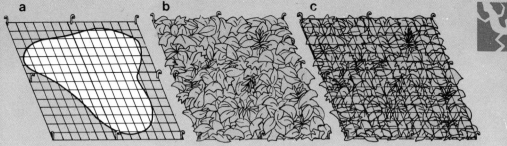

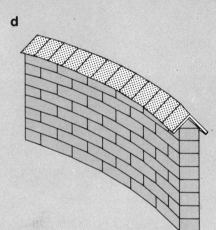

Den Teich für den Winter vorbereiten
Man reinigt im Herbst den Teich. Zu Beginn des Winters bedeckt man ihn mit einem Gitter **(a)**, legt Blätter darauf **(b)** und hält sie mit einem zweiten Gitter **(c)**. Blätter aus dem Wasser entfernen.

Wand für ein Kriechtiergehege
Eine PVC-Wand ist billig und leicht aufzustellen, aber dieser Kunststoff wird brüchig und kann von einem Sturm zerrissen werden. Dauerhafter ist eine Wand aus Ziegeln oder Steinen, oben mit überhängenden Dachziegeln **(d)**, die kein Tier entkommen und Nagetiere nicht eindringen lassen.

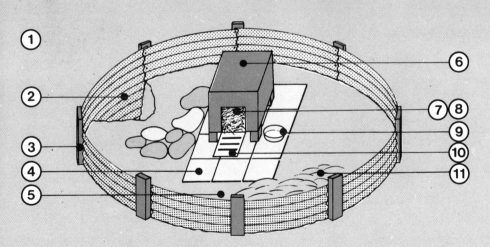

Gehege für Landschildkröten
1 Ein offener sonniger, eingefriedeter Platz.
2 PVC-Platten, 30 cm hoch. Sie müssen tief im Boden verankert werden, wenn man grabende Arten hält.
3 Stützpfosten.
4 Leicht zu reinigende Fliesen.
5 Gras, Sand und Steine.
6 Regenfeste Hütte auf niedrigen Pfosten, mit der Front nach Südosten.
7 Schattiger Innenraum.
8 Sauberes Stroh oder Heu.
9 Flache, standfeste Schale für Trinkwasser, das häufig gewechselt werden muß.
10 Breite, sanft geneigte Rampe.
11 Welliges Gelände zum Herumspatzieren.

Wie man Kriechtiere im Zimmer hält

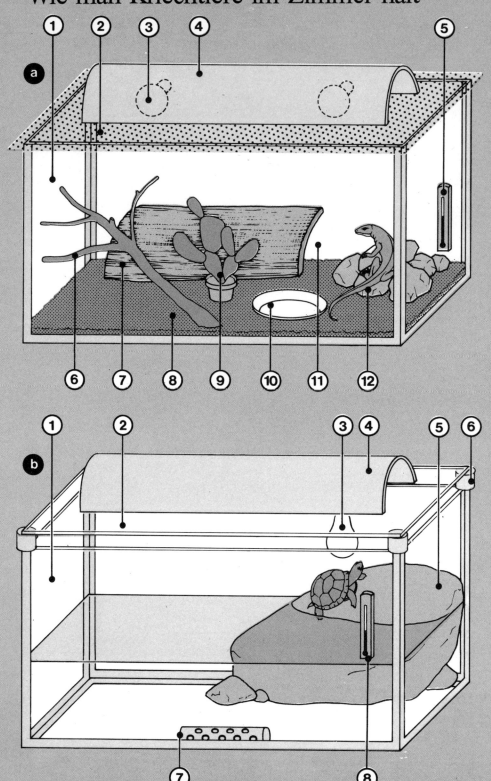

Schlangen, Echsen und Landschildkröten brauchen ein gut durchlüftetes, trockenes Glasbecken oder einen Käfig aus Holz oder Metall mit einer Glasfront, Jede kletternde Art muß ein großes Terrarium haben, das Zweige und Steine aufnehmen kann. Die Behausung giftiger Schlangen oder Echsen muß immer fest verschließbar sein. Eine Tabelle über die Einrichtung verschiedener Vivarien befindet sich auf S. 284. Für Heizung könnte eine Glühbirne oder eine Heizröhre sorgen. Aber man schütze die Tiere vor einer zu nahen Wärmequelle. Besonders Kriechtiere, die sich gern sonnen, brauchen im Terrarium heiße und kühlere Plätze. Man vermeide rauhe Oberflächen, wenn Schlangen gehalten werden. Feiner Sand, Steine und Kakteen sind Wüstenarten angenehm. Warmhauspflanzen und ein Boden aus Lehm oder Holzkohle ist für Leguane geeignet – es darf jedoch nicht zu feucht sein. Am leichtesten zu reinigen ist ein Boden aus Papier oder Pappe. Für Krokodile oder Wasserschildkröten verwendet man Steine, Ziegel oder Holz, um in einem Vivarium Land- und Wasserbezirke zu schaffen. Ein mit einem Thermostat kombinierter Heizkörper ist zu empfehlen.

a Terrarium, geeignet für Echsen, Schlangen oder Landschildkröten
  1 Glasbecken.
  2 Perforierter Zinkdeckel.
  3 Glühbirnen als Heizung.
  4 Reflektor.
  5 Thermometer.
  6 Zweig.
  7 Korkrinde.
  8 Kiesboden.
  9 Kaktee.
10 Wasserschale.
11 Schattiges Versteck.
12 Steine auf dem Boden.

b Aquaterrarium, geeignet für Krokodile oder Wasserschildkröten
  1 Glasbecken.
  2 Glasplatte.
  3 Glühbirne zum Heizen (nur tagsüber).
  4 Reflektor.
  5 Aus dem Wasser ragender Stein zum Sonnen.
  6 Kork- oder Holzstückchen, damit unter dem Deckel Luft eindringen kann.
  7 Heizkörper mit Thermostat kombiniert, zum Schutz in perforiertem Kunststoff- oder Metallzylinder.
  8 Thermometer.

Temperaturabstufung. Ein Terrarium sollte Stellen mit unterschiedlichen Temperaturen haben, die es dem Tier erlauben, sich den Platz auszusuchen, an dem es sich am wohlsten fühlt. Ein Stein oder Zweig, unter eine Glühbirne gesetzt, bietet ein warmes Fleckchen (**a**) und abgestufte Temperaturbereiche bis zu einem kühleren Platz (**b**).

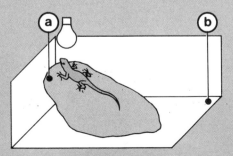

Ein richtig ausgestattetes Vivarium

Die Tabelle unten zeigt die verschiedenen Lebensbedingungen und die Einrichtungen von Vivarien, die für die Haltung von Kriechtieren zu empfehlen sind.

Was ein Vivarium enthält	Echsen	Schlangen	Krokodile	Landschildkröten	Wasserschildkröten
Boden aus Pappe	✓	✓			
Sandboden	✓	✓			
Kiesboden	✓	✓		✓	
Boden aus Kieselsteinen	✓	✓	✓	✓	
Trockene Erde mit Torf oder Sand	✓	✓			
Topfpflanzen	✓	✓	✓	✓	✓
Zweige	✓	✓			
Ein Haus aus Pappendeckel	✓	✓			
Dunkles Versteck	✓	✓		✓	
Wasserschale	✓	✓		✓	
Lebensbedingungen					
Wärmequelle	✓	✓	✓	✓	✓
Trockene Luft	✓	✓	✓	✓	✓
Ventilation (Durchlüftung)	✓	✓	✓	✓	✓
Wasserbezirk			✓		✓
Sonnenschein oder ultraviolettes Licht	✓	✓	✓	✓	✓

Winterschlaf

Im Freiland hören robuste Kriechtiere im Herbst zu fressen auf, sie graben sich ein oder tauchen unter und verfallen in einen Starrezustand. In Gefangenschaft bleiben sie aktiv, wenn man sie warm hält, aber sie können den Appetit verlieren. Abgesehen von im Haus gehaltenen Wasserschildkröten leben die meisten Kriechtiere länger, wenn man ihnen erlaubt, an einem kalten, aber frostfreien Platz zu überwintern. Man weckt sie zu Frühlingsanfang. Mildes Wetter macht Winterschläfer munter.

Landschildkröten (im Freien). Wenn das Klima nicht zu kalt oder feucht ist, lasse man die Schildkröten sich in weiche Erde eingraben oder stelle einen Haufen Fallaub bereit, der durch ein angepflocktes Netz zusammengehalten wird.

Landschildkröten (im Haus). Setzen Sie die Schildkröte in ein Kistchen (**a**), das Stroh (**b**), Heu, dürre Blätter oder zusammengerolltes Zeitungspapier enthält und lose zugedeckt wird (**c**). Stellen Sie den Behälter in einen frostfreien Schuppen, in dem es nicht zieht, oder in einen kühlen Raum und decken ihn mit einem Tuch zu. Müssen Ratten ferngehalten werden, verwende man einen Metallbehälter mit Luftlöchern.

Wasserschildkröten (im Freien). Größere, robuste Exemplare können in einem Teich überwintern, der so tief ist, daß er nicht bis zum Grund einfriert. Abgestorbene, zwischen Gitter gepreßte Blätter, dicht über den Teich gelegt, halten Kälte ab (siehe S. 281).

Wasserschildkröten (im Haus) hält man am besten wach oder bringt sie in ein großes, mit Wasser gefülltes Aquarium mit Sandboden. Man hält sie irgendwo kalt, aber frostfrei. Füttern, wenn die Temperatur über 10° C steigt und dann auch das Wasser wechseln.

Echsen und Schlangen (im Freien). Robuste Arten graben sich in einem Geröllhaufen ein. Oder sie bauen aus Geröll und Erde einen Hügel (**d**), der eine Höhle aus Steinen oder Ziegeln (**e**) enthält. Man füllt sie mit welkem Laub (**f**) und bringt ein schmales Abflußrohr (**g**) schräg an, damit kein Regen eindringt. Legen Sie dieses Winterlager so tief, daß Bodenfrost es nicht gefährdet.

Echsen und Schlangen (im Haus). Man füllt die Käfige mit Laub und trockenem Moos, stellt sie an einen kalten, aber frostfreien und nicht zugigen Platz.

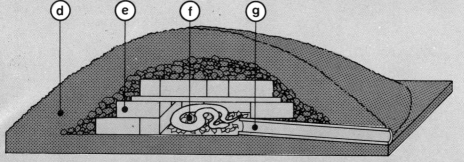

Wie man Kriechtiere züchtet

Manche Kriechtiere sind lebendgebärend, aber die meisten legen Eier in feuchte Erde oder Schlamm. (Zuviel Feuchtigkeit kann Pilzinfektionen fördern, zu wenig die Eier vertrocknen lassen.) Nach 10–12 Wochen oder früher schlüpfen die Jungen aus dem Ei. Man sollte sie fern von zu großen, erwachsenen Tieren aufziehen, die ihnen etwas zuleide tun können. Manche Junge brauchen ein besonderes Futter und höhere Temperaturen als erwachsene Tiere. Die meisten brauchen Sonne.

Ausbrüten in einem Sack. Kriechtiereier kann man in einem durchsichtigen Plastiksack (**a**) mit feuchtem Sand (**b**), Erde oder Torfmoos ausbrüten. Man legt die Eier (ohne sie zu drehen) einzeln in Vertiefungen im Sand oder anderem Material. Nun baucht man die Wand des Sacks aus und verschließt ihn oben mit einem Gummiband (**c**); stellt ihn auf ein luftiges Regal – auch über einen Heizkörper oder läßt ihn in einem tropischen Aquarium schwimmen, wählt jedenfalls einen Platz mit einer Temperatur um 27° C. Bildet sich im Sack keine Feuchtigkeit (**d**), gibt man ein paar Tropfen Wasser hinein. Nach einigen Wochen sollte man täglich nachsehen, ob die Jungen schon ausschlüpfen.

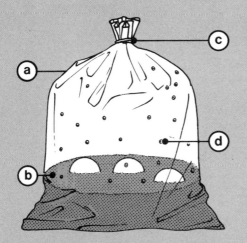

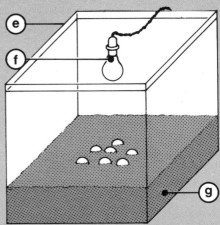

Ausbrüten in einem Kasten. Kriechtiereier kann man auch in einer großen Holzkiste (**e**) ausbrüten, die mit einer Glühbirne (**f**) geheizt wird. Bei dieser Methode muß man darauf achten, den Sand (**g**) oder anderes Material feucht zu halten.

Fütterung der Jungen. Echsen fressen kleine Insekten, Spinnen, Topfwürmer und Fleischstückchen. Junge Chamäleons brauchen Taufliegen. Schlangen versuche man mit Würmern und neugeborenen Mäusen zu füttern. Jungen Krokodilen gibt man Fischchen (gehackt oder ganz), Kaulquappen, Insekten und Mehlwürmer. Wasserschildkröten fressen Fischstückchen, Würmer, Mehlwürmer, Wasserschnecken und Fleisch mit Knochenmehl und Vitaminen. Kleine Landschildkröten mögen Würmer, Mehlwürmer und rohes Fleisch mit Knochenmehl, auch Obst und Gemüse.

Transport von Kriechtieren

Man muß immer darauf achten, die Gefahr einer Verletzung für jedes beförderte Tier, für sich selbst und andere zu vermeiden. Hier ist eine Anzahl von Behältern beschrieben, die sich für den Transport verschiedener Kriechtiertypen eignen. Denken Sie stets auch an die Gefahr von Überhitzung oder Unterkühlung, wenn Kriechtiere befördert werden. Geben Sie acht, daß Sie Ihr Tier nicht bei der Ankunft verlieren. Die Behälter sollten stets in einem sicheren Raum geöffnet werden.

Behälter. Ein Gefäß aus durchsichtigem Kunststoff (**a**) ist für den Transport kleiner Kriechtiere zu empfehlen, die leicht zerquetscht werden. Das Gefäß sollte einen Schraubdeckel mit Löchern haben. Die Löcher sollten so gestochen werden, daß die scharfen Ecken nach außen gekehrt sind; und man feilt sie noch glatt. Man kann auch eine Dose mit einem durchlöcherten Klappdeckel verwenden. Vor Sonne zu schützen!

Säcke. Ein Stoffsack (**b**) ist für den Transport von Schlangen und einigen anderen Kriechtieren geeignet. Nehmen Sie einn festen Kissenbezug oder fertigen Sie einen Sack aus ungebleichtem Nesselstoff an, der mit der Nähmaschine zusammengenäht wird. Ist das Kriechtier drinnen, knote man den Sack oben zu. Enthält er Schlangen, die beißen, packe man ihn oberhalb des Knotens und halte ihn vom Körper fern. Geben Sie acht, daß Sie Tiere, die im Sack hochklettern, nicht zerdrücken. Bei kleinen Tieren, die leicht verletzt werden, ist es ratsam, den Sack, selbst für eine kurze Reise, in eine gut ventilierte Kiste zu stellen.

Versand von Kriechtieren. Erkundigen Sie sich nach gesetzlichen Verboten und den Vorschriften von Transportunternehmen. Im allgemeinen dürfen Kriech-Kriechtiere in einem der oben genannten Gefäße verfrachtet werden, die man mit zerknülltem Papier umgibt und in eine feste, gut ventilierte Kiste (**c**) stellt. Aufschrift: »Lebende Tiere«. dazu der volkstümliche und wissenschaftliche Name. Für Notfälle die Telefonnummer angeben!

a

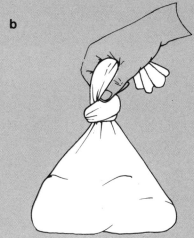

b

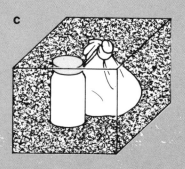

c

Krankheiten von Kriechtieren

Die häufigsten Krankheiten und Beschwerden von Kriechtieren sind unten beschrieben; zugleich wird angegeben, was man dagegen tun kann. In der Mehrzahl der Fälle ist umgehend tierärztli-

Echsen

1 Abschürfung auf der Schnauze. Fragen Sie den Tierarzt.
2 Maulfäule. Isolierung, braucht Antibiotika. Den Tierarzt fragen.
3 Rachitis (Mißbildungen oder Schwäche von Kiefer und Zähnen oder Läh-

mung der Hinterbeine). Multivitamine und Sonne. Den Tierarzt fragen.
4 Hungerstreik. Gewaltsam füttern, wenn nötig mit einer Spritze.
5 Milbenbefall. Hängen Sie einen Fangstreifen für Schädlinge in das Becken, aber außer Reichweite des Tiers.

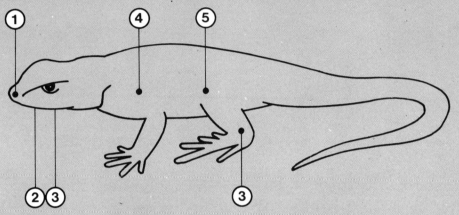

Schlangen

1 Abschürfungen auf der Schnauze. Den Tierarzt fragen.
2 Maulfäule. Isolierung. Braucht Antibiotika. Den Tierarzt fragen.
3 Hungerstreik. Man lockt mit Futter an einer Pinzette und schiebt es ins Maul. Geht das nicht, füttert man gewaltsam (wenn nötig mit einer Spritze).
4 »Erkältung« mit Husten. Isolieren, bei 30° C.
5 Lungenentzündung. Isolieren, bei 30° C. Den Tierarzt fragen.

6 Milbenbefall. Hängen Sie Fangstreifen für Schädlinge ins Becken, aber außer Reichweite des Tiers.
7 Zecken. Man erstickt die Zecken mit flüssigem Paraffin oder mit Kerosin. Mit einer Pinzette die Zecken entfernen.
8 Pusteln. Den Tierarzt fragen.
9 Die Häutung gelingt nicht. Lassen Sie das Tier 24 Stunden in einem feuchten Leinensack. Mit der Pinzette kann man vielleicht den Beginn der Häutung (von der Schnauze aus) anregen.

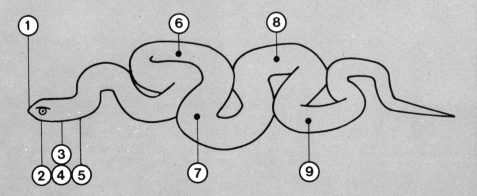

che Behandlung erforderlich. Gegen viele Infektionen ist eine nur vom Arzt zu beurteilende medikamentöse Therapie mit Antibiotika zu empfehlen.

Krokodile

1 Abschürfung auf der Schnauze. Den Tierarzt fragen.
2 Maulfäule. Isolierung. Braucht Antibiotika. Den Tierarzt fragen.
3 Hungerstreik. Gewaltsam füttern.

4 Rachitis. Mißbildungen oder Schwäche von Kiefer und Zähnen oder Lähmung der Hinterbeine. Man gibt Multivitamine im Futter. Viel Sonne. Den Tierarzt fragen.

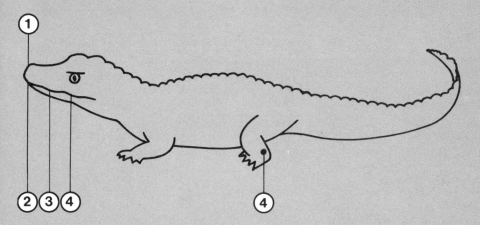

Schildkröten

1 Gelber Pilz im Maul. Isolierung. Den Tierarzt fragen.
2 Die Augenlider stecken nach dem Winterschlaf fest. Man badet sie in lauwarmem Wasser.
3 Augeninfektion. Braucht antibiotische Salbe. Den Tierarzt fragen.
4 »Erkältung« und Lungenentzündung. Warmhalten. Den Tierarzt fragen.
5 Pilzflecken auf der Haut (bei Wasserschildkröten). Warmhalten. Bade in Salzwasser – täglich 15 Minuten lang.

6 Wunde Stellen auf dem Brustpanzer. Den Tierarzt fragen.
7 Zu weicher Panzer (bei Jungen). Man gibt Calciumpulver und Lebertran zum Futter und sorgt für Sonne.
8 Panzerfäule (die Schilder blättern ab). Fragen Sie einen Tierarzt, da diese Fäule sich eindämmen läßt.
9 Zecken (bei Landschildkröten). Behandeln wie bei Echsen.
10 Risse und wunde Stellen. Antibiotische Salbe nötig. Den Arzt fragen.

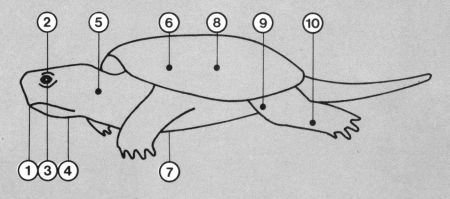

Wie man Echsen hält

Gelegentlich werden diese flinken Tiere mit Salamandern verwechselt (S. 256). Doch die Haut einer Echse ist trocken und hat Schuppen, die eines Salamanders ist dagegen feucht und glatt. Gewisse Echsen sind farbenprächtiger und wunderlicher gestaltet als die übrigen. Manche leben auf dem Boden, etliche klettern auf Felsen oder Bäumen herum, wieder andere hausen in Höhlen. Man kennt mehr Echsen als andere Kriechtierformen, und außerhalb der Polarregionen sind sie weltweit verbreitet. Sie lieben im allgemeinen die Sonne. Die meisten Arten fressen Insekten und Spinnen; große Echsen erbeuten Vögel und Säugetiere. Nur ein paar Arten fressen Früchte und Salatpflanzen.

Echsen können muntere Hausgenossen sein. Sie sind sauber und geruchlos. Käfige und Vivarien müssen geräumig sein und tropischen Arten konstante Wärme bieten. Robuste Echsen brauchen nur am Tag Wärme, aber frostfreie Quartiere für Nachtruhe und Winterschlaf. Sonnenschein und natürliche Nahrung oder Futter, dem Vitamine zugesetzt sind, halten die meisten Tiere gesund. Manche werden nie zahm und entwischen. Echsen sind meist kurzlebiger als andere Kriechtiere. Viele werden kaum fünf Jare alt.

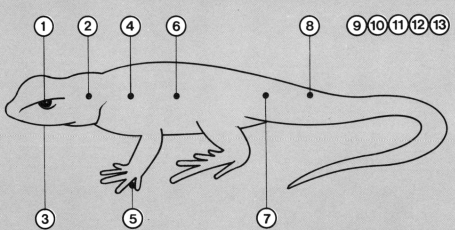

Typische Merkmale

1 Echsen haben meist Augenlider.
2 Die meisten haben äußere Ohren.
3 Die Zunge dient als Sinnesorgan.
4 Die Häutung erfolgt stückweise.
5 Die meisten besitzen 5 Zehen, aber einigen fehlen die Beine ganz.
6 Langgestreckter Körper.
7 Die Männchen mancher Arten haben dickere Schwänze als die Weibchen.
8 Der lange Schwanz kann abbrechen, wenn man ihn packt, wächst aber nach.
9 Überwiegend Fleischfresser.
10 Manche schlürfen nur Tropfen von Blättern, trinken aber nicht aus einer Schale.
11 Die meisten brauchen direktes Sonnenlicht.
12 Tropische Arten brauchen gleichmäßige Wärme.
13 Die Mehrzahl legt Eier, aber einige sind lebendgebärend.

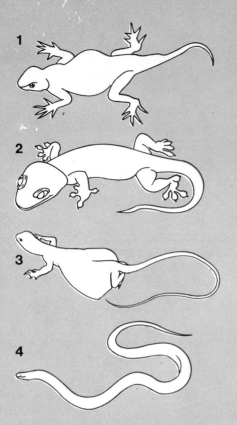

Verschiedene Formen. Die meisten Echsen sind so gebaut, daß sie auf dem Boden laufen. Aber manche haben sich im Körperbau einer besonderen Lebensweise angepaßt.

1 Typische Bodenbewohner haben einen langen, niedrigen Körper, kurze Beine und einen langen Schwanz.

2 Geckos besitzen unten auf den Zehen Haftlamellen mit feinen Borsten, die sich auch in fast glatte Flächen einhaken. Daher können Geckos auf der nächtlichen Jagd nach Insekten über Wände und Decken laufen.

3 Flugdrachen *(Draco sp.)* gleiten mit Hilfe flügelartiger Hautlappen, die von Rippen an den Flanken gestützt werden, von Baum zu Baum.

4 Manche Echsen, die sich Höhlen graben, haben einen glänzenden Körper ohne Beine, mit dem sie sich leichter in Sand oder Erde einwühlen können.

Handhabung. Unten wird gezeigt, wie man eine kleinere Echse (**a**) und eine größere (**b**) anfaßt. Man umfaßt den Körper des Tieres so, daß man möglichst mit den Fingern noch zwei Beine festhält. Passen Sie auf, daß es nicht plötzlich zappelt; man packt eine Echse nie beim Schwanz, da er abbricht.

Fütterung. Winzige Echsen nehmen lebende Taufliegen oder Insekten an, die man mit einem feinen Netz von Laub streift. Die meisten kleinen und mittelgroßen Echsen fressen lebende Spinnen und Insekten wie Fliegen, Mehlwürmer, Grillen, Heupferde, Schaben. Manche Echsen mögen Regenwürmer. Blindschleichen lieben Nacktschnecken. Große Arten und manche Skinke nehmen Hundefutter aus Dosen an oder rohes Hackfleisch, mit rohem Ei vermischt, auch Obst. Leguane und Chuckwallas brauchen auch tierisches Eiweiß, fressen aber hauptsächlich Früchte und Salatpflanzen. Man gibt zu Echsenfutter noch pulverisierte Kalkschulpen (Calciumpulver) und Multivitamine.

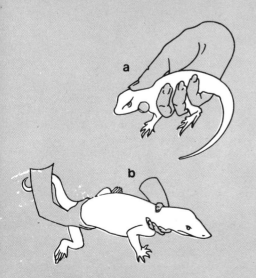

Vivarium für Kriechtiere siehe S. 280.
Winterschlaf siehe S. 285.
Züchtung siehe S. 286.
Krankheiten siehe S. 288.

Leguane

Leguane (Iguanidae) sind hauptsächlich in der Neuen Welt zu finden. Sie sind vom südwestlichen Kanada bis zur Südspitze Südamerikas verbreitet – von Prärien bis zu Tropenwäldern, von heißen Wüsten bis zu kühlen Berghängen. Leguane sind vielgestaltig und von verschiedener Größe. Außer den Leguanen im engeren Sinn umfaßt die Familie noch die Anolis-Gruppe, die Stachelleguane, Basilisken und andere Echsen.

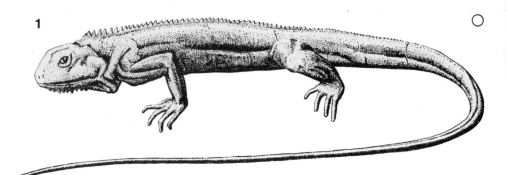

1 Grüner Leguan *(Iguana iguana)*. Tropisches Amerika; 2 m; grün; Baumbewohner; die Jungen fressen Insekten, die erwachsenen Tiere hauptsächlich rohes Obst und Gemüse; braucht 27–32° C.

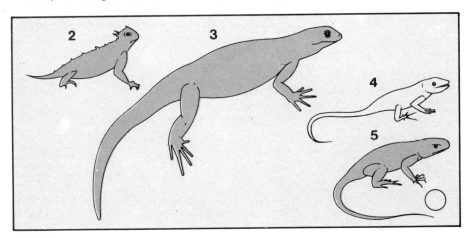

2 Texas-Krötenechse *(Phrynosoma coronatum)*. Südwestl. USA; 15 cm; braun und schwarz; frißt Insekten, hauptsächlich Ameisen; braucht 29° C.

3 Chuckwalla *(Sauromalus obesus)*. Südwestl. Nordamerika; 43 cm; braun bis schwarz; frißt Früchte, Blüten, Blätter; braucht trockene Wärme.

4 Rotkehl-Anolis *(Anolis carolinensis)*. Südl. USA; 18 cm; hauptsächlich grün, kann Farbe wechseln; braucht 18–28° C; trinkt aufgesprühtes Wasser.

5 Zaunleguan *(Sceloporus occidentalis)*. Westl. USA; dunkle Zeichnung; braucht 27–29° C; Steine und Baumrinde.

Agamen

Diese Echsen (Agamidae) sind in der Alten Welt Gegenstücke zu den Leguanen der Neuen Welt. Ihre Heimatgebiete sind hauptsächlich Afrika, Südasien und Australien. Wie die meisten Echsen lieben diese lebhaften, kräftigen Tiere Wärme und Sonnenschein. Die Mehrzahl braucht als Nahrung verschiedene Insekten, ein paar Arten fressen aber auch Pflanzen. Manche Arten verfärben sich, wenn sie in Erregung geraten.

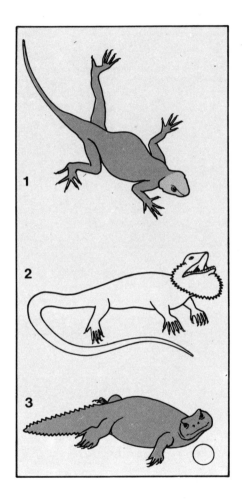

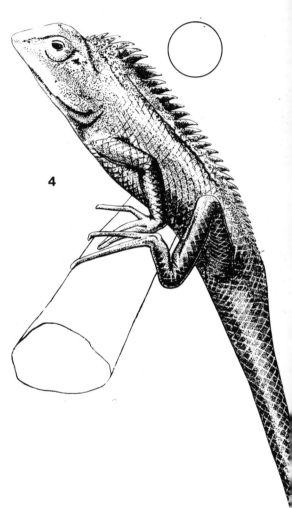

1 Siedleragame *(Agama agama)*. Afrika; 30 cm; braun, blauschwarz, Kopf orangerot; frißt Insekten.

2 Bartagame *(Amphibolurus barbatus)*. Wüsten Australiens; 61 cm; grau; bläht Kehle auf; frißt Insekten, Echsen, Mäuse, Pflanzen.

3 Afrikanischer Dornschwanz *(Uroma-* *stix acanthinurus)*. Wüsten Nordafrikas; 34 cm; frißt Insekten, rohes Gemüse; tagsüber 28–32°C; tiefe sandige Erde zum Eingraben.

4 Schönechse *(Calotes calotes)*. Tropisches Asien; 41 cm; grün, Kopf bei Erregung rot; frißt Insekten, kleine Echsen; braucht Zweige.

Chamäleons

Chamäleons (Chamaeleonidae) sind träge Echsen mit hohem, schmalen Körper, mit Zehen, die gegenüberstellbar sind und zupacken, mit Greifschwanz und der Fähigkeit, die Farbe zu ändern. Jedes der beiden vorstehenden Augen arbeitet unabhängig vom anderen. Chamäleons schnellen die lange, klebrige Zunge aus dem Maul, um damit Insekten zu fangen. Sie brauchen im Vivarium eine Temperatur von 24–29°C und mit Wasser besprühtes Lab, um daran zu nippen. Meist sind sie kurzlebig.

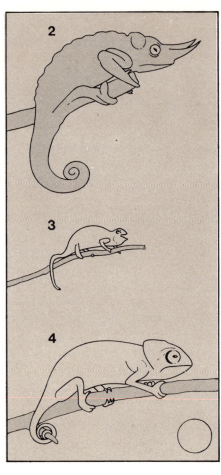

1 Lappenchamäleon *(Chamaeleo dilepis).* Afrika; 33 cm; hübscher und weniger empfindlich als das Gewöhnliche Chamäleon; verschiedene Nahrung mit Fliegen.

2 Jacksons Chamäleon *(Chamaeleo jacksoni).* Ostafrika; 30 cm; Grundfarbe grünlich; die Männchen geraten im Kampf hart aneinander.

3 Zweistreifen-Chamäleon *(Chamaeleo bitaeniata).* Hochland von Kenia; 13–16 cm; bräunlich; lebendgebärend.

4 Gewöhnliches Chamäleon *(Chamaeleo chamaeleon).* Südwesteuropa, östl. Mittelmeer, Nordafrika; Körperlänge etwa 25 cm; frißt verschiedenes Futter mit Fliegen.

Geckos und Gürtelechsen

Geckos (Gekkonidae) sind hauptsächlich tropische Nachttiere mit Haftlamellen an den Zehen, die es ihnen ermöglichen, sogar auf der Zimmerdecke herumzuspazieren. Einige haben einen lauten Ruf. Manche beißen. Sie brauchen 21–27°C, Baumrinde zum Klettern und als Versteck sowie Wasser, das sie von Blättern lecken. Gürtelechsen (Cordylidae) sind afrikanische Wüstenbewohner und etwa 30–60 cm lang. Manche Arten können sich aufblähen, andere tragen einen Körperpanzer.

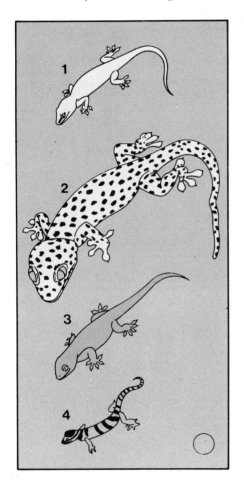

1 Madagassischer Taggecko *(Phelsuma madagascariensis)*. Madagaskar; 18 cm; grün, scharlachrot gezeichnet; Tagtier.

2 Tokee *(Gekko gekko)*. Südostasien; 35 cm; grau mit roten Tupfen; frißt Insekten, Mäuse, kleine Echsen.

3 Mauergecko *(Tarentola mauritanica)*. Mittelmeergebiet; 18 cm; graubraun; teilweise Tagtier; frißt Insekten, Spinnen.

4 Gebänderter Krallengecko *(Coelonyx variegatus)*. Wüsten der süd-westl. USA; 13 cm; gelblich mit dunklen Querbändern.

5 Gewöhnlicher Gürtelschweif *(Cordylus cordylus)*. Südafrika; 30 cm; bräunlich; charakteristischer stacheliger Schwanz; richtet Vorderleib auf, wenn er steht; frißt Insekten, Mäuse; braucht einen warmen, trockenen Käfig.

Echte Eidechsen

Diese Eidechsen (Lacertidae) der Alten Welt sind meist unter 30 cm lang und ähneln den schlanken nordamerikanischen Rennechsen. Sie sind von der Arktis südwärts bis in die Wüsten Afrikas verbreitet und in Europa die vorherrschenden Echsen. Kleinere, gut gefütterte Arten leben friedlich in einem Kriechtierterrarium im Freien, in dem es Trinkwasser und Pflanzenverstecke für sie gibt. Robuste Arten halten im Freien Winterschlaf.

1 Gewöhnliche Mauereidechse *(Lacerta=Podarcis muralis).* Mittel- und Südeuropa; 20 cm; braun, variabel; robust; Insektenfresser.
2 Bergeidechse *(Lacerta=Zootoca vivipara).* Nord- und Mitteleuropa; 15 cm; braun, gemustert; robust; scheut Hitze; frißt Würmer, Insekten etc.

3 Smaragdeidechse *(Lacerta viridis).* Mittel- und Südeuropa; 38 cm; grün; robust; frißt Würmer, Mehlwürmer, rohe Eier mit rohem Hackfleisch.
4 Perleidechse *(Lacerta=Timon lepida).* Südwesteuropa, Nordwestafrika; grün mit blauen Flecken; frißt Insekten, Mäuse, Obst, rohe Eier und Rindfleisch;

Teju- oder Schienen-Echsen

Die Teiidae sind eine große Familie der Neuen Welt, vor allem der Tropen. Die meisten sind schlank mit langem Schwanz und bewegen sich ruckweise, wobei sie den Kopf hin und her wenden. Einige haben Stummelbeine und graben sich Höhlen. Zu dieser Familie gehören die hauptsächlich südamerikanischen Tejus und Ameiven sowie die nordamerikanischen Rennechsen. Vielleicht stammen die Eidechsen von den Teiidae ab

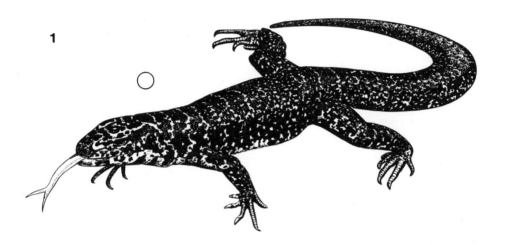

1 Bänderteju oder Solompenter (*Tupinambis teguixin*). Tropisches Südamerika; 1–2 m; glänzend schwarz mit weißer Zeichnung; beißt kräftig, ehe er zahm ist; nimmt kleine Nager und rohe Eier mit rohem gehacktem Rindfleisch; braucht 29° C.

2 Sechsstreifen-Rennechse (*Cnemidophorus sexlineatue*). Östl. USA; 23 cm; braun und schwarz mit hellen Streifen; frißt Insekten; muß trocken und warm gehalten werden.

3 Große Ameive (*Ameiva ameiva*). Östl. USA; 62 cm; dunkel mit getupften Flanken; frißt Insekten, Mäuse, Echsen; braucht Wärme.

Skinke oder Glattechsen

Glatte, glänzende Haut und winzige oder ganz fehlende Beine sind Eigenheiten, die man bei diesen Echsen (Seiucidae) oft findet. Es gibt über 600 Skinkarten die weltweit, hauptsächlich aber in den Tropen verbreitet sind. Viele leben im Verborgenen und graben sich gern in lockerer Erde oder in Sand ein. Wärme ist lebenswichtig. Skinke leben länger und sind anpassungsfähiger als die meisten anderen Echsen. Viele fressen auch zubereitetes Futter und trinken Wasser aus einem Napf.

1 Erzschleiche *(Chalcides chalcides).* Südwesteuropa, Nordwestafrika; 38 cm; grau, grün oder braun; gräbt sich ein; frißt Insekten und Schnecken.

2 Gewöhnliche Blauzunge *(Tiliqua scinoides).* Australien; 51 cm; dunkel gebändert, blaue Zunge; lebendgebärend; frißt Insekten, Früchte, auch rohe Eier und gehacktes Rindfleisch.

3 Stutzechse *(Trachysaurus rugosus = Tiliqua rugosa).* Australien; 46 cm; braun oder grau; lebendgebärend; nicht schwierig zu füttern.

4 Streifen-Skink *(Eumeces fasciatus).* Südöstl. USA; 18 cm; bräunlich; jung lebhafter gefärbt; frißt Insekten, rohe Eier und Hackfleisch; braucht etwa 27°C.

Schildechsen und Schleichen

Zu den Schildechsen (Gerrhosaurinae) zählen etwa zwei Dutzend Echsenarten aus Afrika und Madagaskar, mit langem Körper und kurzen Gliedmaßen. Manche afrikanischen Arten haben keine Vorderbeine. Schleichen (Anguidae) sind Echsen der Alten wie der Neuen Welt, deren Beine ganz fehlen oder nur Stummel sind. Zu ihnen rechnet man auch die Krokodilschleichen und die nordamerikanischen Glasschleichen. Manche Schleichen legen Eier, andere sind lebendgebärend.

1 Gelbkehlige Schildechse (*Gerrhosaurus flavigularis*). Südafrika, Madagaskar; 46 cm; braun mit farbiger Kehle; braucht Trockenheit und Wärme.

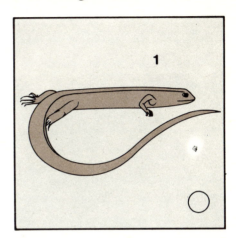

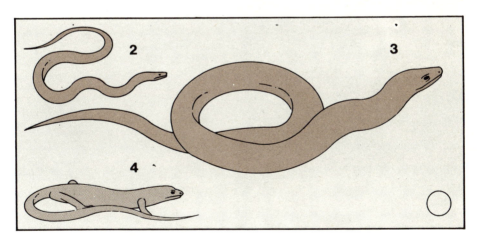

2 Blindschleiche (*Anguis fragilis*). Europa, Nordwestafrika; 38 cm; ohne Beine, glänzend braun; frißt Nacktschnecken, Regenwürmer; robust; scheut Hitze; gräbt sich gern ein; kann überwintert werden.

3 Europäische Glasschleiche (*Ophisaurus apodus*). Von Südosteuropa bis Zentralasien; bis 1,2 m; ohne Beine; sieht wie eine große Blindschleiche aus; frißt Schnecken, Eier, Rindfleischstückchen.

4 Südliche Krokodilschleiche (*Gerrhonotus multicarinatus*). Westl. und südwestl. USA, nordwestl. Mexico; 43 cm; Greifschwanz; frißt Insekten, kleine Echsen etc.; trinkt von besprühten Blättern; braucht trockene Unterkunft mit Sand, Steinen, Baumrinde.

Warane und giftige Echsen

Warane (Varanidae) sind kraftvolle, große Echsen aus dem tropischen Afrika, Amerika und Australasien. Zu ihnen zählt der Komodo-Waran, die heute geschützte größte Echse der Welt, und mehrere kleinere Arten, die sich sehr verschiedenen Lebensräumen angepaßt haben. Warane brauchen 27–32°C und einen großen, leicht zu reinigenden Käfig. Nicht gezähmte Warane beißen, kratzen und schlagen schmerzhaft mit ihren peitschen-

1 Goulds Waran *(Varanus gouldi).* Australien, Neuguinea; 1,7 m; rötlich braun mit Flecken; frißt in Freiheit Echsen.
2 Nilwaran *(Varanus niloticus).* Afrika; 1,8 m; schwarz und gelb; Fleischfresser; badet gern, aber man muß das Wasser oft wechseln.
3 Buntwaran *(Varanus varius).* Australien; 2 m; schwarz mit Streifen und Flecken.

4 Skorpion-Krustenechse *(Heloderma horridum).* Mexiko; 76 cm; cremefarben auf dunklem Untergrund; giftig.
5 Gila-Krustenechse *(Heloderma suspectum).* Südwestl. USA, nördl. Mexiko; Schuppen wie Perlen gereiht; gelb oder orangerot und schwarz gezeichnet; giftig; frißt rohe Eier mit rohem Hackfleisch; braucht trockenen Käfig bei 24–27°C.

förmigen Schwänzen zu. Zwei plumpe Krustenechsen (Heloder-
matidae) aus den Wüsten im südwestlichen Nordamerika sind
die einzigen giftigen Echsen der Welt. Gegen ihren manchmal
tödlichen Biß kennt man noch kein wirksames Serum. Zahme
Exemplare sind friedlich – aber seien Sie vorsichtig! Gefangene
Tiere gedeihen auch ohne direktes Sonnenlicht. Sie brauchen einen trockenen, geheizten Käfig mit einer Badeschale.

Wie man Schlangen hält

Schlangen haben sich vor über 65 Millionen Jahren aus Echsen entwickelt, die Waranen ähnelten. Der beinlose Körper, schlängelndes Kriechen und ein manchmal mit Giftzähnen bewaffnetes und drohend aufgerissenes Maul flößen vielen Menschen Widerwillen ein. Doch die meisten Schlangen sind harmlos, und viele sind schön gezeichnet oder gefärbt. Überdies haben diese Tiere eine glatte, glänzende und keineswegs eine schleimige Haut, wie manche Leute meinen. Einige Schlangen sind kürzer als ein Regenwurm, andere länger als ein Autobus, nämlich bis zu 10 m. Man kennt über 2000 Arten, einschließlich Formen, die klettern, sich eingraben, schwimmen, ja sogar steil abwärts von einem Baum in die Tiefe gleiten, wenn auch nicht richtig »fliegen« können. Viele ungefährliche Arten sind faszinierende Pfleglinge. Die meisten gewöhnen sich an die Gefangenschaft und werden so zahm, daß man sie anfassen kann. Schlangen sind nicht sehr anspruchsvoll, aber sie brauchen sachkundige Betreuung. Die Käfige oder Terrarien müssen nicht besonders groß sein, aber warm und trocken. Die erwachsenen, langlebigen Tiere braucht man nur etwa einmal wöchentlich zu füttern, aber nur wenige nehmen statt naturgemäßer Nahrung Ersatzfutter an.

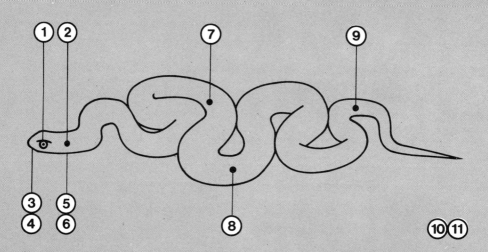

Charakteristische Merkmale

1 Bewegliche Augenlider fehlen.

2 Ebenso fehlen äußere Ohren.

3 Die Zunge dient als Sinnesorgan.

4 Giftige Schlangen haben (gefurchte oder röhrenförmige) Giftzähne.

5 Die Kiefer sind elastisch verbunden, so daß große Beute ganz verschlungen werden kann.

6 Die meisten trinken oft.

7 Langer, beinloser Körper; unebener Boden wirkt als Widerlager bei meist horizontaler Wellenbewegung.

8 Gesunde Schlangen häuten sich regelmäßig.

9 Schwanz bei Männchen länger.

10 Wärmeliebenden Arten tut die Sonne gut. Temperaturen 27–30° C.

11 Die meisten Arten legen Eier, einige sind lebendgebärend.

Giftzähne. Bei den Giftschlangen übertragen diese Zähne Gift aus Giftdrüsen (a) im Oberkiefer. Bei den Nattern (1) sind sie gefurcht und sitzen rückwärts im Oberkiefer (b). Bei den Giftnattern und Vipern (2) sind die Zähne hohl und sitzen vorn (c). Die Vipern haben lange bewegliche Giftzähne.

Häutung. Von gesunden Schlangen wird alle 1–3 Monate die äußere Hautschicht abgeworfen. Die Augen werden trübe. Dann wird die Haut in einem Stück mit der Innenseite nach außen abgestreift. Bleiben Reste hängen, wickelt man die Schlange einige Stunden in einen feuchten Stoffsack und zupft dann die Haut mit einer Pinzette ab.

d Neue Haut.

e Alte, umgestülpte Haut

f Alte Haut (das »Natternhemd«).

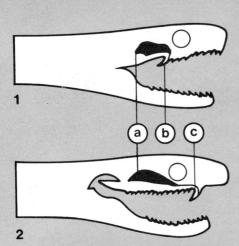

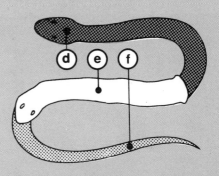

Handhabung. Man hält die Schlange mit einem Schlangenstock (a) nieder, packt dann das Tier, wie gezeigt (b), hinter den Kiefern zwischen Daumen und Fingern oder hebt die Schlange mit einer 90–120 cm langen Spezialzange auf.

Kriechtierterrarium siehe S. 280–284.
Winterschlaf siehe S. 285.
Züchtung siehe S. 286.
Krankheiten siehe S. 288.

Ernährung. Erwachsene Schlangen brauchen nur einmal wöchentlich oder noch seltener Futter. Die meisten Arten fressen nur ganze, oft nur frisch getötete Tiere. Die Weigerung der Schlangen, Ersatzfutter anzunehmen, hält sie relativ frei von Mangelkrankheiten. Einige kleine Schlangen fressen Wirbellose. So leben nordamerikanische Braunschlangen (*Demansia sp.*) von Würmern und Schnecken. Grünnattern (*Chlorophis sp.*) fressen Stabschrecken. Strumpfbandnattern jagen Frösche, Molche und Fische. Siegelringnattern fressen Fische. Asiatische Rattenschlangen (*Ptyas sp.*) und junge Riesenschlangen nehmen frisch getötete oder tiefgekühlte, aufgetaute Mäuse und Hühner an. Große Rie-Riesenschlangen schlingen Geflügel und Kaninchen ganz hinunter. Königsnattern (*Lampropeltis sp.*) können auch Artgenossen fressen und sollten daher allein gehalten werden.

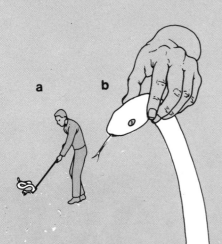

Riesenschlangen

Pythons (Pythoninae) und Boa-Schlangen (Boinae) sind Mitglieder der Familie Riesenschlangen (Boidae). Tropische Arten gehören zu den größten Schlangen der Welt. Die Sandboas sind viel kleiner. Viele große Riesenschlangen sind schön gezeichnet. Beutetiere werden umschlungen und erstickt. Eine gezähmte große Riesenschlange läßt sich wie ein Tau »ausrollen«. Faßt man jedoch zu fest zu, beginnt sie wahrscheinlich mit ihrer Umschnürungstätigkeit. Nicht gezähmte Exemplare darf man nur

1

hinter dem Kopf packen (siehe S. 303). Sorgen Sie dafür, daß immer jemand in der Nähe ist, um im Notfall die Schlange vom Schwanz aus loszuwinden. Die Boidae wachsen schnell heran und leben 20–30 Jahre. Sie brauchen Wärme und sollten einmal wöchentlich oder noch seltener mit unzerstückelten Tieren gefüttert werden, denen man Multivitamine injiziert hat. Man hält die Schlangen in einem einfachen, sauberen Käfig mit trockener Luft und einem Ast zum Anklammern.

1 Anakonda (*Eunectes murinus*). Südamerika; 7,6 m; größte Schlange der Neuen Welt; olivbraun; langlebig aber griesgrämig; lebendgebärend; frißt tote Ratten, Kaninchen, Geflügel; braucht 27° C; lauwarmes Wasser zum Baden.
2 Königsschlange (*Boa constrictor*). Tropisches Amerika; 3,7 m; oft lohfarben mit rötlichen Querbändern (die rotschwänzige Form vom Amazonas ist hübsch und leicht zu zähmen); lebendgebärend; Wärme und Futter wie für Anakonda.

3 Königspython (*Python regius*). Westafrika; 1,5 m; gelblich mit dunklem Muster; ist sie verängstigt, rollt sie sich ballförmig zusammen; Wärme und Futter wie für Anakonda.
4 Eine Sandboa (*Eryx conicus*). Indien; braun und weiß; gräbt sich in Sand ein; frißt Mäuse und kleine Vögel.
5 Netzpython (*Python reticulatus*). Südostasien; 8,5 m; vielleicht die größte Schlange der Welt; braun, goldfarben, schwarz; gut zu zähmen; Pflege wie bei Anakonda.

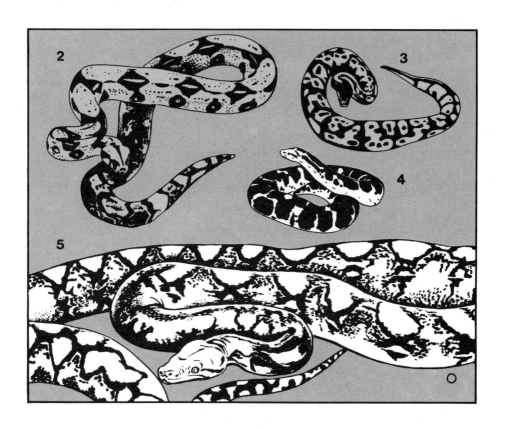

Nattern (1)

Über drei Viertel aller Schlangen gehören dieser Familie (Colubridae) an, die man auf allen Kontinenten, außer in der Antarktis, findet. Diese Nattern sind ungiftig oder haben rückwärts im Kiefer sitzende und für den Menschen ungefährliche Giftzähne. Die Formen variieren von dicken Bullennattern bis zu bleistiftdünnen Glanzspitznattern. Viele fressen Mäuse oder Vögel; andere leben nur von allerlei Schnecken, Eiern, Fischen oder Echsen. Ungiftige Nattern verschlingen die Beute einfach oder töten sie

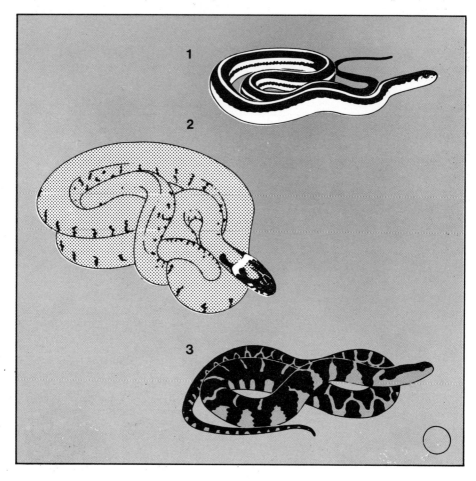

1 Gewöhnliche Strumpfbandnatter (*Thamnophis sirtalis*). Nordamerika; 66 cm; verschiedene Farben; robust; frißt Frösche, Fische, Regenwürmer; braucht Wasser und Sonnenlicht.
2 Gewöhnliche Ringelnatter (*Natrix natrix*). Europa; 1,5 m; olivgrau mit gelben Flecken hinter dem Kopf; harmlos, beißt nicht; robust; frißt Fische, Frö-

sche, Molche; braucht Wasser und Sonnenlicht.
3 Siegelringnatter (*Natrix sipedon*). Nordamerika; 1,1 m; graubraun oder schwärzlich; schwimmt viel; robust, harmlos; frißt frische oder konservierte Fische; Unterkunft muß oft gereinigt werden, um gesundheitliche Schäden zu vermeiden.

durch Erwürgen. Von frisch gefangenen Exemplaren kann man einen schmerzhaften, aber ungiftigen Biß bekommen. Arten mit Giftzähnen beißen selten den Menschen, und dann können die dornförmigen Zähne im hinteren Kiefer nur ein kleines Loch in den Finger stechen. Bei den meisten dieser Nattern ist das Gift schwach, aber Graue Baumnattern (Thelothornis kirtlandii) oder Boomslangs (Dispholidus typus) sind gefährlich. Alle diese Arten sollten vorsichtig gehandhabt werden.

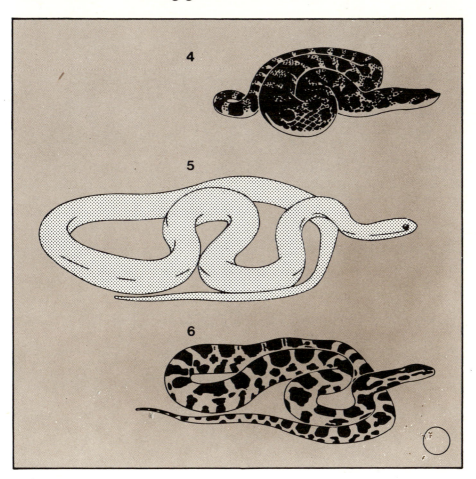

4 Gewöhnliche Hakennatter (*Heterodon platyrhinos*). Östl. USA; 84 cm; hauptsächlich gelb, rot, grau oder schwarz; robust; ungefährlich; wird sie erschreckt, bläht sie wie eine Kobra den Vorderleib auf, flacht den Kopf ab und zischt; schließlich stellt sie sich tot. Frißt Kröten und Frösche.

5 Gelbbäuchige Schwarznatter (*Coluber constrictor flaviventris*). Nordamerika; 1,5 m; blauschwarz; läßt sich ungern anfassen; frißt Mäuse; braucht Versteck in trockenem, sauberen Käfig.

6 Kornnatter (*Elaphe guttata*). Südöstl. Nordamerika; 1,2 m; gelblich mit schwarzumrandeten rötlichen Flecken; Tag und Nacht aktiv; klettert. Frißt Mäuse oder Ratten.

307

Nattern (2)

7 Kalifornische Kettennatter (*Lampropeltis getulus californiae*). Westl. USA; 1,2 m; mit dunklen und hellen Querstreifen; harmlos; frißt Mäuse, kleine Vögel und andere Schlangen. ·

8 Mangroven-Nachtbaumnatter (*Boiga dendrophila*). Südostasien; 2,4 m; schwarz mit gelben Bändern; giftig; frißt tote Vögel, Ratten, Fische. Das Tier muß allein und bei konstanter Wärme gehalten werden.

9 Nördliche Bullennatter (*Pituophis melanoleucus*). Südöstl. USA; 1,7 m; schwarz und weiß; frißt Mäuse, braucht einmal wöchentlich Wasser; muß einzeln gehalten werden.

10 Dreiecksnatter (*Lampropeltis triangulum*). Östl. Nordamerika; 91 cm; grau

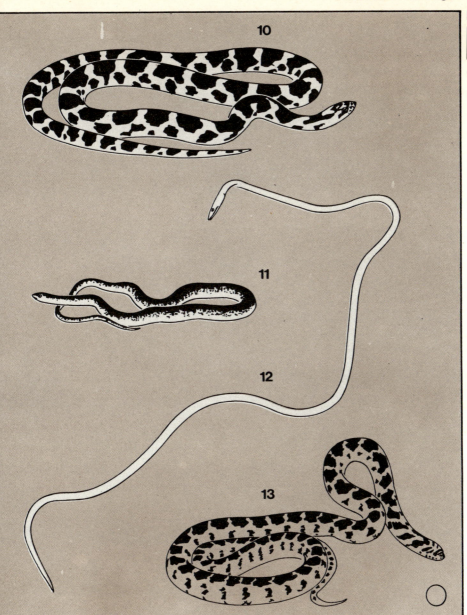

10

11

12

13

mit rötlichen Sattelflecken; hauptsächlich Nachttier; kann beißen; frißt Mäuse, Schlangen; braucht Verstecke, Hochsitz, Wasser.

11 Glatte Grasnatter (*Opheodrys vernalis*). Mittleres und östl. Nordamerika; 51 cm; grün; robust; frißt Spinnen, Insekten.

12 Glanzspitznatter (*Oxybelis fulgidus*).

Trop. Südamerika; 1–2 m; grün; giftig; frißt Mäuse und Echsen; braucht 27° C Durchschnittstemperatur.

13 Afrikanische Eierschlange (*Dasypeltis scabra*). Afrika; 76 cm; graubraun mit schokoladefarbenen Flecken; Futter: ganze kleine Hühnereier; diese Art benötigt ebenfalls konstante Wärme zum Überleben.

Giftschlangen

Diese Schlangen töten, indem sie mit hohlen Giftzähnen die Haut durchbohren. Durch diese Zähne wird Gift aus Drüsen im Kopf der Schlange in den Blutkreislauf der Opfer gespritzt. Einige Gifte zerstören Körpergewebe, andere wirken lähmend. Hochgiftige Schlangen gehören hauptsächlich zwei Gruppen an. Die Kobras, Korallenschlangen und Mambas zählen zu den Giftnattern (Elapidae). Vipern sind in der gleichnamigen Familie (Viperidae) vereint. Eine weitere Familie bilden die Grubenottern (Crotali-

1 Brillenschlange (*Naja naja*). Süd- und Südostasien; 2,3 m; braun, schwarz oder gelblich, mit »Brille« auf dem Hals; frißt Mäuse, Frösche; braucht Wärme.

2 Kreuzotter (*Vipera berus*). Gemäßigtes Eurasien; 58 cm; grau oder braun mit schwarzer Zickzacklinie; lebendgebärend; frißt Jungvögel, Echsen, Mäuse; braucht in Gefangenschaft Wärme.

3 Harlekin-Korallenschlange (*Micrurus fulvius*). Südöstl. USA; 76 cm; schwarz, gelb, rot geringelt; Nachttier; frißt kleine Echsen, andere Schlagen; braucht 24–27° C; gräbt sich in Moos oder Holzwolle eine.

4 Prärieklapperschlange (*Crotalus viridis*). Nordwestamerika; 1,1 m; grünlichgrau mit dunkelbraunen Flecken; le-

dae), zu denen Klapperschlangen, Wassermokassinschlange und tropische Grubenottern zählen. Hier beschreiben wir nur ein paar von den vielen in diese Gruppen fallenden Schlangen. Nur ernsthafte Forschungsarbeit kann die Haltung dieser Tiere rechtfertigen; und selbst dann sollten nur sehr erfahrene Schlangensammler an so ein Unterfangen denken – soweit es gesetzlich erlaubt ist. Befaßt man sich mit diesen Tieren, ist es lebenswichtig, das richtige Serum und einen Helfer zur Hand zu haben.

bendgebärend; frißt Mäuse; die robusteste Klapperschlange, die am leichtesten zu halten ist.

5 Wassermokassinschlange (*Agkistridon piscivorus*). Südöstl. USA; 1,2 m; braun oder schwarz; gehört zu den lebendgebärenden Arten; halb im Wasser lebend; frißt Mäuse, Frösche sowie Fische.

6 Gabunviper (*Bitis gabonica*). Äquatorialafrika; 1,8 m; braun und grau; lebendgebärend; frißt Mäuse, Ratten; einzeln in trockenem Käfig halten; braucht 26–29°C.

Haltung von Krokodilen

Abgesehen von Giftschlangen sind keine anderen Kriechtiere (Reptilien) so sehr gefürchtet wie Krokodile (Crocodylia). Einige dieser mächtigen, den Eidechsen ähnlichen, amphibischen Tiere sind auf eine mörderische Weise befähigt, große Beute zu packen und sie dann unter Wasser zu ertränken oder sie, wild herumwirbelnd, zu zerreißen. Als menschenfressende Tiere haben Krokodile einen schlechteren Ruf als Alligatoren, aber mit Respekt sollte man beide behandeln. Selbst frisch geschlüpfte Junge können bösartig beißen. Häufiges Anfassen kann dazu beitragen, sie zu zähmen, aber man sollte Krokodilen nie trauen.

Einen jungen Alligator oder Kaiman unterzubringen, zu füttern und warm zu halten ist durchaus möglich. Aber wenn Jungtiere wachsen, brauchen sie größere Becken mit Filtersystemen, damit man die Behälter nicht eigenhändig säubern muß. Nach fünf Jahren oder früher werden viele dieser Kriechtiere so groß, daß man sie nicht mehr gefahrlos im Haus betreuen kann. Solche »Hauskrokodile« loszuwerden ist nicht leicht. Angeblich haben einige Besitzer sie schon im Klosett hinuntergespült und so entstanden Gerüchte, daß Alligatoren in den Kanälen New Yorks leben.

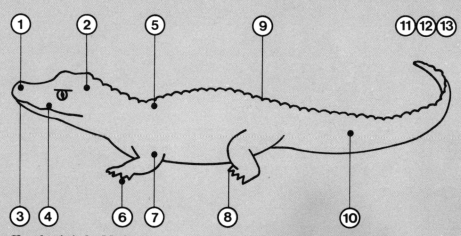

Charakteristische Merkmale

1 Durch Hautklappen verschließbare Nasenlöcher halten Wasser aus den Atmungsorganen fern.

2 Das Trommelfell liegt hinter einer verschließbaren Hautfalte.

3 Kraftvolle Kiefer.

4 Das Maul kann wasserdicht von der Mundhöhle abgeschlossen und daher unter Wasser offen gehalten werden.

5 Massiver, zylindrischer Körper.

6 Laufen gut über kurze Entfernung.

7 Die Vorderbeine sind kürzer als die Hinterbeine.

8 Hintere Zehen mit Spannhäuten.

9 Verknöcherte Hornschilder der Haut.

10 Schwimmen und Schlagen mit seitlich abgeflachtem muskulösem Schwanz.

11 Direktes Sonnenlicht ist vorteilhaft.

12 Brauchen konstante Wärme.

13 Alle Krokodile legen Eier.

1

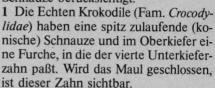

2

3

Typen. Man teilt die Ordnung Krokodile in drei Familien ein. Die Familienzugehörigkeit läßt sich am besten bestimmen, wenn man die Form von Kopf und Schnauze berücksichtigt.

1 Die Echten Krokodile (Fam. *Crocodylidae*) haben eine spitz zulaufende (konische) Schnauze und im Oberkiefer eine Furche, in die der vierte Unterkieferzahn paßt. Wird das Maul geschlossen, ist dieser Zahn sichtbar.

2 Alligatoren und Kaimans (Fam. *Alligatoridae*) haben viel breitere Schnauzen als Echte Krokodile. Ist das Mal des Tiers geschlossen, paßt der 4. Unterkieferzahn genau in eine Grube des Oberkiefers und ist nicht zu sehen.

3 Gaviale (Fam. *Gavialidae*) besitzen eine lange, äußerst schmale Schnauze. Bei den männlichen Tieren ist der Nasenteil knollig erhöht.

Wahl eines Krokodils siehe S. 278.
Unterbringung siehe S. 282.
Züchtung siehe S. 286.
Krankheiten siehe S. 289.

Handhabung. Nehmen Sie sich immer vor Bissen in acht! Die beste Methode, ein kleines Krokodil festzuhalten, ist rechts abgebildet. Man umfaßt das Tier dicht hinter dem Kopf mit Daumen und Fingern. Mit der anderen Hand stützt man den Körper des Krokodils und bändigt die Hinterbeine. Benützen Sie stets Lederhandschuhe, wenn Sie ein Krokodil von 1 m oder mehr Länge anfassen. Für große Tiere sind zwei Leute nötig.

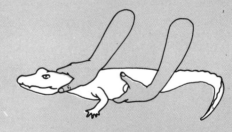

Ernährung. Krokodile sind Fleischfresser und brauchen viel Calcium und Vitamin D, damit sie keine deformierten Knochen und Zähne bekommen. Gaviale sollten nur mit Fischen gefüttert werden. Andere Arten nehmen Mäuse, Ratten und sonstige Wirbeltiere an, einschließlich Fische und Geflügel. Man gibt ganze Tiere, die so klein sind, daß sie unzerrissen geschluckt werden können. Das trägt zur Reinhaltung des Wassers bei. Injizieren Sie den Futtertieren Multivitamine. Alle paar Monate werfen Sie Kieselsteine ins Wasser. Wildlebende Krokodile schlucken solche Steine, um den Auftrieb im Wasser zu regeln.

Krokodile

Jeder, der erwägt, ein Krokodil zu halten, muß sich fragen, ob dies praktisch durchführbar, ungefährlich und gesetzlich erlaubt ist. Ein junges Krokodil mag recht anziehend aussehen. Aber es wächst schnell heran und kann eine Menge Kosten und Mühe verursachen. Man braucht eine Behausung, die Wasser und Land bietet und in der die Luft 27–32°C hat. Vorteilhaft sind direkte Sonne oder regulierte Bestrahlung mit ultraviolettem Licht.

1

1 Krokodilkaiman (*Caiman crocodilus*). Südamerika; bis 2,7 m; grau, Junge mit braunen Querbändern; Querleiste, ähnlich einem Brillensteg, zwischen den Augen; Futter: Fische, Mäuse, Ratten, Geflügel etc.

2 Mississippi-Alligator (*Alligator mississippiensis*). Südöstl. USA; durchschnittlich 5 m; erwachsene Tiere schwärzlich, junge schwarz und gelb; für das Futter gilt dasselbe wie beim Kaiman.

3 Stumpfkrokodil (*Osteolaemus tetraspis*). Westafrika; 1,8 m; dunkelgrau; kurze Schnauze, bei manchen Tieren nach oben gebogen; Futter wie Kaiman.

4 Ganges-Gavial (*Gavialis gangeticus*). Indien; bis 7 m; dunkelgrau; lange, schlanke Schnauze; frißt nur Fische.

Das am häufigsten erhältliche Krokodil ist der südamerikanische Krokodilkaiman, ein kleinerer Verwandter der Alligatoren. Der Mississippi-Alligator läßt sich leicht zähmen, aber er wird fast 5 m lang. Heute ist er geschützt, weil er zuviel gejagt und daher selten gewoden ist. Wer ein solches Tier halten möchte, kann es jetzt nicht mehr kaufen. Zu weiteren geschützten Krokodilen gehören das westafrikanische Stumpfkrokodil und der Ganges-Gavial.

Schildkröten als Pfleglinge

Schildkröten sind uralte Kriechtierformen. Wie man weiß, sind die gepanzerten Ahnen der heutigen Schildkröten schon vor 200 Millionen Jahren auf der Erde herumspaziert. Später begaben sich manche ins Wasser, und von ihnen stammen die stromlinienförmig gebauten schwimmenden Arten ab. Heute gehören Landschildkröten und Arten des Süßwassers zu den beliebtesten Kriechtieren, die man im Haus hält. Das ist nicht erstaunlich. Landschildkröten sind im allgemeinen leicht zu füttern und zu handhaben. Viele junge Wasserschildkröten sind mit ihrem schön gemusterten Panzer sehr attraktiv. Die meisten Arten sind langlebig, manche werden in Gefangenschaft über 100 Jahre alt. Aber wie alle Tiere müssen auch Schildkröten richtig betreut werden. Viele, die man aus warmen in kühle Länder bringt, sterben bald nach der Ankunft als Opfer der Kälte oder eines unsachgemäßen Transports. Andere verhungern oder sind unterernährt. Dies gilt besonders für junge Wasserschildkröten, denen man Trockenfutter gibt, statt lebende Wasserinsekten oder mit Vitaminen angereicherte frische Fische oder Fleischstückchen.

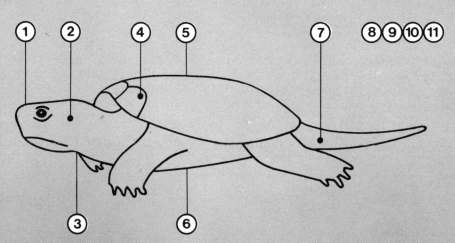

Charakteristische Merkmale

1 Schnabel mit Hornscheiden statt mit Zähnen.

2 Äußere Ohren fehlen.

3 Atmung durch das Maul.

4 Die meisten Arten besitzen einen Panzer aus Hornsubstanz. Er bedeckt einen knöchernen Panzer, der mit den Rippen des Brustkorbs und mit der Wirbelsäule verwachsen ist.

5 Rückenpanzer (Carapax).

6 Bauchpanzer (Plastron), bei Männchen konkav (nach innen gewölbt).

7 Die Männchen haben längere Schwänze mit dickerer Schwanzwurzel.

8 Landschildkröten sind hauptsächlich Pflanzenfresser, Wasserschildkröten Fleischfresser.

9 Für die meisten ist direkte Sonnenbestrahlung vorteilhaft.

10 Tropische Arten brauchen Wärme.

11 Alle Schildkröten legen Eier.

1

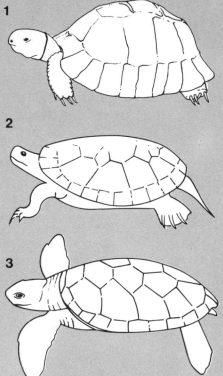

2

3

Verschiedene Formen. Es gibt drei Hauptgruppen von Schildkröten.

1 Landschildkröten der Familie *Testudinidae*. Sie haben meist einen gewölbten Rückenpanzer und säulenförmige Beine mit stumpfen Krallen an Klumpfüßen.

2 Süßwasserschildkröten. Die Mehrzahl gehört zu den Sumpfschildkröten. Die Mitglieder dieser Familie haben meist flachere Panzer als Landschildkröten, ihre Füße besitzen scharfe Krallen und Schwimmhäute. Die Dosenschildkröten dieser Familie ähneln jedoch in Aussehen und Lebensweise mehr den Landschildkröten.

3 Meeresschildkröten sind große, stromlinienförmig gebaute Wasserbewohner mit »Paddeln« zum Schwimmen. Weil man sie viel gejagt hat, sind sie selten geworden und mußten geschützt werden. Erwachsene Tiere, die man in Gefangenschaft hält, brauchen große Meeresaquarien. Als Haustiere eignen sie sich nicht.

Handhabung. Schnappschildkröten *(Chelydra sp.)* und Echte Weichschildkröten können schmerzhaft beißen. Halten Sie eine kleine Schnappschildkröte beim Schwanz so fest, daß ihr Kopf Ihrem Körper nicht nahe kommt (**a**). Eine Weichschildkröte fassen Sie, wie gezeigt (**b**), damit sie nicht beißen kann. Hüten Sie sich auch vor den scharfen Klauen. Große, bissige Tiere werden am besten in einem Behälter befördert.

Ernährung von Landschildkröten. Die meisten fressen vor allem Pflanzen. Viele mögen Löwenzahn, Butterblumen, Wegericharten und Kleeblätter. Gelbe Blumen ziehen sie an. Die meisten schätzen Salate, Kohlpflanzen, Gurken, Tomaten, Äpfel, Pfirsiche, Brombeeren und andere Gemüse- und Obstarten. Sorgen Sie für Abwechslung. Stellen Sie fest, was einzelne Tiere besonders gern fressen. Das ändert sich mit der Jahreszeit. Geben Sie ihnen Kalkschulpen von Tintenfischen und reichern zweimal wöchentlich Vitamin D im Futter an.

Fütterung von Süßwasserschildkröten. Die meisten sind hauptsächlich Fleischfresser: Würmer, Mehlwürmer, kleine tote Fische, Fischstücke, Hackfleisch oder Hundefutter mit Kalkschulpen und Vitamin D. Wasserschildkröten fressen meist nur unter Wasser.

a   **b**

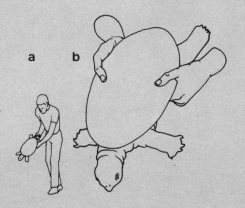

Unterbringung siehe S. 280–289.
Züchtung siehe S. 286.
Krankheiten siehe S. 288.

317

Landschildkröten

Diese Schildkröten haben hochgewölbte Panzer, säulenförmige Beine und Klumpfüße ohne Schwimmhäute. Die Formen reichen von handgroßen Arten bis zu den Riesenschildkröten, die Inseln bewohnen und auf denen ein Mensch reiten könnte. Man kennt insgesamt über 60 Arten, die in Afrika, Eurasien und Asien heimisch sind. Die meisten brauchen sonnige, trockene und warme Lebensräume, die auch Schatten bieten, dazu sauberes Trinkwasser sowie frisches Obst und Gemüse, Knochenmehl,

1

2   3

1 Maurische Landschildkröte *(Testudo graeca)*. Südwestl. und südöstl. Europa, Nordafrika, Südwestasien; Panzerlänge 30 cm; gelb oder braun und schwarz; schwarze hornige »Sporen« auf den Hinterschenkeln; langlebig, kann überwintert werden.

2 Breitrandschildkröte *(Testudo marginata)*. Südosteuropa; Panzer 30 cm; dunkel mit gelben Flecken auf den Randschildern, die am Hinterende sehr deutlich glockenartig aufgebogen und gezackt sind.

3 Wüstenschildkröte *(Gopherus Agassizi)*. Süwestl. Nordamerika; Panzer 36 cm; braune Schilder mit gelber Mitte; grabende Art; braucht unbedingt ein Sandgehege.

Multivitamine und ab und zu auch tierisches Eiweiß. In warmen Regionen sind die Landschildkröten ideal geeignet, Lieblinge kleiner Kinder zu werden. Sie sind ungefährlich, bewegen sich langsam, sind leicht zu handhaben und werden bald zutraulich. Futter findet sich in Gärten oder kann leicht gekauft werden. Aber geben Sie acht, daß sie nicht entfliehen. Eine Landschildkröte kann in Minutenschnelle aus einem Garten verschwunden sein, der keine Mauer hat.

4 Sternschildkröte *(Geochelone elegans).* Indien; Panzerlänge 20 cm; schwarze Streifen auf gelben Schildern; braucht das ganze Jahr über 21°C.

5 Waldschildkröte *(Geochelone = Chersina denticulata).* Südamerika; Panzerlänge 30 cm; rötlich dunkelbraun; braucht 24–27°C; scheut starkes Sonnenlicht.

6 Pantherschildkröte *(Geochelone pardalis).* Afrika; 76 cm; hellbraun mit dunkleren Flecken; frißt Gräser, Früchte; braucht das ganze Jahr über mindestens 20°C Temperatur.

Süßwasserschildkröten (1)

Schildkröten des Süßwassers findet man auf allen Kontinenten außer in der Antarktis. Die meisten haben flachere Panzer als die Landschildkröten. Sie leben hauptsächlich im Wasser. Viele von denen, die man in Gefangenschaft hält, gehören zur Familie der Sumpfschildkröten (Emydidae), zu der auch die landbewohnenden Dosenschildkröten (Terrapene sp.) zählen. Andere, hier vertretene Familien sind die Alligatorschildkröten (Chelydridae), die Großkopfschildkröten (Platysternidae), die Moschus- und

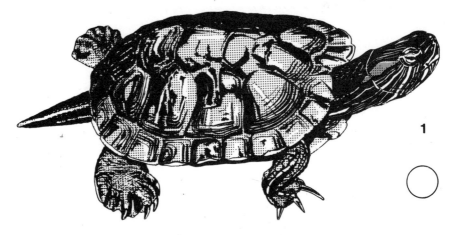

1 Rotwangen-Schmuckschildkröte *(Psedemys scripta elegans)*. Mittl. und südl. USA; Panzerlänge 20 cm; grün mit roten Streifen hinter den Augen; erwachsene Tiere robust, junge zart; braucht Platz zum Sonnen.

2 Schnappschildkröte *(Chelydra serpentina)*. Östl. Nordamerika; Panzer 30 cm; schwarzbraun; bösartig; verläßt selten das Wasser; braucht kein Sonnenlicht, wenn mit Fleisch und Fischen auch Vitamine und Calcium gegeben werden; fühlt sich bei 18–21° C wohl.

3 Großkopfschildkröte *(Plarysteron megacephalum)*. Nördl. Südostasien; Panzerlänge 23 cm; diese Art ist der Schnappschildkröte in Aussehen und Bedürfnissen sehr ähnlich.

Schlammschildkröten (Kinosternidae) und die Echten Weich-schildkröten (Trionychidae); dazu kommen noch die Pelomedu-sen-und Schlangenhalsschildkröten (Pelomedusidae, Chelidae). Süßwasserschildkröten lassen sich gut halten, aber manche beißen auch. Gefüttert werden sie unter Wasser, sie fressen meist Fleisch oder Fisch, mit Knochenmehl und Vitaminen angerei-chert. Sie brauchen Wasser und Land, Sonnenlicht – und tropi-sche Art viel Wärme. Die Becken müssen oft gereinigt werden.

4 Gewöhnliche Moschusschildkröte *(Sternotherus odoratus).* Östl. Nordame-rika; Panzer 11 cm; Moschusgeruch; ro-bust; braucht keine Sonne bei richtigem Futter.

5 Pennsylvania-Klappschildkröte *(Kino-sternum subrubrum).* Südöstl. USA; Pan-zer 10 cm; braun; beißt anfangs; gedeiht in seichtem Aquarium.

6 Kaspische Wasserschildkröte *(Maure-mys = Clemmys caspica leprosa).* Süd-westeuropa, Afrika; Panzer 20 cm; braun oder olivfarben; braucht Platz zum Sonnen.

7 Europäische Sumpfschildkröte *(Emys orbicularis).* Südeuropa, Westasien, Nordwestafrika; Panzer 25 cm; braun; robust; braucht Platz zum Sonnen.

321

8 Carolina-Dosenschildkröte *(Terrapene carolina).* Östl. USA; Panzer 15 cm; schwarz oder braun mit gelb; kann Brustpanzer zuklappen; eine Landschildkröte, die in Seichtwasser badet; Allesfresser.

9 Dreistreifen-Scharnierschildkröte *(Cuora trifasciata).* Nördl. Indochina; 20 cm; mit gestreiftem Kopf, Rückenpanzer mit drei Leisten; braucht Land und Wasser und 24–27°C.

10 Kohns Höcker-Schmuckschildkröte *(Graptemys kohni).* Südl. USA; Panzer 25 cm; bräunlich, mit gelbem Streifen auf dem Kopf; hauptsächlich Fleischfresser; braucht Sonnenplatz.

11 Diamantschildkröte *(Malaclemys terrapin).* Östl. USA; Panzer 23 cm; hauptsächlich schwarz, braun oder grau; braucht Brackwasser; frißt auch Weichtiere.

12 Südliche Zierschildkröte *(Chrysemis picta dorsalis).* Südl. USA; Panzer 13 cm; schwarzer Panzer mit breitem roten Streifen; frißt Pflanzen und Tiere; braucht Sonnenplatz.

13 Tropfenschildkröte *(Clemmys guttata).* Östl. USA; Panzer 11 cm; dunkel mit gelben Tupfen; robust; sonnt sich, aber nicht bei Sommerhitze; liebt besonders den Lebensraum des Seichtwassers in den Uferzonen.

14 Terekay-Schildkröte *(Podocnemis unifilis).* Trop. Südamerika; Panzer 20 cm; grau-olivfarben, gelbe Flecke auf dem Kopf; ist eine Halswender-Schildkröte *(Pleurodiva);* hauptsächlich Wassertier; Allesfresser; braucht 24°C Durchschnittstemperatur und genügend Platz zum Sonnen.

15 Glattrückige Schlangenhalsschildkröte *(Chelodina longicolls).* Panzer 11 cm; Halswender-Schildkröte; »schnorchelt«; frißt am liebsten Fische und Schnecken.

16 Dornrand-Weichschildkröte *(Trionyx spiniferus).* Östl. und mittl. USA; Panzer 43 cm; grau oder braun; beißt, kratzt; man hält sie allein; Seichtwasser mit feinem Sandgrund; kein Land im Vivarium nötig.

6

Vögel

Die Vögel (Aves) sind warmblütige, Luft atmende Wirbeltiere mit einem einzigartigen Federkleid. Die meisten Arten können fliegen, manche leben hauptsächlich auf dem Wasser. Anpassungen an mannigfaltige Lebensräume haben zu großen Unterschieden im Aussehen geführt. Im Lauf von Jahrhunderten sind viele Arten in Käfigen, großen Vogelhäusern oder auf dem Wasser gehalten worden. Andere Arten haben sich in der Landwirtschaft als sehr nützliche Haustiere erwiesen, da sie sich relativ leicht halten lassen. Heute sind viele Vögel gefährdet, weil der Mensch sie ihrer natürlichen Lebensräume beraubt. Zahlreiche Vögel gehen auch beim verantwortungslosen Transport für den Tierhandel zugrunde. Der Fang vieler wildlebender Arten ist heute gesetzlich verboten oder streng geregelt. Im allgemeinen sollten Vogelliebhaber nur in Gefangenschaft gezüchtete Tiere halten.

Rechts: Ausschnitt aus »Der heilige Franziskus predigt den Vögeln« von Giotto (1266–1337) (Louvre, Paris; Foto Giraudon)

Charakteristische Merkmale der Vögel

Die Vögel unterscheiden sich von allen anderen Tieren durch die einzigartige Körperbedeckung. Auch Insekten und Fledermäuse können fliegen, aber nur die Vögel besitzen Federn. Andere wesentliche Merkmale sind die in Flügel umgewandelten Vordergliedmaßen und der zahnlose Schnabel. Man nimmt an, daß sich die Vögel aus Kriechtieren entwickelt haben. Schuppen auf Füßen und Beinen sind ein Beweis für diese Ansicht. Die Vögel

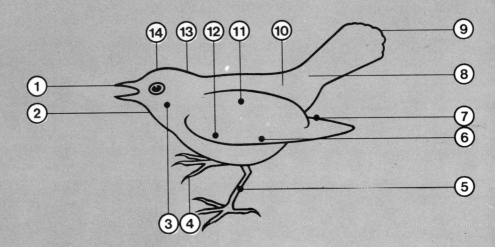

Anatomie. Die Flügel eines Vogels sind umgewandelte Vordergliedmaßen. Sie sind eines der wesentlichen Merkmale der ganzen Tierklasse.

Teile des Vogelkörpers.
1 Schnabel.
2 Kehle.
3 Deckfedern über dem Ohr.
4 Krallen.
5 Fußwurzel.
6 Nebenfedern.
7 Schwungfedern.
8 Schwanzdecken.
9 Schwanzfedern (Steuerfedern).
10 Hinterleib.
11 Schulter.
12 Eckflügel (Alula).
13 Genick.
14 Scheitel.

Federn. Man unterscheidet vier Formen.
a Deckfedern – die meisten Federn.
b Schwung- oder Schwanzfedern.
c Daunen oder Flaumfedern.
d Faden- oder Haarfedern.

Flug. Anpassungen an den Flug sind: ein leichtes Skelett, Federn und scharfe Augen, um Entfernungen abzuschätzen. Die Schwingen (Flügel) sind stromlinienförmig, um Reibung zu verringern und sind so gebaut, daß sie den Körper emporheben. Die vier Grundtypen des Flugs sind Gleitflug, Wellen- oder Bolzenflug, Schlag- oder Kraftflug und Rütteln (d.h. auf der Stelle verbleiben).

werden meist in 28 Ordnungen eingeteilt, die über 9000 bisher bestimmte Arten umfassen. Sie sind weltweit verbreitet, und Anpassungen an verschiedenen Umwelten haben auch beträchtliche Unterschiede in Körperbau und Aussehen hervorgebracht. Über die Hälfte aller heute lebenden Vogelarten gehört einer einzigen Ordnung, den Sperlingsvögeln (Passeriformes) an, die sich Umweltveränderungen am besten anpassen konnten.

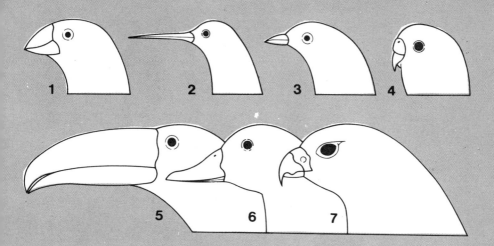

Schnäbel. Vögel benützen ihren Schnabel als Werkzeug zur Futteraufnahme, zum Putzen und Nestbau sowie für andere Tätigkeiten. Oft weist die Schnabelform auf die Art der Ernährung hin.
1 Schnabel eines Körnerfressers.
2 Schnabel eines Nektarfressers.
3 Schnabel eines Insektenfressers.
4 Papageienschnabel (Oberschnabel beweglich), wird beim Klettern zu Hilfe genommen.
5 Schnabel eines Fruchtfressers – keine typische Form bei dieser Gruppe.
6 Schnabel von Wasservögeln.
7 Schnabel eines Greifvogels.

Füße. Die Füße der Vögel sind der verschiedenen Lebensweise der einzelnen Familien angepaßt.
a Sperlingsvögel haben drei nach vorn gerichtete Zehen und eine nicht reversible (umdrehbare) Hinterzehe.
b Die zwei Vorder- und zwei Hinterzehen der Papageien eignen sich gut zum Festhalten von Futter.
c Wasservögel haben zwischen den Zehen große Schwimmhäute, die ihnen helfen, im Wasser leichter und schneller voranzukommen.
d Greifvögel besitzen starke Klauen, mit denen sie Fleisch zerreißen können.

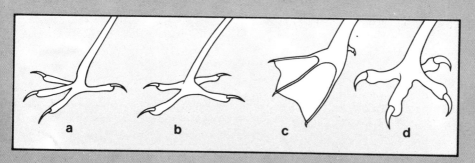

Vögel in Käfigen oder Vogelhäusern

Jahrhundertelang hat man viele Vogelarten in Käfigen oder Vogelhäusern als amüsante Hausgenossen gehalten oder als interessante und farbenprächtige Tiere zu Studienzwecken. Die meisten dieser Vögel gehören nur zwei Ordnungen an – den Sperlingsvögeln oder den Papageien (Psittaci), zu denen auch die Sittiche zählen. Die Sperlingsvögel umfassen eine Reihe von verschiedenen untereinander verwandten Familien. Ihr kompliziertes Verhaltensmuster zeigen sie am besten in größeren Vogelhäusern, in denen man sie auch dazu bringen kann, sich fortzupflanzen. Mitglieder der Papageiensippe sind gesellig und weniger vom Instinkt geleitet. Sie reagieren gut auf Zähmungsversuche.

Wie einleuchtet, hängt die Wahl eines Vogels vom verfügbaren Raum ab. Kanarienvögel, Wellensittiche und manche Papageien kann man in einem Käfig oder Vogelbauer im Zimmer halten. Alle anderen, in diesem Abschnitt genannten Vögel sollten in einem größeren Flugkäfig, Vogelhaus oder in einer »Vogelstube« untergebracht werden. Dabei muß man darauf achten, nur Arten, die sich vertragen, gemeinsam zu halten. Heute versucht man, die weitere Abnahme der Vogelbestände zu verhindern. Gesetze beschränken oder verbieten die Einfuhr und Ausfuhr von Vögeln sowie den Fang einheimischer, wildlebender Arten.

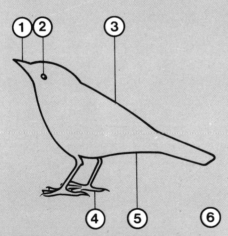

Erwerb eines Vogels. Gewöhnliche Käfigvögel wie Kanarienvögel und Wellensittiche kann man leicht in Tierhandlungen kaufen. Genauso wie die ungewöhnlicheren Arten für das Vogelhaus kann man sie auch direkt von Züchtern oder durch Antwort auf eine Anzeige in Fachzeitschriften erhalten. Leider sterben jedes Jahr Tausende von exotischen Vögeln auf dem Transport. Erstehen Sie daher, wenn irgend möglich gezüchtete Tiere. Man kann sie an einem Fußring erkennen, auf dem das Datum des Schlüpfens eingraviert ist.

Wahl eines gesunden Vogels

1 Der Schnabel darf nicht übermäßig groß sein.
2 Die Augen sollten glänzen.
3 Das Federkleid sollte glatt aussehen.
4 Die Füße dürfen nicht deformiert sein.
5 Schwanzumfeld muß sauber sein.
6 Vögel sollten lebhaft sein. Isolieren Sie neue Vögel zwei Wochen lang, um sicher zu gehen, daß sie nicht krank sind.

Akklimatisierung. Alle aus wärmeren Ländern importierten Vögel brauchen während der ersten paar Monate sachkundige Pflege. Besonders im Winter muß man sie vor Unterkühlung schützen. Sie brauchen auch Zeit, um sich auf eine veränderte Kost umzustellen; verwenden Sie offene Schalen, bis die Tiere sich beispielsweise an den Mechanismus eines Trinkautomaten gewöhnt haben.

Die wichtigsten Vogeltypen. Für Käfig und Vogelhaus gibt es zwei Grundtypen: Sperlingsvögel, hier durch den Kanarienvogel (**a**) vertreten und Papageien, z.B. den Wellensittich (**b**).

Auswahl für das Vogelhaus. Holen Sie sachkundigen Rat ein, ehe Sie irgendwelche Vögel in das gleiche Vogelhaus bringen. Oft kann man Vögel von ähnlicher Größe gemeinsam halten; aber manche großen Vögel sind sanft, während kleine aggressiv sein können. Man überlege auch, welches Futter und welche Temperatur die verschiedenen Arten brauchen und ob Pflanzen im Vogelhaus nötig sind oder wahrscheinlich zerstört werden. Viele Vögel brüten auch nur, wenn jedes Paar ein eigenes Vogelhaus hat.

Besondere Betreuung. Beispiele für Vögel, die besondere Unterkunft brauchen:

1 Von Unzertrennlichen (*Agapornis sp.*) werden am besten Paare in einem eigenen Vogelhaus untergebracht.

2 Singsittiche sind anderen Arten gegenüber aggressiv.

3 Necktarvögel brauchen eine geschützte Unterkunft, in der nur Nektarfresser leben.

Gemischte Vogelgruppen. Beispiele:

4 Schwarzkopfnonne, Olivgrüner Zebrafink, Orangebäckchen.

5 Bandfink, Chinesischer Sonnenvogel, Strohwitwe.

6 Haubenhäherling, Nymphensittich, Goldohr-Arassari.

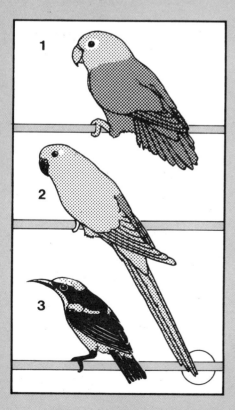

329

Vogelkäfige

Unterbringung in einem Käfig ist nötig für Vögel, die man im Zimmer hält, wie Kanarienvögel, Wellensittiche und Papageien, aber auch, um ausländische, aus Vogelhäusern stammende Arten einzugewöhnen. Die Käfige sollten so groß wie möglich sein. Ganzdrahtkäfige eignen sich für Kanarienvögel und Wellensittiche. Es wird aber vielleicht schwierig sein, im Laden einen Käfig zu finden, der groß genug für einen Papagei ist. Sehr oft ist

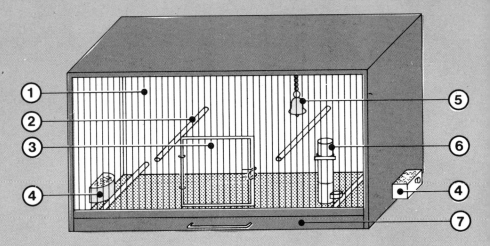

Kastenkäfig. Ein typischer Kastenkäfig ist oben abgebildet. Ein Vogelpaar von der Größe eines Wellensittichs kann in einem Käfig von $90 \times 45 \times 38$ cm hausen. Stellen Sie den Käfig in eine Ecke, in der es nicht zieht und keine grelle Sonne einfällt, aber hell ist.

1 Front mit Gitterstäben in 1,25 cm Abstand, für kleine Orangebäckchen nur 0,9 cm.

2 Sitzstangen – zwei in halber Käfighöhe so angebracht, daß Kopf und Schwanz nicht anstoßen, und zwei Stan-

gen weiter unten in der Nähe von Futter- und Wasservorrat.

3 Tür, die sicher zu schließen ist.

4 Behälter, die sich herausnehmen lassen, für Futter und Körner auf jeder Seite des Käfigs.

5 Eine Glocke, mit der sich Wellensittiche vergnügen. Vermeiden Sie es aber, Käfige mit Spielzeug zu füllen.

6 Trinkautomat.

7 Herausziehbarer Boden mit Sand, Sägemehl, Sandpapier oder – für Weichfresser – mit Zeitungspapier bedeckt.

Sitzstangen. Die Sitzstangen sollen so groß sein, daß der Vogel einen sicheren Halt findet. Sitzstangen aus Weichholz mit ovalem Querschnitt (**a**) sind ideal für Käfigvögel. Einige Vögel im Vogelhaus bevorzugen natürliche Zweige (**b**) verschiedener Dicke. Die Sitzstangen sollen oft gesäubert, von Schnäbeln zerhackte durch neue ersetzt werden.

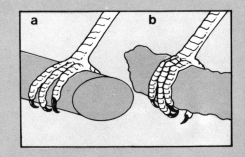

ein selbst angefertigter Käfig vorzuziehen. Einfache Kastenkäfige mit drei Holzwänden und einer Front aus Gitterstäben können in einem »Vogelzimmer« übereinandergestellt werden und eine Sammlung kleiner Vögel beherbergen. Die Käfige müssen an einen zugfreien, lichten Platz mit stabiler Temperatur gestellt werden. Nachts kann man sie mit einem Tuch zudecken, um die Vögel vor Zugluft und Beunruhigung zu schützen.

Käfige für Papageien. Käufliche Käfige sind meist nur 90 × 60 × 60 cm groß. Der hier abgebildete Käfig besteht aus festem Draht mit einem Gitterboden über einer herausziehbaren Schublade und einer festen Wand als Abschirmung. Für größere Papageien kann man selbst Käfige anfertigen. Aber verkleiden Sie dann alle Holzflächen mit Metall. Papageien zerknabbern Holz, und man muß dann die Sitzstangen oft erneuern. Ein zahmer Papagei fühlt sich am wohlsten auf einer hohen Sitzstange außerhalb des Käfigs.

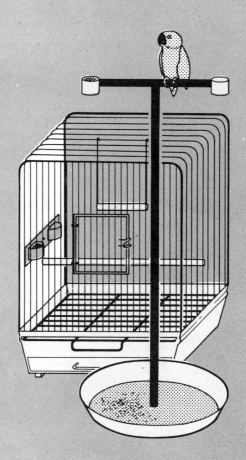

Säuberung. Käfige von Weich- oder Obstfressern sollten täglich gereinigt werden. Bei den meisten anderen Käfigvögeln genügt es, alle 2-3 Tage zu säubern. Man erneuert Sand, Sägemehl oder Zeitungspapier, die verschmutzt sind, und reinige auch alle Futter- und Wasserbehälter, die verschmutzt sind. Jeden Abend sollte nichtverzehrtes Futter entfernt werden. Die Sitzstangen müssen oft abgekratzt und mit einem guten Desinfektionsmittel gewaschen werden. Einmal alle 3 Monate muß der ganze Käfig mit warmem Wasser und Desinfektionsmitteln gereinigt werden.

Wie man den Vögeln Bewegung verschafft. Selten sind die Käfige groß genug, daß sie auch nur kleinen Vögeln genügend Bewegung ermöglichten. Leicht zu zähmende Vögel wie Kanarienvögel und Wellensittiche kann man außerhalb des Käfigs herumfliegen lassen. Man muß sie aber gut überwachen. Ehe Sie sie freilassen, schließen Sie Fenster und Türen und entfernen andere Haustiere aus dem Raum. Lassen Sie den Vogel vor der Fütterung frei, damit man Futter dazu benützen kann, ihn in den Käfig zurückzulocken. Papageien sollte man einen Flügel stutzen, wenn man sie lange Zeit außerhalb des Käfigs freiläßt.

331

Vogelhäuser

Die Unterbringung in einem Vogelhaus ist für die meisten in Gefangenschaft gehaltenen Vögel zu empfehlen. Viele Sperlingsvögel haben komplizierte Verhaltensmuster, die sie nur zeigen, wenn genügend Raum vorhanden ist, damit jedes Tier ein Territorium für sich beanspruchen kann. Vogelhäuser ermöglichen Flugübungen, die für die Gesundheit vieler Arten sehr wichtig sind, und sie bieten naturnahe Bedingungen zum Brüten.

Vogelhaus im Freien

1 Trockener, vor Zugluft sicherer Schuppen aus Holz, aber auf einem Betonsockel, um Schädlinge fernzuhalten. Der Schuppen sollte mindestens so hoch sein wie der Flugkäfig, da Vögel gern auf einem Hochsitz schlafen. Wie groß soll der Schuppen sein? Man rechnet 0,09 qm für jeden Vogel, der so groß wie ein Wellensittich ist.

2 Fenster, um Tageslicht und frische Luft hereinzulassen. Innen vergittert, um Flucht zu verhindern.

3 Öffnung mit Schiebetür, durch die Vögel in den Flugraum gelangen.

4 Tür zum Schuppen, der Sitzstangen, Futternäpfe, Wasserschalen oder Trinkautomaten enthält.

5 Flugteil aus Drahtgitter in Holz oder Metallrahmen eingebaut. Lochgröße des Gitters 1,25 cm, für kleinere Vögel enger.

6 Baum mit dürren Ästen zum Sitzen. Sorgen Sie für viele solcher Sitzstangen, um Kämpfe zu verhüten.

7 Angepflanzte Gebüsche locken Insekten in ein Vogelhaus für Weichfresser.

8 Eingangstür, 1,2 m hoch, oder eine Schleuse, damit kein Vogel entwischt.

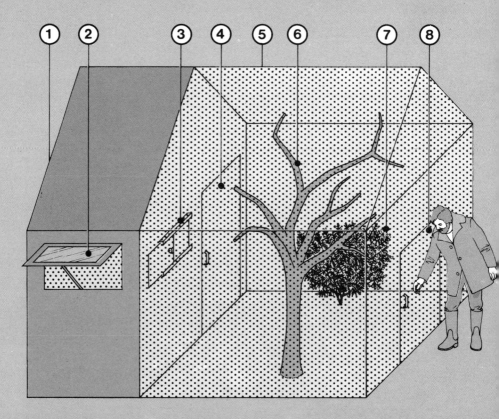

Vogelhäuser müssen möglichst groß sein und ebensogut gesichert gegen Eindringlinge wie Fluchtversuche. Man vereint nur verträgliche Arten und vermeidet eine Übervölkerung. Viele ausländische Vögel können in einem Vogelhaus im Freien das ganze Jahr über gehalten werden, wenn sie sich erst einmal akklimatisiert haben. Manche Arten brauchen jedoch im Winter besonderen Schutz und eine Heizung.

Baupläne für Vogelhäuser. Eine Reihe von Bautypen entspricht den besonderen Bedürfnissen individuell zusammengestellter Vogelgruppen. Wir stellen hier zwei Beispiele dieser Möglichkeiten vor:
a Ein Gewächshaus ist ideal für Vögel, die besonders viel Wärme brauchen. Ein vergittertes offenes Fenster sorgt für Luftzufuhr. Pflanzen ziehen Lebendfutter für Insektenfresser an.
b Eine Reihe einzelner Flugkäfige und Schuppen ist für brütende Paare oder andere Vögel geeignet, die man am besten getrennt unterbringt.

Säuberung. Man entferne jeden Abend alles nicht verzehrte Futter. Jede Woche sollten Behälter für Körner, Sand oder Steinchen und Wasser gründlich gewaschen und alle Samenhülsen und Exkremente beseitigt werden. Sitzstangen sollten regelmäßig gereinigt und, wenn nötig, durch neue ersetzt werden. Am Ende jeder Brutzeit sollten die Vögel vorübergehend umquartiert werden, während man das ganze Vogelhaus gründlich säubert und neu ausschmückt. Erst wenn diese Mindestanforderungen der Hygiene erfüllt werden, fühlen sich die Tier wohl.

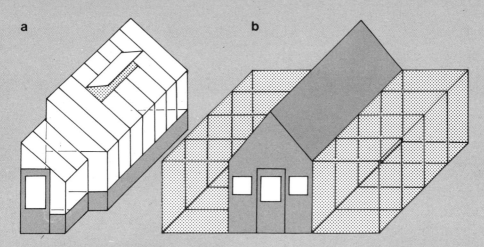

a

b

Schutz vor Schädlingen. Vögel in einem Vogelhaus müssen vor Raubzeug und vor Tieren geschützt werden, die Futter stehlen oder verderben. Grabende Tiere lassen sich dadurch abschrecken, daß man das Drahtgitter noch etwa 30 cm breit vor dem Vogelhaus über den Boden breitet und, wie (rechts) gezeigt, mit starken Krampen befestigt.

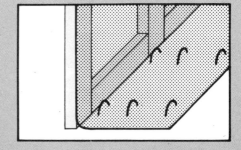

333

Fütterung der Vögel im Haus

Vögel haben eine höhere Körpertemperatur und einen schneller ablaufenden Stoffwechsel als die meisten Säugetiere. Daher darf man Futter und Wasser nie ausgehen lassen. Um das sicherzustellen, blase man von offenen Futternäpfen die Samenhülsen weg und prüfe, wie hoch Futter- und Trinkautomaten noch gefüllt sind. Alle Futterbehälter müssen so weit von den Sitzstangen entfernt sein, daß herabfallende Exkremente sie nicht ver-

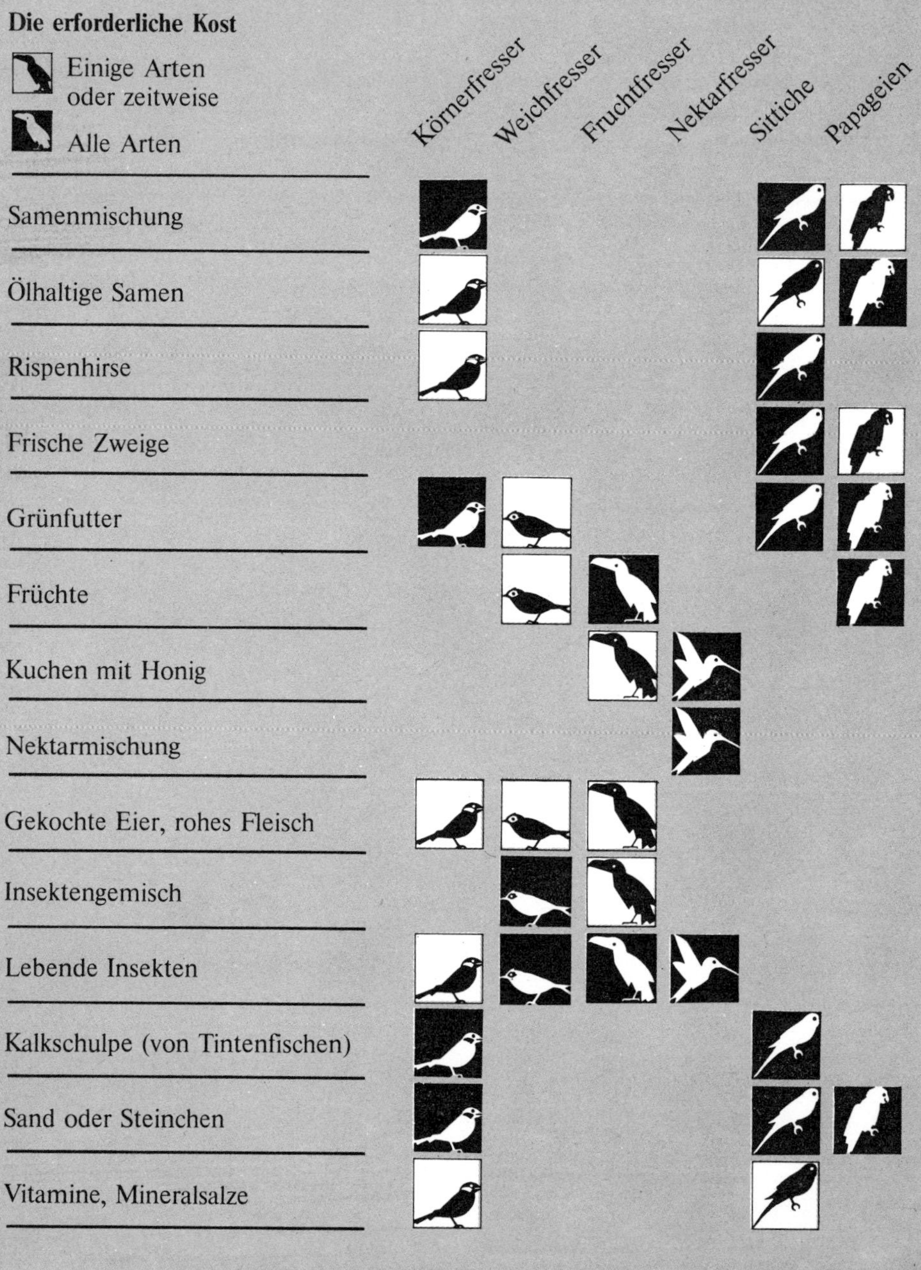

Die erforderliche Kost

🐦 Einige Arten oder zeitweise

🐦 Alle Arten

	Körnerfresser	Weichfresser	Fruchtfresser	Nektarfresser	Sittiche	Papageien
Samenmischung	●				●	●
Ölhaltige Samen	●				●	●
Rispenhirse	●				●	
Frische Zweige					●	●
Grünfutter	●	●			●	●
Früchte		●	●			●
Kuchen mit Honig			●	●		
Nektarmischung				●		
Gekochte Eier, rohes Fleisch	●	●				
Insektengemisch		●	●			
Lebende Insekten	●	●	●	●		
Kalkschulpe (von Tintenfischen)	●				●	
Sand oder Steinchen	●				●	●
Vitamine, Mineralsalze	●				●	

schmutzen können. Je nach der Art des Futters kann man Vögel im Käfig oder Vogelhaus in drei Grundtypen einteilen. Körner- oder Samenfresser sind einfach zu ernähren. Sie gedeihen, wenn sie verschiedene Samenmischungen, Grünfutter, Steinchen oder Sand und Kalkschulpen bekommen. Weichfresser oder weich- schnäbelige Vögel reichen von Arten, die hauptsächlich Insekten fressen bis zu anderen, denen gemischte Kost bekommt.

Fütterungsmethoden. Unten sind ver- schiedene Behälter abgebildet, die sich zur Fütterung von Vögeln im Käfig oder im Vogelhaus eignen. Manche kann man an den Stäben oder am Gitter auf- hängen, andere stellt man auf den Bo- den.

1 Körnerschale, die man aufhängt. Kann auch für Sand und Wasser ver- wendet werden.

2 Körnerspender – ein ausgezeichneter Behälter, um eine Samenmischung zu füttern.

3 Drahtgestell für Grünfutter; kann an

Stäben oder am Gitter befestigt werden.

4 Plastikgefäß mit perforiertem Deckel. Zum Sammeln von Insekten etc., die man später im Vogelhaus freiläßt.

5 Mit Hilfe von Stiften kann man Stük- ke von frischen Früchten auf eine Sitz- stange stecken.

6 Eine Kalkschulpe läßt sich zwischen die Käfigstäbe klemmen.

7 Nektar füttert man am besten aus ei- nem Trinkautomaten mit gebogener Tülle (gebogenem Endstück).

8 Trinkautomaten halten das Wasser sauber.

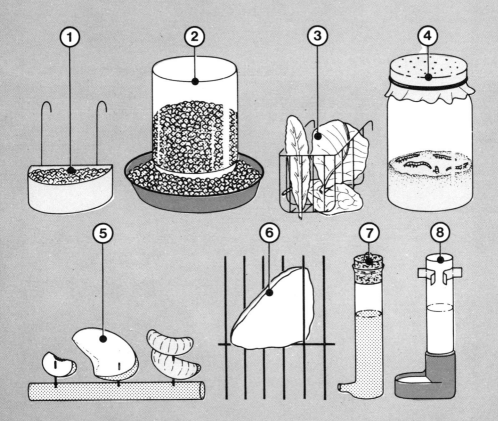

Behandlung der Vögel im Haus

Alle in einem Vogelhaus gehaltenen Vögel und die meisten Käfigvögel sollten so wenig wie möglich angefaßt werden. Vögel sind scheu und bekommen leicht Angst. Domestizierte Zuchtvögel und viele Papageien lassen sich jedoch leicht zähmen und werden zutrauliche Hausgenossen, wenn man sie jung erwirbt. Viele Papageienarten sind von Natur aus gesellig, und wenn keine Artgenossen vorhanden sind, suchen sie die Gesellschaft und

Einfangen von Vögeln. In einem Vogelhaus kann das mit einem Schmetterlingsnetz (**a**) geschehen. Man winkt etwa mit einem Taschentuch, um den Vogel abzulenken, und dann stülpt man, wenn er eine günstige Stellung einnimmt, das Netz über ihn, meist, wenn er am Gitter hängt. Käfigvögel lassen sich fangen, indem man in den Käfig greift und den Vogel fest, aber sanft umfaßt (**b**). Den Kopf des Vogels hält man zwischen Daumen und Zeigefinger und drückt leicht beiderseits auf den Schnabel. Mit den übrigen Fingern hält man die Flügel am Körper des Vogels. Drücken Sie nie auf die Brust eines Vogels und greifen Sie nie in die Schwingen oder Schwanzfedern, da man sie ausreißen könnte. Käfigvögel lassen sich aber auch dazu abrichten, sich auf Ihren Finger zu setzen, sobald Sie sie aus dem Käfig holen wollen (**c**). Zum Abrichten streckt man täglich 15 Minuten lang die Hand in den Käfig, bis der Vogel lernt, Ihren Finger als Sitzstange zu akzeptieren.

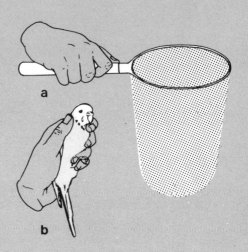

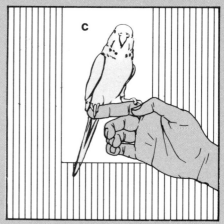

Transport von Vögeln. Gelegentlich müssen Vögel mit der Bahn oder im Flugzeug versandt werden. Das ist für viele Arten ein Schock; und wenn sie auf der Reise noch falsch untergebracht sind, ist der Streß noch schlimmer. Zuerst erkundige man sich nach den besonderen Vorschriften derjenigen, durch deren Hände der Vogel geht. Man versendet Vögel in festen, gut ventilierten Kisten mit gepolstertem Deckel. Sorgen Sie für Futter und Wasser, wenn die Fahrt länger als ein paar Stunden dauert. Versehen Sie die Kiste mit einer Aufschrift, die den Namen der Art und Instruktionen für den Notfall enthält. Bei wertvollen Vögeln empfiehlt es sich, eine Telefonnummer anzugeben.

Zuneigung des Menschen. Tragen Sie keine dicken Handschuhe, wenn Sie mit zahmen Papageien umgehen, da sie sich wahrscheinlich davor fürchten. Handschuhe können jedoch bei manchen Arten im Vogelhaus nützlich sein, damit man keine Schnabelhiebe bekommt. Aber sie machen die sanfte Behandlung unmöglich, die wesentlich ist, wenn Sie erreichen wollen, daß ein Vogel völlig zahm wird.

Zähmung von Papageien. Große, bösartige Papageien können wegen ihres starken Schnabels gefährliche Hausgenossen sein. Für die eigene Sicherheit und auch für das Wohlbefinden des Vogels ist es nötig, einen Papagei zu zähmen. Zuerst öffnen Sie die Käfigtür und bieten dem Papagei Leckerbissen an (**a**). Bei Anzeichen von Aggressivität eignen sich dafür Karotten gut. Bieten Sie ihm weiterhin jeden Tag Futter an, bis der Papagei so neugierig wird, daß er den Käfig verläßt. Hat er sich daran gewöhnt, draußen zu bleiben, halten Sie ihm einen Stock hin. Zuerst ist dem Papagei der Stock wahrscheinlich verdächtig. Bieten Sie weiter Futter an, bis er die Furcht verliert. Schließlich nehmen Sie den Stock und halten ihn oberhalb der Beine dem Vogel quer vor die Brust. Heben Sie den Stock hoch, um den Papagei zu ermuntern, daß er auf ihn klettert (**b**). Der Stock soll schräg nach oben gerichtet sein, damit der Vogel nicht in Versuchung kommt, auf Ihren Arm zu klettern.

Wie man ihnen das Sprechen beibringt. Angehörige der Papageiensippe sind bekanntlich fähig, Gesprochenes nachzuahmen. Mit Sicherheit läßt sich nie voraussagen, ob ein Vogel einer »sprechenden« Art ein guter Imitator wird, wenn er das seinem früheren Besitzer gegenüber nicht schon bewiesen hat. Sonst ist der beste Weg, einen sprechenden Vogel zu bekommen, wenn man ihn jung erwirbt und einzeln hält. Beginnen Sie das Abrichten damit, ihm täglich ein einfaches Wort vorzusagen. Wiederholen Sie die gleiche Lektion, bis der Vogel gelernt hat, das Wort zu sprechen, ehe Sie ihm ein neues beibringen. Manche Papageien reden nur, wenn ihr Besitzer außer Sicht ist!

Körperpflege

Vögel brauchen wenig »Körperpflege«, aber fast alle Arten baden gern. Ein Bad regt den Vogel dazu an, das Gefieder zu putzen, es mit einem öligen Sekret einzufetten, das die Federn flugtüchtig macht. Man muß auch darauf achten, daß Schnäbel und Krallen nicht zu lang werden. Vielleicht ist es nötig, sie zu beschneiden. Die Flügel zu stutzen ist nur bei großen Papageien erforderlich, denen man möglichst viel Freiheit einräumen sollte.

Das Bad. Verschiedene Arten stellen besondere Anforderungen an ein Bad.
1 Ein geschlossenes Badehäuschen, das an der Käfigtür befestigt werden kann, eignet sich für Kanarienvögel und andere im Zimmer gehaltene Vögel.
2 Flache irdene Schalen sind ideal für kleine Bewohner eines Vogelhauses, da sie sich an der rauhen Oberfläche des Tons festkrallen können.
3 Papageien baden gern so, daß sie ihre Schwingen in einem Regenschauer ausbreiten. Nehmen Sie als Ersatz dafür ein Sprühgerät.

Stutzen der Schwingen hat den Zweck, den Flug von Vögeln zu hemmen, die man frei herumfliegen läßt. Man kennt zwei Methoden. Entweder stutzt man alle Flugfedern einer Schwinge (**a**) oder jede zweite Feder beider Schwingen (**b**). Man schneidet die Schwingenfedern gerade ab und wiederholt das Verfahren nach der Mauser.

Stutzen von Schnabel und Krallen ist notwendig, wenn beide zu lang werden. Man verwendet dafür Nagelzangen, wenn der Vogel klein und zahm ist, oder lassen Sie sich von einem Tierarzt helfen. Am besten sind vorbeugende Maßnahmen wie: Rauhfutter geben und für Sitzstangen von richtiger Größe sorgen.

Mauser, (d.h. der Wechsel des Federkleids) kann zu bestimmten Jahreszeiten oder das ganze Jahr über erfolgen. Dies kann an der Gesundheit zehren. Daher füttert man zusätzlich Eier und Insekten und hält die Temperatur.

Krankheiten

Sorgt man für gesunde Lebensbedingungen, ist dies der beste Schutz vor Erkrankung. Vogelkrankheiten entwickeln sich oft sehr schnell und manche sind auf den Menschen übertragbar. (S. 418–419). Lernen Sie die Anzeichen von Beschwerden zu erkennen, und isolieren Sie bei der ersten Gelegenheit die betroffenen Vögel. Oft ist Wärme das wirksamste Heilmittel. Medikamente sollten nur vom Tierarzt gegeben werden.

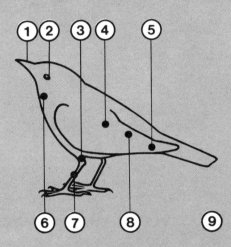

Anzeichen einer Erkrankung

1 Ausfluß aus der Nase.

2 Veränderte Augenfarbe.

3 Schwellungen; geschwollene Gelenke.

4 Gesträubtes Gefieder und Frösteln sind Anzeichen für Fieber. Ausgebreitete Schwingen zeigen an, daß den Vögeln zu heiß ist.

5 Verschmutzte Afteröffnung (Durchfall) und vorquellender After (das Ei bleibt in ihm stecken).

6 Geräuschvolle Atmung.

7 Zu starke Schuppenbildung auf den Beinen.

8 Schlechter Zustand der Federn; übertriebenes Putzen.

9 Schwäche; Weigerung zu fressen.

Käfig für kranke Vögel. Die beste Kur für kranke Vögel ist oft Wärme. Der Vogel muß in einem »Hospitalkäfig« isoliert werden, der durch eine Glühbirne auf 29° C erwärmt wird. Der Käfig sollte eine Glasfront haben, die sich herausschieben läßt und Wärme zurückhält sowie eine seitliche Türe zum Füttern und Reinigen.

Unpäßlichkeit. Man konsultiere bei den ersten Anzeichen einer Erkrankung stets einen Tierarzt und isoliere kranke Tiere sofort, um die Ausbreitung einer Infektion zu verhüten.

a Vogelpocken. Eine Viruskrankheit, die schwierig zu diagnostizieren ist.

b Durch Bakterien verursachte Darmkrankheiten sind bei Nestlingen häufig und mit Durchfall und Schwäche verbunden.

c Aspergillose ist eine Pilzkrankheit, die zu Wucherungen in der Lunge führen kann.

d »Erkältungen« und andere Beschwerden in den Atmungsorganen entstehen meist infolge zu feuchter Lebensbedingungen.

e Geschwüre im Schnabel sind meist eine Infektionskrankheit, die durch das Wasser übertragen wird.

f Vögel sind anfällig für verschiedene Parasiten. Zu den äußeren zählen Läuse sowie Milben, die »Kalkbeinigkeit« verursachen. Innere Parasiten wie Kokzidien führen zu Schwächezuständen.

g Durchfall und Verstopfung deuten vielleicht auf falsche Ernährung hin.

h Papageien, die sich langweilen, neigen dazu, Federn auszureißen, sogar, dem Kannibalismus zu verfallen.

i Klumpfuß (geschwollener Fußballen) wird durch zu fette Kost verursacht.

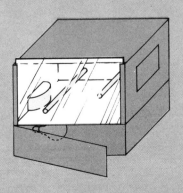

Züchtung in Käfig und Vogelhaus

Vögel in Gefangenschaft zu züchten ist stets dem Fang wildlebender Arten vorzuziehen. Viele dieser Arten sind ohnedies für den Vogelliebhaber nicht mehr erhältlich, nachdem man höchst notwendige gesetzliche Vorschriften erlassen hat, um dahinschwindende Vogelbestände zu schützen. Erfolgreiche Züchtung und Großziehen von Jungvögeln in Gefangenschaft ist für jeden Vogelliebhaber eine lohnende Aufgabe.

Hochzeitsgefieder. Bei vielen Arten haben Männchen und Weibchen ein verschieden gefärbtes Gefieder. In manchen Fällen ist dieser Unterschied nur zur Brutzeit ausgeprägt. Ein eindrucksvolles Beispiel dafür ist die Dominikanerwitwe. Außer in der Brutzeit ist das Männchen (**a**) braun und lederfarben wie das Weibchen (**c**). Im Hochzeitsgefieder (**b**) ist es jedoch schwarz und weiß mit langen Schwanzfedern. Das Hochzeitskleid wird später abgeworfen.

Betreuung brütender Vögel. Die Verhaltensmuster und Bedürfnisse verschiedener Arten variieren sehr. Besitzer, die Neulinge sind, sollten fachkundigen Rat einholen, ehe sie eine Zucht versuchen. Manche Vögel brüten unbekümmert in Kolonien, aber die Mehrzahl pflanzt sich wahrscheinlich nur erfolgreich fort, wenn jedes Pärchen in einem eigenen Vogelhaus untergebracht wird. Ein paar Arten sind sogenannte Brutparasiten. Sie legen ihre Eier in die Nester anderer Vogelarten. Die meisten Vögel müssen mit einem »Kraftfutter« – ölreichen Samen, Dotter von hartgekochten Eiern und viel lebenden Insekten – ernährt werden, um in »Brutstimmung« zu kommen. Während der Paarung und nachdem die Eier gelegt worden sind, dürfen die Vögel möglichst wenig gestört werden. Besonders im Winter kann eine Henne gelegentlich das Ei nicht ausstoßen. Im typischen Fall liegt sie dann mit vorquellender Afteröffnung hilflos auf dem Boden. Meist nützt Behandlung mit Wärme (siehe S. 368).

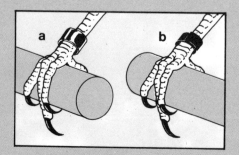

Beringung. Alle im Vogelhaus ausgebrüteten Jungvögel erhalten einen Ring mit dem Datum des Schlüpfens. Diese Ringe kann man in einer Tierhandlung kaufen. Metallringe (**a**) erhalten die Jungvögel, Kunststoffringe (**b**) können geöffnet und Vögeln jeden Alters angelegt werden. Diese Ringe sind in vielen Farben erhältlich, damit man die Vögel leicht identifizieren kann.

Die Bereitschaft von Vögeln, in Gefangenschaft zu brüten, hängt sehr weitgehend von den äußeren Umständen ab, die möglichst genau mit denen ihrer natürlichen Umwelt übereinstimmen müssen. Viele Vögel brüten höchstwahrscheinlich erst, wenn jedes Paar ein eigenes Vogelhaus bekommt, andere brüten nur in Gesellschaft. Bei einigen Arten ist es schwierig, ein Paar zu finden, weil das Geschlecht schwer zu bestimmen ist.

Nistkästen. Den meisten Vögeln muß man ein Nest bieten, wenn sie in Gefangenschaft brüten sollen. Je nach der Größe des Vogels und der Form des Nests, das er in der freien Natur bauen würde, sind die Ansprüche sehr unterschiedlich. Unten finden Sie Beispiele für verschiedene Nistgelegenheiten.

1 Weidenkörbchen für kleine Körnerfresser und Tangaren.

2 Holznistkasten für Finken, ca. 15 cm lang mit Öffnung und Sitzstange.

3 Großer Nistkasten aus Holz für Sittiche. Der Boden hat eine Vertiefung für die Eiablage.

4 Brut- oder Heckkäfig für Kanarienvögel mit getrennten Abteilungen für Männchen und Weibchen. Eine Holz- und eine Gitterwand trennen die zwei Teile. Zuerst wird die Holzwand entfernt. Scheinen sich die Vögel zu vertragen, nimmt man auch das Gitter weg. Ein napfförmiges Nest ist ebenfalls erforderlich.

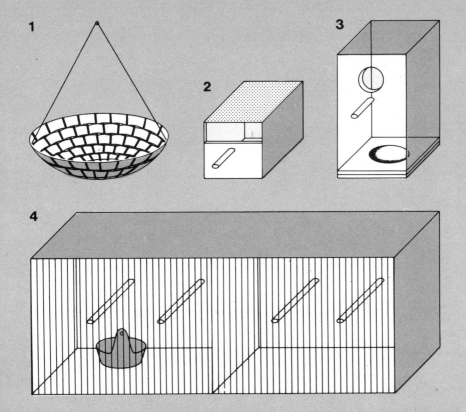

Kanarienvögel

Der Kanarienvogel, kurz Kanari genannt (Serinus canaria), ist ein Mitglied der Familie Finken (Fringillidae) und stammt von den Kanarischen Inseln. Wegen des schönen Gesangs – nur der Männchen – ist er seit Jahrhunderten beliebt und domestiziert. Der wildlebende Kanari ist unscheinbar gefärbt. Aber man hat in Gefangenschaft zahlreiche Rassen gezüchtet. Man schuf die Farbenkanarien, die gelb, grün, blau, weiß, rot und zimtfarben sind

1 Border-Kanari. 13,5 cm; klein, elegant, glattes Gefieder; Grundnahrung Kanari-Futter, Rapssamen, Grünfutter, Kalkschulpe; Seesand; wird er im Freien gehalten, erhöht man die Rationen von Rapssamen und gibt noch Hanf- und Leinsamen dazu; sorgen Sie für Bademöglichkeit.

2 Yorkshire Kanari. 16 cm; langer Körper und Schwanz; stolze Haltung auf langen Beinen; wie Border-Kanari betreuen.

3 Norwich-Kanari. 16 cm; große und klotzige Rasse; betreuen wie Border-Kanari.

4 Pariser Trompeter. 20 cm; eine große und schlanke »frisierte« Form; üppig wallendes Gefieder; pflegen wie Border-Kanari.

5 Gloster Corona-Kanari. 12,7 cm; ähnlich auch: Deutscher Haubenkanari; klein, rundlich mit Federhaube; Betreuung wie bei Border-Kanari.

6 Harzer Roller. 13,5 cm; die Männchen singen besonders schön; betreuen wie Border-Kanari.

und heute in Deutschland neben dem »Harzer Roller«, einem reizenden Sänger, am häufigsten gezüchtet werden. Aber man schätzt hier auch die unten genannten meist britischen »Positurkanarien« von unterschiedlicher Gestalt und Befiederung. Diese Tiere sind nicht heikel und daher leicht zu betreuen. Oft werden sie einzeln im Käfig gehalten, aber sie gedeihen auch gut in Vogelhäusern im Freien und sind leicht zu züchten (siehe S. 341).

Körnerfresser mit hartem Schnabel (1)

Finken und Verwandte gehören einer Vogelgruppe an, die man Körnerfresser oder Hartschnäbel nennt. Denn ihr Hauptmerkmal ist ein kurzer, kegelförmiger Schnabel, der Samen gut zerhacken kann. Alle kleineren Finken und Prachtfinken (Estrildidae), die auf diesen Seiten beschrieben werden, kann man auch für das Vogelhaus eines Anfängers empfehlen. Sie sind friedlich und fühlen sich in einer gemischten Vogelgesellschaft wohl.

1 Bengalenfink. Zuchtform; 13 cm; weiß oder braun und weiß, manchmal mit Haube; gedeihen in fast allen Behausungen; Kanari-Futter, Hirse.

2 Olivgrüner Zebrafink (*Taeniopygia castanotis*). Zuchtform; 11,5 cm; grau, lederfarben, weiß; kastanienfarbige Flecke, sind weiß gesprenkelt, roter Schnabel; braucht warmes Winterquartier; Kanari-Futter, Hirse und viel Grünzeug.

3 Gould-Grasfink (*Poephila gouldiae*). Nordaustralien; 13 cm; große Flecke grün, purpurn, gelb, lila, rot und schwarz; Hirse, Kanari-Futter, Grünfutter; Zugabe von Vitaminen und Mineralsalzen zu empfehlen.

4 Schwarzkopfnonne (*Lonchura malacca atricapilla*). Indien; 11,5 cm; Kopf, Nacken, Kehle schwarz, sonst dunkelkastanienbraun; Kanari-Futter, Hirse, Grünfutter.

5 Muskatfink (*Lonchura punctulata*). Indien; 11,5 cm; braun, Unterseite braun und weiß; Kanari-Futter, Hirse, Grünfutter.

6 Tigerfink (*Amandava amandava*). Indien; 10 cm; Männchen im Hochzeits-

kleid sind rot, braun, schwarz und weiß, sonst wie die Weibchen braun und weiß; Hirse und Grünfutter.

7 Orangebäckchen (*Estrilda melpoda*). Westafrika; 10 cm; grau, braun, schwarz, roter Hinterleib und Schnabel, orangerote Bäckchen; Hirse, Kanari-Futter, Grünzeug.

8 Schmetterlingsfink (*Uraeginthus bengalus*). Tropisches Afrika; 11,5 cm; rehfarben mit himmelblauer Unterseite und roten Bäckchen; Hirse, Kanari-Futter, Grünfutter, Insekten.

Die Betreuung ist einfach. Ihre Hauptnahrung sind Samen, ergänzt durch Grünfutter, Steinchen oder Sand und Kalkschulpen. Brütenden Vögeln sollte man Insekten zufüttern, damit sie in guter Vefassung bleiben. Alle diese Vögel passen sich gut dem Leben in einem Vogelhaus im Freien an und werden widerstandsfähig, wenn sie sich eimal eingewöhnt haben. Sie baden gern und sollten jeden Tag frisches Wasser bekommen.

Körnerfresser (2)

Die auf diesen beiden Seiten angeführten Körnerfresser können alle in einem Vogelhaus im Freien gehalten werden. Aber Vorsicht ist geboten, wenn man Vögel für einen gemischten Bestand wählt. Webervögel (Ploceidae), Witwen (Viduinae) und größere Finken sind meist aggressiver, ungestümer und unruhiger als die kleineren Finken, die sie wahrscheinlich tyrannisieren würden. In vieler Hinsicht ist die Betreuung ähnlich der anderer Körner-

1 Strohwitwe *(Linura = Vidua fischeri)*. Ostafrika; 12,5 cm; Hochzeitskleid der Männchen schwarz, lederfarben, gelblich weiß; 17,5 cm langer Schwanz; sonst Sperling ähnlich; Körnernahrung mit Mehlwürmern und Maden.

2 Spitzschwanz-Paradieswitwe *(Steganura paradisea)*, Afrika; 10 cm; Männchen zur Brutzeit schwarz, kastanien-

braun und weiß, mit 20 cm langem Schwanz; sonst braun; füttern wie Strohwitwe!

3 Napoleon-Weber *(Euplectes afra)*. Afrika; 13 cm; Männchen zur Brutzeit schwarz und gelb, sonst braun; füttern Sie die gleiche Nahrung wie der Strohwitwe.

fresser (siehe S. 344); aber manche Arten brauchen mehr Insekten in der Nahrung. Auch die Züchtung kann komplizierter sein. Webervögel sind interessant, weil sie kunstvolle Nester bauen, aber leider brüten sie in Gefangenschaft nicht sehr bereitwillig. Die Männchen der Witwen haben ein hübsches Hochzeitsgefieder, aber auch sie zu züchten ist schwierig, da sie polygam und außerdem Brutparasiten sind (siehe S. 340).

4 Bandfink *(Amadina fasciata)*. Afrika; 12,5 cm; beige mit schuppenartiger Zeichnung; Männchen mit rotem Kehlfleck; frißt Körner und Grünfutter.

5 Orangeblaufink *(Passerina leclancheri)*. Mexiko; 13,5 cm; Männchen leuchtend gelb, blau, grün; Weibchen blaßgelb, olivgrün; Körner- und Grünfutter, dazu täglich zwei Mehlwürmer.

6 Reisfink *(Padda oryzivora)*. Indonesien; 13,5 cm; grau, schwarze Abzeichen, weiße Wangen; Körner- und Grünfutter.

7 Grünkardinal *(Cubernatrix cristata)*. Brasilien, Argentinien; 19 cm; Männchen olivgrün und gelb mit schwarzer Haube; Weibchen matter gefärbt; Körner- und Grünfutter, Mehlwürmer.

Weichfresser

Die auf diesen beiden Seiten genannten Arten sind Vertreter einer großen Vogelgruppe, die man gewöhnlich als Weichfresser oder Weichschnäbel bezeichnet. Sie haben schlanke, spitze Schnäbel, die völlig ungeeignet für Körnerfresser wären, aber ideal sind für die Hauptnahrung der Weichfresser: Insekten und Früchte. Diese Arten sind bei Vogelhaltern beliebt, weil viele von ihnen sehr zahm werden. Die Schamadrossel ist wegen ihres

1 Chinesischer Sonnenvogel (*Leiothrix lutea*). Südchina, Himalaja; 15 cm; olivgrün, gelb; grobe Insektenmischung, Früchte plus Körner, Grün- und Lebendfutter.

2 Schamadrossel (*Copsychus malebaricus*). Indien; 28 cm, einschließlich Schwanz; schwarz, kastanienbraun, weiß am Schwanz; bringt Paare allein unter; feine Insektenmischung, dazu Lebendfutter, Käse, gehacktes Rindfleisch.

3 Schillertangare (*Tangara guttata*). Nördl. Südamerika; 13 cm; grün, weiß, schwarze Flecke; darf im Winter nicht im Freien sein; frißt Früchte, Insekten.

4 Tonkibülbül (*Pycnonotus cafer*). Indien; 20 cm; braun, schwarz, weiß, roter After; frißt grobes Insektengemisch, Früchte, täglich 6 Mehlwürmer.

schönen Gesangs berühmt und der Beo wegen der Geschicklichkeit, mit der er Laute nachahmt und »spricht«. Weichfresser hält man am besten in einem bepflanzten Vogelhaus, da Bäume und andere Pflanzen Insekten als wertvolles Lebendfutter anlocken. Steinchen oder Sand sind für Weichfresser nicht nötig. Aber man sollte ihnen täglich ein Bad bieten. Sitzstangen und Futternäpfe von Fruchtfressern müssen häufig gereinigt werden.

5 Haubenhäherling (*Garrulax leucolophus*). Indien; 30 cm; braun, weiß, grau, schwarz; lärmend; grobes Insektengemisch, Früchte, Lebendfutter.

6 Purpurglanzstar (*Lamprotornis purpureus*). West- und Zentralafrika; 23 cm; dunkelblau, purpurn und grün schillernd; Früchte und Insektenmischung.

7 Beo (*Gracula religiosa*). Südasien; 33 cm; schwarz; gelbe Kehllappen; guter Sprachimitator, wenn man ihn jung bekommt; grobes Insektengemisch, Früchte, Lebendfutter.

Nektarfresser

Manche Vögel ernähren sich von Nektar, süßen Fruchtsäften und kleinen Insekten. Zu ihnen gehören die Kolibris der Ordnung Trochiliformes. Die Verwendung von Nektarersatz und die Versorgung mit viel lebenden Insekten haben es ermöglicht, diese Vögel einigermaßen erfolgreich in Gefangenschaft zu halten. Strikte Sauberkeit ist dabei wesentlich. Nektarfresser zu halten kann man nur erfahrenen Vogelzüchtern empfehlen.

1 Purpurhonigsauger *(Cyanerpes cyaneus)*. Mittel- und Südamerika; 11,5 cm; Männchen im Brutgefieder blau und schwarz schillernd, Beine rot, sonst grün; Früchte, in Honig getauchter Kuchen, Insekten.

2 Goldstirn-Blattvogel *(Chloropsis aurifrons)*. Indien, Burma; 20 cm; grünblauer Kehlfleck, schwarz und gelb umrandet, Kopf gelb, aggressiv; muß im Winter im Zimmer sein; Futter: Früchte mit Nektarmischung, täglich mit Lebendfutter versorgen.

3 Van Hasselts Nektarvogel *(Cinnyris sperata)*. Südostasien; 10 cm; Männchen schwarz, kastanienbraun mit blauen, grünen, purpurnen metallisch glänzenden Flecken; Weibchen olivfarben; in Vogelstube mit Pflanzen halten; Nektarmischung, Lebendfutter.

4 Veilchenohrkolibri *(Colibri coruscans)*. Südamerika; grün schillernd mit blauroten Flecken; braucht sachkundige Pflege, Vogelstube mit Pflanzen, im Sommer Garten-Vogelhaus; Nektarmischung und Taufliegen.

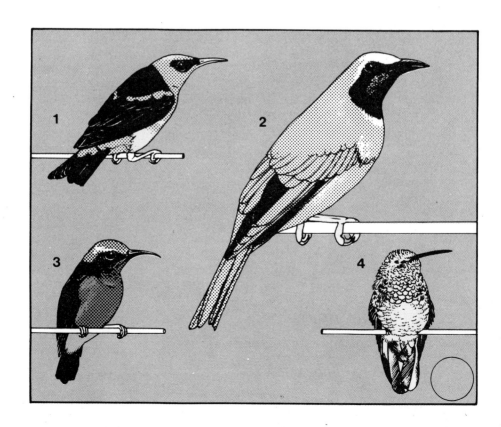

Tukane

Tukane und Arassari (Fam. Ramphastidae) haben einen großen Schnabel. Sie gehören der Ordnung Spechtvögel (Piciformes) an. Der Riesentukan ist ein reizender, leicht zu zähmender, großer Vogel. Er sollte aber nicht mit kleineren Arten in einem Vogelhaus gehalten werden. Der Goldohr-Arassari kann dagegen gefahrlos mit größeren Weichfressern zusammenleben. Beide Arten zerstören Pflanzenwuchs im Vogelhaus.

1 Riesentukan *(Ramphastos toco)*. Südamerika; 50 cm; Gefieder schwarz und weiß, um die Brust gelb und unter dem Schwanz rot; Schnabel orangerot mit schwarz; in großem Vogelhaus halten; vor schlechtem Wetter schützen; Früchte mit Insektengemisch, rohes Fleisch, gelegentlich tote Mäuse.

2 Goldohr-Arassari *(Selenidera maculirostris)*. Südamerika; 25 cm; Männchen schwarz und dunkelgrün mit orangerot und rot, kahler blauer Fleck am Schnabel; Weibchen (abgebildet) braun; statt schwarz; darf im Winter nicht im Freien sein; Früchte mit Insektengemisch und etwas rohes Fleisch.

Wellensittiche

Wellensittiche gehören zu den beliebtesten Haugenossen. Diese munteren, farbigen und freundlichen Vögel gedeihen gut in einem Vogelhaus im Freien oder im Zimmer in einem einfachen Ganzdrahtkäfig (S. 330). Der Wellensittich (Melopsittacus undulatus) ist eine Sittichart aus der Unterfamilie der Echten Papageien (Psittacinae). Der in Australien heimische Wellensittich brütet bereitwillig in Gefangenschaft und wird heute als domesti-

1

1 Normalform des Wellensittichs. 17 cm; hellgrün, gelbes Gesicht, dunkle Zeichnung auf Kopf, Rücken, Flügeln; blaue Haut oberhalb des Schnabels bei Männchen, lederfarbene bei Weibchen; Kanarienkörner, Hirsegemisch, Grünfutter, Sand oder Steinchen, Weichfutter für Kanarien, Kalkschulpe; die Lebensdauer beträgt 6–15 Jahre.

Zur Züchtung anderer Farbschläge hat man Mutationen genützt. Geht der Gelbfaktor verloren, entstehen aus dem normalen grünen Wellensittich blaue und weiße Formen. Grüne und blaue Exemplare können hell und dunkel gefärbt sein. Weißen Wellensittichen fehlt die gelbe und weitgehend auch die blaue Körperfarbe.

ziert angesehen. Gestalt und Größe variieren nicht so sehr wie beim Kanarienvogel, aber man hat durch Züchtung von Vögeln, bei denen Mutationen auftraten, eine beträchtliche Reihe von Farbschlägen erhalten. Wellensittiche muß man jung erwerben, wenn sie richtig zahm werden sollen. Viele lernen auch sprechen. Sie sind lebhaft und spielen gern. Wellensittiche sollten mit einem Sprühgerät gebadet werden.

2 Albinos sind rein weiß mit roten Augen und ohne eine Spur von Blau. Innerhalb der grünen Serie sind die Lutinos ganz gelb mit roten Augen.

3 Die »Regenbogenform« ist eine vielfarbige Rasse, die man durch Kreuzung von gelbgesichtigen blauen Vögeln mit blaugrün schimmernden sogenannten Opalinen erhielt.

4 Opaline-Wellensittiche sind auch anders gemustert. Die Abzeichen auf dem Kopf sind heller und fehlen auf dem Rücken.

5 Dänische rezessive Schecken haben auf Flügeln, Rücken und Nacken eine trübe, auf der oberen Brust eine klare Färbung; die Körperfarbe erscheint in einem Fleck auf dem Magen.

Sittiche

Sittiche sind langschwänzige, meist leuchtend gefärbte Angehörige der Papageiensippe. Mit Ausnahme des Wellensittichs werden Sittiche nicht besonders zahm. Sie sind jedoch im allgemeinen ganz leicht zu betreuen und ideal geeignet für ein Vogelhaus. Dort können sie sich mit längeren Flügen Bewegung verschaffen und ihre strahlenden Farben sehr vorteilhaft zeigen. Grassittiche wie Bourke-, Schmuck- und Schönsittich zerstören keine Pflan-

1 Bourke-Sittich *(Neophema bourkii)*. Zentralaustralien; 23 cm; graubraun, blau, rosarot; kann mit Finken und Weichfressern zusammenleben; Kanarienkörner, Hirse, enthülsten Hafer, Sonnenblumensamen, Grünfutter.

2 Schönsittich *(Neophema pulchella)*. Südöstl. Australien; 19 cm; blau, grün, gelb, rot; am besten in einem geräumi-

gen Flugkäfig halten; füttern wie Bourke-Sittich.

3 Schmucksittich *(Neophema elegans)*. Süd- und Westaustralien; 23 cm; olivgrün mit Blau und Gelb; robust, ruhig; füttern wie Bourke-Sittich.

zen und können gemeinsam mit kleinen Finken und Weichfressern gehalten werden. Rosellasittiche ruinieren Pflanzen, und Pflaumenkopfsittiche sollte man nur mit Vögeln ähnlicher Größe zusammenbringen. Die meisten dieser Arten brüten in Gefangenschaft ganz leicht. Wie alle übrigen Körnerfresser brauchen sie in ihren Käfigen, die man möglichst geräumig halten sollte, Sand oder Steinchen und Kalkschulpen.

4 Rosellasittich *(Platycercus eximius ceciliae).* Südaustralien; 38 cm; Brust und Kopf rot, weiße Kehle, übriger Körper schwarz, gelb und blau; braucht Flugmöglichkeit; füttern wie Bourke-Sittich.

5 Singsittich *(Psephotus haematonotus).* Südaustralien; 28 cm; grün und gelb, Hinterleib rot; allein zu halten; fliegt gern; füttern wie Bourke-Sittich.

6 Pflaumenkopfsittich *(Psittacula cyanocephala).* Indien; 36 cm; grün, schwarze Kehle und Hals; Männchen mit pflaumenfarbenem Kopf, roten Schulterflekken; Weibchen hat einen blaugrauen Kopf; füttern wie Bourke-Sittich.

355

Papageien

Der Goldkinnsittich und das Rosenköpfchen sind attraktive kleine Vögel der Papageienfamilie (Psittacidae). Sie sind recht leicht zu betreuen und werden sehr zahm. Am besten bringt man Pärchen in einem kleinen Vogelhaus im Freien unter, aber man kann sie auch im Zimmer halten. Zur gleichen Ordnung gehören auch die nektarfressenden Loris (Trichoglossinae), die wegen der besonderen Kost und Pflege schwieriger zu betreuen sind.

1 Goldkinnsittich *(Brotogerys jugularis)*. Südamerika; 16,3 cm; Grundfarbe grün, einige mit Gelb, Orange oder Weiß: Körnerfutter, Früchte.

2 Rosenköpfchen *(Agapornis roseicollis)*. Ostafrika; 15 cm; grün, gelb, blau, mit rosafarbenem Kopf; Körnerfutter, Grünfutter.

3 Blauwangenlori *(Trichoglossus haematodus)*. Australien; 30 cm; blau, rot, grün, gelb; Nektar, Früchte, Körnerfutter, Lebendfutter, Grünfutter.

4 Erzlori *(Domicella domicella)*. Assam; 30 cm; rot, grüne Schwingen, purpurfarbener Kopf; Nektar, milde Früchte, etwas Körnerfutter.

Nymphensittiche und Kakadus

Nymphensittiche (Nymphicus sp.) und Kakadus (Kakatoëinae) haben eine charakteristische Federhaube. Sonst hat der Nymphensittich im Aussehen mit dem langen spitzen Schwanz mehr mit den Sittichen gemein, während der Kakadu mehr einem Papagei gleicht. Außer zur Brutzeit können Nymphensittiche in einem gemischten Vogelhaus gehalten werden. Kakadus sind interessante Hausgenossen. Manche werden 80 Jahre alt.

1 Nymphensittich *(Nymphicus hollandicus)*. Australien; 33 cm; grau, weiß, gelbe Haube, orangefarbene Wangen; sanftmütig; braucht ausgedehnte Flüge; Körnerfutter, Grünfutter, Äpfel.

2 Gelbwangenkakadu *(Kakatoe sulphurea)*. Celebes; 36 cm; weiß, gelbe Haube, fahl-gelbe Wangen; bevorzugt Körnerfutter, Früchte, Möhren sowie Grünfutter.

Papageien

Große Papageien der Unterfamilie Echte Papageien (Psittacinae) sind berühmt wegen ihrer leuchtende Färbung und der amüsanten Fähigkeit, die menschliche Sprache nachzuahmen. Am besten »spricht« der Graupapagei, der ganz genau den Tonfall einer Stimme nachahmen kann. Amazonen und in geringerem Grad Mohrenkopfpapageien wiederholen auch viele Wörter und Sätze, aber sie können den Tonfall weniger gut imitieren. Papageien

1

1 Graupapagei *(Psittacus erithacus).* Afrika; 36 cm; silbergrau mit rotem Schwanz; braucht Bewegung; Vogelhäuser müssen ein festes Gitter haben; man füttert Kanari-Futter, Sonnenblumensamen, Nüsse, Buchweizen, Früchte und Grünfutter.

2 Gelbscheitelamazone *(Amazona ochro cephala).* Südamerika; 37 cm;

grün, gelb; füttern wie Graupapagei.

3 Mohrenkopfpapagei *(Poicephalus senegalus).* Westafrika; 25 cm; grün, gelb, Kopf grau; Körnerfutter, Grünfutter, Früchte.

4 Ararauna *(Ara ararauna).* Mittel- und Südamerika; 95 cm; blau mit gelber Brust; braucht großes Vogelhaus; Körnerfutter, Früchte, Grünfutter.

sind meist gesellig, und viele werden sehr anhänglich, ja sogar ihrem Besitzer liebevoll ergeben. Sie zeigen auch sehr deutlich, wen sie gern haben oder nicht leiden können. Sehr oft haben sie eine Vorliebe für Menschen des anderen Geschlechts. Das Problem, einen Käfig zu finden, der groß genug ist, kann ersatzweise gelöst werden, wenn man einen Flügel stutzt. Sein Schnabel ist sehr kräftig; er braucht Weichholz zum Knabbern.

Geflügelhaltung

Hühner, Truthühner, Perlhühner, Wachteln, Fasane und Pfauen zählen zur Ordnung Hühnervögel (Galliformes). Alle haben einen untersetzten Körper, einen kleinen Kopf und kräftige Füße, mit denen sie Futter aus der Erde scharren können. Sie sind im wesentlichen Bodenbewohner und können gut laufen. Ihr Hauptfutter sind Sämereien, Getreidekörner und Grünfutter, und sie brauchen zur Verdauung auch Sand oder Steinchen. Die Hähne sind meist aggressiv, und manche haben Sporen zum Kämpfen. Geflügel zählt nicht zu den besonders ansprechbaren oder intelligente Haustieren. Aber einige Arten haben sich als sehr nützlich für den Menschen erwiesen, während andere in erster Linie wegen ihres hübschen Aussehens gehalten werden. Manche Geflügelarten sind schon seit Jahrtausenden domestiziert. Besonders Haushühner sind selektiv für verschiedene Zwecke gezüchtet worden. Dadurch entstanden zahlreiche recht unterschiedliche Zuchtformen. Die Haltung von Truthühnern im »Hinterhof« ist ziemlich mühsam. Zum Ziergeflügel gehören Perlhühner, verschiedene Wachteln und Fasane und der prächtige Blaue Pfau. Die erforderlichen Behausungen reichen von einfachen Schuppen und Gehegen für Hühner bis zu Vogelhäusern für Wachteln, die man als Ziervögel hält.

Bankivahuhn *(Gallus gallus)*. Rechts ist ein Hahn abgebildet. Dieser schöne, rote, goldfarbene und schwarze Vogel ist der Ahne unserer Haushühner. Man findet ihn wildlebend heute noch in den Wäldern Asiens.

Darstellungen von Geflügel in der Kunst
a Gemälde eines Hahns aus einem ägyptischen Grab (um 1350 v. Chr.).
b Aztekisches Bild eines Dämons in Gestalt eines Truthahns.
c Zwei Fasane – Detail aus einem persischen Manuskript, das 1604 für den Fürsten Salim vefaßt wurde.

a **b** **c**

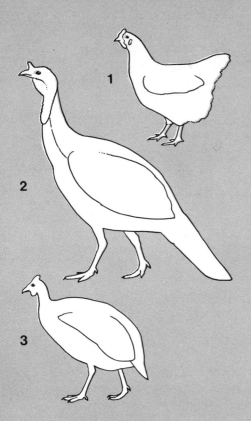

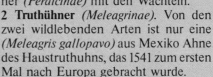

Hühnervögel *(Galliformes)*. Die häufigsten Geflügelarten gehören verschiedenen Unterfamilien dieser Ordnung an.

1 Fasane *(Phasianinae)*. Zu ihnen zählt auch das Bankivahuhn, die Ahnenform unserer Haushühner. Heute gibt es davon etwa 70 Rassen, die sich in Aussehen und Verwendungszweck unterscheiden. Weitere Unterfamilien sind die Pfauen *(Pavoniae)* und die Feldhühner *(Perdicinae)* mit den Wachteln.

2 Truthühner *(Meleagrinae)*. Von den zwei wildlebenden Arten ist nur eine *(Meleagris gallopavo)* aus Mexiko Ahne des Haustruthuhns, das 1541 zum ersten Mal nach Europa gebracht wurde.

3 Perlhühner *(Numidinae)*. Man kennt 7 afrikanische Arten, die manchmal als Unterfamilie der Fasanenartigen *(Phasianidae)* betrachtet werden.

Körperteile eines Huhns. Hähne sind ähnlich, haben aber Sporen an den Beinen und längere Schwanzfedern.

1 Kehllappen.
2 Halsgefieder.
3 Brust.
4 Mittelfußgelenk.
5 Bein.
6 Flaumfedern.
7 Obere Schwanzdeckfedern.
8 Sichelfedern – besonders beim Haushahn ausgeprägt.
9 Ohr.
10 Kamm.
11 Schnabel.

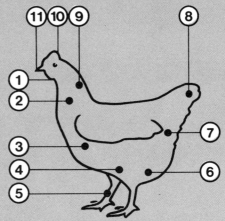

Erwerb von Geflügel. Man kann es von Geflügelzüchtern, Tierhandlungen und durch Antwort auf Anzeigen in Fachzeitschriften erhalten. Küken können mit Erfolg aufgezogen werden, brauchen aber anfangs viel Fürsorge. Das Geschlecht läßt sich bei Küken schwer bestimmen, und Neulinge können sich leicht irren. In vielen Gebieten ist die Haltung von Geflügel in Hinterhöfen durch gesetzliche Vorschriften eingeschränkt. Der Besitzer ist immer dafür verantwortlich, wenn seine Vögel etwa unerlaubt in ein Nachbargrundstück eindringen, unerträglich lärmen oder Ungeziefer anlocken.

Unterbringung von Geflügel

Alle Ställe für Geflügel sollten Schutz vor Schlechtwetter, eine Nistgelegenheit sowie genügend Raum zum Herumlaufen und Scharren bieten. Ställe müssen eine gute Lüftung haben, um die Ausbreitung von Krankheiten der Atmungsorgane zu verhüten. Das Dach der Unterkunft sollte isoliert sein, damit keine Wärme verlorengeht. Frische Luft ist notwendig, Zugluft schädlich. Gut und sicher eingezäunt muß ein Geflügelhof auch sein. Vögel, die auf dem Boden leben, sind besonders von Raubtieren bedroht,

Geflügelställe. Für den, der Geflügel nur im Hinterhof hält, genügt ein einfacher Hühnerstall, wenn reichlich Raum für einen Auslauf (im Freien) vorhanden ist. Jeder Vogel braucht etwa 0,3 qm Bodenfläche und 20 cm Abstand auf Sitzstangen. Auf 0,4 Hektar sollten nicht mehr als 100 Vögel gehalten werden.
1 Sichere Umzäunung, 1,8 m hoch aus Wellblech und Drahtgitter, das 60 cm tief im Boden verankert ist, um Ratten fernzuhalten.
2 Schrägdach.
3 Erhöhter Stallboden.

4 Eingang mit Schiebetür und Rampe.
5 Tür für den Betreuer.
6 Gitter für die Lüftung an der Vorderseite.
7 Klappe, um das Gitter zu schützen.
8 Innenausstattung: Trockener Boden, mit Stroh oder Sägespänen bedeckt. Sitzstangen, ein Brett unter den Sitzstangen befestigt, um Exkremente aufzufangen. Nistkästen an der Seitenwand, ein Behälter für Sand oder Steinchen, einer zum Trinken und ein Futtertrog. Wesentlich ist auch ein Behälter für ein Staubbad.

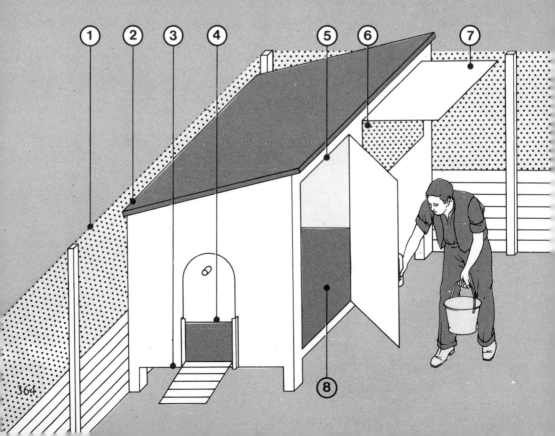

z. B. von Füchsen. Ungeziefer kann Krankheiten einschleppen und Futter verderben.

Größe und Bauart der Unterkunft sind variabel. Sie richten sich danach, wie viele Vögel man hält und nach den besonderen Bedürfnissen der verschiedenen Arten. Die meisten brauchen ähnliche Lebensbedingungen, obwohl sie im Detail voneinander abweichen können. Bedenken Sie, daß für die Geflügelhaltung in Stadtgebieten einschränkende Vorschriften gelten.

Ställe anderer Bauart

Bewegliche Unterkünfte sind praktisch, wenn genügend Land vorhanden ist, damit ein solcher Stall täglich versetzt werden kann, ohne innerhalb von zwei Wochen an den gleichen Platz zurückzukehren. Der gedeckte Raum einer solchen »Arche« (a) ist verbunden mit einem Auslauf, der mit einem Drahtgitter nach oben abgeschlossen ist und der es ermöglicht, daß die Vögel Gras rupfen. In einem separaten Teil werden Futter und Wasser geboten.

Zwerghühner werden wie Haushühner untergebracht, brauchen aber weniger Raum.

Truthühner muß man ähnlich beherbergen. Aber sie benötigen mindestens 0,5 qm Raum und 60 cm Abstand auf den Sitzstangen. Der Boden aller Ställe muß 90 cm über dem Grund liegen. Eine Sonnenveranda (b) bietet Vögeln Schutz, die frei herumlaufen dürfen. Um Krankheiten zu verhüten, soll man für Truthühner nie schon einmal für Hühner verwendete Geräte benutzen.

Perlhühner suchen sich selbst Unterkunft in Sträuchern, aber sie benützen vielleicht für die Nacht auch einen Stall, wenn man ihnen einen bietet. Ein hoher Zaun ist für sie wichtig. Stutzen der Flügel verhindert die Flucht.

Fasane können frei im Garten umherlaufen. Werden sie eingesperrt, braucht jeder Vogel etwa 9 qm Platz. Ein einfacher Stall, Sträucher als Versteck und ein Staubbad sind für sie nötig.

Pfauen brauchen viel Platz für das »Radschlagen«. Zwei Vögel brauchen ein Haus von 4,5 × 4,5 × 2 m Größe mit Sitzstangen, 90 cm über dem Boden.

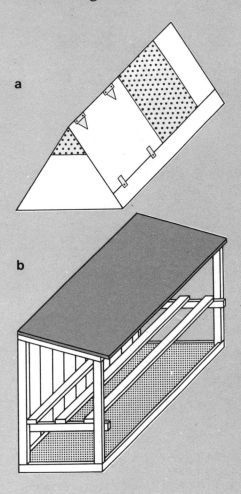

Säuberung. Strengste Reinlichkeit ist wesentlich für die Aufzucht gesunder Vögel. Alle Ställe und deren Einrichtungen müssen regelmäßig gewaschen werden. Wenn möglich, sollte man Hühner nicht dauernd auf dem gleichen Stück Land halten. Ihre Exkremente verschmutzen den Boden.

Fütterung von Geflügel

Geflügel braucht eine Grundnahrung von Sämereien, Getreidekörnern und Grünzeug, dazu Sand oder Steinchen und stets frisches Wasser. Ein Teil des Futters, besonders Körnerfutter, kann auf den Boden gestreut werden, damit die Vögel danach scharren können. Samen werden oft mit Automaten gefüttert, aber man muß darauf achten, daß Ratten und andere Schädlinge vom Futtervorrat sorgfältig ferngehalten werden.

a

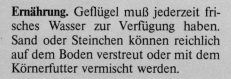

b

Ernährung. Geflügel muß jederzeit frisches Wasser zur Verfügung haben. Sand oder Steinchen können reichlich auf dem Boden verstreut oder mit dem Körnerfutter vermischt werden.

Hühner. Futter: Weizenkörner, Fischmehl, Grünfutter, Bohnen, Reste von Brot, Äpfeln und Speisen, Hafer, Gerste oder Maisschrot. Geeignetes Körnerfutter wird auch im Fachhandel angeboten.

Anderes Geflügel. Zwerghühner und Pfauen können wie Haushühner gefüttert werden. Truthühner bekommen eine ähnliche Kost, aber man kann für sie auch ein Spezialfutter kaufen. Perlhühner fressen Körner und Insekten, die für sie die naturgemäße Grundnahrung bilden. Wachteln brauchen Körnerfutter, Insekten, Grünfutter und in Wasser eingeweichtes und dann ausgedrücktes Brot. Fasane fressen Weizen, Grünfutter und käufliches Hühner- oder Truthühnerfutter.

Fütterungsmethoden

a Futtertrog, der automatisch nachgefüllt wird – für trockene Körnermischung. Er ist den ganzen Tag zugänglich und kann überall aufgestellt werden. Hennen brauchen sich bei dieser Methode nicht ums Futter zu raufen. Der Trog muß vor Ratten geschützt werden.

b Übliches Wassergefäß, an dem mehrere Hennen gleichzeitig trinken können.

c Auslauf im Freien. Am günstigsten ist es, auf spärlichem Graswuchs Hafer, Gerste und Mais zu streuen, damit die Hühner scharren können.

c

Krankheiten

Die Gesundheit des Geflügels hängt von angemessenen Lebensbedingungen ab. Beim ersten Anzeichen von Beschwerden hole man einen Tierarzt, um eine Ausbreitung von Krankheiten zu verhüten. Eine Ansteckungsquelle ist oft herumliegender Abfall. Überfüllung des Stalls, Feuchtigkeit und unrichtige Ernährung können Erkrankungen der Atmungsorgane zur Folge haben oder aggressives »Federpicken« Artgenossen gegenüber.

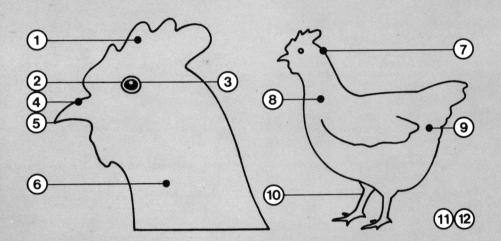

Anzeichen einer Erkrankung

1 Purpurn verfärbte Kopfteile.
2 Die Augen verlieren die Farbe.
3 Ausfluß aus den Augen.
4 Ausfluß aus der Nase.
5 Schnabelsperre bei Küken.
6 Husten oder Atemnot.
7 Blasse Kopffärbung.
8 Ausfall von Federn.
9 Durchfall (Diarrhöe) oft gelb.
10 Lahmheit, seltsamer Gang.
11 Nervöse Anfälle.
12 Mangel an Appetit, Rückgang der Eierproduktion, Teilnahmslosigkeit.

Krankheiten von Truthühnern. Truthühner leiden an einer Reihe von Krankheiten, die auch bei Haushühnern vorkommen. Aber am gefährlichsten ist die von Parasiten verursachte Schwarzkopfkrankheit, die Leber und Verdauungsorgane angreift und mit Durchfall und Apathie vebunden ist. Auf Truthühner wird diese Krankheit von Haushühnern übertragen. Daher hält man die zwei Arten nie miteinander.

Geflügelkrankheiten

a Atypische Geflügelpest (New Castle-Krankheit) ist eine Virusinfektion, die höchst ansteckend und oft tödlich ist. Symptome sind: Durchfall, Husten, mißgebildete Eier. Beste Verhütung: Mit Adsorbatvaccine impfen.
b Bakterielle Kükenruhr, bei erwachsenen Vögeln Hühnertyphus genannt.
c Chronische Erkrankung der Atmungsorgane hat Ausfluß aus der Nase zur Folge. Oft ist daran ein zu dichter Bestand schuld.
d Geflügelleukämie ist ein Erkrankungskomplex, der Leber, Nerven oder Augen angreifen kann.
e Vogelpocken führen zu Hautschäden.
f Geflügelcholera befällt oft ein kleineres Hühnervolk und kann tödlich sein.
g Scherpilzgeflechte macht die Haut wund.
h Hühnerparasiten reichen von Läusen bis zu Kokzidien und Eingeweidewürmern. Sie verursachen z.B. Kokzidiose, Schwarzkopfkrankheit oder Schnabelsperre.

Eierproduktion und Hühnerzucht

Die meisten Menschen halten Hühner, weil sie ihnen Eier liefern. Einen Hahn zu halten ist nur nötig, wenn man den Bestand vermehren will. Hühner brüten leicht, und unter den richtigen Bedingungen brauchen sie wenig Hilfe bei der Aufzucht der Jungen. Da Hähne lärmend und aggressiv sind, ziehen es manche Leute vor, befruchtete Eier zu kaufen und sie von einer Bruthenne oder von einem Brutapparat ausbrüten zu lassen.

Legenester.
Man stellt ein Nest für jeweils vier Hennen bereit. Die Bauart variiert. Die Normalmaße sind 30×35×30 cm. Der rechts abgebildete Nestkasten ist aus Holz mit einem Drahtgitterboden, durch den die Eier in eine schräg geneigte, mit Stroh bedeckte Schublade fallen. Ein einfacher Nestkasten mit Wänden und Boden aus Holz genügt. Sorgen Sie für Streu aus Stroh, Holzspänen oder Sägemehl. Holen Sie dreimal täglich die Eier heraus.

Eierlegen. Eine erstklassige Legehenne kann im Jahr 250 bis 300 Eier legen. Aber Hennen eines kleinen Hühnervolks, das im Hinterhof gehalten wird, liefern im Durchschnitt viel weniger Eier. Es gibt zwei Legezeiten, die durch eine Mauser im Sommer getrennt sind, während der das Eierlegen aufhört. Eine gute Legehenne braucht meist 6–8 Wochen für die Mauser. Je länger sie dauert, desto geringer is t die Eierproduktion im Winter. Damit Hennen Eier mit guten Schalen legen, sollte man neben Sand oder Steinchen zerkleinerte Muschelschalen füttern. Legt eine Henne keine Eier oder hört sie damit plötzlich während der Legezeit auf, kann sie krank oder unzulänglich versorgt sein. Konsultieren Sie einen Tierarzt, sobald Sie derartige Symptome einer Erkrankung bemerken.

Eierproduktion im Winter. Die meisten Hennen legen im Winter weniger Eier. Aber die Produktion läßt sich beträchtlich erhöhen, wenn man das Hühnerhaus täglich 14 Stunden lang künstlich beleuchtet.

Legenot. Manchmal ist eine Henne unfähig, ein Ei herauszubringen. Anzeichen dafür sind angestrengtes Pressen und eine vorquellende Kloakenöffnung. Oft kommt dies bei kaltem Wetter vor. Hält man die Henne über Wasserdampf oder setzt sie in ein warmes, mit Stroh gepolstertes Nest, läßt sich das Problem meist lösen.

Brutbereitschaft. Eine brütige Henne zeigt den Wunsch, Eier auszubrüten, wenn sie sich weigert, das Nest zu verlassen, nicht mehr legt, Brustfedern verliert und böse zuhackt, sobald man sich ihr nähert. Brütige Hennen lassen sich dazu verwenden, befruchtete Eier auszubrüten – auch die ähnlich Größe von anderen Arten.
Sind Küken nicht erwünscht, kann man die Brutstimmung aufheben, indem man die Henne drei Tage lang in einen Verschlag mit Fliesenboden setzt und sie wie gewöhnlich mit Futter und Wasser versorgt.

Durchleuchten. Um festzustellen, ob ein Ei frisch ist, hält man es in einem dunklen Raum etwas tiefer als in Augenhöhe gegen ein helles Licht. Bei frischen Eiern ist die Luftkammer klein. Bei alten Eiern ist sie groß.

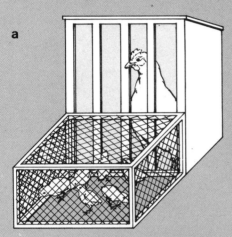

a

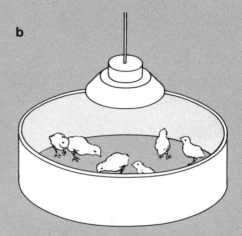

b

Natürliche Aufzucht. Werden Hennen gemeinsam mit einem Hahn gehalten, legen sie befruchtete Eier. Das Ausbrüten dauert 21 Tage. Während dieser Zeit darf die Henne täglich für 15 Minuten das Nest verlassen. Nach dem Schlüpfen füttern und tränken Sie die Henne auf dem Nest, dann bringen Sie sie und die Küken in einen Verschlag mit Auslauf (a). Nach fünf Wochen wird die Henne wieder Eier zu legen beginnen. Man kann auch einen Tag alte Küken kaufen und sie mit einer Bruthenne aufziehen. Man läßt die Henne vorher eine Woche lang auf Porzellaneiern sitzen.

Künstliche Aufzucht. Befruchtete Eier können in einem Brutapparat ausgebrütet werden. Nach dem Schlüpfen bringt man die Küken in einen elektrisch oder mit Infrarotlicht auf 35° C geheizten Kükenring (b). Man verringert nach und nach im Lauf von 6–8 Wochen die Wärme, bis die Küken unter normalen Bedingungen leben können. Ist der Kükenring zu heiß, flüchten die Küken an den äußeren Rand, ist er zu kalt, drängen sie sich in der Mitte zusammen. Sie sollten sorgfältig beobachten, ob derartige Fehleinstellungen der Temperatur vorkommen.

Fütterung von Küken. Am Anfang sollten Küken alle 4 Stunden käufliches Spezialfutter bekommen. Nach 6 Wochen können sie eine normale Kost für erwachsene Hühner erhalten. Wasserbehälter sollten seicht sein, damit die Küken nicht ertrinken. Werden die üblichen Schalen verwendet, legt man Steine auf den Grund.

Hühnerrassen

Hühner sind bei weitem das nützlichste Geflügel. Wer im Hinterhof Hühner hält, kann gewiß sein, daß sie ihm als Lohn für die Betreuung verläßlich Eier liefern. Diese Vögel sind ziemlich nervös, nicht besonders intelligent oder ansprechbar und müssen vor Füchsen und fremden Hunden geschützt werden. Schon vor mehr als 5000 Jahren wurde wahrscheinlich das Bankivahuhn in Asien (zum Haushuhn) domestiziert, und seit jener Zeit hat man

Haushuhn *(Gallus gallus)* 1,8–4,5 kg schwer; kleiner, hübscher Kopf; leuchtend gefärbter Kamm; Kehllappen beiderseits des Schnabels; aufrechte Haltung; breiter Körper; kurze Flügel; dichtes Gefieder; kräftige, mittellange Beine; Lebensdauer 8–10 Jahre; Farbe und Größe der betreffenden Tiere variieren je nach der Rasse.

1 Leichtes Sussex-Huhn. Ähnlich: Lakenfelder-Huhn. Henne und Hahn abgebildet; britische Rasse; liefert Eier und Fleisch; weiß mit schwarzem Hals und Schwanz.

2 Leghorn. Leichte Rasse aus Italien; häufig weiß, schwarz und braun; legt sehr viele weiße Eier. Oft gekreuzt mit Roten Rhodeländern.

viele verschiedene Rassen für den Hausbedarf gezüchtet. Manche nur, um sie, gut zubereitet, auf den Tisch zu bringen, andere hauptsächlich als Eierlieferanten. Man unterscheidet heute sogenannte Leicht- oder Legehühner und schwere Rassen oder Fleischhühner, zu denen etwa die Wyandotten aus England und Nordamerika oder die Rhodeländer gehören. Beispiele für Legehühner sind die Leghorn- und Ancona-Hühner.

3 Ancona-Huhn. Eine weitere leichte Mittelmeerrasse; schwarz mit weißen Abzeichen. Gezüchtet als Eierlieferant.
4 Rote Rhodeländer. Von Rhode Island, USA; hervorragende schwere Rasse; schöne kastanienbraune Färbung. Eine gute Rasse für angehende Geflügelhalter. Zählt zu den sogenannten »Fleischhühnern«.

5 Plymouth Rock-Huhn. Gezüchtet in den USA als Fleisch- und Legehuhn. Mehrere Farbschläge.
6 Wyandotten. Schwere Rasse aus den USA; stämmige Vögel, am beliebtesten schwarz und weiß.
7 Orpington. Schwere englische Rasse; üppiges Gefieder; am beliebtesten in Schwarz, Weiß, Blau.

Zwerghühner

Ein Zwerghuhn – »der Pfau des armen Mannes« – wird meist als Ziervogel gezüchtet. Manche Zwerghühner sind nur verkleinerte Formen von Haushühnern, andere sind Rassen von sogenannten Ur–Zwergen. Meist haben sie nur ein Viertel der Größe gewöhnlicher Hühner und brauchen daher weniger Platz und Futter. Zwerghühner legen im Jahr etwa 100 Eier und sind im allgemeinen gute Brüter, sodaß stets für Nachwuchs gesorgt ist.

Rassen von Zwerghühnern. Für Ausstellungszwecke werden die Rassen in vier Gruppen eingeteilt: in schwere und leichte Rassen, außerdem in Ziervögel und Kämpfer.
1 Sebright. Englischer Ziervogel; weiß oder goldfarben; jede Feder schwarz umrandet.
2 Altenglischer Zwergkämpfer. Henne braun; Hahn wie kleiner roter Bankivahahn (siehe S. 362).
3 Schwarzer Zwerg-Cochin. Ziervogel; üppiges Gefieder, befiederte Füße.
4 Weißer Japaner. Ziervogel mit kleinem tiefliegenden Körper und langen Schwanzfedern.
5 Seidenhuhn-Rasse. Ziervogel mit weichen, gekräuselten Federn.

Truthühner

Truthühner sind von allem Geflügel am schwierigsten zu halten. Dem Neuling auf diesem Gebiet sind sie daher nicht zu empfehlen. Sie werden von Natur aus nur zwei Jahre alt und sind besonders anfällig für Krankheiten. Truthühner sind nervös, wenig intelligent und haben Angst vor lauten Geräuschen. Den Jungen muß man oft erst beibringen zu fressen; und oft drängen sie sich gegenseitig in eine Ecke, bis sie ersticken.

Haustruthuhn *(Meleagris gallopavo).* Wildlebende Truthühner sind in Nord- und Mittelamerika heimisch. Man hat eine Reihe von Truthuhnrassen von verschiedener Größe und Farbe gezüchtet. Im allgemeinen sind Haustruthühner größer und schwerer als ihre wildlebenden Ahnen.

1 Amerikanische Bronzepute. In der Farbe dem wildlebenden Truthuhn ähnlich – bronzefarben mit schwarzen und weißen Schwanz- und Schwingfedern. Hähne können bis 18 kg wiegen, Hennen 14,5 kg.

2 Englische Schneepute. Eine andere beliebte Rasse mit ganz weißem Gefieder. Nicht so schwer wie die Bronzepute, aber leichter zu betreuen.

373

Perlhühner

Wildlebende Perlhühner findet man im offenen Wald- und Grasland Nordafrikas. Haustierrassen stammen von diesen Vögeln ab. Häufig sind Varietäten wie das domestizierte Helmperlhuhn sowie lavendelfarbene und weiße afrikanische Rassen. Sie schlafen auf Bäumen, suchen Schutz unter Büschen und fliegen nur selten. Nachbarn werden sich vielleicht über ihr anhaltendes, lautes Gegacker beschweren.

Helmperlhuhn *(Numida meleagris)*. Afrika; domestiziert; 43 bis 76 cm, je nach Rasse; meist schwarzes oer dunkles Gefieder mit weißen Tupfen übersät (**1**); kahler Kopf und Hals; horniger Kamm; Kehllappen an der Schnabelbasis; wiederholter laut gackernder Ruf; Lebensdauer 4–5 Jahre.

Im Haus gehaltene Rassen unterscheiden sich im Aussehen, abgesehen von der Grundfarbe des Gefieders, nicht sehr von der Wildform. Sie können hellgrau, lavendelfarben (blaßlila) oder weiß (**2**) sein. Für alle Rassen sind weiße Tupfen im ganzen Gefieder und gefleckte oder gestreifte Schwingen typisch.

Wachteln

Wachteln, die man als Ziervögel hält, sind die kleinsten Hühnervögel. Wie die anderen Vertreter dieser Ordnung sind sie Bodenbewohner und werden als solche oft in Vogelhäusern mit gemischtem Bestand gehalten. Die Paare bleiben treu beisammen. Sie brauchen Grasbüschel oder andere niedrige Pflanzen, in denen sie ihre Nester verbergen. Wachteln sind robuste Tiere und leben erstaunlicherweise 5–6 Jahre.

1 Kalifornische Schopfwachtel (*Laphortyx californicus*). Westl. USA; 25 cm; hauptsächlich grau mit schwarzen und weißen Abzeichen auf Gesicht und Kehle; die Hähne haben eine schwarze, die Hennen eine braune Haube.

2 Zwergwachtel (*Excalfactoria chinensis*). Südasien; 13 cm; braun gesprenkelt mit schwarzen und helleren Abzeichen, schwarze und weiße Kehle, graue Flanken, kastanienbraune Unterseite.

3 Regenwachtel (*Coturnix coromandelica*). Indien; 15 cm; Hähne braun mit schwarzen Abzeichen auf Kehle, Hals und Brust, beiderseits des Kopfs schwarz und weiß, bei der Henne braun.

Fasane

Fasane gehören zu den attraktivsten Bewohnern eines Vogelhauses und sind auch am einfachsten zu halten. Sie sind robust, ruhig und haben ein leuchtend gefärbtes Gefieder mit langem Schwanz. Die Hähne sind jedoch streitsüchtig, und alle Fasane sollte man nur zusammen mit größeren Vögeln im Vogelhaus halten. Wenn der Bodenbewuchs ihnen Deckung gewährt, kann man sie frei herumlaufen lassen. Sie leben 10–15 Jahre.

1 **Goldfasan** (*Chrysolophus pictus*). China; Hähne 114 cm, goldfarben, schwarz, rot, grün, dunkelblau; Hennen 66 cm, braun und schwarz.
2 **Silberfasan** (*Lophura nycthemerus*). Asien; 69 cm; Hähne weiß und schwarz; Hennen braun mit weiß.
3 **Diamantfasan** (*Chrysolophus amherstiae*). Asien; Hähne 152 cm, blau, weiß, grün, rot, gelb; Hennen 66 cm, braun, schwarz.
4 **Brauner Ohrfasan** (*Crossoptilon mantchuricum*). China; 102 cm; die Gefiederfärbung beider Geschlechter ist braun, weiß und schwarz.

Pfauen

Diese Vögel hat man seit Jahrhunderten in Gefangenschaft gehalten und sie wegen ihres leuchtenden Gefieders mit den riesigen Schwanzfedern bewundert, die sie fächerförmig ausbreiten und mit denen sie »ein Rad schlagen« können. Dazu brauchen sie sehr viel Platz. Sie müssen gut vor Raubzeug geschützt werden. Ein großes Handicap für ihre Besitzer ist die Stimme, da sie abwechselnd wie Katzen jaulen und ohrenzerreißend kreischen.

Blauer Pfau *(Pavo cristatus)*. Indien, Sri Lanka; Hähne 114 cm plus 114 cm Schleppe; Hennen 99 cm; Hähne schillernd auf Hals und Brust, grüner Rükken, schwarzer Hinterleib, Gesicht schwarz und weiß, Kopfschmuck. Deckfedern des Schwanzes bilden eine goldgrüne Schleppe mit rötlichen, in der Mitte schwarzen, kupfern glänzenden »Augen«, die nur beim Radschlagen sichtbar werden; Hennen braun, grün, weiß; leben 15–20 Jahre.

Andere Rassen. Der Weiße und der Schwarze Pfau scheinen Rassen des Blauen Pfaus zu sein. Der grüne Javapfau *(Pavo spicifer)* ist eine andere Art.

Tauben

Taubenhaltung (1)

Tauben gehören zur Ordnung Taubenvögel (Columbiformes) und sind in ihr mit rund 500 Arten vertreten. Die wichtigste domestizierte Art ist die europäische Felsentaube (Columba livia), von der, wie Darwin bewiesen hat, fast alle Haustaubenrassen abstammen. Felsentauben sind schon vor 5000 Jahren zum Haustier geworden. Sie haben in vielen Religionen als Symbol ode als Opfertier eine Rolle gespielt.

Als erste haben die alten Römer in Kriegszeiten Tauben dazu benützt, Botschaften zu überbringen. Diesen Nachrichtendienst haben die sogenannten Brieftauben bis zum Ersten Weltkrieg in großem Maßstab geleistet. Der Sport, Wettflüge mit solchen Rassen zu veranstalten, wurde erst Anfang des 19. Jahrhunderts von den Belgiern eingeführt. Heute sind mehrere hundert Taubenrassen offiziell anerkannt. Abgesehen von den Flugsporttauben werden auch viele andere Rassen allein wegen ihres Aussehens oder aus Liebhaberei gezüchtet.

Taubenvögel. Zu den charakteristischen Merkmalen der gesamten Gruppe gehören ein im Verhältnis zum Körper kleiner Kopf, ein dichtes Gefieder und weiche, fleischige Füße. Die Formen schwanken von zierlichen leichten Vögeln (**a**) wie den Mövchen über normal schwere Haustauben (**b**) bis zu den ganz großen Fleisch- und Riesentauben.

Die meisten Arten legen bei jeder Brut zwei Eier. Tauben trinken nicht wie andere Vögel, sie tauchen den ganzen Schnabel ins Wasser und saugen es hoch.

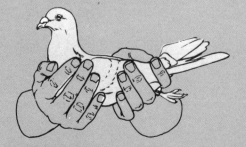

Handhabung. Tauben dürfen nie an den Flügeln gehalten werden. Die Füße sollten nebeneinander zwischen dem 1. und 2. Finger gelegt werden, während die Flügel zusammengefaltet sind und der Daumen die Schwungfedern bedeckt. Die andere Hand kann die Brust ein wenig abstützen.

Fütterung. Die Grundnahrung von Tauben sind Körner. Käufliche Mischungen von Erbsen, Bohnen und Mais werden gern gefüttert. In kleinen Mengen können auch Hirse, Weizen und Reis gegeben werden. Man füttert aus einem automatischen Futtertrog. Frisches Wasser, Sand oder Steinchen sollten stets vorhanden sein. Die kleinen Arten fressen Durra, Weizen, weiße Hirse und in Wasser eingeweichtes und ausgedrücktes Brot. Das Diamanttäubchen nimmt nur weiße und braune Hirse. Frisches Wasser und feiner Sand müssen immer verfügbar sein. Alle Tauben mögen es, besonders wenn sie brüten, daß man ihnen ab und zu zur Abwechslung auch Grünfutter anbietet.

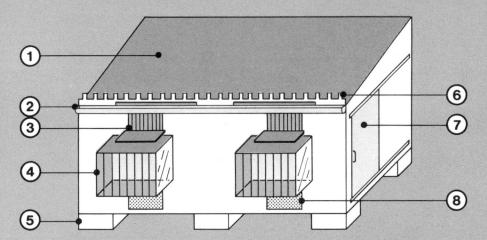

Unterbringung. Kleine Formen wie auch die empfindlichen Schau- oder Ziertauben sollten in einem Vogelhaus untergebracht werden. Andere Tauben kann man in einem Schlag halten, der nicht überfüllt sein darf und vor Ungeziefer geschützt werden muß.

Taubenschlag für 15 Paare, etwa 4×2×2 m groß, aus Holz mit zwei Abteilungen im Inneren, die durch eine Wand getrennt sind. Man reinigt den Schlag jeden Tag oberflächlich und alle paar Wochen gründlich.

1 Schräges Dach.
2 Dachrinne.
3 Gitterfalltür mit Landebrett.

4 Erker mit Glaswänden und einer Holzschiebetür.
5 Der Boden steht erhöht auf Betonpfeilern.
6 Balustrade, um eine Landung auf dem Dach zu verhindern.
7 Tür.
8 Löcher – auch in Deckenhöhe an der Rückseite – für die Lüftung. Das Gitter hält Ungeziefer fern.

Innenausstattung
a Kastenförmiges Sitzregal für Brieftauben.
b Dachförmige Sitzgelegenheit für Ziervögel.
c Nistbox mit Nistschale.

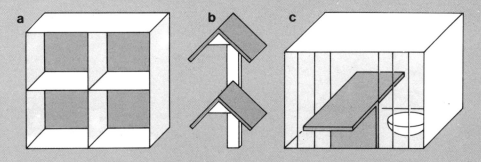

Taubenhaltung (2)

Krankheiten. Viele Taubenkrankheiten können durch Hygiene im Schlag, ausgeglichene Kost und Isolierung kranker Vögel verhütet werden. Gegen manche Krankheiten ist auch eine Impfung möglich. Beim ersten Anzeichen von Beschwerden verständigen Sie den Tierarzt und isolieren den Vogel.

Häufige Krankheiten

1 Geschwüre im Schnabel (siehe S. 339).
2 Aspergillose (siehe S. 339).
3 Taubenpocken ähneln entweder den obengenannten Geschwüren oder führen zu Warzen auf dem Kopf und den Beinen. Impfung kann vorbeugen.
4 Paratyphus wird oft durch ein von Ratten verschmutztes Futter eingeschleppt. Für Jungvögel kann er tödlich sein und Lähmungen mit sich bringen. Impfung dagegen ist möglich.
5 Kokzidiose (siehe S. 339).
6 Tauben haben häufig Läuse.
7 Einseitige Konjunktivitis infolge einer Infektion der Atmungsorgane. Ursache ist oft schlechte Lüftung. Allgemeine Erkältungssymptome und tränende Augen.

Wettflüge von Tauben. Besitzer von Tauben, die die Tiere an Wettflügen teilnehmen lassen wollen, sollten in einen entsprechenden Verein eintreten. Das Trainieren von Wettflugtauben hat den Zweck, ihr Heimfindevermögen zu stärken. 10 Wochen lang werden sie an einen Reisekorb gewöhnt und dann nicht weit von ihrem Zuhause freigelassen. Diese Distanz wird ständig vergrößert. Die Vögel werden auch daraufhin trainiert, sofort in den Taubenschlag zurückzukehren, sobald sie gelandet sind. Die Entfernungen für Wettflüge schwanken zwischen 95 km für junge Vögel bis zu 950 km für ältere. Die Verantwortlichen für die Rennen bringen die Vögel zum Startplatz. Dort werden die Tiere mit einem Erkennungsring versehen; und die Startnummer wird notiert. Wenn die Taube wieder zu Hause ankommt, macht man den Ring ab und steckt ihn in eine versiegelte Uhr, die dann überprüft wird.

Züchtung. Bei Tauben besteht von Natur aus eine starke Partnerbindung. Im Winter trennt man die Geschlechter. Im Vorfrühling stellt man Nistkästen bereit und Nistschalen, die mit Hobelspänen gefüllt sind. Nach der Paarung legt das Weibchen zwei Eier. Es brütet 17 Tage. Die Jungen werden in den ersten 5–10 Tagen mit »Kropfmilch«, einem breiartigen Sekret der Kropfwand, gefüttert. Die Elterntiere brauchen in dieser Zeit zusätzliches Futter und Wasser. Nach wenigen Wochen soll man die Jungen von den Eltern trennen.

Fangstäbe. Flugtaubenschläge sind mit beweglichen Stäben ausgestattet, die den Tauben erlauben, in den Schlag zurückzukehren, sie jedoch daran hindern, ihn wieder zu verlassen. Beliebt ist die oben gezeigte »Falle«. Gitterstäbe sind in 2,5 cm Abstand so an einer Querstange befestigt, daß sie nur den Weg nach innen freigeben.

Taubenarten

Andere Arten der Ordnung Taubenvögel, die im allgemeinen kleiner und zierlicher sind als die Felsentaube, eignen sich meist ausgezeichnet als Bewohner von Vogelhäusern. Man kann sie sogar zeitweise frei herumfliegen lassen. In Zimmerkäfigen sollten sie nie gehalten werden. Mehrere Arten sind schon seit Jahrhunderten domestiziert worden, aber man hat von ihnen nicht so viele verschiedene Rassen gezüchtet wie von unserer Haustaube.

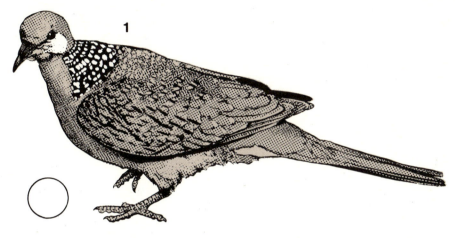

1 Perlhalstaube *(Streptopelia chinensis).* Asien; 30 cm; rosa, grau, braun und blau mit weißen Flecken auf dem Rücken und auf den Flügeldecken.

2 Diamanttäubchen *(Geopelia cuneata).* Australien; domestiziert; 19 cm; eine der kleinsten Taubenarten der Welt; blaugrau mit winzigen Tupfen auf den Schwingen; ideal für ein gemischtes Vo-gelhaus, aber aggressiv gegen Artgenossen; halten Sie ein Paar davon.

3 Sperbertäubchen *(Geopelia striata).* Malaysia; 20 cm; braun mit rötlich-brauner Unterseite und schwarzen Binden auf Flanken und Brust.

Taubenrassen

Bei den Tauben gibt es zwei Haupttypen. Die einen züchtet man für Wettflüge, die anderen, um Rassen von verschiedenem Aussehen zu erhalten. Sporttauben werden wegen ihrer Fähigkeit, über weite Entfernungen zu fliegen, zur Zucht ausgewählt, und sie sehen den Wildtauben sehr ähnlich. Bei den Ziertauben spielen neben der Färbung auch noch oft bizarre Merkmale eine Rolle wie etwa üppig befiederte Füße oder große Kröpfe.

1 Sporttaube für Wettflüge *(Columba livia domestica).* 20–36 cm; ein gewandter Vogel mit unterschiedlich blau getöntem Gefieder; lebt 5–15 Jahre.

Zier- oder Schautauben sind verschiedene Rassen der gleichen Art. Sie variieren in der Färbung, öfter noch in der Gestalt. Auch die Rassen weden noch in verschiedene Formen untergeteilt. Viele Taubenrassen hat man seit Jahrhunderten gezüchtet. Die Ziertauben können meist nicht gut fliegen.

2 Exhibition Homer. Heute Ausstellungsbrieftaube aus England mit langem Kopf; ursprünglich wegen des kraftvollen Flugs und der besonders ausgeprägten Fähigkeit, wieder »heimzufinden« gezüchtet.

3 Tümmler. Hier englische, kurzschnäblige Rasse. Tümmler, ursprünglich Flugkünstler, sind heute oft nur mehr Ausstellungstiere.

4 Carrier. Eine ungewöhnlich große, schlanke Ziertaube mit großen Schnabelwarzen.

5 Brünner Kröpfer. Eine der Tauben, die während der Balz den Kropf extrem stark aufblähen.

6 Silber-Pfauentaube mit einem Schwanz, den sie wie ein Pfau ausbreitet. Balzend wirft sie den Kopf zurück.

7 Schwalbentaube mit üppiger Befiederung auf Beinen und Füßen.

8 Modeneser. Ursprünglich in Italien als Flugtaube gezüchtet, heute abgewandelt. Mit rundlichem, gedrungenem Körper und hochgetragenem Schwanz gehört sie zu den Huhntauben.

Wasservögel

Haltung von Wasservögeln (1)

Enten, Gänse und Schwäne gehören zur Familie Entenvögel (Anatidae), die eine der ältesten noch lebenden Tiergruppen bildet. Sie hat schon vor über 80 Millionen Jahren existiert. Heute ist es sehr schwierig, die verschiedenen Arten richtig in ein System einzuordnen, da sie weitgehend miteinander verwandt sind. Meist teilt man sie in zwei Hauptgruppen ein: in die Unterfamilie Entenverwandte (Anatinae), zu der alle Enten zählen, und in die Unterfamilie Gänseverwandte (Anserinae), die Gänse und Schwäne umfaßt. Alle Wasservögel halten sich hauptsächlich im Wasser auf; sie haben Schwimmhäute an den Füßen und ein öliges, wasserabstoßendes Gefieder.

Hausenten stammen meist von der wildlebenden Stockente ab. Die Wildform der Hausgans ist die Graugans (Anser anser), während die Haus-Höckergans eine domestizierte Schwanengans (Anser cygnoides) ist. Die Schwäne haben keine gleichwertige Haustierform, aber der Höckerschwan lebt oft gern in der Nähe des Menschen, und man kann ihn als halb domestiziert bezeichnen. Wasservögel sind reizende Geschöpfe, höchst anpassungsfähig, robust und unabhängig. Werden sie in einer gemischten Schar auf einem gewöhnlichen Teich oder See gehalten, bleiben sie gesund und leben lange.

1

2

3

Wasservogeltypen

1 Entenverwandte *(Anatinae)* werden meist in mehrere Gattungsgruppen eingeteilt und sind weltweit verbreitet. Sie sind kleine Wasservögel mit kurzem Hals und kurzen Beinen. Bei den meisten Arten haben Entenweibchen und Erpel ein verschiedenartiges Gefieder. Außer 4 Arten haben alle auf den Flügeln einen metallisch glänzenden Fleck, einen sogenannten Spiegel.

2 Gänse *(Anserinae)* sind große, schwere Vögel mit längerem Hals als die Enten, aber mit kurzen Beinen. Die beiden Geschlechter besitzen ein ähnliches Gefieder. Gänse sind gesellig und oft sehr lärmend. Rassen der Hausgänse sind sehr zahme und im allgemeinen langlebige Hausgenossen.

3 Schwäne *(Anserinae)* sind die größten Wasservögel, mit langem Hals, und nördliche Formen haben ganz weißes Gefieder. Sie brauchen viel Platz und freien Zugang zum Wasser, auf dem sie die meiste Zeit verbringen.

Der Erwerb. Hausenten und Hausgänse kann man entweder als neugeschlüpfte Junge oder als erwachsene Tiere von Züchtern kaufen. Man hält nicht nur einen Vogel. Diese Rassen brauchen die Gesellschaft von Artgenossen. Ehe man sich eine Sammlung von Wasservögeln anschafft, sollte man eine gut zusammengestellte in einem Park der einem Naturschutzgebiet aufsuchen, um eine Vorstellung von den verfügbaren Arten zu bekommen. Die meisten Erpel sind leuchtender gefärbt als die Weibchen, aber man soll nicht nur Erpel halten. Wasservögel sind am glücklichsten in Familiengruppen. Erkundigen Sie sich nach örtlichen Vorschriften, die vielleicht die Haltung von Wasservögeln beschränken.

a

b

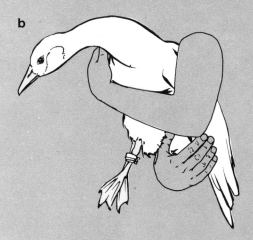

Handhabung. Hausenten und Hausgänse werden besonders zahm, wenn man sie eigenhändig aufzieht. Die anderen Wasservögel können etwas heikler sein. Viele der größeren Vögel können aggressiv werden, wenn sie verängstigt sind. Ab und zu muß man die Vögel vielleicht fangen, um ihnen die Flügel zu stutzen, Medikamente einzugeben oder um sie zu transportieren. Bei Enten sollte man mit einer Hand die Brust unterfassen und die Beine zwischen den Fingern der anderen Hand festhalten (**a**). Größere Vögel müssen Sie so tragen, daß ihr Kopf von Ihrem Körper abgewandt ist und Sie mit beiden Händen den Vogel stützen und bändigen (**b**). Meist braucht man dazu noch einen Helfer. Alle in Gefangenschaft gehaltenen Wasservögel müssen daran gehindert werden fortzufliegen.

Flugbehinderung. Es gibt mehrere Methoden, gefangengehaltene Wasservögel nicht entfliehen zu lassen. Stutzt man die Flügel, muß man das nach jeder Mauser wiederholen, aber es bedeutet für den Vogel keine unwiderrufliche Veränderung (siehe S. 338).

Man kann aber auch die Handschwingen eines Flügels amputieren (**c**). Die Operation sollte möglichst bald nach dem Schlüpfen von einem Tierarzt ausgeführt werden. Der Vogel wird nie wieder imstande sein zu fliegen. Die Amputation sollte nur in außergewöhnlichen Fällen vorgenommen werden.

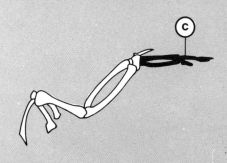

Haltung von Wasservögeln (2)

Wasservogelhaltung. Eine kleine Sammlung von solchem Weihergeflügel kann man auch im Hinterhof halten. Nötig sind ein starker Zaun, ein Weiher oder eine andere Wasserfläche, Bodenbewuchs und Büsche sowie Wasserpflanzen. Wieviel Wasser und Raum vorhanden sein sollten, richtet sich nach den Vogelfamilien, die man hält.

Enten brauchen wenigstens eine kleine ständige Wasserfläche. Ein 7 qm großer Weiher genügt für zwei Paare.

Gänse müssen nur genug Wasser haben, um zu baden und unterzutauchen. Eine in den Boden eingelassene Zinkwanne ist ausreichend. Sie brauchen auch einen großen Bezirk mit kurzem, zarten Gras als Futter. Ist das Gehege überfüllt, verwandeln die Gänse den Rasen in ein Schlammfeld.

Schwäne brauchen viel mehr Platz und werden am besten auf natürlichen Teichen oder Seen gehalten, wo sie sich fast ganz selbst versorgen können.

Hausenten und Hausgänse müssen Zugang zu genügend tiefem Wasser haben, in das sie Kopf und Schnabel eintauchen können. Am Tag kann man sie frei herumlaufen lassen oder in einem Gehege halten. Nachts sollten sie in einer trockenen, vor Ungeziefer sicheren Hütte bleiben. Gänse brauchen viel Raum zum Grasen. Eine feste Einzäunung ist vor allem nachts erforderlich.

Ein typisches Gehege für Wasservögel

1 Ein mindestens 1,8 m hoher Zaun, im Boden verankert und mit Überhang.

2 Sicher verschließbare Eingangstür.

3 Sträucher, Bäume, Bodenbewuchs, die Nistplätze und Schatten bieten.

4 Ein Teich (Weiher) – ein natürlicher oder einer aus Beton mit abfallendem Ufer. Tiefe und Größe hängen von den Arten und der Anzahl der Vögel ab.

5 Wasserpflanzen

6 Unterschlupf für zartere Arten.

7 Rasen für Gänse und Schwäne.

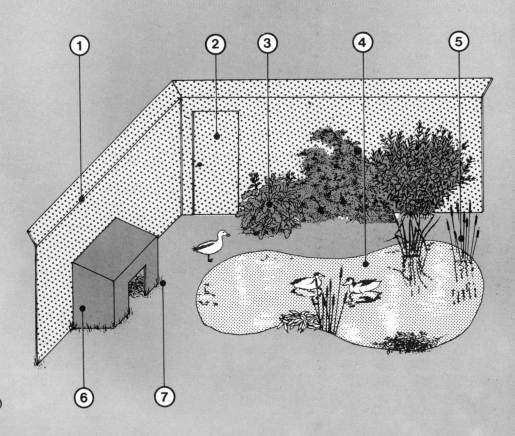

Ernährung. Weihergeflügel ist sehr leicht zu füttern. Werden die Vögel auf natürlichen Gewässern gehalten, gibt man Körnerfutter und Weizen zu gleichen Teilen. Werden die Vögel auf Wasser gehalten, das kein Lebendfutter und keine Pflanzen bietet, fügt man noch Zwiebackbrösel hinzu. Weitere Zusatznahrung sind Froschlaich, Maden, Würmer, Wasserpflanzen, Salat, Nüsse, Sämereien, Beeren, Speisereste und Äpfel.

Sand oder Steinchen sollten immer vorhanden sein. Gänse muß man auch grasen lassen. Schwäne fressen hauptsächlich Wasserpflanzen, Gras und anderes Grünfutter.

Züchtung. Viele Arten brüten bereitwillig in Gefangenschaft. Man füttert zusätzliche Eiweißrationen, um sie in Brutstimmung zu bringen. Wichtig ist eine Auswahl von Nistplätzen, wenn nötig, mit Nistkästen. Viele Wasservögel brüten die Eier leicht aus, aber ziehen die Küken nicht gut auf. Als Alternative läßt sich ein Brutapparat wie der für Küken verwenden (siehe S. 369). Für Hausgänse und Hausenten kann man Nistkästen bereitstellen. Etliche Rassen sind »Vielleger« und gute Eierlieferanten.

Krankheiten. Wasservögel sind ziemlich robust, aber rufen Sie einen Tierarzt, sobald Sie eine Erkrankung feststellen.
1 Einen Sonnenstich können Jungvögel bekommen.
2 »Weißaugen« ist eine Erkrankung, die zu tränenden Augen und Krusten auf dem Gefieder führt.
3 Aspergillose (siehe S. 339).
4 Lungenentzündung. Warmhalten!
5 Spreizbeinigkeit – Vitaminmangel. Jungvögel können nicht stehen.
6 Entenhepatitis (Virusinfektion). Impfung möglich.
7 Kokzidiose (siehe S. 339).
8 Muskelkrämpfe. Bringen Sie den Vogel für 24 Stunden in eine mit Heu gepolsterte Kiste.
Nistkästen für brütende Wasservögel sollten Bedingungen bieten, die denen in der Natur ähneln und an versteckten Plätzen stehen.
Beispiele für Nistkästen
a Nistkasten, mit Pflanzen bedeckt, geeignet für Schwimmenten.
b Eine erhöht aufgestellte Hütte mit Leiter, für alle Enten geeignet.
c »Wigwam« aus Zweigen oder Stroh, für Enten und Gänse geeignet.

a

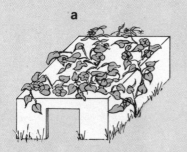

b

c

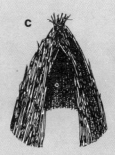

Hausenten

Hausenten sind freundliche, nützliche Vögel und können gute Hausgenossen sein. Die meisten stammen von der Stockente, einer Schwimmente, ab. Die Moschusente ist besonders in europäischen Ländern zu einer beliebten Hausentenrasse geworden. Sie ist so groß wie kleinere Gänserassen und zählt zu den Glanzenten (Cairinini). Ihre Heimat ist Mittel- und Südamerika. Daneben gibt es noch eine ganze Reihe anderer Entenrassen.

Hausente *(Anas sp.).* 51–71 cm lang; Gewicht 1,4–4,5 kg; breiter Schnabel; mittellanger Hals; langer, kahnförmiger Körper; spitze Schwingen, kurzer Schwanz; breite Füße mit Schwimmhäuten; dichtes Gefieder; Erpel und Weibchen bei manchen Arten verschieden gefärbt; die Lebensdauer von Hausenten erreicht manchmal 10 Jahre.

Beispiele für Hausentenrassen
1 Weiße Aylesbury-Ente. Füße orange.
2 Rouen-Ente. Ähnelt Stockente.
3 Moschusente *(Cairina moschata).* Eine große Ente mit schwarzem, braunem, weißem Gefieder und nackter roter Kopfhaut.
4 Indische Laufente. Lang und schlank; Gefieder weiß, braun oder grau.

Hausgänse

Hausgänse sind robust, anhänglich und intelligent. Sie sind auch sehr wachsam. Aber Nachbarn haben vielleicht etwas gegen ihr lärmendes Geschnatter einzuwenden. Gans und Ganter paaren sich für das ganze Leben und hängen meist sehr aneinander. Man hält daher Gänse nur paarweise oder in Familiengruppen. Sie sind sehr gesellig, und Einzeltiere gedeihen nicht. Die Haustierrassen sind Abkömmlinge der Grau- oder der Schwanengans.

Hausgans *(Anser anser)*. Je nach Rasse und Geschlecht 76–89 cm lang; 4,5–15 kg schwer; langer Hals; tiefliegender Körper; stämmige Beine; große Füße mit Schwimmhäuten; Gefieder meist in Grautönen oder Weiß; beide Geschlechter mit ähnlichem Gefieder, aber Ganter sind schwerer; Lebensdauer 27 Jahre.

Beispiele für Hausgänserassen
1 Toulouser Gans. Beliebte Rasse; Gefieder grau und weiß.
2 Emdener Gans. Größte Hausgans; weiß mit orangeroten Füßen. Die Toulouser- und die Emdener Gans stammen von der Graugans ab; beliebt ist auch die Haus-Höckergans, eine Zuchtrasse der Schwanengans.

Wildlebende Enten

Viele wildlebende Entenarten vertragen sich gut miteinander auf einem Weiher im Freien. Sie sind leicht zu betreuen und nicht empfindlich. Alle Enten gehören zur Unterfamilie der Entenverwandten, die sich wegen der Verwandtschaft der Arten untereinander schwer in Gruppen einteilen läßt. Im allgemeinen kann man am besten wildlebende Schwimmenten (Anatini) miteinander halten, die sich ihr Futter auf der Wasseroberfläche suchen.

1 Stockente *(Anas plathyrhynchos).* Nördl. Halbkugel; 58 cm; Erpel grau und braun mit grünem Kopf, weißem Kragen; Schwanz schwarz und weiß; Weibchen braun; beide mit purpurnem Spiegel; Schwimmente.

2 Kapente *(Anas capensis).* Südl. Halbkugel; 36 cm; beide Geschlechter grau mit braunen Flecken; flacher roter Schnabel, grüner Spiegel; Schwimmente.

3 Chile-Pfeifente *(Anas sibilatrix).* Südl. Halbkugel; 47 cm; Geschlechter gleich, weiß und kastanienbraun mit schwarzem Kopf; Schwimmente; braucht die Möglichkeit zu grasen.

4 Spießente *(Anas acuta).* Nördl. Halbkugel; 56 cm; Erpel mit langem Schwanz, Körper grau; Kopf braun mit weißen Streifen; Weibchen braun; Schwimmente.

5 Kolbenente *(Netta rufina).* Mittelmeergebiet; 56 cm; Erpel braun, schwarz, weiß; Kopf rot mit Haube;

Weibchen braun und grau; Tauchente.

6 Reiherente *(Aythya fuligula).* Nordeuropa; 43 cm; Erpel dunkel mit weißer Haube; Weibchen dunkelbraun; Tauchente.

7 Brautente *(Aix sponsa).* Nordamerika; 43 cm; Erpel blauschwarz, braun; weiße Kehle; Haube; Weibchen unscheinbarer; Glanzente.

8 Brandgans oder Brandente *(Tadorna tadorna).* Zentralasien; 61 cm; Erpel schwarz, kastanienbraun, weiß; Weibchen matter gefärbt; Halbgans; streitsüchtig; in Einzelpaaren halten.

9 Spatelente *(Bucephala islandica).* Nördl. Halbkugel; 46 cm; Erpel blau, schwarz, weiß; Weibchen unscheinbarer; Meerente; Futter: Fische und Lebendfutter; auf natürlichem Gewässer halten; schwierig.

10 Zwergsäger *(Mergus albellus).* Nördl. Halbkugel; 43 cm; Erpel weiß mit schwarz; Weibchen mattfarben; wie Spatelente halten.

Tauchenten (Aythyynini) wie auch bestimmte Glanzenten (Cairinini) passen sich ebenfalls gut an. Schwieriger zu halten sind Meerenten (Merginini) wie etwa die Spatelente. Sie brauchen frische Fische und anderes Lebendfutter, und sie müssen auch stets auf einem natürlichen Gewässer leben, wo sie kleine Wassertiere als Futter finden können. Zu einer Entengruppe gehören nicht nur schöne Erpel, sondern auch unscheinbare Weibchen.

Echte Gänse

Man unterscheidet bei den Echten Gänsen drei Gruppen: graue, schwarze und enge Verwandte der Schneegans (Anser caerulescens) wie etwa die Kaisergans. Beispiele dafür sind die hier angeführte graue Kurzschnabelgans, die schwarze Kanada- und Rothalsgans sowie die weiß gezeichnete Kaisergans. Bei allen Echten Gänsen haben beide Geschlechter das gleiche Gefieder. Gänse sind von allen Wasservögeln am leichtesten zu halten.

1 Kurzschnabelgans *(Anser brachyrhynchus)*. Nördl. Halbkugel; etwa 60 cm; grau, dunkler Kopf und Hals; schwarzer Schnabel, rote Beine.
2 Kanadagans *(Branta canadensis)*. Kanada; 97 cm; graubraun mit schwarzem Kopf und Hals, weißem Kinnfleck; groß; lärmend; verschiedene Formen.

3 Rothalsgans *(Branta ruficollis)*. Nördl. Halbkugel; 53 cm; schwarz und weiß mit roter Brust und rotem Kopffleck; kleiner, schwarzer Schnabel.
4 Kaisergans *(Anser canagicus)* Alaska; etwa 70 cm; blaugrau mit Weiß und Schwarz, roter Schnabel, orangefarbene Beine.

Schwäne

Man kennt acht Schwäne, aber keine zu Haustieren gewordene Rassen. Nur der Höckerschwan, der auf Flüssen und Parkteichen verbreitet ist, gilt als halb domestiziert. Schwäne brauchen eine recht große, natürliche Wasserfläche, da sie so schwer sind, daß sie sich auf dem Land nicht lange wohlfühlen. Paare bleiben meist ein Leben lang beisammen, sie bilden eine Familie, und ziehen ihre Jungen ohne Hilfe auf.

1 Höckerschwan (*Cygnus olor*). Europa; 150 cm; weißes Gefieder, orangefarbener Schnabel mit schwarzer Basis und schwarzem Höcker. Geschlechter wie bei allen Schwänen ähnlich; faucht, wenn er wütend ist.

2 Schwarzhalsschwan (*Cygnus melanocoryphus*). Südamerika; 102 cm; weiß mit schwarzem Kopf und Hals, weißen Augenstreifen, blauer Schnabel mit rotem Höcker; rosa Beine; Eltern tragen die Jungen auf dem Rücken.

3 Trauerschwan (*Cygnus atratus*). Australien; schwarz mit weißen Schwungfedern, gekräuselte Flügeldecken; roter Schnabel mit weißer Binde; schwarze Beine; bösartig gegenüber anderen Wasservögeln.

Greifvögelhaltung (1)

Greifvögel (Falconiformes) nennt man die Ordnung, der mehrere Familien und Untergruppen dieser stolzen Vögel angehören. Sie sind große, starke und wilde Tagvögel, geschaffen für ein räuberisches Leben. Mit dem Menschen sind sie fast nur durch die Falknerei, die Beizjagd, verbunden. Dieser Sport ist 4000 Jahre alt und erfreute sich im Mittelalter in Europa großer Beliebtheit. Entstanden ist er jedoch in China. Heute ist die Falknerei nur mehr begrenzt möglich, weil der Bestand der wildlebenden Vögel stark zurückgegangen ist und sie sich in Gefangenschaft nicht fortpflanzen. Viele Arten sind geschützt, und es ist ein Vergehen, sie aus ihrem natürlichen Lebensraum zu holen. Kein Greifvogel sollte jemals als »Haustier« gehalten werden! In vielen Ländern ist für die Haltung eine offizielle Erlaubnis erforderlich. Greifvögel dürfen – wenn überhaupt – aus ihrer natürlichen Umwelt nur für die Falknerei oder für Forschungszwecke gefangen werden. Ein Falkner muß seinen Vogel dazu abrichten, vom Arm frei abzufliegen und mit der Beute zurückzukehren. Nur wenn man bereit ist, viel Zeit der Abrichtung der Vögel zu widmen, sollte man sich in ein solches Vorhaben stürzen.

Wanderfalk (*Falco peregrinus*). Der in der Geschichte am höchsten gepriesene Vogel für die Beizjagd; Weibchen wurden von Fürsten eingesetzt, während mit den Terzel genannten Männchen Personen niedrigeren Rangs jagten. Heute ist der Wanderfalk gefährdet und darf überhaupt nicht mehr aus seinem natürlichen Lebensraum geholt werden.

Verwendete Arten. Obwohl man die meisten Greifvogeltypen irgendwann einmal zur Beizjagd verwendet hat, war das doch bei Habichten, Sperbern und Falken am häufigsten der Fall. Mehr allgemein, nicht streng wissenschaftlich ausgedrückt sind Falken langflügelig, haben dunkle Augen und lange, spitze Schwingen. Habichte und Sperber haben im Gegensatz dazu gelbe Augen und kürzere gerundete Schwingen. Sie fliegen direkt von der Faust des Falkners auf ihre Beute zu. Die verschiedenen Arten werden entsprechend den Bedingungen, unter denen sie in der Natur jagen, in unterschiedlichem Gelände verwendet. Sie sollten nie auf die für sie falsche Beute losgelassen werden.

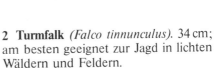

Jagdgreife. Die oben abgebildeten Vögel sind manchmal vielleicht noch erhältlich. Hier werden Weibchen gezeigt, da man sie am öftesten verwendet. Die Männchen sind meist kleiner, mit grauer Unterseite, die bei den Weibchen braun ist.

1 Merlin *(Falco columbarius).* 33 cm; für offenes Gelände.

2 Turmfalk *(Falco tinnunculus).* 34 cm; am besten geeignet zur Jagd in lichten Wäldern und Feldern.

3 Buntfalk *(Falco sparverius).* 21 cm; lichte Wälder, Felder.

4 Sperber *(Accipiter nisus).* 38 cm; Wälder, Felder.

5 Habicht *(Accipiter gentilis).* 61 cm; Waldgebiete.

401

Greifvögelhaltung (2)

Erwerb. Früher wurden Vögel aus dem Nest genommen, wenn sie gerade flügge waren. In den meisten Ländern ist das heute verboten oder streng beschränkt. Auch importierte Vögel sind jetzt schwerer zu bekommen. Ehe man einen Greifvogel erwirbt, muß man die gesetzlichen Vorschriften erkunden.

Unterbringung. Nachts sollten Greifvögel in einem dunklen, trockenen Schuppen oder in einer eigenen Falkenkammer hausen. Als Ständer gibt man ihnen die Hohe Reck (**a**), d. h. eine lange Stange, 1,4 m über dem Boden; vor ihr hängt das Recktuch herab, damit der Vogel sich wieder auf die Stange zurückschwingen kann, ohne sich mit der Langfessel um sie zu wickeln. Im Freien benützt man besonders für Habichte oder Sperber einen Sprenkel (**b**) mit gebogener und gepolsterter Oberseite. Über den Rahmen sind Querdrähte gespannt, damit sich der Vogel nicht verheddert. Für Falken oder Adler verwendet man eine Blockjule (**c**), weil diese Vögel gern mit ausgestreckten Zehen auf einer ebenen Fläche stehen.

Aufschirrung eines Beizvogels

1 Eine Haube erhalten Falken, um sie zu beruhigen. Getragen wird sie so lange, bis man den Vogel losfliegen läßt. Befestigt wird sie mit Lederriemen.

2 Glöckchen, die »Bells«, werden ebenfalls mit einem Riemen an jedem Bein befestigt. Jedes Bell hat einen anderen Klang. Dadurch ist das Geläut von fern besser zu hören; und wenn sich der Vogel »verstößt«, d. h. nicht zurückkehrt, ist er leichter wiederzufinden.

3 Das Geschüh, ein Lederriemen, wird um jeden Fuß gelegt. Die oft noch durch eine Kurzfessel verlängerten Riemen werden von einer Drahle aus zwei drehbaren Metallringen zusammengehalten. Für den Beizflug wird das Geschüh von der Halterung gelöst.

4 Das Geschüh wird über die starke Drahle mit der Langfessel verbunden.

5 Diese Lederleine wird für den Beizflug von der Drahle gelöst, ebenso die Kurzfessel, wenn sie vorhanden ist.

6 Mit einem Falknerknoten wird dann die Langfessel an einen Ring auf dem Ständer festgebunden und aufbewahrt.

Ernährung. Futter soll stets aus der Hand des Falkners genommen werden, meist einmal am Tag. Aber manche Falkner versuchen, die Bedingungen in der Natur nachzuahmen. Sie lassen die Vögel einmal in der Woche sich vollstopfen und am nächsten Tag hungern. Greifvögel brauchen rohes Fleisch, vorzugsweise Vögel, Mäuse, Kaninchen oder Hühnerköpfe. Damit sie sich nicht langweilen, erhalten sie Hühnerflügel, mit denen sie sich plagen müssen. Alle paar Tage ist Rauhfutter in Form von Fellstückchen und Federn nötig. Gewicht des Vogels und Futtermenge müssen täglich überprüft werden, um Überfütterung zu verhüten.

Gesundheit. Die Umgebung muß trocken und frei von Zugluft sein. Bei Regen oder Nebel sollte man die Vögel nicht fliegen lassen. Sauberkeit ist lebenswichtig. Eine Badbrente, ein flaches Wasserbecken, sollte untertags immer bereitstehen. Manche geringere Beschwerden lassen sich mit Wärme und leichtem Futter kurieren.

Das Abrichten ist kompliziert und mühevoll, und man braucht dafür sachkundige Unterweisung. Der erste Schritt, um den Vogel zu zähmen ist oft, ihn zwei Tage nicht schlafen zu lassen. Dann wird er an die Fütterung aus der Hand und ans Anfassen gewöhnt, ehe man ihn ins Freie bringt. Dort läßt man dann den Vogel zuerst an einer kurzen, später an einer langen Leine über eine immer weitere Entfernung fliegen. Als Köder benützt man ein Federspiel (**b**), das meist aus mit Lockbissen bestückten Taubenfedern besteht.

Der Beizflug. Die Vögel zeigen ihre Bereitschaft zu fliegen, indem sie die Federn sträuben. Sie sollten nur geflogen werden, wenn sie hungrig sind. Falken bringt man mit einer Haube ins Freie und läßt sie mit Spürhunden zusammenarbeiten. Sichtet man die aufgestöberte Beute, wird die Haube abgenommen. Man löst die Langfessel aus der Drahle, und der Vogel fliegt hoch hinauf, ehe er auf die Beute herabstößt. Habichte tragen zur Jagd keine Haube.

Handhabung. Der Falkner nimmt den Vogel auf die linke, durch einen Falknerhandschuh geschützte Faust (**a**). Dabei liegen die zwei Riemen des Geschühs in seiner Handfläche und kommen zwischen dem dritten und vierten Finger so heraus, daß die Drahle auf den Knöcheln ruht. Die Langfessel wird, in Schlingen gelegt, vom kleinen Finger gehalten.

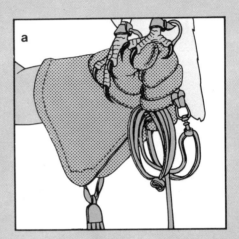

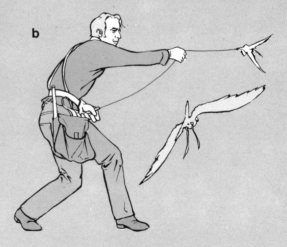

»Verstoßen« eines Vogels. Je länger ein Vogel frei bleibt, desto weniger wahrscheinlich ist seine Rückkehr. Vögel, die sich verstoßen haben, sollten daher so schnell wie möglich aufgespürt werden. Dabei weisen die Bells den Weg. Ein Falke, der auf einem Baum sitzt, läßt sich vielleicht von einem Federspiel anlocken. Hat er aber seine Beute bereits gefressen, heißt es, Geduld üben.

7

Naturschutz

Mit seiner überlegenen Intelligenz war der Mensch imstande, raffinierte Methoden zur Ausbeutung seiner Umwelt zu ersinnen. In diesem Jahrhundert fangen wir allmählich an, die Folgen für die Natur zu bedenken. Viele Arten sind gefährdet, während andere für immer verschwunden sind. Und ihr Verlust bedroht ganze Gemeinschaften von Lebewesen, da in der Natur so viele komplizierte Wechselbeziehungen bestehen. Der Handel mit wildlebenden Tieren, etwa wegen ihres Pelzes und anderer Produkte, oder um sie als Haustiere zu verkaufen, hat bestimmten Arten einen nicht mehr gutzumachenden Schaden zugefügt. In vielen Ländern existieren heute Gesetze, die Fang, Einfuhr und Ausfuhr von Tieren kontrollieren. Wenn jedoch der illegale Handel jemals ganz unterbunden werden soll, ist Wachsamkeit eines jeden entscheidend wichtig.

Rechts: Nach der Sintflut gerettete Tiere. Bild der Arche Noah aus »Biblia Sacra Germanica«, um 1478 (Mansell Collection).

NOE

Kontrolle des Tierhandels

Die Bedrohung wildlebender Tiere durch den Handel mit Arten, die dann im Haus gehalten werden sollen, hat einen doppelten Grund: Sammelwut hat zur Ausrottung in der Natur geführt, und die Gefahren des Transports aus dem Ursprungsland bringen entsetzliche Grausamkeiten für die Tiere mit sich, von denen viele die Reise nicht überleben. Die Einhaltung gesetzlicher Beschränkungen zu erzwingen, ist besonders in den Ländern schwierig, in denen die Tiere gefangen werden.

Gefahren für importierte Tiere. Wildlebende Tiere (1) werden von Jägern gefangen – und zwar wegen der hohen Sterblichkeit viel mehr, als man braucht. Manche Vögel werden in Netzen gefangen (2), andere in Fallen. Viele sterben an einem Schock auf dem Weg zum Händler (3). Käfige (4) sind überfüllt, die Verpflegung ist schlecht und Krankheit auf dem Tiermarkt weit verbreitet. Die Tiere werden für den Export verpackt. Nach Verzögerungen werden die Überlebenden auf dem See- oder Luftweg (5) verschickt. Lärm, Hitze, Kälte, Schock, Hunger, Luftmangel und Überfüllung der Behälter verursachen Todesfälle. Bei der Ankunft (6) müssen viele kranke Tiere getötet werden. Andere werden in Quarantäne gehalten (7), wo viele an Krankheiten oder den Nachwirkungen der Reise sterben. Tierhandlungen (8) erhalten die Übriggebliebenen, die inzwischen vielleicht von neuen Krankheiten befallen worden sind. Die meisten verenden innerhalb eines Jahres nach der Gefangennahme an den Spätfolgen eines Schocks, oder weil sie sich nicht zu akklimatisieren vermögen oder weil ihre Besitzer sie nicht fachkundig betreuen (9).

Hohe Gewinne für Händler und die Leute, die an dem Geschäft beteiligt sind, bedeuten, daß die im Fall strafrechtlicher Verfolgung auferlegten Geldbußen nicht immer den Handel wirksam stillegen. Die beste Methode, diese Tiere zu schützen, ist es, wenn sie nicht mehr »gefragt« sind. Man sollte sich darum bemühen, die unverantwortliche Einfuhr wilder Tiere ganz zu unterbinden. Kein Exemplar einer gefährdeten Tierart sollte jemals als Haustier gehalten werden.

Gefährdete Arten

Verbote verhindern heute, daß bestimmte gefährdete wildlebende Arten gefangen werden. Genehmigungen sind erforderlich, um andere zu halten. Kaufen oder halten Sie nie ein Tier, das als gefährdete Art bekannt ist.

Für eine Gefangenschaft ungeeignete Arten

Der Import oder Fang mancher Wildtiere wird überwacht oder ist verboten, weil sie in Gefangenschaft nicht gedeihen. Störung ihrer natürlichen Verhaltensmuster bedeutet, daß sie sich nicht fortpflanzen und viele bald verenden.

Transportkontrollen

Es existieren Vorschriften, um Tiere, die befördert werden, zu schützen. Aber Fälle von Grausamkeit kommen häufig vor. Man kennt immer noch keine Mittel und Wege, um internationalen Vereinbarungen über die Beförderung lebender Tiere Geltung zu verschaffen.

Gesundheitskontrollen

In vielen Ländern bestehen heute Verbote für die Einfuhr bestimmter Tiere, die Krankheiten einschleppen können. Für Arten, die Krankheiten wie etwa Tollwut auch auf den Menschen übertragen können, ist Quarantäne üblich.

Andere Kontrollen

Nicht im Bestimmungsland heimische Tiere können entkommen und zu Schädlingen für die Landwirtschaft werden. Andere sind vielleicht gefährlich und aggressiv. Örtliche Gesetze können die Haltung mancher Arten verbieten oder von den Besitzern verlangen, daß sie um Erlaubnis nachsuchen.

Gefährdete Arten

Fast 900 Tierarten und 30000 Pflanzen sind heute ernstlich in Gefahr, ausgerottet zu werden. Dafür ist hauptsächlich der Mensch verantwortlich, dank seiner einzigartigen Fähigkeit, das natürliche Gleichgewicht zu stören. Geht eine Art zugrunde, ist sie für immer verloren und kann nicht wieder neu erschaffen werden. Der Verlust einer Spezies bringt auch andere Arten in Gefahr, weil die verschiedenen Lebensformen voneinander abhängig sind.

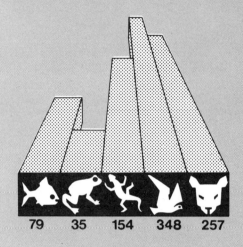

79 35 154 348 257

Gefährdete Arten gibt es bei allen Lebewesen. Das Diagramm (links) zeigt die Anzahl von Fischen, Lurchen, Kriechtieren, Vögeln und Säugetieren, die gegenwärtig ernstlich von Ausrottung bedroht sind. Die ungefähre Gesamtzahl der Arten in jeder Gruppe ist: Fische 15000 (79 gefährdet), Lurche 3500 (35 gefährdet), Kriechtiere 5000 (154 gefährdet), Vögel 9000 (350 gefährdet), Säugetiere 5000 (257 gefährdet).

Die Größe des Problems. Neben jeder der rechts skizzierten Arten existieren noch 35 weitere, die in Gefahr sind. Diese Beispiele sind ausgewählt worden, um zu zeigen, wieviel Gruppen betroffen sind und um auch einige der vertrauteren gefährdeten Arten zu nennen.

1 Atlantischer Stör.
2 Gila-Forelle.
3 Pine barrens-Laubfrosch.
4 Japanischer Riesensalamander.
5 Komodowaran.
6 Zweistreifen-Strumpfbandnatter.
7 Tuatara; einzige überlebende Art einer Kriechtierordnung. Die anderen Arten starben vor 100 Millionen Jahren aus.
8 Mississippi-Alligator; 25 weitere Krokodile sind gefährdet.
9 Suppenschildkröte.
10 Hawaiigans.
11 Kaiseradler; der seltenste Vogel Europas. Viele andere Raubvögel sind gefährdet.

12 Schreikranich.
13 Grassittiche.
14 Seychellen-Zwergohreule.
15 Elfenbeinspecht; der seltenste Vogel der Welt.
16 Ponapé-Brillenvogel, ein Sperlingsvogel. Weitere 141 Vögel dieser Ordnung sind gefährdet.
17 Galapagos-Pinguin.
18 Weißkehl-Wallabi.
19 Orang-Utan; 41 Arten der Herrentiere (Primates) sind gefährdet.
20 Mähnenwolf.
21 Bambusbär – das Wahrzeichen des World Wildlife Fund.
22 Tiger; andere gefährdete Großkatzen sind Leopard, Gepard, Jaguar und Ozelot.
23 Java-Nashorn.
24 Mesopotamischer Damhirsch; 30 Hirscharten sind gefährdet.
25 Blauwal. Die meisten Walbestände sind schwer gefährdet, weil man sie rücksichtslos gejagt hat.

Naturschutz im Garten

Das zunehmende Wachstum der Städte hat viele Arten ihres natürlichen Lebensraums beraubt. Die Rodung bewaldeter Gebiete und die Trockenlegung von Teichen bedeuten oft, daß Nist- und Brutplätze verlorengehen. Jeder, der einen Garten besitzt, kann heimischen Arten helfen, indem er Futterpflanzen für sie zieht und ihnen Unterkunft und Nistplätze bietet.

Wie man Tiere anlockt

1 Gärten, mit Hecken oder dichtem Buschwerk bepflanzt, bieten Vögeln und Kleintieren Nistplätze und Unterschlupf.

2 Tischchen für die Vogelfütterung.

3 An Zweigen hängendes Vogelfutter.

4 Nistkästen, an Bäumen oder Wänden angebracht. Man sollte nicht zu viele anbieten, sonst kommt es zu Kämpfen um das Revier. Fledermauskästen hoch oben in Bäumen verschaffen den Tieren Schlafplätze.

5 Ein Stück Land mit Wildpflanzen ist ideal für die Entwicklung von Insekten, besonders von Schmetterlingen. Kulturpflanzen sind im allgemeinen für Insekten weniger anziehend.

6 Pflanzen am Teichrand geben Salamandern Schutz.

7 Teiche sind gute Laichplätze für Frösche und Molche.

8 Wasserpflanzen locken Insekten an und sind Nahrung für Kleintiere.

9 Vogelbad. Das Wasser soll bei kaltem Wetter nicht gefrieren.

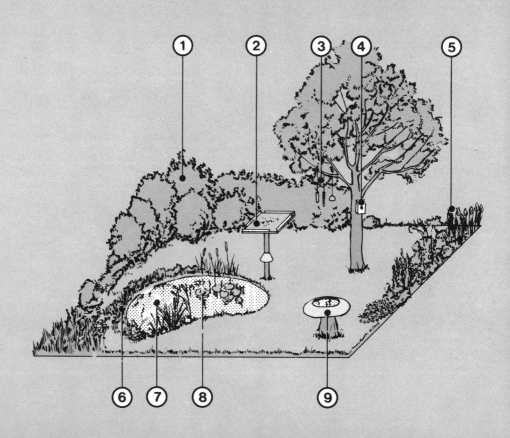

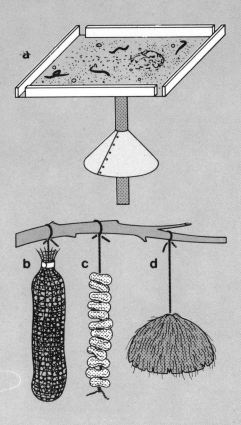

Fütterung von Vögeln. Wenn man, besonders in einem harten Winter, den Vögeln Futter gibt, ist das eine ideale Möglichkeit, zur Erhaltung einheimischer Arten beizutragen. Es ist wichtig, ständig zu füttern, wenn die Vögel erst einmal in den Garten kommen. Sonst könnten während einer Schlechtwetterperiode diejenigen verhungern, die auf diese Versorgung angewiesen sind. Futter kann auf den Boden, auf einen Vogeltisch (**a**) oder in ein Futterhäuschen gestreut werden. Der Tisch sollte mindestens 60 cm² groß und mit Löchern versehen sein, damit Wasser abläuft, und einen Schirm um den Fuß haben, den Katzen nicht überklettern können. Füttern Sie Speisereste, Samen, Trokkenfrüchte, Fleisch und Fett. Meisen und andere Vögel, die akrobatisch herumturnen, lieben Nüsse oder Körner, die in einem Netz an einem Zweig aufgehängt werden (**b**), oder Erdnüsse, zu einer Kette aufgereiht (**c**). Auch eine halbe Kokosnuß kann aufgehängt werden, deren Innenschicht die Vögel herauspicken (**d**).

Wie man Schmetterlinge anlockt. Viele Falterarten sind heute schon fast ausgerottet. Man kann ihre Vermehrung fördern, wenn man einige wildwachsende Blütenpflanzen als Futter für die Raupen und die Falter anpflanzt. Beispiele dafür sind in Amerika eine Wolfsmilchart (**a**) für die Raupe des Monarchen *(Danaus plexippus)* und in Europa die Brennessel (**b**) für den Admiral *(Vanessa atalanta)* sowie für verschiedene andere Arten.

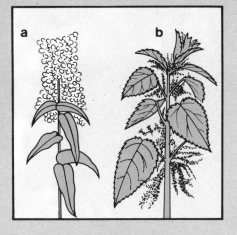

Teiche können für die Erhaltung von Fröschen, Molchen und anderen Wassertieren eine große Rolle spielen. Sie sind leicht zu bauen (siehe S. 182). Man lege den Teich oder Weiher nicht unter Bäumen an, damit er nicht durch Laub zugedeckt wird. Er sollte mindestens 45 cm tief sein. Setzen Sie in ihn heimische Wasserpflanzen ein, um Insekten und Vögel anzulocken. Wasserinsekten, Schnecken, Krebschen und kleine Fische können ebenfalls angesiedelt werden. Mit der Zeit laichen vielleicht hier Frösche und Molche.

411

Nistkästen für Vögel und Fledermäuse

Eine Auswahl von Nistkästen für Vögel und Fledermäuse kann dazu beitragen, sie für den Verlust natürlicher Nistgelegenheiten und Ruheplätze zum Aufbaumen zu entschädigen, der durch die Zerstörung von Waldland und die Ausdehnung der Städte und des Kulturlands entstanden ist. Jedes Vogelpaar braucht sein eigenes Territorium, daher bringt man nicht zu viele Nistkästen in einem kleinen Garten an.

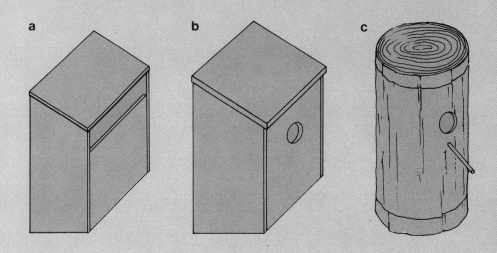

Nistkästen für Vögel können – in verschiedenen Größen – selbst gebaut oder gekauft werden. Die Größe des Fluglochs bestimmt, welcher Vogel den Nistkasten benützen kann. Alle Kästen sollten windgeschützt und mit der Front nach Süden angebracht werden. Es gibt viele Bautypen, aber sie sollten immer Löcher im Boden als Dränage und ein aufklappbares Dach haben, damit man sie nach der Brutzeit reinigen kann. Brütende Vögel niemals stören!

a Kasten, 25 × 15 × 10 cm groß, mit großer Öffnung an der Vorderseite, geeignet für Kleinvögel, die in Büschen und Bäumen nisten.

b Kasten, 28 × 13 × 13 cm groß, mit rundem Flugloch von 2,5 cm Durchmesser für kleine Höhlennister wie Meisen, oder mit 5 cm Durchmesser für Zaunkönige, Sperlinge oder Stare.

c Nistkasten für Höhlenbrüter, aus einem ausgehöhlten Baumstumpf gefertigt.

Fledermauskästen. Fledermäuse sind Nachttiere, die untertags mit dem Kopf abwärts hängend ruhen. Die Zerstörung solcher Schlafplätze hat bei vielen Fledermausarten zu einer Bestandsabnahme geführt. Das Angebot von Fledermauskästen könnte dem abhelfen. Unten ist ein geeigneter Kasten abgebildet (**d**). Er hat 20 cm lange Wände aus rohem Holz und einen 2 cm breiten Schlitz als Eingang. Fledermauskästen sollten mindestens 2 m hoch auf einem Baum hängen.

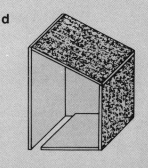

Hilfe für wildlebende Tiere

Seien Sie immer sehr vorsichtig, wenn Sie verletzten Wildtieren oder Vögeln zu helfen versuchen. Tiere, die Schmerzen haben, reagieren oft aggressiv und können gefährlich werden. In vielen Fällen reichen Hausmittel nicht aus, und es ist besser, einen Tierarzt zu Hilfe zu rufen oder der Natur ihren Lauf zu lassen, Nicht jedes junge, anscheinend verlassene Tier ist eine Waise oder braucht unbedingt Hilfe.

Verwaiste Kleintiere und Vögel

Die meisten Jungtiere, von denen man annimmt, daß sie zugrunde gehen, sind keineswegs Waisen. Vielleicht sind die Eltern auf Futtersuche ganz in der Nähe oder lenken Raubzeug von den Jungen ab. Lassen Sie so ein junges Geschöpf immer, wo es ist, wenn Sie nicht absolut sicher sind, daß die Eltern tot sind. Verwaiste Junge zu betreuen ist äußerst schwierig. Lassen Sie sich stets beraten. Versuchen Sie nicht, aus einer solchen Waise ein Haustier zu machen. Ist das Junge herangewachsen, lassen Sie es wieder frei.

Pflege wildlebender Vögel

Einen Jungvogel füttert man, indem man das Verhalten der Eltern nachahmt, die ihren Schnabel dem Jungen in die Kehle stecken. Öffnen Sie mit sanftem Druck den Schnabel und schieben mit einer stumpfen Pinzette das Futter hinein (**a**).

Leichte Verletzungen. Vögel bekommen oft Schnitte und Kratzer, meist verursacht durch Katzen. Reinigen Sie die betroffenen Stellen mit Wasser und Seife und halten den Vogel mit angelegten Flügeln fest (**b**). Schaden, der infolge von Ölverschmutzung entstanden ist, läßt sich selten behandeln, weil die Vögel normalerweise bei dem Versuch, das Gefieder zu putzen, zuviel Öl geschluckt haben. Einen betäubten Vogel sollte man in einen Pappkarton setzen (**c**), der warm gepolstert ist. Schließen Sie den Deckel und lassen den Vogel frei, sobald Sie hören, daß er sich bewegt.

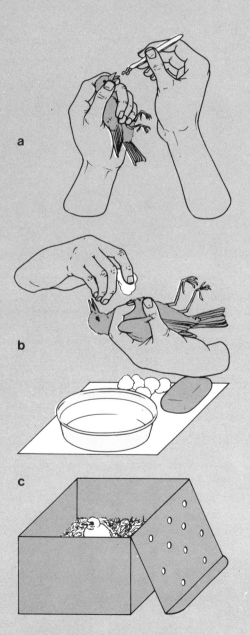

413

Beobachtung wildlebender Tiere

Die Beobachtung von wildlebenden Tieren ist eine ideale Möglichkeit, das System natürlicher Lebensgemeinschaften zu verstehen und richtig zu würdigen. Sie kann auch zu vielen praktischen Methoden für die Erhaltung heimischer Arten führen. Viele Menschen können solche Tiere in ihrem Garten oder in den Wäldern und Feldern ihrer Heimat beobachten. Auch Stadtgebiete beherbergen oft ein reiches Tierleben. Um seltene Arten zu entdecken, muß man in menschenleere Gebiete vordringen.

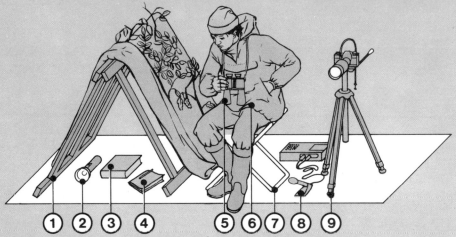

Beobachtung von wildlebenden Tieren. Am häufigsten werden Vögel beobachtet. Sie sind meist untertags aktiv, und man kann sie, obwohl sie scheu sind, entdecken, wenn man ihren Gesang verfolgt. Sie haben einen schlechten Geruchssinn, daher bleiben Beobachter unbemerkt, wenn sie still und geduldig sind. Säugetiere beobachtet man am besten nachts von einem Versteck, das ihnen der Wind nicht verrät. Alle Beobachter sollen brütende Vögel nicht stören und andere Tiere nicht erschrecken.

Ausrüstung

1 Ein Versteck – eine dunkle Decke, die man über einen Wäschetrockner legt und mit Zweigen tarnt.

2 Eine Taschenlampe mit Rotfilter für nächtliche Beobachtungen.

3 Ein Nachschlagewerk, Bestimmungsbuch oder Naturführer.

4 Ein Notizbuch für Beobachtungen.

5 Ein guter Feldstecher.

6 Mattfarbige oder dunkle Kleidung zur Tarnung.

7 Ein Klappstuhl.

8 Ein Tonbandaufnahmegerät.

9 Eine Kamera mit Teleobjektiv für Fernaufnahmen.

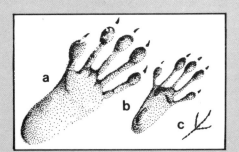

Erkennungszeichen. Tiere hinterlassen verschiedene Spuren, die der Beobachter finden kann. Dazu gehören Fährten wie etwa die eines Waschbären (**a**), eines Eichhörnchens (**b**) und eines Sperlings (**c**). Andere Hinweise sind weggeworfene Samenhüllen, Schalen von Tieren, Haare, Federn, Exkremente (Losungen), Gerüche und Geräusche.

Wo es noch Wildtiere gibt

Der erste Nationalpark der Welt war der Yellowstone Park. Er wurde 1872 in den Vereinigten Staaten gegründet. Heute sind bei den Vereinten Nationen (UNO) rund 1200 Gebiete als Nationalparks oder als gleichwertige Reservate registriert. Es gibt auch viele kleinere Gebiete mit ähnlichen Zielsetzungen. Zusammengenommen bilden sie einen wesentlichen Teil von Naturschutzprogrammen und stellen ausgezeichnet geeignete Stätten für die Beobachtung und das Studium wildlebender Tiere dar.

Nationalparks

Ein Nationalpark ist ein Gebiet, das im Naturzustand erhalten bleiben soll. Es muß weitgehend aus einer Wildnis bestehen. Die Menschen haben Zutritt, dürfen sich aber nicht ansiedeln. Jetzt werden auch Wildreservate in Afrika Nationalparks genannt.

Naturreservate

Ein Naturreservat ist meist kleiner und kann auch nur dazu bestimmt sein, eine einzelne Art zu erhalten. Sehr ähnlich sind Vogelschutzgebiete und geschützte Stätten, die naturwissenschaftlich von besonderem Interesse sind.

Wildparks

Wildparks sind Privatunternehmen, in denen das Publikum exotische Geschöpfe in einer halb natürlichen Umgebung betrachten kann. Leider entsprechen viele nicht den Mindestanforderungen an die Betreuung oder an eine geeignete Umwelt.

Zoologische Gärten

Der Zoo alten Typs war wenig mehr als ein Tiergefängnis. Aber heute sind Zoos bestrebt, »offene« Gehege zu bieten, in denen verschiedene Arten naturgemäß leben können. Viele Tiere pflanzen sich in Gefangenschaft fort – ein großer Erfolg des Naturschutzgedankens.

Parks in Städten

Parks in Städten und Botanische Gärten bieten Gelegenheit, vielerlei Vögel, vor allem Wasservögel zu sehen, aber z. B. auch frei herumlaufende Hirsche oder Rehe. In diesen Anlagen können viele Vogelarten nisten.

Zoonosen

Übe 100 Krankheiten können von Tieren auf den Menschen übertragen werden. Man nennt diese Krankheiten Zoonosen. Die meisten sind heute in westlichen Ländern selten geworden, aber manche nehmen zu, weil sich der Bestand an Haustieren vermehrt hat. Angst vor Krankheit sollte aber niemanden daran hindern, ein Haustier zu halten. Doch jeder Besitzer solcher Hausgenossen hat die Verpflichtung, seine Tiere sauber und in

Krankheit	Behandlung
Tollwut	Auffallendes Verhalten; Erregtheit; Aggression; Speichelfluß; Tod.
Wundinfektion	Schwellung; empfindliche Lymphknoten in Nähe der Wunde; Eiterung.
Leptospirose	Erbrechen; Durchfall; Fieber; bei unbehandelten Tieren folgen Krämpfe, die zum Tod führen.
Salmonellose	Erbrechen; Duchfall; Fieber; Septikämie (»Blutvergiftung«); chronische Infektion.
Ornithose und Psittakose	Das infizierte Tier isolieren; sich vom Arzt und Tierarzt beraten lassen.
Bruzellose (Maltafieber)	Erkrankung der Atmungsorgane, die einer Lungenentzündung ähnelt.
Choriomeningitis lymphocytaria	Kopfschmerzen; Husten; Fieber; allgemeines Unbehagen.
Scherpilzflechte	Kreisrunde Flecken von roten Punkten auf der Haut; Juckreiz; Haarausfall auf dem Kopf.
Äußere Parasiten	Flöhe, Federlinge, Läuse, Zecken verursachen juckende Bisse oder Saugstellen; können Krankheiten übertragen.
Toxoplasmose	Bei Kindern; ähnelt einer gewöhnlichen Erkältung; bei schwangeren Frauen ist Hirnschaden des Fötus möglich.
Befall durch andere Parasiten	Bandwürmer, Hakenwürmer, Fadenwürmer und Toxocara canis oder cati verursachen verschiedene Zustände von Durchfall bis Blindheit.

gutem Gesundheitszustand zu halten und dafür zu sorgen, daß jede von einem Tierarzt empfohlene Impfung durchgeführt wird. Moderne Impfstoffe für Tiere haben Krankheiten wie etwa Tollwut weitgehend unter Kontrolle gebracht. Aber um zu verhüten, daß die Tollwut von neuem ausbricht, ist es wichtig, die Tiere auch dann zu impfen, wenn die Gefahr gering ist. Die untenstehende Tabelle enthält eine Auswahl verbreiteter Zoonosen.

Ursache	Symptome und Anzeichen
Biß oder enger Kontakt mit tollwütigem Tier, z. B. Fuchs, Eichhörnchen, Hund.	Impfung; sofortige Meldung; Isolierung bei Verdacht.
Kratzer oder Biß, meist von einer Katze; häufiger bei Kindern.	Nicht ernst; ein Arzt sollte die infizierte Stelle untersuchen.
Kontakt mit verseuchtem Urin von Hunden, Vieh, Ratten oder wildlebenden Tieren.	Impfung der Hunde, wenn Krankheit ortsüblich; umgehend ärztlichen oder tierärztlichen Rat einholen.
Viele Arten sind Überträger; besonders oft sind Schildkröten infiziert.	Neu erworbene Schildkröten isolieren; die Hände waschen; Tiere regelmäßig kontrollieren.
Kontakt mit infizierten Tieren, z. B. Rindern, oder mit Urin von trächtigen Hündinnen.	Die Symptome beim Menschen ähneln denen einer chronischen Influenza.
Kontakt mit erkrankten Vögeln; gesund gewordene Vögel können auch noch Überträger sein.	45 Tage lang mit Antibiotika behandeln; neu erworbene Vögel isolieren.
Kontakt mit Exkrementen von infizierten Nagetieren, besonders von Hamstern.	Wird verhütet, wenn man Nagetiere, die man als Haustiere hält, von wildlebenden Arten isoliert.
Kontakt mit infizierten Hunden und Katzen, manchmal auch mit anderen Arten.	Kinder sind dafür anfällig; die vom Arzt vorgeschriebenen Salben und Medikamente anwenden.
Kontakt mit Tieren, mit deren Lagern oder anderen befallenen Orten.	Zu verhindern durch Sauberkeit; Tiere regelmäßig mit Puder etc. behandeln; nicht gefährlich.
Kontakt mit Exkrementen infizierter Katzen; schwangere Frauen dürfen Katzenstreu nicht wechseln.	Zu verhindern durch hygienische Lebensbedingungen für Katzen; stets die Hände waschen!
Berührung mit Exkrementen infizierter Tiere oder mit verseuchter Erde; Überträger sind meist Hunde und Katzen.	Zu verhindern durch regelmäßiges »Entwurmen« von Haustieren; strikte Hygiene.

Zoologische Klassifikation

Die moderne wissenschaftliche Klassifizierung der Lebewesen, binäre Nomenklatur genannt, hat der schwedische Naturforscher Carl von Linné (1707–1778) entwickelt. Linnaeus, wie er meist genannt wird, faßte alle ihm bekannten Pflanzen und Tiere aufgrund der Ähnlichkeit im Körperbau zu Gruppen zusammen und gab jedem Geschöpf einen beschreibenden lateinischen Namen. Obwohl die Kenntnis des Lateins heute nicht allgemein verbreitet ist, ist es doch sehr nützlich, ein System zu haben, in

Reich *(Regnum)*

Grundlegend ist die Einteilung der Lebewesen in ein Pflanzen-und ein Tierreich. Als Tiere bezeichnet man im allgemeinen Geschöpfe, die frei beweglich sind. Aber es gibt Ausnahmen.

Stamm *(Phylum)*

Das Tiereich umfaßt 26 Stämme. Tiere mit einer Wibelsäule sind Wirbeltiere (Vertebrata oder Vertebrates), ein Unterstamm (Subphylum) eines dieser Stämme.

Klasse *(Classis)*

Der Unterstamm Wirbeltiere wird in 5 Klassen eingeteilt – in Säugetiere (Mammalia), Vögel (Aves), Kriechtiere (Reptilia), Lurche (Amphibia) und Fische (Pisces).

Ordnung *(Ordo)*

Die Klassen werden weiter unterteilt in Ordnungen. Raubtiere bilden eine der 19 Säugetierordnungen. Charakteristisch für sie sind Zähne, die das Fleisch einer Beute zu zerreißen vermögen.

Familie *(Familia)*

Bei der Einteilung in Familien lassen sich zum erstenmal Ähnlichkeiten im Äußeren feststellen. Ein Beispiel dafür ist die Familie der Hundeartigen Raubtiere (Canidae).

Gattung *(Genus)*

Angehörige einer Gattung ähneln sich mehr, so etwa der Wolf *(Canis lupus)* und der Haushund *(Canis familiaris)*.

Art *(Spezis)*

Die einzige natürlich zusammengehörige Gruppe ist die Art. Sie umfaßt alle Tiere, die miteinander fruchtbare Nachkommen hervorbringen können, z.B. die verschidenen Haushunde.

dem Pflanzen und Tiere korrekte, international anerkannte Namen haben. Charles Darwin (1809–1882) hat mit seinem Werk bewirkt, daß das weiterentwickelte System auch die Evolution berücksichtigt. Jede Art hat immer zwei Namen. Der erste Name gibt die Gattung an, zu der die Art gehört, der zweite die Art und manchmal ein dritter eine Unterart. Neue Forschungsergebnisse bringen die Nomenklatur auf den neuesten Stand, aber das geht nicht immer ohne einen »Streit der Gelehrten« ab.

Unten. Die Zeichnung verdeutlicht die Klassifikation mehrerer auch als Haustiere gehaltener Säugetiere (Mammalia) innerhalb der Ordnung Raubitere (CarnivoraDrei Familien sind vertreten: Der Haushund *(Canis familiaris)* zählt zu den Hundeartigen Raubtieren (Canidae), die Hauskatze (Felis catus = domestica) zu den Katzenartigen Raubtieren (Felidae) und das Frettchen, eine Rasse von *Mustela putorius* sowie der Streifenskunk *(Mephitis mephitis)* zu den Mardern (Mustelidae). Der Streifenskunk und das Frettchen gehören innerhalb der Marderfamilie verschiedenen Gattungen an.
Beschriftung der schematischen Zeichnungen von oben nach unten

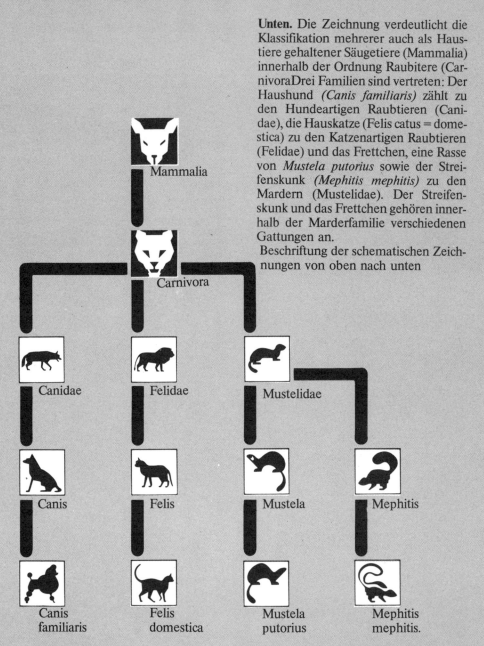

Mammalia

Carnivora

Canidae — Felidae — Mustelidae

Canis — Felis — Mustela — Mephitis

Canis familiaris — Felis domestica — Mustela putorius — Mephitis mephitis.

Literaturverzeichnis

Allgemeine Literatur

Aleven, J.M.: *Tiere halten, Tiere pflegen, Insektarien, Aquarien, Terrarien, Volieren.* Oldenburg (Stalling) 1975.

Buggenhagen, Diana v.: *Großes Handbuch für den Haustierfreund.* Wiesbaden (Falken) 1976.

Heck, H. D.: *Aquarien und Terrarien im Selbstbau.* Köln (R. Müller) 1975.

Herre, W. und Röhrs, M.: *Haustiere – zoologisch gesehen.* Stuttgart (G. Fischer) 1973.

Illies, J.: *Anthropologie des Tieres.* München (Piper) 1973.

Sielmann, H.: *Glück mit Tieren. Alles über Tiere zu Hause. So pflegen und verstehen wir sie richtig.* München (Gräfe u. Unzer) o. J.

Steuert, L.: *Das Buch vom gesunden und kranken Haustier.* Hamburg (Parey) 12. A. 1955.

Vogt, D. und Wermuth, H.: *Knaurs Aquarien- und Terrarienbuch. Das Haus- und Handbuch der Vivaristik.* München (Droemer) 1965.

Zoll, A. M. (Hg.): *Das Neue Heimtierlexikon.* München (Ehrenwirth) 1971.

Hunde

Fatio, A.: *Praktisches Handbuch der Erziehung und Ausbildung des Hundes.* Bern (Haupt) 1974.

Fink, A.: *Welcher Hund paßt zu mir? Ein Ratgeber bei der Wahl der Rassen.* Minden (Philler) o. J.; Lehrmeister-B., 502.

Gondrexon, A.: *Hunderassen der Welt.* München (BLV) 1974.

Haltenorth, Th.: *Rassenhunde, Wildhunde. Herkunft, Arten, Rassen, Haltung.* Stuttgart (Schweizerbart) 1958.

Klever, U.: *Knaurs Hundebuch. Das Hausbuch für den Hundefreund.* München (Droemer) 1971.

Klever, U.: *Dein Hund – Dein Freund. Der praktische Ratgeber zu allen Hundefragen heute.* München (Gräfe u. Unzer) 1975.

Poduschka, W. u. C.: *So entwickelt sich eine Welpe.* Vorw. K. Lorenz. Kemnat (Hallwag) 1976.

Rheenen, J. van (Hg.) *Das Lexikon für Hundefreunde.* Berlin (Safari) 1976.

Schultz-Roth, U.: *Ullstein Hundebuch. Haltung, Intelligenz und Charakter der Hunderassen.* Berlin (Ullstein) 1. A. 1974.

Stern, H.: *Sterns Bemerkungen über Hunde.* München (Kindler) 1971.

Straiton, E. C.: *Hundekrankheiten erkennen, behandeln, vermeiden.* München (BLV) 1976.

Trumler, E.: *Hunde ernst genommen. Zum Wesen und Verständnis ihres Verhaltens.* Vorw. I. Eibl-Eibesfeldt. München (Piper) 3. A. 1974.

Katzen

Amberson, R.: *So hält man Katzen.* Rüschlikon (A. Müller) 1974.

Hausser, G.: *Alles über Katzen.* München (BLV) 1974.

Leyhausen, P.: *Verhaltensstudien an Katzen.* Hamburg (Parey) 4. A. 1975.

Rodenbeck, H. u. Hackmann, A.: *Katzenrassen.* Minden (Philler) o. J.; Lehrmeister-B. 884.

Schultze-Roth, U.: *Ullstein Katzenbuch. Haltung, Intelligenz und Charakter der Katzenrassen.* Berlin (Ullstein) 1975.

Wink, U. u. Ketsch, F.: *Keysers praktisches Katzenbuch.* München (Keyser) 1973.

Wolff, R.: *Katzen. Verhalten, Pflege, Rassen.* Stuttgart (Ulmer) 2. A. 1974.

Wolff, R. u. Braemer, H.: *Rassekatzen.* Stuttgart (Belser) 1973.

Pferde, Ponys

Blendinger, W.: *Gesundheitspflege und erste Hilfe für das Pferd.* Heidenheim (E. Hoffmann) 1974.

Blendinger, W.: *Psychologie und Verhaltensweise des Pferdes.* Heidenheim (E. Hoffmann) 2. A. 1974.

Bruns, U.: *Das richtige Pferd. Handbuch für den Freizeitreiter.* Rüschlikon (A. Müller) 1975.

Dent, A.: *Das Pferd. 5000 Jahre seiner Geschichte.* Berlin (Ullstein) 1975.

Edwards, E. H.: *Pferdeausbildung. Von der Weide zum Turnier.* München (BLV) 1975.

Fiedelmeier, L.: *Ponys und Zwergesel. Vorschläge zur Haltung und Pflege.* Minden (Philler) o. J.; Lehrmeister-B. 30.

Goodall, D. M.: *Pferde der Welt. Illustriertes Handbuch aller Pferde- und Ponyrassen.* Heidenheim (E. Hoffmann) 4. A. 1974.

Greil, L. u. Osborne, W. D.: *Das große Pferdebuch.* Wels (Welsermühl) 1970

Isenbarth, H. H.: *Das Königreich des Pferdes,* Luzern (Bucher) 5. A. 1975.

Lexikon für Pferdefreunde. Luzern (Bucher) 1976.

Persson, C.: *Keysers großes Buch der Pferde und Ponys.* München (Keyser) 1972.

Stern, H.: *Sterns Bemerkungen über Pferde.* München (Kindler) 1971; 4. A. 1972.

Williams, M.: *Meine Pferdefamilie. Zucht, Verhalten, Psychologie.* München (BLV) 1973.

Andere Säugetiere

Ostermöller, W.: *Goldhamster und Meerschweinchen. Zwei liebenswerte Hausgenossen.* Stuttgart (Franckh) 1972.

Schmitz, S.: *Goldhamster und andere kleine Heimtiere.* München (Langenscheidt) 1976.

Schmitz, S.: *Kleine Heimtiere.* München (BLV) 1974.

Weißenberger, K.: *Kaninchenrassen.* Minden (Philler) 1976; Lehrmeister-B., 1135.

Wirbellose Tiere

Brandt, H.: *Insekten Deutschlands,* 3 Bde., Stuttgart (Schweizerbart) 1953–1960.

Brauns, A.: *Taschenbuch der Waldinsekten.* 2 Bde., Stuttgart (Franckh) 2. A. 1970.

Frisch, K. v.: *Tanzsprache und Orientierung der Bienen.* Berlin (Springer) 1965.

Frisch, K. v.: *Aus dem Leben der Bienen.* Berlin (Springer) 8. A. 1969.

Illies, J.: *Wir beobachten und züchten Insekten.* Stuttgart (Franckh) 3. A. 1972.

Jakobs, W.: *Taschenlexikon zur Biologie der Insekten.* Stuttgart (G. Fischer) 1973.

Jahn, J.: *Lebendfutter für ausgewachsene Aquarien- u. Terrarientiere sowie Vögel.* Minden (Philler) o. J.; Lehrmeister-B., 17.

Stern, H.: *Sterns Bemerkungen über Bienen.* München (Kindler) 1971.

Zander, E. u. Koch, A.: *Handbuch der Bienenkunde in Einzeldarstellungen.* 7 Bde, Stuttgart (Ulmer) 2.–9. A. 1967–1976.

Fische

Braum, E. u. Paysan, K.: *Aquarienfische.* Stuttgart (Belser) 1972.

Frey, H.: *Das Aquarium von A–Z.* Melsungen (Neumann-N.) 13. A. 1975.

Frey, H.: *Das Süßwasser-Aquarium. Ein Handbuch.* Melsungen (Neumann-N.) 19. A. 1974.

Gilbert, J., Legge, R. (Hg.): *Das große Aquarienbuch. Die schönsten tropischen Süßwasserfische.* Stuttgart (Ulmer) 2. A. 1975.

Mayland, H. J.: *Aquarienfische des tropischen Süßwassers.* Wiesbaden (Falken) 1973.

Mayland, H. J.: *Aquarienfischzucht. Eine Einführung in die Zucht von Süßwasserfischen.* Minden (Philler) o. J.; Lehrmeister-B., 1029.

Mayland, H. J.: *Kaltwasserfische.* Minden (Philler) o. J.; Lehrmeister-B., 136.

Mayland, H. J.: *Korallenfische und Niedere Tiere. Vom tropischen Riff zum Aquarium.* Hannover (Landbuch) 1975.

Das neue Aquarienbuch der Süß- und Salzwasserfische. Wiss. Bearb. S. Schmitz; Texte von W. Klausewitz, B. Peyronel u. a. Bonn (Hörnemann) 1976.

Neugebauer, W.: *Korallenfische im Aquarium.* Stuttgart (Franckh) 1973.

Paysan, K.: *Welcher Zierfisch ist das?* Stuttgart (Franckh) 1970.

Probst, K.: *Das große Buch der Meeresquaristik.* Stuttgart (Ulmer) 1975.

Sterba, G.: *Aquarienkunde.* 2 Bde., Melsungen (Neumann-N.) 6.–10. A. 1970–1976.

Sterba, G.: *Handbuch der Aquarienfische.* München (BLV) 1972.

Sterba, G.: *Süßwasserfische aus aller Welt.* 2 Bde., Melsungen (Neumann-N.) 1970.

Vogel, Z.: *Taschenatlas der Aquarienfische.* Hanau (Dausien) 5. A. 1973.

Wickler, W.: *Das Meeresaquarium.* Stuttgart (Franckh) 4. A. 1970.

Wickler, W.: *Das Züchten von Aquarienfischen.* Stuttgart (Franckh) 6. A. 1973.

Amphibien, Reptilien

Bechtel, H.: *Terrarientiere I: Lurche und Schlangen. – Terrarientiere II: Schildkröten, Krokodile und Echsen.* Honnover (Landbuch) 1975.

Bechtle, W.: *Bunte Welt im Terrarium. 120 Tiere in Farbe.* Stuttgart (Franckh) 1971.

Jahn, J.: *Kleine Terrarienkunde. Anleitung zur Pflege von Molchen und Kriechtieren.* Minden (Philler) o.J.; Lehrmeister-B., 66.

Jocher, W.: *Futter für die Vivarientiere. Aquarien, Terrarien.* Stuttgart (Franckh) 2. A. 1970.

Kästle, W.: *Echsen im Terrarium.* Stuttgart (Franckh) 2. A. 1974.

Mertens, R.: *Kriechtiere und Lurche.* Stuttgart (Franckh) 1968.

Nietzke, G.: *Die Terrarientiere.* 2 Bde. Stuttgart (Ulmer) 1969–1972.

Schmitz, S.: *Terrarium.* München (BLV) 1971.

Vögel

Aschenborn, C.: *Einheimische Stubenvögel.* 2 Bde. Minden (Philler) o. J.; Lehrmeister-B., 60/61.

Aschenborn, J.: *Körnerfresser.* Minden (Philler) 1973; Lehrmeister-B., 122.

Aschenborn, C.: *Weichfresser.* Minden (Philler) 1965; Lehrmeister-B., 124.

Bechtel, H.: *Bunte Welt der Stubenvögel.* Stuttgart (Franckh) 1971.

Bruns, H. u. a.: *Ullstein Vogelbuch. Vogelkunde, Vogelbeobachtung, Vogelliebhaberei und Vogelschutz als Liebhaberei und Hobby.* Berlin (Ullstein) 1974.

Campbell, B.: *Das große Vogelbuch.* Stuttgart (Ulmer) 1976.

Dost, H.: *Einheimische Stubenvögel. Ihre Pflege und Züchtung.* Stuttgart (Ulmer) 1969.

Engelmann, C.: *So leben Hühner, Tauben, Gänse.* Radebeul (Neumann) 1972.

Faber, P.: *Vogelhaltung.* München (BLV) 1972.

Kronberger, H.: *Haltung von Vögeln, Krankheiten der Vögel.* Stuttgart (G. Fischer) 2. A. 1974.

Nicolai, J.: *Käfig- und Voliervögel.* Stuttgart (Franckh) 3. A. 1975.

Nicolai, J.: *Vogelhaltung, Vogelpflege. Eine Anleitung zur sachgemäßen Vogelhaltung für Jedermann.* Stuttgart (Franckh) 4. A. 1974.

Steinbacher, G.: *Knaurs Vogelbuch. Das Hausbuch für Vogelfreunde und Vogelliebhaber.* München (Droemer) 1972.

Woolham, F.: *Vögel für Käfig und Voliere.* München (BLV) 1975.

Naturschutz

Buchwald, K. und Engelhard, W.: *Handbuch für Landschaftspflege und Naturschutz.* 4 Bde. München (BLV) 1968/69.

Carson, R.: *Der stumme Frühling.* München (Biederstein) 1962.

Graham, F. Jr.: *Seit dem »Stummen Frühling«.* München (Biederstein) 1971.

Leibundgut, H. (Hg.): *Schutz unseres Lebensraumes – Symposium an der ETH Zürich 1970.* Frauenfeld/Stuttgart (Huber) 1971.

Weinzierl, H.: *Die große Wende im Naturschutz.* München (BLV) 1970.

423

Register

A